话说元朝

上

翟 禹　樊志强　主编

高傲的黄金家族是以怎样的智慧和雄心统治着那个时代的「全世界」

内蒙古人民出版社

图书在版编目 (CIP) 数据

话说元朝 : 全 2 册 / 翟禹 , 樊志强主编 . -- 呼和浩
特 : 内蒙古人民出版社 , 2016.7
ISBN 978-7-204-14200-2

Ⅰ . ①话… Ⅱ . ①翟… ②樊… Ⅲ . ①中国历史—元
代—通俗读物 Ⅳ . ① K247.09

中国版本图书馆 CIP 数据核字 (2016) 第 179284 号

话说元朝（上下册）

作　　者	翟　禹　樊志强
责任编辑	王　静　马燕茹
封面设计	宋双成
责任校对	李向东
责任印制	王丽燕
出版发行	内蒙古人民出版社
地　　址	呼和浩特市新城区中山东路 8 号波士名人国际 B 座 5 楼
网　　址	http://www.nmgrmcbs.com
印　　刷	内蒙古爱信达教育印务有限责任公司
开　　本	810mm×1050mm　1/16
印　　张	26.5
字　　数	500 千
版　　次	2018 年 1 月第 1 版
印　　次	2018 年 1 月第 1 次印刷
印　　数	1—5000 册
书　　号	ISBN 978-7-204-14200-2
定　　价	118.00 元（全 2 册）

如发现印装质量问题，请与我社联系，联系电话：（0471）3946120　3946169

编委会名单

顾　　　　问：王大方

主　　　　编：翟　禹　樊志强

副　主　　编：高建国

执　行　主　编：王丽娟

编委会成员：陈德洋　樊志强　高建国　刘洪洋

　　　　　　　刘　伟　王国庆　王丽娟　杨建林

　　　　　　　翟　禹　周秀峰

序　言

走进蒙元帝国的风云世界

自古以来，我国具有文史不分家的优良传统。司马迁的《史记》既被奉为历史学的经典著作，亦成为文学史上不朽的奇葩，被誉为"史家之绝唱，无韵之离骚"，他笔下的历史事件和历史人物，均有血有肉、活灵活现，从而达到了对读者产生历史与文学的双重渲染和感召，因此《史记》一直成为我国历代文史工作者撰史为文的典范。进入现代社会以来，严格遵守学术规范而产生的历史学著作大量面世，固然在学术研究层面极大地推动了历史学的进步，加深了人们对历史问题的认知。但是，学术著作往往艰深难懂，除了极少数专家学者能够深谙其中道理之外，普通读者是难以卒读的，故而对于历史知识和学术研究成果的普及亦是我辈应尽职责之所在。因此，我们联合了一批志同道合的青年学者，历经四五年的功夫，打磨出了这样的一个作品。

当我们提起蒙元帝国的历史时，往往会有很多人的脑海中闪现出金戈铁马、草原风光以及蒙古骑兵横扫欧亚世界的镜头，但是其中的历史进程究竟如何，在很多人的印象中还是非常模糊不清的，以至于有人会将蒙古民族误解成一个野蛮杀戮的民族，将元朝历史看作是一团漆黑，这都是非常荒谬的错误观念。因此，我们非常有必要通过这种科普的撰史手法，将蒙元帝国恢宏的历史以各种不同专题的形式予以呈现。

本书全部内容以蒙古族建立的蒙元帝国的恢宏历史为主要内容，全书共分为两部分，上部以"起于朔漠——英雄蒙古人，辽阔大帝国"为题，主要内容涵盖"开篇——蒙古族的兴起与伟大帝国的创建"，第一章"蒙古人的族源与先世"、第二章"大蒙古国风云人物"、第三章"黄金家族风云"，这几章主要讲述建立元朝的黄金家族的经典故事；第四章"治国之术与治天下匠"主要讲述的是那些支撑蒙元帝国繁荣昌盛的文臣与武将们的故事，第五章"元军征四方"则讲述了以神武定天下的蒙古统治者率领蒙古骑兵征战四方的故事。下部以"大哉乾元显恢宏——多民族共享繁华，诸文化汇聚交融"为题，主要内容有第六章："民族大融合"讲述了在元朝统治下的各族人民多元共存、交汇融合的历史进程，第七章"异彩纷呈的社会经济"、第八章"灿烂夺目的艺术文化"、第九章"兼容并蓄的宗教"、第十章"发达的科学技术"、第十一章"交通中外的使者"等分别介绍了元朝时期繁荣的社会面貌和经济生产状况，讲述了那个时代多元的文化、多民族的艺术成就以及形形色色的宗教活动和交通中外的诸多使者等问题。

与其他同类著作相比，本书的特点在于：内容上是首部全面涉及元朝历史的各个方面、各个领域的一部通俗普及类著作，同时时间跨度上至隋唐蒙兀室韦时期，下至元明更替、蒙古统治者退回大漠草原，时间跨度大，涵盖地域广；在编写体例上，蒙元王朝的历史内涵丰富，但本书无意于面面俱到，而是抓住重点，展现经典，着重笔墨在于那些关键性历史故事，力图给读者以深刻的印象；在展示内容的方式上，最重要原则是图文并茂，文字内容丰富，形式多样，除正文外，还有专题、词条、百科知识，便于读者从多种角度理解历史知识；图片方面，尽可能多地使用内涵丰富的历史文化图片和文物考古图片，并与文字紧紧相扣，让图片说话。

英雄民族创造的历史永远让人热血沸腾。称雄于浩瀚草原上的蒙古人，凭借长生天的庇佑，骑着剽悍的蒙古马，挥舞着马刀，手持着弓箭，震撼了整个欧亚大陆。他们又凭借着"大哉乾元，万物资始，乃统天"的气魄统一了整个华夏大地，不仅造就了熙熙攘攘的民族大融合，更创造了蒙元帝国政治、经济、文化大繁荣的宏图伟业。高傲的黄金家族是以怎样的智慧和雄心统治着那个时代的"全世界"？一代天骄的儿女是以怎样的胸襟和手段让那个传承几千年的中华文化再次绽放异彩？智慧的蒙古人是如何将草原游牧生存法则发扬光大？他们又是如何让那些满腹经纶的儒士们为其肝脑涂地？希望亲爱的读者们带着这些问题进入阅读当中，用心去体会蒙元历史与文化的魅力吧！

编委会

2017 年 8 月 11 日

目录

起于朔漠征四方

——英雄蒙古人、辽阔大帝国

开 篇
与神奇美丽的传说相伴随
——蒙古族的兴起与伟大帝国的创建

蒙古族起源于隋唐辽金时期的室韦—达怛。他们原本在大兴安岭一带的森林中生活，后来向西迁徙到蒙古高原，逐渐发展壮大起来。当时的辽金王朝称他们为阻卜或者鞑靼，并且经常奴役他们，还经常对那些不服从管辖的小部落进行征讨。蒙古人的早期历史可不怎么辉煌，相比之下还显得很艰难。

蒙古族的史诗性著作《蒙古秘史》开篇记述了蒙古人祖先的伟大事迹：

"当初元朝的人祖，是天生一个苍色的狼，与一个惨白色的鹿相配了。同渡过腾吉思名字的水来，到于斡难名字的河源头。不儿罕名字的山前住着。产了一个人，名字唤作巴塔赤罕。"这就是广为传颂的"苍狼白鹿"传说，讲的就是代表蒙古先祖的"苍狼""白鹿"迁徙到蒙古高原腹地的故事。

此外，著名的波斯史学家拉施特在他的不朽名著《史集》中还记载

蒙古国杭爱省草原

蒙古国境内的肯特山

　　了另外一个有关蒙古人早期的神奇故事：大约在距离拉施特所生活的那个年代2000年以前（距今3000年以前），在古代时候被称为蒙古的这个部落，与另外一些部落发生了矛盾，最终引起不可调和的战争。根据值得信赖的那些人们转述的故事所说，有一些部落战胜了蒙古人，对他们进行了大屠杀，最后蒙古人只剩下了两男两女。这两家人非常害怕，于是他们便逃到了一处人迹罕至的地方，那里四周只有连绵不断的群山和茂密的森林，这些足以遮挡他们，使他们隐蔽地生活下来。但是森林中有一条羊肠小道能够使他们躲避之处与外界里外相通。在这些连绵的群山中间，有大片良好肥沃的草原，这个地方叫作额尔古涅昆。（在蒙古语里，"额尔古涅"是"险峻"的意思，"昆"是"山坡"的意思）后来，他们才从这里发展壮大的。

　　到了金朝中后期（大约1150—1234年），生活在蒙古高原腹地的蒙古部在杰出领袖铁木真的率领下迅速崛起，经过多年的征讨，陆续灭掉其他部落，并且屡屡打败金朝。经过艰苦的奋战，终于在金朝泰和六年（1206年）的时候，铁木真把那些打怕了的、臣服了的草原各部召集起来，在斡难河（鄂嫩河）源头美丽的草原上开了个大会，在地上竖起象征草原霸主权力的九节白旄，建立了大蒙古国，铁木真尊号称"成吉思汗"。从1198年首次称汗至统一蒙古高原，建立这个游牧的国家，铁木真共用了7年的时间，即所谓"七载之中成大业，六合之内为一统"！

一望无垠的草原、广阔浩渺的大漠，是蒙古诸部族长久以来的生活环境，各个部落在这种大体相似的环境当中繁衍生息，导致他们的发展阶段也基本是同步的，有着相似的历史文化传统。在大蒙古国建立前后，因战争、迁徙等因素，原有的部落或部族的组织形式已然在不断发生变化。成吉思汗在战胜每一个部族以后，总是将被俘的民众强行分散至各将领麾下管辖，使这些所谓的外族民众与蒙古本部逐渐融合在一起，诸如塔塔儿、克烈、蔑儿乞、乃蛮等部。《蒙古秘史》上说，成吉思汗建立大蒙古国以后，曾经有讲9种语言的百姓聚集在巫师帖卜腾格里那里。可见，当时的大蒙古国还是一个语言各异、族属不同的部落联

《蒙古秘史》书影

合体。随后，成吉思汗实行千户分封制度，打破了原有的氏族部落体系，将拥护自己的部落分属于以亲族、驸马、功臣为首的千户，再把被征服的各部百姓拆散分配到各千户、百户之中，割断他们原有的血缘纽带，统统变成大蒙古国的百姓。由此，降服的各部民众不再像以前那样保持着各自组织的完整和独立，逐渐失去了原有血缘传承，被置于统一的蒙古政权之下，融于蒙古本部，有了共同的地域，即蒙古地区。在这个地区，各部民众开始有了共同的称谓，都自称为"蒙古"，并在大蒙古国的管辖之下，开始了共同的经济、政治生活。至此，一个统一的蒙古民族共同体形成并出现在世界历史的舞台。

大蒙古国建立以后，蒙古统治者

波斯细密画《蒙古军征战图》

实行草原本位政策，将漠北草原地区作为他的统治重心，但是在大蒙古国的周围还有许许多多部族、国家和政权。成吉思汗及其后人窝阔台、贵由、蒙哥等大汗用了几十年的时间，先后降服了畏兀儿、哈喇鲁，吞并西辽，平定西夏，占据河西地区，征服女真人建立的金国，使得吐蕃归顺蒙古，成为其治下之行政区，最后消灭南宋，实现了全国大一统的格局。至1279年，正式建立了疆域辽阔的元朝，把蒙古人的事业推向了高峰。

话说元朝

第一章
蒙古人的族源与先世

蒙古人来自何处？

　　亚欧腹地的浩瀚沙漠和广袤草原上，虽没有适宜耕种的土壤和温度，却是游牧的天然胜地。高原和沙漠骤然变化的气温和旱涝无常的气候，造就了斯基泰、匈奴、突厥、蒙古等驰骋世界的游牧民族。游牧人走马换将般地活跃在亚欧大陆广阔的地域之中，时而飘忽南下，时而剑指西方，或攻城略地，或称王称霸，创造了数不清的人类奇迹，但是由于兴衰倏忽、迁徙无定，又给我们留下了一团团说不清道不明的历史之谜。例如蒙古，这个曾经让世界战栗的民族，他们马蹄踏过的地方和刀锋所指的方位，人们早已熟知。可是关于蒙古人的族源却有许多史诗般的传说和曾经各执一词的讲述。

　　蒙古人关于自己的祖先有许多古老的传说。流传最广的当属"苍狼白鹿"这个近乎童话般美丽的故事。成吉思汗的始祖是苍天降生的孛儿帖赤那（苍狼）

白玉熊（辽代）

和豁埃马阑勒（白鹿）。夫妻二人渡过叫作腾吉思的海子，来到斡难河源头的不儿罕山，生下一个叫巴塔赤罕的孩子，从此世上便有了蒙古人。《蒙古秘史》这部略显神秘的史书还以此排列了成吉思汗的祖先世系。

按理说，一个民族一般只有一个起源传说，但曾经震撼世界的蒙古族在这一点上也同样令人震惊。

"太阳孪生子"同样是一则关于蒙古族起源的唯美传说。相传在天地摆脱混沌的时候，太阳生了两个女儿。两位姑娘泛着轻舟，顺着黄河，以神仙的姿态飘然驾临东方大地。其后，姐妹分别嫁到两地，不久产下婴孩。嫁到南方的姐姐所生的婴孩，出生时手握一撮泥土，发出"唉咳、唉咳"的哭声，于是姐姐为他做了丝绸褪褓，并给其取名唤作"海斯特"，意为"汉人"。姐姐的孩子长大后耕

白釉人首摩羯形瓷壶（辽代）

田植谷，成为农耕民族的祖先。妹妹为她那手握一绺马鬃诞生的孩子取名"蒙格勒"。蒙格勒成年后，便以放羊牧马为生，被尊为蒙古人的祖先。

如果按现代人的理解，第一则传说反映了古代蒙古人的图腾崇拜，其中的"白鹿"应是成吉思汗远祖在森林狩猎时代的图腾，而"苍狼"则是他们进入草原游牧后的图腾。后来的蒙古人在承袭祖先记忆的前提下，编织了"苍狼白鹿"的传说。这些传说虽然不能确切地说明蒙古人的起源，但是至少能够折射出这个民族的文化变迁。比如，在藏传佛教如飓风般掠过草原的 17 世纪，蒙古人也将追溯族源的目光越过世界屋脊，定格在恒河流域的古老印度。这一时期的故事不再限于口耳相传，而是在文人的妙笔下渐渐神化、曲折。故事中，蒙古人的祖先源自印度王室，在历经劫难后经由西藏到了蒙古高原。事实

上，这是蒙古人皈依佛教后，为了彰显信仰的纯洁和法理的正宗，将藏传佛教传入蒙古的路线挪移成先祖迁徙的路线。这则在虔诚宗教情怀下出现的故事虽然不可信，但在一定程度上展示了蒙古民族在发展过程中的一些独特的文化印迹。

传说遭到一致质疑后，人们将蒙古人的祖先和历史上生活在这里的游牧先民联系到一起。匈奴是蒙古高原第一个强大起来的游牧民族，于是有人将其视作蒙古人的祖先。研究者们从历史资料的有限记载中广泛搜罗关于这两个游牧民族的语言、相貌等资料加以比对，试图得出肯定的答案，但是结果不能让人信服。除匈奴外，突厥也曾被认为是蒙古人的祖先。蒙古人源自突厥的说法，最主要的依据就是突厥和蒙古都崇拜狼以及所操语言中存在大量相同的词汇。这种说法

胡人驯狮琥珀佩饰（辽代）

曾经一度十分盛行，得到许多人的认可。但是，同样由于证据不足，最终没有成为定论。所以，关于蒙古人到底来自哪里的争论依然在继续。除上述两种说法外，还有源自白狄、源自东胡的说法，甚至还有人认为蒙古和朝鲜同源。虽然将追溯蒙古人族源的目光投向游牧先民引发了无数的纷争，但比起神话传说毕竟朝着真相前进了一大步。

最终，经过专家学者的严谨考证，"蒙古人源自东胡"的说法得到了广泛认可，基本上成为定论。东胡是我国东北部古老的游牧民族，在历史上活跃了较长的时间，但他们的具体活动十分模糊。史书上关于东胡的寥寥数处记载，也是为了衬托邻邦的风采而出现。战国时期，与东胡毗邻的燕国将军秦开曾击败东胡，这从一个侧面说明东胡并没有足够的实力给当时的燕国造成持久、严峻的威胁。西汉初期，东胡如昙花般短暂地称雄草原。在司马迁的生花妙笔下，东胡作为冒顿单于韬光养晦的陪衬，再次被载入史册。当时，实力远胜匈奴的东胡频频向初登大位的冒顿单于肆意勒索，先是索要鹰、马等猎物，再是女人，最后竟然提出了疆

契丹武士画像

HSYC

话说元朝

《元史》卷一《太祖本纪》
关于蒙古祖先"感天光而生"的记载

太祖法天启运圣武皇帝，讳铁木真，姓奇渥温氏，蒙古部人。太祖其十世祖孛端叉儿，母曰阿兰果火。嫁脱奔咩哩犍，生二子，长曰博寒葛答黑，次曰博合睹撒里直。既而夫亡，阿兰寡居，夜寝帐中，梦白光自天窗中入，化为金色神人，来趋卧榻。阿兰惊觉，遂有娠，产一子，即孛端叉儿也。孛端叉儿状貌奇异，沉默寡言，家人谓之痴，独阿兰语人曰："此儿非痴，后世子孙必有大贵者。"阿兰没，诸兄分家赀，不及之。孛端叉儿曰："贫贱富贵，命也，赀财何足道！"独乘青白马，至八里屯阿懒之地居焉。食饮无所得，适有苍鹰搏野兽而食，孛端叉儿以缗设机取之，鹰即驯狎，乃臂鹰，猎兔禽以为膳，或阙即继，似有天相之。

土要求。在冒顿单于眼里，鹰、马、女人俱是玩物，所以统统给予，毫不在乎，但当东胡王向其索要疆土时，他却本着寸土不让的态度，严词拒绝。于是双方翻脸，经过真刀真枪的较量，东胡惨败远遁，匈奴从此雄霸北方草原。溃散的东胡并没有从历史舞台上消失，其后他们的子孙先后以鲜卑、契丹这些新的身份称雄草原、跃马长城。

受鲜卑、契丹辖制的东胡系众部族中称作"室韦"的部族就是蒙古人的直系祖先。这支受尽同族奴役的部族，并不甘心在不儿罕山、斡难河畔世代放牧，最终以蒙古的名称统一了草原，撼动了世界。

源自东胡的蒙古人，当然只能指代成吉思汗统一蒙古高原前的原蒙古人。在成吉思汗时代，草原上林立着众多的非蒙古部落，如突厥后裔的乃蛮部、阴山脚下的汪古部。经过血腥的战争，草原归于一统，部族渐趋融合，整个蒙古高原的游牧人也都以蒙古人自居。因此，今天的蒙古人应该是由曾经活跃在历史舞台上的多个民族融合而成的。

人形金饰件（辽代）

传奇的老祖母——阿阑豁阿

成吉思汗的十一世祖先中有两位英雄人物，一位叫朵奔蔑儿干，另一位叫都哇锁豁尔，他们是亲兄弟。"蔑儿干"汉语意为"神箭手"，"都哇锁豁尔"可以笼统地翻译为"千里眼"。一天，哥哥都哇锁豁尔领着朵奔蔑儿干在不儿罕山寻觅猎物。兄弟俩看见山下那条茂密森林中的小溪边有一群百姓在缓缓前行。"千里眼"哥哥凭着天赋异禀，看见人群中一辆白帐黑车上坐着一位貌美的姑娘。都哇锁豁尔高兴地对弟弟说："那一群百姓里头，有一辆黑车子，前头有一个女儿生得好。若不曾嫁人，索与弟朵奔蔑儿干做妻。"哥俩随即决定下山探个究竟。

原来这群百姓是豁里秃马惕人，从北边贝加尔湖畔辗转迁徙而来。"千里眼"在山上瞧见的那位妙龄少女正是这群百姓首领的女儿，叫作阿阑豁

《夫妻对坐图》壁画（元代）

HSYC

话说元朝

阿。都哇锁豁尔兄弟与对方经过一番寒暄，说明了结亲的意愿。豁里秃马惕人的首领心想，自己率部千里迢迢才找到这么一块水草丰美之地，要想站稳脚跟，与原住民联姻自然可行；另外，经过刚才的短暂交谈，知道朵奔蔑儿干还是神箭手，于是答应了这门亲事。

"神箭手"讨得美貌妻子后，就在猎物众多的不儿罕山畔过上了幸福的小日子。平静的生活因为都哇锁豁尔的去世一度掀起了涟漪。对弟弟百般呵护的都哇锁豁尔去世后，他的四个儿子不再尊敬他们的叔叔，不久便另起炉灶，移到其他地方放牧去了。自从侄儿们离开后，因为缺少人手，朵奔蔑儿干和阿阑豁阿的日子每况愈下。

朵奔蔑儿干为养活阿阑豁阿和两个儿子不古讷台、别勒古讷台，有时候在山里蹲守大半天也看不见黄羊、狍子、飞鸟的影子，日子过得很拮据，好在在阿阑豁阿的操持下，尚能勉强度过。一天，朵奔蔑儿干正背着一块其他部落馈赠的鹿肉往家里赶，好让可爱的孩子和贤惠的妻子饱餐一顿。突然，路边一个羸弱的汉子叫住了他，

请求用那他饥肠辘辘的儿子换一块鹿肉。朵奔蔑儿干看了眼瘦弱的孩子，动了恻隐之心。于是他给了汉子一条鹿腿，将孩子领回家里，作为奴隶。在这个奴隶的协助下，朵奔蔑儿干和

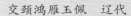

交颈鸿雁玉佩　辽代

阿阑豁阿的日子逐渐有了起色，而且已经开始有人称呼朵奔蔑儿干为"伯颜"了，那就说明他成了一个富贵的老爷。

阿阑豁阿再不用为一家人的吃饭问题担忧了，看着丈夫被别人尊称为富人"伯颜"，看着一双茁壮成长的儿子，她的心里十分满足。但天空不能永远晴朗，溪流不会四季清澈，生活这架马车也不会一直按照人们设想的美好轨道辚辚向前。不久，朵奔蔑儿干便抛下孤儿寡母撒手人寰。

阿阑豁阿在丈夫去世后，接连产下三子，已经长成大人的别勒古讷台，

听完人们关于三个弟弟身世的流言蜚语后，私下对不古讷台说："咱们的母亲，在父亲去世后，家里也没有有资格收继的叔伯，只有一个奴隶，难道这三个弟弟是他的儿子吗？"时间长了，阿阑豁阿也觉察到这两兄弟的疑惑。

在一个草儿抽芽、羊羔开始撒欢儿的春天，阿阑豁阿煮熟风干羊肉，让五个儿子环坐在她身边。饭后，阿阑豁阿给五兄弟每人分发了一支箭，让他们折断。五个小伙子毫不费力地将各自手中的箭齐刷刷地折为两截，费解地望着母亲。母亲微微一笑，又拿出五支箭，束成一捆，让五兄弟轮流去折。孩子们使出浑身力气，个个

憋得面庞发紫，最终没有人能折断捆在一起的五支箭。阿阑豁阿看见铺陈得差不多了，徐徐说道："你们五个，都是我一个肚皮里生的。如刚才五支箭杆一般，各自一支啊，任谁容易折断；兄弟一旦同心，便如这五支箭杆，束在一处，他人如何容易折断？"五兄弟点头称是。阿阑豁阿继续说："不古讷台、别勒古讷台，你们两个疑惑我这三个孩子的身世。你们有疑问这也正常。那我今天就把事情的原委和你们说说。你们不知道，每天夜里有一通体发光的天人飞入我的帐房，抚摸我的腹部，天人散发的光芒都投入我的腹内。待到天亮时，才爬出去，后来就接连有了他们仨。由此看来，

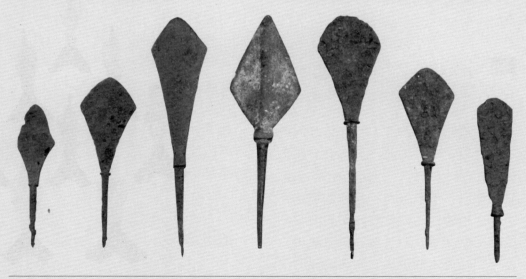

铁箭簇（元代）

❖ 草原上的黄鹰 ❖

《蒙古秘史》第26—29节中记述了孛端察儿蓑养和利用黄鹰出猎的情景："那般住的时分，孛端察儿见有个雏黄鹰拿住个野鸡。他生计量，拔了及荟马尾做个套儿，将黄鹰拿着养了。孛端察儿因无吃的上头，见山崖边狼围住的野物射杀了，或狼食残的拾着吃，就养了鹰。如此过了一冬。到春间鹅鸭都来了，孛端察儿将他的黄鹰饿着飞放。拿得鹅鸭多了，吃不尽，挂在各枯树上都臭了。都亦连名字的山背后，有一丛百姓，顺着统格黎河边起来。孛端察儿每日间放鹰，到这百姓处讨马乳吃，晚间去草庵子里宿。那百姓向孛端察儿索这黄鹰，他不曾与，两家也不曾相问姓名，只这般住了。"

他们一定是上天的儿子。等到成为万众之主时，人们才会明白呀！"

▣ 与狼共舞，与鹰逐食——孛端察儿

阿阑豁阿那番广为后人传颂的道理，并没有被她的儿子们领会。在她死后，四个哥哥认为他们最小的弟弟是个傻子，不具备得到家产的资格，将他逐出家门。他就是阿阑豁阿最小的儿子孛端察儿。其实，哥哥眼中的傻弟弟是位志向远大、胸怀坦荡的汉子，认为钱财富贵乃身外之物，不足费心。于是他坦然地接受了哥哥们的决定，独自骑了一匹同样被兄长们抛弃的背上生疮的秃尾巴青白马，沿着斡难河漫无目的地走了。

后来孛端察儿在一个名叫巴勒谆的小岛上搭了个草棚住下。在人烟稀少的草原上，一个人很难生存。刚开始，孛端察儿只能忍饥挨饿，靠采集野果和鸟蛋度日。一天，饥肠辘辘的孛端察儿躺在他那露天的草棚里仰望苍天，看见天空中的雄鹰口衔猎物，得意地盘翔鸣叫。他突然萌生了捕住苍鹰，为他猎食的想法。他从那匹青白马的尾巴上扯下一根尾毛，挽了个套鹰的简易工具。赖长生天垂青，最后居然套住了那只苍鹰。经过一段时间的训练，苍鹰对他俯首听命了。

被他驯服的苍鹰蹲在他的胳膊上，确实为几乎走投无路的孛端察儿增添了几分神气，但这只

鸣嘀（辽代）

苍鹰并没有从根本上改变他的生存处境。他和苍鹰的出猎活动，有时收获颇丰，有时却接连几日也捕获不到一丁点儿猎物。在猎物多的时候，孛端察儿可以奢侈地把所获的野鸭挂在树上做肉干。当连续几天一无所获时，他只能偷偷跟随狼群，那些被狼群追得疲于奔命的野物，倒是可以不甚费力地纳入他的囊中。但这种机会也不是每天都有。最无奈的时候，孛端察儿只能架着他的鹰四处寻找狼群吃剩的动物残躯，以此来充饥和喂鹰。

不知何时，兀良哈氏的几十家百姓迁到了孛端察儿的住处附近。这对独身在外的孛端察儿来说再好不过了。邻居们对孛端察儿尚算怜悯，时常接济他一些马奶子、干肉。有了邻居的孛端察儿似乎过得更滋润些。但有一天，兀良哈人见他势单力薄，于是向他索取那只苍鹰。这只鹰对孛端察儿来说，既是谋生工具，又是生活伴侣，当然

不能拱手让人。后来好在兀良哈人没有威逼。

恰在这个时候，孛端察儿的哥哥不忽塔吉耐不住想念弟弟的情感，决定顺着斡难河边寻找一番，看看这个傻弟弟还在不在世上。顺河而下的不忽塔吉从兀良哈人口中知晓了弟弟的安身处。不忽塔吉看见落魄的弟弟，决定带他一起回家。兄弟二人打马回去的时候，跟在后边的孛端察儿口中念叨："人的身子须有头，衣裳应有领子啊！"起初，走在前面的不忽塔吉没有理睬，后来实在听得不耐烦了，问道："你为什么反复唠叨这句话？"孛端察儿正颜厉色地说，"溪边这群兀良哈人是一群没有头领的散民。他们不分大小、贵贱。我们应该去将他们掳掠回去做我们的百姓。"

不忽塔吉听完弟弟的话，起初十分吃惊，可细细思忖，觉得有道理，于是对孛端察

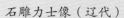

石雕力士像（辽代）

儿说："我们回去与其他兄弟从长计议！"回家后五兄弟周密策划了掳掠兀良哈的计谋，并决定由熟悉情况的孛端察儿打头阵。

兄弟五人很快降服了散居在溪边的这群兀良哈人，拥有了大量的牛马、奴婢，一跃成为贵族。在征服兀良哈人时，孛端察儿给自己抢了一个老婆。这位抢来的女人为孛端察儿生了好几个孩子，这些孩子长大后自立门户，成为许多蒙古部落的始祖。

后来，富贵起来的孛端察儿又娶了个妻子，算是他的正室。她生的儿子取名为哈必赤把阿秃儿。在孛端察儿众多儿子中，只有这个孩子继承了"孛儿只斤"的姓氏。而孛端察儿正是孛儿只斤氏的创氏祖先，由他收复

〉蒙古民间流传的狼童传说 〈

从前，一群猎人在克鲁伦河畔狩猎，发现一只母狼带领一个三四岁的男孩奔于荒野。猎人们赶走了狼，带回了男孩，不知他为何人所生，便起名为沙鲁。及其能言，沙鲁能听懂各种动物语言；及壮应征入伍，随成吉思汗征战。一次宿营，沙鲁听到狼嚎，便告诉头领有洪水之灾，必须易地扎营。果然夜间风雨交加，原营地被洪水淹没。从此，凡夜间宿营，头领同沙鲁便知吉凶。从上述历史记载和民间流传的狼童传说看，蒙古人存在着狼图腾崇拜的观念显而易见。

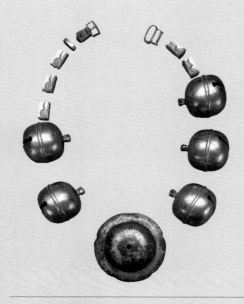

云纹鎏金铜马具（辽代）

的部族奠定了蒙古繁衍强大的基础，由他创立的姓氏最后被他那叫铁木真的后代弘扬得像太阳般光芒四射。

红颜一怒，险遭灭族——莫拏奴

莫拏奴，成吉思汗的第八世祖母，蔑年土敦的妻子。蔑年土敦时代是蒙古族成长历程中的重要时期，正是从这一时期起，蒙古族的各代先祖有了专门的称呼，蔑年土敦被称为"都塔洪"，也做"都答洪"。蔑年土敦和莫拏奴共有 7 个儿子，这些儿子按照

蒙古人的传统，各自娶妻生子，拥有各自的部落和领地。蔑年土敦死后，莫拏奴便成了这七个儿子的领导核心，她有权力和能力对儿子们的部落发号施令。

当时，建立在血缘基础上的领导地位是相对稳定的。每当莫拏奴走出毡房，望着辽阔的草原和遥远的天际，直到她的视线所及，她豁然发现，这里的一切，她的儿子们，她儿子们的牧场、羊群和部落的人们都属于她。于是，强烈的满足感充斥着她的心扉，她觉得自己是这片土地上最了不起的女人。

具有转折性质的事件往往孕育许久，又发生于偶然。有一天，正当这位威风凛凛的女人经过她儿子的牧场的时候，恰好碰见一群饥饿的札剌亦

波斯细密画《蒙古军征战图》

HSYC

話說元朝

儿人们在挖草根以充饥，搅乱了她儿子的牧群。莫拏奴自觉受到了莫大的耻辱，顿时勃然大怒，一边怒骂着这群不知死活的人们，一边赶着马车向这群人们冲了过去。结果可想而知，这群札剌亦儿人被撞伤，还有几个孩子被碾死。札剌亦儿人也是草原孕育的雄鹰，雄鹰不能保护自己的幼子和女人，这是莫大的耻辱。更重要的是，即使他们忍受了这种耻辱，还会担心莫拏奴和她儿子们更疯狂的进攻。于是，这群受伤的雄鹰带着失去亲人的仇恨，对莫拏奴的部落进行了疯狂的扫荡，除了被乳母藏在乱木堆中的海都（莫拏奴的孙子）和不在家的第七个儿子纳真，包括莫拏奴在内的族人都被杀了。此时的草原，没有了当日目空一切的富有女人，也不见昔日平静中的繁华。之后发生的，是纳真和海

十字架景教挂饰（元代）

都如何面对他们的先祖莫拏奴留下的创伤，并在强大毅力和无穷智慧的支撑下，继续书写蒙古人的历史。

我们不知道，面对莫拏奴的行为，她的亲人们和她的部落做何感想，是责怪，是愤恨，还是无奈。而她本人，是否因此而自责和愧疚。当然，惨不忍睹的屠杀既已发生，任何一种情愫都无法弥补这一行为对部落和人们造成的伤害。可以明确的是，这一事件将莫拏奴极其残忍的一面揭露无遗，在她强横的内心里，没有对弱者的同情，也没有对幼儿的怜爱。是儿孙满堂、辽阔草场、遍野羊群的富有塑造了莫拏奴的霸道、蛮横、冷酷和不计后果，还是她本就存在的人性被过于丰盈的物质冲刷得支离破碎。确切的答案，无从知晓。无论如何，这场血腥对莫拏奴的部落和札剌亦儿人

景教剑（元代）

都是一场劫难，一个抹不去的伤痛记忆。我们所知道的是，因为莫挈奴的强横，蒙古高原的草地上多了几分血色。这血色，渲染着几分那个时代的悲凉。

草原上的基督徒

在人们的传统观念中，古代草原上的游牧人和基督教风马牛不相及，圣洁的长生天和身上满挂饰物的萨满是他们的信仰所在。但在欧亚腹地的鄂尔浑河与色楞格河上游一带，游牧的克烈人却是虔诚的基督徒。传说古代有一位国王，生了 8 个儿子，全部面庞黝黑，大家就称他们为"克烈"。后来"克烈"就成了国王嫡传子的族称。

景教铜徽章（元代）

《黑鞑事略》中神秘的蒙古葬俗

其墓无冢，以马践蹂，使如平地。若忒没真之墓，则插矢以为垣，逻骑以为衡。徐霆注曰："霆见忒没真墓在泸沟河之侧，山水环绕。相传忒没真生于斯，即死，葬于斯，未知果否？"

关于克烈人，到今天也不能确定他们到底属于古老的突厥人，还是蒙古人。因为从他们的名字上来看，大多用突厥名，例如有名的王汗，他的真名叫脱斡邻勒，在突厥语中是一种猛禽的名字。但在后来的记载中，人们把克烈人归入蒙古人。

克烈在辽代曾被契丹征服，一直作为臣属部落归辽王朝统辖。大约在辽初，克烈人皈依了基督教。克烈人的汗王在围猎中，因为追逐猎物策马远离了营地，在归途中突然风雪弥漫，迷失了方向。这位汗王在雪地里焦急地来回打转。冬天在茫茫的草原上迷了路，就有被冻死的危险。恰巧这个时候一位圣者路过，领着汗王脱离了险境。救助汗王的圣者是随商队到草原上传教的基督教聂斯托里派牧师。在他的反复说教下，汗王信奉了基督教。接受了洗礼的汗王，下令克烈人全部皈依了基督教。

在也速该和铁木真时代，克烈部是蒙古草原上人多马壮的强盛部落。首领脱斡邻勒汗传奇的一生和铁木真父子有着千丝万缕的关系。在王汗初登汗位的时候，为了牢牢把握大权，残酷屠杀了名下部众较多的叔父和兄弟们。在内讧中，脱斡邻勒汗的一个叔叔纠集其他受迫害的部众与其分庭抗礼，称"古尔汗"。在一次战争中，脱斡邻勒汗几乎全军覆没，单骑逃到成吉思汗的父亲也速该的部落寻求庇护。当时也速该虽然没有称汗，但已经是部落的头号人物。在也速该的帮助下，脱斡邻勒聚集了战争中四散的百姓，组织起像样的军队，打败了他的叔叔，重新夺回了克烈的汗位。因此，脱斡邻勒汗和也速该缔结了深厚的友谊，成了草原上的一对安达。

脱斡邻勒与铁木真家族的故事，并没有因为也速该的突然去世而谢幕。也速该死后，铁木真历尽苦难，终于长大成人。一天，诃额伦母亲对他说："去呼伦贝尔迎娶你的未婚妻去吧！"铁木真带领着勇猛的弟弟们和足智多谋的那可儿博尔忽，顺利地娶回了他父亲生前给他订聘的妻子——孛儿帖。新婚燕尔的铁木真并没有忘记自己危险的处境，泰亦赤兀人、塔塔儿人、蔑儿乞人一直对他虎视眈眈。于是铁木真想到联络父亲生前的盟友脱斡邻勒，并把丈人送的黑貂皮大氅送给脱斡邻勒汗作为见面礼。按当时草原上的习俗，这件珍贵无比的礼物本应该是新郎父亲的应得之物。脱斡邻勒汗没有忘记也速该对他的再造之恩，热情地款待了铁木真一行，而且还答应援助铁木真振兴衰落的家族。

在草原上，故事就像青草四季轮回一样，也在不断地重复上演着。铁木真和脱斡邻勒汗缔结盟约不久，三姓蔑儿乞人在他猝不及防的情况下，抢走了新娘子孛儿帖。铁木真思忖依靠自己现有的人马还不足以对抗三姓蔑儿乞人。后来，铁木真想到向父亲的老朋友、自己的新盟友求救。脱斡

铁火炮（元代）

邻勒汗自己年幼时，和他的母亲一道被蔑儿乞人掳掠为奴。从仇恨和报恩两个角度思量，脱斡邻勒汗接受了铁木真的请求，协助铁木真打败蔑儿乞人，夺回孛儿帖。

其后，铁木真一直以儿子的姿态面对脱斡邻勒汗。脱斡邻勒汗也多次援助铁木真收聚百姓，对抗强敌。在一次联合金军的作战中，两人因战功获得金朝的封赏，脱斡邻勒汗被封为"王汗"，铁木真也得到了"札兀惕忽里"的称号。

脱斡邻勒汗和铁木真"父子二人"联手打败蔑儿乞人、塔塔儿人、乃蛮人后，草原上只剩下蒙古和克烈两大强盛部落。一山难容二虎，草原上也不会升起两个太阳，二人因切身利益逐渐产生了矛盾。脱斡邻勒汗在儿子桑昆和铁木真的敌人札木合的挑唆下，决定攻打铁木真。当时克烈远远比蒙古强大，因此经过哈兰真沙陀的一战，脱斡邻勒汗打败了铁木真，并将蒙古部赶到一个名为班朱尼的小湖畔。

脱斡邻勒汗在打败铁木真后，逐渐对这个羸弱的对手放松了戒备，整日忙于礼拜和欣赏他的百人乐队。几年后，脱斡邻勒汗遭到了铁木真的突袭，克烈部众被打得四散而去，他的亲弟弟也投降了铁木真。众叛亲离的脱斡邻勒汗和他儿

波斯细密画《蒙古大汗宴会图》

子侥幸逃脱。这位有信仰的汗王决定前去投奔同样信奉基督教的乃蛮部。在抵达乃蛮边境后，乃蛮边将说什么也不相信眼前这位衣衫褴褛、失魂落魄的老头就是威震草原的王汗脱斡邻勒。关键时候，信仰笃诚的脱斡邻勒汗并没有得到耶稣的保佑，被那位鲁莽的乃蛮边将砍下了头颅。

酒胆包天的首任蒙古大汗

成吉思汗的三世祖合不勒汗是一位颇为传奇的草原英雄。合不勒汗出生时，与蒙古并立的部落时常袭扰他们的安宁生活。此时的蒙古分散成大大小小许多部落，不能有效地组织起来防御外敌。后来，英勇的合不勒汗经过多年努力，在形式上统一了蒙古，被大家推举为首任可汗，平时管辖毡帐中的蒙古百姓，战时统领所有蒙古军队。从合不勒汗开始，蒙古人有了可汗的称号，创建了自己的政权。合不勒汗生有 7 个儿子，个个都是

女真武士画像

草原上有名的巴特尔（汉语"英雄"的意思），狩猎时兄弟几个所获的猎物堆积如山，与敌人格斗时他们犹如出笼的猛虎，在草原上威名赫赫。合不勒汗的二儿子组成的乞颜——孛儿只斤家族，从成吉思汗时代开始一直是蒙古最为显赫的家族，统治了蒙古数百年。

蒙古各部在共同推举合不勒汗为众人的可汗后，日子相较从前过得安稳了。但天下并非太平无事，当时控制草原的金国得知合不勒汗聚集百姓、建立政权后，使出了惯用的伎俩，封合不勒汗为国王。骄傲的合不勒汗拒绝接受这一称号。根据史书记载，他对金国所封的称号嗤之以鼻，并自称太祖元明皇帝。显然太祖元明皇帝的称谓是后人杜撰的，但雄才大略的合不勒汗确实没有把金国放在眼里。其后，合不勒汗到京城朝觐皇帝时，做了一件令人咋舌的大事。

兴起于黑水白山的金朝，

控制着北方草原，采取既拉拢利诱，又防御打击的策略，其中最残忍的手段莫过于每隔三年一次的"减丁"，即生怕草原上出现与之对抗的强大势力，每隔三年派兵随意屠杀草原上的百姓。在封授合不勒汗为国王后，当时金朝的熙宗皇帝继续采用怀柔策略，派人宴请合不勒汗到京城相聚。合不勒汗深知此行的危险，但又不能不去。到京城后，合不勒汗处处小心，尤其害怕金人在食物中下毒戕害他。所以每当皇帝设宴招待时，面对重叠堆积的美味佳肴，合不勒汗起初大快朵颐，其后总要借口不适应南边的气候，要到外边去凉快。一到外边，他以消暑为名，把头伸进水池子里，将所吃的食物、所饮的美酒统统吐出。每逢宴会，合不勒汗便三番五次地出入，而且每次回去依然大口吃肉、大碗喝酒。金朝的皇帝和大臣们都称赞他胃口奇佳，不久合不勒汗就因酒量和饭量出了名。

女真文字盘口瓶（金代）

狩猎是草原一项很有特色的活动。萨都剌《上京即事》写狩猎："紫塞风高弓力强，王孙走马猎沙场。呼鹰腰箭归来晚，马上倒悬双白狼。"王恽描绘的忽必烈汗的狩猎场景异常骁勇："飞鹰走犬汉人事，以豹取兽何其雄。"董文用扈从成宗铁穆耳，记述在三不剌（今锡林郭勒阿巴嘎旗、苏尼特左旗一带）狩猎：王恽"千里阴山骑四周，休夸西伯渭滨游。今年校猎饶常岁，一色天狼四十头。……今年大弥蹛林秋，青兕黄羊以万筹。摇吻戍儿欣有语，好云从此到南楼。今秋天饷佳冬粮，万穴空来杀气苍。渴饮马酮饥食肉，西风低草看牛羊。""一声画鼓肃霜威，千骑平冈卷雪晴。长围渐合汤山东，两翼闪闪牙旗红"的狩猎场面与气势，都是草原风情的真实写照。

合不勒汗怀着忐忑之心在京城待了一段时间后，心里戒备逐渐松懈，一次宴会上，借着歌舞忍不住多喝了几杯。酒劲儿上头的合不勒汗，起来当众舞蹈，独特的风格引得众人连连称赞。不经意间，舞到了皇帝身边，借着酒劲儿，合不勒汗竟然伸手在皇帝的胡子上抓了一把。顷刻间，群臣乱作一团，甚至有人已拔出了腰间的佩刀。危急关头，金熙宗完颜亶考虑到北边草原的顺服和安定，竟容忍了合不勒汗的大不敬行径，微微一笑说

话说元朝

话说元朝

HSYC

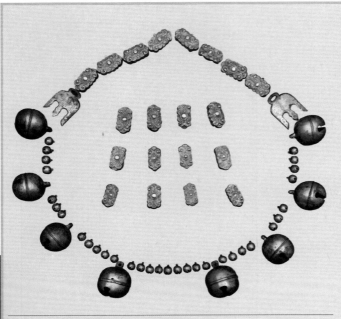

双龙纹鎏金马具（辽代）

道："他喝多了，不要和一个酒徒计较！"随后，金熙宗取来珍珠、宝石和金银玉器赏给合不勒汗。

事情看似平息了，但回到寝馆的合不勒汗回想起宴会上的举动，自己都吓出一身冷汗，于是连夜逃遁。果然，几天后，金朝的大臣对金熙宗说："这个人如此大胆，将来回去一定会给我们惹麻烦，不如追住把他杀掉！"金熙宗随即授意臣下，派轻骑兵追赶合不勒汗。后来几拨人马一直追至三河源头——合不勒汗的老家。合不勒汗知道这是金朝秋后算账来了，于是谎称外出打猎，躲避不见金使。金使

面对茫茫草原也无处寻觅合不勒汗的藏身之处，无奈折返。但是，在回去的路上，金使恰巧遇见了合不勒汗，于是将他绑上马背，打道回朝。

押解合不勒汗的金朝使臣遇上另一个部落，觉得离蒙古已经很远了，决定下马歇息。金使入住的人家碰巧是合不勒汗的安达撒勒只乌台。撒勒只乌台偷偷地准备了快马，打算让合不勒汗乘马逃走。但是金兵防范甚严，用绳子捆住了合不勒汗的双脚。撒勒只乌台的计谋没有成功。后来，合不勒汗趁金兵劳累发困的时候，挣脱脚上的绳子，夺了一匹马，打马北去。

合不勒汗一路策马飞驰，回到三河源时，还没来得及喘息，金兵已经尾随追上。于是合不勒汗躲到儿媳妇的帐房里，并对她们说："我将你们娶回来，我们就是一家人，在危难时刻要一条心。现在我们杀掉这些使臣吧，不然将来金朝的大军过来，大家也难免一死。"随后，大家根据合不勒汗的安排，袭杀了金朝的追兵。合不勒汗的命总算是保住了。

金熙宗得知前往缉拿合不勒汗的轻骑兵已被蒙古人悉数击杀，派大军向蒙古问罪。英勇的合不勒汗自忖自己麾下兵微将寡，不能和金军正面交锋，遂使用诱敌深入之计打败了金军。但是，这次胜利是其后金朝和蒙古几代恩怨的一个开端。

俺巴孩汗木驴上的谶言

蒙古第一位可汗合不勒汗并没有在他的六个儿子当中选择接班人，而是将汗位传给了族兄弟——泰亦赤兀部落的俺巴孩。在俺巴孩汗统领蒙古的时候，草原上还并存着塔塔儿、弘吉刺等部落，这些部落都奉金朝为宗主。没有共主的草原依旧整日厮杀，部落间的战争从未停歇。金朝为了更好地控制草原，频频离间和挑拨各部落间的关系。俺巴孩汗的命运就断送在这些错综复杂的关系中。

在俺巴孩汗时代，草原上大部分部落信奉原始的萨满教，大到征战伐猎，小到求医问药，都依靠萨满。其中塔塔儿部有一位法力高强的萨满，据说能呼风唤雨、包治百病，在草原上声名远扬，人们甚至千里迢迢、不

惜重金前来迎请。弘吉刺部的一位贵族身患重病，屡治不愈，后来慕名派人去请塔塔儿这位有名的萨满前来治疗。最后，塔塔儿萨满并没有治好病重的弘吉刺贵族。弘吉刺贵族死后，他的族人追上返途中的萨满，一顿乱刀将其砍成一堆血肉。惨案发生后，塔塔儿部立即组织军队来弘吉刺寻仇。萨满没有医治好的弘吉刺贵族正是蒙古大汗合不勒汗的小舅子。因此，在弘吉刺和塔塔儿的征战中，合不勒汗的儿子们与舅舅的部落站在一起对抗塔塔儿人。蒙古人援助弘吉刺的举动，惹怒了塔塔儿人，

鎏金双面人头银饰件（辽代）

两个部落从此结下了梁子。

新上任的俺巴孩汗为了让蒙古人能够安稳地放牛牧马，过太平日子，决定少树仇家，多解仇怨。他首先想到了和塔塔儿人和解，于是把自己的女儿嫁给塔塔儿贵族。为了表达诚意，俺巴孩汗决定亲自将女儿送至呼伦湖畔的未婚夫那里。未曾想，迎接他的并不是马奶酒和手把肉。塔塔儿人背叛了婚约，将俺巴孩汗绑送至金朝。

《击鼓图》壁画（辽代）

从合不勒汗时代起，金朝就与蒙古结下了仇怨。金朝皇帝看到盟友将蒙古汗送到家门，吸取了放纵合不勒汗的教训，决定杀掉俺巴孩汗，以绝后患。金朝为了达到杀鸡儆猴之目的，决定对俺巴孩汗施用残酷的木驴之刑。被绑在刑场上的俺巴孩汗毫不畏惧死亡，正气凛然地对监刑的金朝皇帝说："你没有用你自己的勇敢、胆略和军队俘获我，是别人捉住我送到你这里来的，你在如此不体面和可悲叹的情况下杀死我……蒙古宗亲诸部……将来会向你讨还血债！"金朝皇帝轻蔑地说："那就让你的那可儿回去告诉你们的人来报仇吧！"于是放走了俺巴孩汗的一个随从。这个随从临走前，俺巴孩汗对他说："让我的族人和子孙永远记住这笔血债，喝斡难河水长大的蒙古人是不会屈服的，总有一天会有一个巴特尔，把这些刽子手都钉在木驴上，即使磨断了五个指甲，磨断了十个指头！"俺巴孩汗亮若洪钟的声音震撼了刑场上的每一个人。说完后，他泰然受刑。

◎ 忽图剌汗大败金兀术

报信的那可儿回到蒙古大本营

后，声泪俱下地讲述了俺巴孩汗的惨死之状和临终遗言。成吉思汗的父亲也速该巴特尔等蒙古贵族立即组织军队，推举合不勒汗的儿子忽图剌为首领，发动了对塔塔儿的战争。

忽图剌汗是草原有名的巴特尔，据说他的声音能穿过七座山，他的手掌大如熊掌，他能徒手将一个壮汉折成两截，他一顿饭能吃下一只 3 岁的羊。在这位英雄的率领下，蒙古人和塔塔儿人进行了 13 次战争，最后打得两败俱伤。合不勒汗的长子，另一位草原英雄不幸在一次战争中被塔塔儿人俘获，结局和俺巴孩汗

一样，被金朝钉死在木驴上。旧仇未报，又添新恨，被复仇火焰燃烧起来的蒙古人兵锋直指金朝的边境。金军做梦也没想到草原上这个蕞尔小邦竟敢进犯天朝。结果，在金军疏于防范的情况下，蒙古人大获全胜。而当时统领金军的正是完颜宗弼，即令宋人闻风丧胆的金兀术。双方几经交战，最后讲和。和约中，金朝为蒙古开出了较为优厚的条件和待遇。

忽图剌汗的复仇事业虽然没有全面完成，但他的勇气和精神激励着他之后的蒙古人继续实现俺巴孩汗的遗言。蒙古和塔塔儿、金朝的征战，使得

赤峰市巴林右旗辽庆州城白塔

千户制度

千户是大蒙古国的基本社会组织。1204年，蒙古部首领铁木真出征乃蛮之前，为了适应作战的需要，将所有军队按千户、百户、十户统一编组，委派了各级那颜（蒙古语，意为"官人"）。1206年，铁木真建立大蒙古国，他被尊称为成吉思汗。成吉思汗在旧有的基础上，进一步扩建和完善了千户制度。将所属部民全部按照千户制编制起来，总数为95个千户，能提供大约10万人的兵员。为了使军队具有强大的战斗力，成吉思汗规定，万户长、千户长、百户长们都应将自己的部队保持得井然有序，随时做好准备，一声令下就能在任何时候出征。十户长不能统率其十人队作战者，将连同其妻子、儿女一并定罪，然后从其十人队中另择一人任十户长。对待百户长、千户长、万户长们也是这样。

双方的仇恨越积越深。最后，英雄的子孙成吉思汗通过"磨断五个指甲，磨断十个指头"的努力，终于以塔塔儿人和金人的鲜血洗刷了父祖的仇恨。俺巴孩汗那句响彻金朝都城的遗言，竟成谶语。

金朝对蒙古诸部的管辖

1125年，辽国被东北新兴起的金国所灭，辽宗室耶律大石率部据守镇州，建立了后辽政权。几年后，他征集大量漠北诸属部军，向西进发。在此前后，蒙古高原的各部落先后被金国征服或主动降附金国。

在女真族统治北方的金朝时期，活动在蒙古草原上的汪古、塔塔儿、弘吉剌、蒙古本部等同女真族有着各种联系。金朝时期，蒙古能战之士被编入金朝乣军之中，被称为"萌古乣"。各部落的首领接受金朝封号，为金朝军队提供兵源，还要每年定期纳贡，并为其守边。如克烈部长脱斡邻勒，金封爵为王，故又名王罕，他的儿子亦剌合也有详稳头衔。金朝封乃蛮部首领塔阳罕为大王，故曰大王汗，又讹为太阳汗或泰阳汗。铁木真也曾被金朝丞相完颜襄封为"札兀惕忽里"。关于其意义，学术界说法不一，大体为统领蒙古部民众和军队的首领，这对于铁木真后来从部落首领向真正的蒙古可汗转化，具有非常重要的意义。

金朝为防御蒙古诸部，在北方地区修筑界壕和边堡，屯驻重兵防守。1165年正月，"诏泰州、临潢接境设边堡七十，驻兵万三千"。1181年四月，又"增筑泰州、临潢府等路边堡及屋宇"。金朝设置了东北、西北、西南三路招讨司，用以管辖北方各部落，这三处招讨司的治所并未设在属部之地，而是分别设于泰州、燕子城和丰州，均为边内州城。

辽金时期蒙古诸部与契丹、女真的经济往来

辽金时期，蒙古高原诸部与契丹、女真民族在经济文化上的往来十分频繁。辽代在漠北地区建立城市，开辟屯田，发展社会生产。同时，大批汉人、契丹人和女真人迁居漠北，各族的经济、文化、社会生活方式和观念

淮海等处义兵千户所铜印（元代）

⟨ 克烈部 ⟩

大蒙古国建立以前，蒙古高原上最大、最强的一个部落是克烈部，也称怯烈、克烈亦惕、凯烈等。克烈部分布在大抵东至怯绿连河（胪朐河）上游之南、西至杭海岭（杭爱山）、北至土兀剌河（今土拉河）和斡耳寒河（今鄂尔浑河）下游一带，北临大漠。克烈部的族属问题，至今悬而未决。多数学者持突厥说，以伯希和为代表；也有人持蒙古说，其论据来源于陶宗仪《南村辍耕录》和拉施特《史集》的记载。如韩儒林主编的《元朝史》认为"克烈人很可能是最早西迁的室韦—达怛部落——九姓达怛的后裔。他们在几个世纪中与突厥语族部落杂居，因而在风俗、语言等方面受到突厥族的强烈影响，其社会发展水平较其他蒙古部落先进，到12世纪时已有初具规模的国家机构了"。

都会不同程度地影响刚在蒙古高原上立足的蒙古诸部，并极大促进各族之间的交往。蒙古诸部迁徙到无边无际的广阔草原上，具备了发展畜牧业、狩猎业的优越条件。由于草原游牧社会缺乏手工业制品，尽管12世纪前后蒙古各部已有专门生产车、甲胄、刀剑和弓箭等从事简单手工业的人，但仍无法满足日益扩大的军事和社会生活需求。鉴于游牧经济与中原农耕经济具有天然的互补性，与南面的辽、金王朝进行交换与贸易就成为蒙古诸

部最为方便的选择。

蒙古与辽、金王朝的贸易形式主要是朝贡贸易，即官市，还有蒙古各部与内地之间的私人贸易。早在契丹建国前后，室韦人就开始与契丹、奚等族进行交往。从辽朝建立至金朝时期，蒙古各部向辽、金王朝"入贡"的记载是很多的，而且每次贡品的数量亦相当可观。如辽圣宗时，阻卜每年岁贡马千七百、驼四百四十、貂鼠皮万、青鼠皮二万五千张 。辽兴宗时，阻卜部一次入献的马驼竟达两万匹之多。《契丹国志》记载："蒙古里国，无君长所管，亦无耕种，以弋猎为业，不常其居，每四季出行，惟逐水草，所食惟肉酪而已。不与契丹争战，惟以牛、羊、驼、马、皮毳之物与契丹为交易。"辽政权曾屡次下令"禁鬻生熟铁于回鹘、阻卜等界"，但是生铁、熟铁仍能通过私市输入蒙古地区。到了金代，铁禁遂弛，铁以及铁制品大量流入北方地区。河东、陕西之铁钱，由天德、云内流入蒙古。这对蒙古地区的社会经济和军事力量的发展显然是有利的。当时的蒙古社会还没有出现货币，贸易形式主要是物物交换，虽然有时能够从与契丹、女真人的贸易中得到一些铜钱和铁钱，但不作为货币使用，而是将其熔化，用于制造

三彩摩羯壶（辽代）

武器和生活用具。

金朝统辖蒙古各部以后，曾于西北招讨司之燕子城、北羊城之间，抚州的柔远（今兴和县一带）、集宁，

蔑儿乞部

蔑儿乞部，也译成蔑里乞、灭里吉，应属于蒙古语族，最早出现于11世纪末，《辽史》中写作"梅里急"或"密儿纪"。蔑儿乞部族"世居不里罕哈里敦之地。其俗骁勇，善骑射，诸族颇惮之"。不里罕哈里敦即为不儿罕山（今肯特山）。有的学者认为他们是回纥小部与其他种族混合而成，有的认为是蒙古人的一部分，但是可以肯定他们西迁较早，因此更多地受到了突厥人的影响。

庆州的朔平、净州（今内蒙古乌兰察布市四子王旗乌兰花西北城卜子古城）的天山（今大青山）等地设置榷场，"以易北方牧畜"。

海螺形玉盒佩饰（辽代）

铁木真与金决裂以前，也曾到净州向金朝贡岁币。金主对于蒙古的进贡也

量行答赐，实际上具有互市贸易的性质。

由此可见，在蒙古高原统一之前，蒙古诸部就已经开始与周边的辽、金等王朝有过各种交往，在政治上曾先后不同程度地产生臣属关系。在社会中，普通部民的贸易往来非常频繁，这一切都为蒙古后来的发展奠定了基础。

❀ 札剌亦儿部 ❀

札剌亦儿部，或称押剌伊而或札剌儿等，就是《辽史》中所记之"阻卜札剌部"，主要分布在斡难河以南到怯绿连河中上游一带。《史集》《元史》和《蒙古秘史》等文献均记载了有关札剌亦儿部遭到辽国军队攻击导致部族几近毁灭的事件，逃脱的札剌亦儿残部来到蒙古部莫挐伦的住处，并与其发生争执，杀死了她和她的一家，"唯一长孙海都尚幼，乳母匿诸积木中，得免"，其后海都起兵复仇，杀尽札剌亦儿部男人，将他们的妻子儿女都掳走，作为奴隶。这就是札剌亦儿人沦为蒙古部奴隶的历史渊源。海都为成吉思汗的六世祖，推测此事很可能发生在大约11世纪初期。辽圣宗统和年间（983—1012年），朝廷派人屡次征讨阻卜诸部，对札剌亦儿部的毁灭性打击可能就发生在历次征讨当中。

◉ 大蒙古国专题之———铁木真率领蒙古统一草原诸部

12世纪是蒙古高原诸部混战争雄的时代，各部为了争夺更多的财富，控制更多的部属和土地，不断发动战争进行掠夺和兼并。

蒙古部与塔塔儿部结有世仇，互相之间长期争斗。1162年，铁木真诞生，他的童年和青年时代就是在动乱的岁月中度过的。他的父亲孛儿只斤·也速该是尼鲁温蒙古的首领。铁

木真9岁时，也速该带铁木真赴弘吉刺部为其相亲，回来的路上被塔塔儿人害死。也速该之死造成了蒙古部的分裂。由泰亦赤兀部带头，各部纷纷脱离孛儿只斤氏族的统治，或独自去游牧，或寻找新的主人。铁木真一家在母亲诃额仑带领下，过着艰难的日子，伺机再起。这期间，只有兀良哈人者勒蔑和蒙古阿儿刺氏博尔术等少数几个那可儿（伴当）跟随他。铁木真为了联合更多力量，按照父亲生前与弘吉刺部首领特薛禅的约定，与弘吉刺部的孛儿帖结婚。在这期间，铁木真的部落先后遭到泰亦赤兀部和蔑儿乞部的袭击，损失惨重。

为了壮大自己，打败敌人，铁木真开始利用草原各部之间的矛盾，取得一些部族的支持，联合作战。他首先向克烈部首领脱斡邻勒示好，使克

"崞县游祥"银铤（金代）

烈部与其联合，并争取了札答刺部首领札木合的支持，与其结为安答（兄弟）。由此，铁木真联合克烈部和札答刺部三方共同出兵，打败了蔑儿乞部，壮大了实力，许多旧有部民纷纷重新投靠。

1189年，铁木真被一些有名望的乞颜氏贵族，如阿勒坦、忽察儿、撒察别乞等拥立为蒙古乞颜部一部之汗。但实际上撒察别乞等人并不愿服从他的指挥。当铁木真征召主儿乞人和他

> 斡亦刺部 〈

斡亦刺部，也译称外刺、猥刺，分布于蔑儿乞部的西北方，大概在谦河（今叶尼塞河上游）之源。其族源尚不明了，有些论著将其与明代的瓦刺部联系起来。可以肯定两者有渊源关系，但不能完全等同。据《史集》记载，斡亦刺人有国王，并分为若干支，每支都有自己的名称。斡亦刺首领忽都合别乞归附成吉思汗时，共有四千户，这些千户可能是在原有的四个部落基础上组成的。

一起出兵攻打塔塔儿时，撒察别乞不但不听从调动，反而乘铁木真出征之机，带领主儿乞人劫掠铁木真留在后方的家眷和辎重，这说明蒙古本部尚未实现真正的统一。

铁木真的壮大同样引起了札答剌部首领札木合的不满。1190年，札木合集结其所属十三部众进攻铁木真。铁木真以蒙古部一部之长的身份，将自己的部众和各氏族贵族的兵力也组成十三部，共3万人，与札木合在答兰版朱思之野（今克鲁伦河畔）展开"十三翼之战"。铁木真失败，但由于札木合不得人心，残酷对待战俘，反而使铁木真赢得了更多部众的支持，势力渐增。

蒙古打败塔塔儿部并接受金国赐封对整个局面的改变具有重要作用。塔塔儿部原本是金国北部的附属部族，却经常联合蒙古各部反叛，金国不得不抽调大批人力修筑城墙、发兵征讨。为了打击蒙古合答斤、山只昆等部落的反叛，金国于1194

成吉思汗画像

年调集上京等处 3 万大军北伐叛部。1195 年，汇合诸军，由左丞相夹谷清臣统率进击，夹谷清臣以移剌敏、完颜安国为左、右翼，大败合答斤等部于栲栳泺（今呼伦湖）。塔塔儿部长斜出尽携所获羊马物资等战利品，擅自拔队而归。夹谷清臣遣使责罚，塔塔儿部因此怨叛。金国认为夹谷清臣处置失当，改派丞相完颜襄代总其军。

1196 年六月间，弘吉剌部杀害了金朝大盐泺群使移剌睹等，金国决定第二次征伐北部。完颜襄派完颜安国进击弘吉剌部，杀获甚众；

铁盔（元代）

遣完颜充进军斡鲁速城。继而命瑶里孛特统率东路军进击塔塔儿，却反被围困在克鲁伦河，三日不得出。完颜襄领西路军昼夜兼程，大败塔塔儿于克鲁伦河。塔塔儿溃败的部众向浯勒札河逃奔，完颜安国乘胜追击。

铁木真得知这一消息后，认为这是一次壮大自己的机会，立即向克烈部长脱斡邻勒报告，要求与他一起出兵攻打塔塔儿。当时，塔塔儿人正在浯勒札河地面筑寨防守，铁木真与克烈部攻拔其营寨，擒杀了塔塔儿部首领篾古真薛兀勒图（也作蔑兀真笑里徒），并夺取了大量畜群和财产。

此次战役的胜利，使得金国上下为之振奋，金章宗不仅遣使慰问，还下诏允许见机行事，赏赍士卒。完颜襄得知铁木真与克烈部参战并立此大功后，大为欢喜，立即据朝廷旨意，封克烈部脱斡邻勒为王，封铁木真为札兀惕忽里。当时铁木真年仅 35 岁。

克烈部部长脱斡邻勒此前已被尊称为汗，此次因功受封为王，从此脱斡邻勒被称为"王汗"，也称"王罕""汪罕"。而此前被阿勒坦、忽察儿等拥立为蒙古部一部之汗的铁木真，派人对阿勒坦、忽察儿等人说："你们只不过倚仗着察兀惕忽里。"可见，铁木真对金朝赐封的这个称号是非常满意的。当金朝正式封他为察兀惕忽里之后，他的地位大为提高，已仅次于"族大人多"的克烈部首领王罕。

塔塔儿部当时的实力很强，经常侵掠蒙古各部，铁木真的曾祖、伯祖和父亲都死于塔塔儿人之手，因此，铁木真与他们有不共戴天的世仇。此次金朝讨伐塔塔儿人的叛乱，正给铁木真提供了复仇和壮大自己力量的契机，他的参战与自己的战略谋划完全一致。

铁木真得到金国的赐封，即说明金朝已经正式承认铁木真为蒙古部的部长和统率蒙古军的统领。从此，铁木真由原来蒙古部的汗，一跃成为金朝的属官。有了这样的政治地位，铁木真师出有名，既可以此名义统率蒙古部的部众和军队，又可以用金朝官员的身份发号施令，剪除草

错银铁矛（辽代）

原上的其他部落，这为铁木真成就后来的伟业奠定了坚实的基础。

根据当时蒙古草原各支力量的对比形势，铁木真首先选择了征服蒙古高原东部地区。

在铁木真协同金朝完颜襄打败居住在呼伦贝尔湖周围的塔塔儿人以后，金国又对呼伦湖以东的合答斤、

八剌忽诸部

八剌忽诸部，分布在今贝加尔湖一带，包括八剌忽（也译成巴儿忽惕、八里灰）、托额劣思、豁里（也译成火里）、秃麻（也译成秃麻惕）等部落。由于他们均驻牧在巴儿忽真隘一带，《史集》将这些部落统称为为八剌忽，《南村辍耕录》在"蒙古七十二种"中称其为"八鲁忽夕"，《元史》称"蒙古八剌忽夕氏"。当莫拏伦一家遭到札剌亦儿残部的杀害时，其第七子纳真正在八剌忽之某一部民家里为赘婿，故幸免于难。后来纳真将幸免的海都带到八剌忽之地养育，海都长大以后，纳真率八剌忽怯谷部民共立海都为君长，发兵攻打札剌亦儿部，并迫使其臣属之，由此势力逐渐壮大，海都"列营帐于八剌合黑河上，跨河为梁，以便往来。由是四傍部族归之者渐众"。这段故事主要说明八剌忽部和蒙古部很早就建立了密切的通婚关系，且当时还似乎以八剌忽为据点，并与其建立部落联盟，以此来抵抗其他部族。

山只昆、弘吉剌等部连续出击，使三部受到了沉重打击，这对铁木真进占呼伦贝尔草原十分有利。1201年，札答剌部首领札木合不甘心失败，纠集塔塔儿、弘吉剌、合答斤、山只昆、朵儿边、蔑儿乞、斡亦剌、泰亦赤兀等部集会，共推札木合为古儿汗，向铁木真进攻。铁木真与王罕在海剌尔河（海拉尔河）打

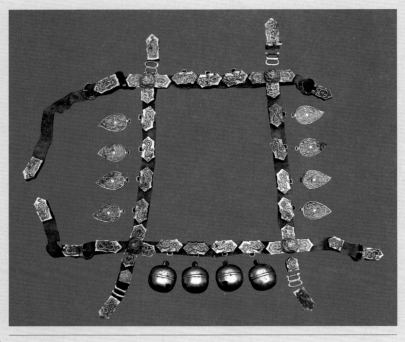

龙纹鎏金铜马具（辽代）

塔塔儿部

蒙古兴起以前蒙古高原上最著名的大部是塔塔儿部。突厥人曾以他们的名字来统称东部的室韦诸部。塔塔儿部包括很多支，《史集》和《蒙古秘史》均记载有六部，部分部名略有不同，但分布地域基本一致。1196年，金国讨伐阻卜，败之于龙驹河（今克鲁伦河），追至斡里札河（也写作浯勒札河），降其部长，勒石记功而还。这次事件就是《蒙古秘史》第132～134节记载的金国王京丞相征讨塔塔儿人，追袭至浯勒札河之事。塔塔儿部是《辽史》《金史》中的诸"阻卜"之一部。

败了札木合的联军，控制了呼伦贝尔地区。1202年，铁木真又发动了对塔塔儿残部的战争，结果塔塔儿部众或被奸灭，或被俘虏，成为蒙古部的属民。对塔塔儿残部的胜利，标志着蒙古高原东部地区诸部已被铁木真征服。

此后，铁木真对克烈、乃蛮诸部展开了征服之战。

铁木真占领呼伦贝尔草原之后，克烈部王罕看到铁木真日益强盛，感受到了威胁，加之战败投靠他的札木合居中挑拨，决定对铁木真部发动战

争。1203 年，铁木真与克烈部大战于合兰真沙陀之地（今内蒙古东乌珠穆沁旗北部）。由于王罕所统率的克烈部实力强盛，所以战斗一开始，铁木真就处于"师少不敌"的劣势。虽经畏答儿所领忙兀部一军拼死冲锋陷阵，接着术赤台又射伤王罕之子桑昆，但终因寡不敌众，众军溃败。他们退至班朱尼河畔（巴泐渚纳水），水几尽涸，仅余泥汁可饮。铁木真见从者在极端艰难的情况下尚能坚持下去，举手仰天而誓："使我克定大业，当

乃蛮部

　　乃蛮部，也称乃满、奈蛮，即《辽史》中的粘八葛，《金史》中的粘拔恩。乃蛮部分布于蒙古高原的西部，以按台山（今阿尔泰山）为中心，西至也儿的石河（今额尔齐斯河）和阿雷、撒剌思河（鄂毕河上游支流）、北与吉利吉思接界、东与克烈部为邻，南至今黑额尔齐斯河和乌伦古河，隔沙漠与畏兀儿为邻。多数学者认为，乃蛮人属于突厥语族，但关于乃蛮人的起源，文献中并没有明确的记载，仅《元史·地理志》在讲到吉利吉思部的驻地谦河时有"相传乃满部始居于此"一句。据此推测，乃蛮部可能是唐朝后期南下的一支黠戛斯部落，但并无确证。

与诸人同甘苦，苟渝此言，有如河水。"遂与诸人同饮班朱尼河的泥水。此时，铁木真的跟从者共 19 人。在铁木真最困难时期，除了铁木真的弟弟、妹夫以及兀良哈、忙兀等部的可靠亲信外，还有契丹人耶律阿海、耶律秃花，西域人札八儿火者、哈散纳等与他共患难同生死。由此可知，早在建国以前，蒙古就与契丹族、西域地区的诸民族保持密切联系，其军队内部的民族成分已较为复杂。

　　经此一役，铁木真为保存实力，将自己的部队撤走，并与王罕求和，同时暗中抓紧扩充实力，伺机决战。不久，当他发现克烈部对其放松警惕

灰陶龙首　（辽代）

话说元朝

之后，运用偷袭战术，迅速包围克烈部驻地，经过三天三夜的激战，最终大败克烈部。克烈部首领王罕及其子桑昆向西败逃至乃蛮部时被杀。克烈部的败亡是铁木真统一蒙古高原诸部最关键的一步。至此，高原上再无能够与铁木真及其所统领的蒙古部相抗衡的部落。

消灭克烈部以后，铁木真所辖地盘西部便与乃蛮部相接。乃蛮部首领塔阳罕感到形势逼人，遣使到汪古部说："天无二日，民无二王，汝能为吾右臂，朔方不难定也。"汪古部长阿剌兀思剔吉忽里把塔阳罕的图谋报告铁木真，铁木真遂于1204年向乃蛮进兵。塔阳罕纠集蔑儿乞、克烈、塔塔儿、哈答斤等残部以及斡亦剌、山只昆等部，在杭爱山与铁木真对阵。

铁木真驻军萨里川，在纳忽昆山一带与乃蛮部军队对阵。铁木真采用别勒古台的计策，先示弱，再出其不意，一举击溃乃蛮部联军，擒杀塔阳罕，其子屈出律逃至西辽境内。乃蛮部败亡后，其余部族或被迅速击破，或主动归附。至此，铁木真所率领的蒙古部基本统一了蒙古高原。

1206年，铁木真召集草原各部，建九节白旄，于斡难河（鄂嫩河）之源建立大蒙古国，铁木真尊号称"成吉思汗"。从1198年首次称汗，至统一蒙古高原，建立大蒙古国，共用了7年的时间，即所谓"七载之中成大业，六合之内为一统"，蒙古地区诸部首次被置于一个统一政权的统治之下。

漠北诸部的生活环境大体相似，

鎏金银覆面（辽代）

阿尔寨石窟壁画《成吉思汗家族图》（元代）

其发展阶段也基本同步，具有相似的历史文化传统。在大蒙古国建立前后，因战争、迁徙等因素，原有的部落或部族的组织形式已在不断发生变化。成吉思汗在战胜每一个部族以后，总是将被俘的民众强行分散至各将领麾下管辖，使这些所谓的外族民众与蒙古本部逐渐融合在一起，诸如塔塔儿、克烈、蔑儿乞、乃蛮等部。据《蒙古秘史》记载，成吉思汗建立大蒙古国以后，曾有讲九种语言的百姓聚集在巫师帖卜腾格里处。可见，当时的大蒙古国还是一个语言各异、族属不同的部落联合体。随后，成吉思汗实行千户分封制度，打破了原有的氏族部落体系，将拥护自己的部落分属于以亲族、驸马、功臣为首的千户，再把被征服的各部百姓拆散分配到各千户百户之中，割断他们原有的血缘纽带，统统变成蒙古国的百姓。由此，降服的各部民众不再像以前那样保持着各自组织的完整和独立，而是逐渐失去了原有血缘传承，被置于统一的蒙古政权之下，融于蒙古本部，有了共同的地域即蒙古地区。在这个地区上，各部民众开始有了共同的称谓，都自称为"蒙古"，并在大蒙古国的管辖之下，开始了共同的经济、政治生活。至此，一个统一的蒙古民族共同体形成并出现在世界历史的舞台上。

大蒙古国专题之二——蒙古人的征服活动

大蒙古国建立以后，蒙古统治者实行草原本位政策，将漠北草原地区作为其统治重心，在北方蒙古高原上立国长达半个世纪。在蒙古高原范围内，以蒙古本部为主体，通过打破部族血缘纽带、建立千百户制度，吸收被征服部族，逐渐形成了蒙古民族共同体。

大蒙古国当时面临的形势是河西地区有西夏，西南地区有吐蕃和大理，中原地区有金和南宋，西域和中亚地区有畏兀儿诸国及其宗主国西辽等势力。大蒙古国是建立在游牧经济基础之上的蒙古诸部联合的草原政权，为满足经济上的需求，具有强烈的军事扩张特点。这在客观上加强了各地区之间的联系，更促进了不同民族之间的交融与发展，有利于历史的进步。

降服畏兀儿、哈剌鲁，吞并西辽

自从成吉思汗消灭了乃蛮部，收服了斡亦剌等林木中百姓以后，声名远播于西北地区，臣属于西辽的畏兀

"钦察亲军千户所"八思巴文铜印（元代）

儿国主巴尔术阿尔忒的斤杀掉西辽少监，于1209年投靠蒙古。蒙古派驻达鲁花赤行使监督权，又在其陪都别失八里驻兵防守。居于海押立与阿力麻里不剌城的哈剌鲁首领阿尔斯阑汗（突厥语，意为"狮子王"）、斡札儿等人也于1211年脱离西辽，投靠蒙古。由于哈剌鲁统治者未对蒙古实行抵抗，所以哈剌鲁免遭蒙古征服者的

瓷围棋子（辽代）

洗劫和破坏。1218年，蒙古大将哲别率军消灭了盘踞在西辽的乃蛮部贵族屈出律，兼并了西辽领土。至此，西域一带都置于蒙古的统治之下。这为畏兀儿、回回等色目人进入中国北方地区提供了便利，在客观上促进了北方蒙古地区与西域、中亚地区的联系，有利于密切各民族的交往和进行民族融合。

按照成吉思汗的规矩，所有被征服民族和国家都要派出军队随蒙古军出征，因此当成吉思汗讨伐西辽屈出律时，巴尔术阿尔忒的斤奉命率军出征。后来，成吉思汗进攻算端摩诃末，巴尔术阿尔忒的斤再次出征。察合台和窝阔台进攻讹答剌城时，他也参与其中，后又出征阿姆河等地。当成吉思汗进攻西夏时，巴尔术阿尔忒的斤又从别失八里率军与成吉思汗汇合。史载，巴尔术阿尔忒的斤"与者必那演征罕勉力、锁潭、回回诸国，将部曲万人以先。纪律严明，所向克捷。又从帝征你沙卜里，征河西，皆有大功"。巴尔术阿尔忒的斤及其所辖部属为蒙古征服战争做出了很大的贡献，因此得到成吉思汗的重用。此外，巴尔术阿尔忒的斤的后

人马木剌的斤也曾"将探马军万人，从宪宗伐宋合州，攻钓鱼山有功"。

平定西夏，占据河西地区

西夏建国在黄河以西，包括陕、甘、宁一带，因此蒙古人称西夏为河西，音讹为"合申""合失"。西夏辖境北控大漠，北与蒙古高原的克烈部、乃蛮部毗连，彼此之间早有往来。如克烈部王罕的叔父古儿罕被成吉思汗之父也速该和王罕联军打败时，曾逃入西夏境内避难。后来王罕为乃蛮部亦难赤所逼，先跑到畏兀儿地区，后又从畏兀儿地区经西夏返回漠北。1203年，王罕被成吉思汗打败，其子桑昆也逃到西夏，然后又从西夏逃至龟兹后被杀。

1205年，成吉思汗开始对西夏用兵，攻破西夏边境城堡力吉里寨，接着又攻破落思城，大掠人民，获取无数的骆驼、羊、马等战利品后返回漠北，但西夏并未因此受到致命的打击。在蒙古军退回漠北以后，西夏立即修复了被破坏的城堡，大赦境内，并在这一年将都城兴庆府改为中兴府。1207年，成吉思汗借口西夏不纳贡，又发动第二次进攻，占领了边防要地斡罗孩城。但当时西夏兵势尚盛，蒙古军屯兵日久，物资匮乏，遂于次年退兵。1209年，成吉思汗亲率大军第三次进攻西夏，再次突击斡罗孩城，大败西夏诸军，直逼中兴府下。蒙古军引黄河水灌城，西夏兵民死伤惨重。西夏襄宗李安全向金朝求助，金朝皇帝置之不

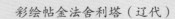

彩绘帖金法舍利塔（辽代）

双羊五轮金饰牌（金代）

理。李安全被迫与蒙古订立城下之盟，向蒙古纳女请和，并每年向蒙古纳贡。

1217 年，成吉思汗亲征西域，将攻金之事完全交付木华黎。木华黎在进攻金朝的同时，又一次派兵攻打西夏，围其都城，迫使西夏神宗李遵顼出走西凉，再次向蒙古请降。1221 年，木华黎由东胜渡河，路过河西，李遵顼非常惶恐，急忙派遣塔哥甘普领兵 5 万，追随木华黎进攻金朝，取段州及绥德州等地。

李遵顼次子李德旺继位以后，深感蒙古势力可畏，想联合漠北诸部，共同抗拒蒙古军。成吉思汗得知西夏阴结外援，另有异图，便命木华黎之子孛鲁进攻西夏，掳获马驼牛羊数十万，西夏遭到重创。同时，西夏又与金朝为敌，彼此攻战不已，"一胜一负精锐皆尽，而两国俱弊"，更加速了西夏的灭亡。

1226 年，成吉思汗以西夏不出兵助战及不遣质子为由，亲自统率大军进攻西夏，夺取黑水城，接着攻下沙州、肃州、甘州和西凉府，夺取了西夏的河西地区，遂逾沙陀，至黄河九渡，取应里等县。成吉思汗亲自率领大军围攻灵州，消灭了西夏军主力。西夏经过成吉思汗的连续攻击，已无力抵御。1227年成吉思汗逝世后，西夏末帝李睍投降，西夏灭亡。

征服女真人建立的金国

大蒙古国建立以后，北方地区与蒙古毗邻的政权就是金朝。成吉思汗在统一蒙古各部以前，就曾想南下攻金。当金朝使者契丹人耶律阿海出使漠北时，他立即向耶律阿海了解金朝的情况，并极力拉拢耶律阿海归附于

汪古部

汪古部分布于漠南阴山地区，也称白达达（白鞑靼）。白达达的名字最早见于辽末，是辽的属部，其首领官号详稳，即辽代的大部族官，驻扎在阴山以北的黑水，即今之内蒙古达尔罕茂明安联合旗一带的艾不盖河。辽朝灭亡以后，汪古部归属金朝，为金诸部军之一，金朝在漠南修建了界壕，汪古部为其守边。关于汪古部的族源，有鞑靼—蒙古说、突厥说、羌族说等几种说法。由于阴山地区的民族成分历来都很复杂，因此，汪古部并非单纯的室韦—达怛人，而是融合、吸收了各民族的人口，但由于此地长期以来突厥文化占据主导，因此，其突厥化倾向很明显。

铁镞（辽代）

他，参与机谋，并将耶律阿海之弟秃花从金朝拉到他的身边充当宿卫。

1206 年，大蒙古国建立伊始，成吉思汗从金朝投降的人口中得知金朝皇帝"杀戮宗亲，荒淫日恣"，便踌躇满志地说："朕出师有名矣！"这一年虽有伐金之议，但未敢轻举妄动。一则考虑到金朝实力尚强，不能轻视。再则考虑西夏与蒙古接壤，又是金的藩属国，如先攻金，西夏与金联盟从西面出一偏师北进，直捣蒙古本土，将会形成后顾之忧。为政治上的需要，成吉思汗仍保持对金朝的臣属关系，还曾亲至净州对金进贡。

为解除蒙古腹背受敌的威胁，成吉思汗曾早在 1207—1209 年三次进攻西夏，终于在 1209 年包围西夏首都中兴府，迫使西夏向蒙古纳女请和。从此，西夏便依附蒙古而与金为敌。成吉思汗不但达到了利用西夏夹攻金国的目的，而且获得大量战利品，取得了经济补偿，这样成吉思汗便可全力以赴来进攻金国。

凤形金戒指（辽代）

于是，在剪除西夏与金的联盟后，1210 年，蒙古与金国关系破裂，双方都准备以战争消灭对方。金国大臣徒单镒向皇帝建议改变分兵守边的办法，集中力量守卫边防线上的重要城池，指出"昌、桓、抚三州素号富实，人皆勇健，可以内徙，益我兵势，人畜货财，不至亡失"，但是没有被采纳。

成吉思汗于 1211 年大举进攻金国。因有汪古部为蒙古充当"向导，南出界垣"，遂使蒙古军迅速到达金国境内，双方在野狐岭（今河北省张北县与万全县交界处）激战，蒙古军尽歼金军精锐，进逼中都（今北京）。

当蒙古军进入金统治区以后，汉族民众也纷纷起事，人数多至数十万，先后攻下多个郡邑。他们"寻踪捕影，不遗余力"，"必杀而后已"，以此配合蒙古军攻金。同时，契丹和汉族地方武装也趁机聚众自立，如河北地区的史秉直、史天倪、张柔，山东地区的严实、石珪等，他们先后归附大蒙古国。1213—1214年春，成吉思汗兵分三路，攻取河北、山西、山东时，"中原诸路之兵，皆迁往山后一带防遏，无兵可守，悉佥乡民为兵，上城守御。辒辒尽驱其家属来攻，父子兄弟往往遥相呼应。由是人无固志，所至郡邑，皆一鼓而下"。

蒙古在伐金的过程中，得到了女真、契丹和汉等多民族的响应。成吉思汗以木华黎为太师，率蒙古、汉等组成的诸军进行南征，蒙古军有汪古部万骑、火朱勒部千骑、兀鲁部四千骑、忙兀部将木哥汉札千骑、札剌儿部及带孙等二千骑，糺军即札剌儿所将之契丹军。《黑鞑事略》记载："一军中宁有多少鞑人？其余尽是亡国之人。"所谓"亡国之人"就包括契丹、女真及汉人在内。此外，木华黎由东胜渡河，西夏请"以兵五万属焉"，说明他所统率的南征大军中还有西夏的军队。

蒙古在灭金的过程中，还利用了

灰陶菩萨像（辽代）

金国内部的民族矛盾，分化金国不同的民族力量，争取联合打击金国统治者。1213年，金国北部的契丹人耶律留哥，于隆安（今吉林省长春市农安县）聚众十余万反金，自称都元帅，继而称辽王，声势浩大，对金国统治者不啻为一个沉重的打击，在战略上援助了蒙古的进军。同时，耶律留哥与蒙古统帅按陈在金山（今大兴安岭）会盟，表示臣属蒙古，双方联合大败金军。正是在这些契丹力量的支持和联合下，蒙古在最短时间内占据了女真人的龙兴之地辽西、辽东等地。

铁木真把为金朝防守界壕的汪古部首领阿剌兀思惕吉忽里争取过来，使金朝屡世经营"堑山为界，以限南北"的天堑变为通途，并遣西域人札八儿火者使金，窥测金国虚实，摸清近边道路险夷。在此过程中，加强了北方

铜碗口火铳（元代）

地保持着长期的政治、经济、文化联系。自9世纪中叶，兴盛一时的吐蕃王朝灭亡后，吐蕃地区便处于分裂割据的局面，但与周边地区的联系从未中断。关于蒙古族与藏族发生关系的最早记载见于蒙文文献《蒙古源流》。此书载成吉思汗于45岁（1206年）之时，率军征伐土伯特（即吐蕃），土伯特阿里部的库鲁格多尔济合罕被迫派人携带橐驼等贡品，于青海柴达木之地与成吉思汗会晤，奏请愿降之意，成吉思汗对其大加赏赐，由此将阿里部土伯特部众收服。而《多桑蒙古史》《新元史》等文献记载，成吉思汗在征西域时，于1223年到达北印度，欲取道西藏返回，因此收服阿里部土伯特部众，库鲁格多尔济合罕遣使贡献橐驼等，后因途中山多林密，难以行进，复由原路返回。关于1206年与1223年成吉思汗两次率军入藏之事，这几部文献的记载有相似之处，又有不同之处，其究竟如何，尚待考证。但从中可以窥见，蒙古在其兴起过程中很早就与藏族取得了联系。关于成吉思汗入藏的确切记载是在1227

各民族的交往，密切了相互之间的联系，为后来蒙古族入主中原奠定基础。

当成吉思汗南下时，金国的精兵扼守潼关，一时不易攻破。他想如能假道于宋，从唐、邓直捣大梁，金急，必征潼关兵驰援首都，"然以数万之众，千里赴援，人马疲弊，虽至弗能战，破之必矣"。这是成吉思汗临终时留下的破金方略。后来，窝阔台的灭金计划就是按照成吉思汗的遗嘱联合南宋才实现的。1213—1214年的南下攻金战争中，迫使金主纳公主、礼币求和，并迁都南京（今开封）。1215年，蒙古军攻占金中都。1233年，金哀宗在蒙古军的威逼之下，被迫迁居归德，旋再迁蔡州（今河南汝南县）。1234年，蒙古、南宋联军攻破蔡州，金哀宗自杀。至此，由女真人建立、雄踞中原北方地区120多年的金国政权，正式被大蒙古国吞并。

吐蕃归顺蒙古，成为其治下之行政区

自古以来，吐蕃地区就与中原汉

年，成吉思汗进攻西夏，渡过黄河，进攻积石州，破临洮、洮河、西宁等地，进入西藏地区。

在蒙古统治阶层中，首次与西藏发生关系的是窝阔台之子阔端。大蒙古国征服西夏以后，窝阔台汗将西夏故地河西地区赐给其子阔端为"份地"。1239年，阔端派部将多达那布率军进入吐蕃。当时，吐蕃处于分裂状态，西藏喇嘛教和地方势力结合，形成了政教合一、教派林立的局面，其中势力较大的是以款式家族为中心的萨迦派，称雄于后藏地区。多达那布进行了小规模的军事行动，焚烧了热振寺和杰拉康等寺庙，并杀死了部分僧俗人众。但其军事行动仅止于此，并未继续开展，因为此次阔端派兵入藏的主要目的是寻找一位能够代表吐蕃地区的领袖人物，以实现迫使吐蕃归顺蒙古的目的。在充分了解吐蕃地区的情况以后，多达那布向阔端做了详细汇报。阔端决定招请萨迦第四代座主萨班·贡嘎坚赞至凉州会晤。当时，蒙古军队已灭亡西夏和金国，并发动了震惊欧亚大陆的西征，这对吐蕃地区统治阶层的震动同样也很大，他们认识到蒙古军队是难以抵抗的，与其被征服，不如主动归顺。

1246年，萨班奉旨前来凉州。由于阔端父窝阔台汗于1241年去世，乃马真后监国至1246年，须选立新大汗，阔端赴哈喇和林参加忽里勒台大会，直至1247年初才返回，因此双方的会晤延至1247年。经过商谈，双方对吐蕃归顺的条件达成一致。萨班回到吐蕃，写了一封被后来称为《萨迦班智达致蕃人书》的公开信，叙述了凉州会晤之事以及归顺蒙古的条件，敦劝他们接受蒙古的管辖，同意蒙古在吐蕃各地设官授职、清查户口、交纳赋税，承认为蒙古的藩属。由此，蒙古与吐蕃正式确立了主从关系，奠定了后来元朝治藏的基础。蒙哥汗继承汗位以后，循阔端治藏政策，对吐蕃地区派遣使

应历年石佛像（辽代）

八思巴文圣旨（元代）

者，清查各地户口，划定地界。曾随其伯父萨班赴凉州的八思巴（本名罗古罗思监藏）受命派人予以协助。蒙哥汗仍命萨迦派首领统领吐蕃佛教僧众。

1251年夏，忽必烈在六盘山会见了八思巴，尊其为上师。同年底，萨班去世，八思巴成为萨迦派新首领。1253年，忽必烈攻取大理中途北返时，与八思巴再次会面。1254年，忽必烈赐给八思巴"优礼僧人诏书"。1255年，八思巴在河州（今甘肃临夏）受比丘戒后，随忽必烈至上都（时称开平府），居住至1259年，其间还曾在五台山生活过。这段时期，忽必烈与八思巴逐渐建立了稳固的关系。其间，曾由蒙哥汗主持，在上都忽必烈面前举行过一次佛道大辩论，八思巴作为主要代表人物参加辩论，最后由忽必烈判定佛胜道败，这为八思巴及藏传佛教在元朝的发展奠定了基础，同时也促进了藏族与蒙古族的交流和往来。

灭南宋，全国大一统格局的实现

1234年，蒙古与南宋联合灭掉金国以后，蒙古很快背弃了盟约，开始向南宋发起征服战争。蒙古与南宋进行了长达几十年的战争，但一直未能顺利征服南宋。1259年7月，蒙古大汗蒙哥亲临钓鱼城下督战，为炮所击中，不久死于军中。

忽必烈在战胜阿里不哥、平定李璮叛乱之后，于1271年建国号为大元，随即又开始向南宋大举进兵。1273年，元军攻占南宋重镇襄阳，然后兵分两路，继续南进。1276年，元军占领南宋都城临安（今杭州）。1279年，南宋幼帝赵昺死于崖山。至此，南宋正式为蒙元政权所征服，南宋皇室被蒙古统治者送往上都。

蒙古之所以能将各个民族征服，最后建立大一统的蒙元帝国，除了本身的政治、军事和社会结构的特点外，还与善于利用和联系其他民族的

四大汗国分布图

民众有关，尤其是对上层贵族、士人和知识分子等，往往礼遇有加，并予以重用。比如，在畏兀儿降服以后，成吉思汗及其后继的统治者们将畏兀儿人中有"一才一艺者"都罗致麾下，为蒙古效力；镇守河西的蒙古宗王阔端曾经利用临洮吐蕃贵族赵阿哥昌为叠州安抚使，以招抚附近吐蕃各部；1236 年，阔端进攻四川时，分兵入阶州、叠州，降服了这一带的勘陀孟迦等 10 个部族，随后驱使他们助攻四川的南宋军。蒙古统治者通过征服战争，广泛地与周边部族联系、交往，将其他民族的人民吸收进蒙古民族共同体之中，从而不断壮大了自身的力量。

第二章
大蒙古国风云人物

◉ 成吉思汗的救命恩人——锁儿罕失剌

也速该巴特尔被塔塔儿人毒死后，这位草原英雄生前聚集的百姓很快就四散到其他首领的帐下，甚至连他的亲兄弟和最亲近的"那可儿"脱朵也撇下他的寡妻幼子扬长而去。诃额伦母亲带着几个未成年的孩子和一位忠实的老仆傍山扎营、顺河摸鱼，过着艰难的日子。

但乌云

遮不住雄鹰的翅膀，顽石挡不住大河的奔流。几年后，铁木真逐渐长大成人，一家人的境遇稍有好转。但在这时，泰亦赤兀部首领塔里忽台因为害怕铁木真羽翼丰满后威胁到他的地位，于是派人将他抓到营地，并打算用他的人头来祭天。

按照蒙古人的古老习俗，举行祭祀活动前要大摆宴席。这次也不例外，大部分泰亦赤兀人聚集在河边欢歌宴饮，只留下一个

波斯细密画《蒙古大账备宴图》

HSYC

話説元朝

身体单薄、涉世不深的年轻人负责看守铁木真。铁木真十分敏锐地感觉到这是逃生的难得机会。于是他借口饥渴难忍，央求看守他的年轻人喂他一口马奶酒。当这个没见过世面的年轻人走到他面前时，铁木真身体一晃，用横绑在他臂膀上的木枷将其打倒在地，随后戴着木枷逃入斡难河边的树林里。可机智的铁木真转念又想，树林虽然是藏身的好地方，同时也是泰亦赤兀人搜查的重点区域，藏到这里肯定躲不过追捕。于是他纵身跳入斡难河。这时身上戴的木枷起了关键作用，让他可以毫不费力地仰在河里，只把脸部露在水面。

果然如他所料，片刻之间，泰亦赤兀人此起彼伏地呼喊着"铁木真逃跑了"，并且趁着皎洁的月光蜂拥至树林里搜寻他。这时唯独有一个人朝着河边走来，他借着月光发现了躺在水

汉白玉帝王雕像（元代）

里的铁木真，他低声说："正因为你有这般见识，泰亦赤兀兄弟们才妒害你。你只管小心地藏着吧，我不会告诉别人的。"说完转身便走。

这个救护铁木真的人叫锁儿罕失剌，是泰亦赤兀首领搅马乳的奴隶。他回去的路上碰见了在树林里搜寻铁木真未果的泰亦赤兀人，于是他挡在前面劝说众人等明日天亮了再继续寻找。大家认为有理，便分头散去。锁儿罕失剌再次来到河边告诉了铁木真泰亦赤兀人已经散去的消息，并让他自行想办法逃命。跃上河岸的铁木真再三思忖，自己身上戴着重重的枷锁，又无马匹可乘，徒步走到天明也逃不出泰亦赤兀人的营地。这时他想到了一个去处。

其实铁木真和锁儿罕失剌也算老相识了。早在泰亦赤兀人轮流看押铁

木真时，曾被监禁在这位老人家中。当时锁儿罕失剌出于同情，对铁木真百般呵护。所以铁木真此时决定去锁儿罕失剌家寻求逃生之路。

搅马乳就是将挤下的生马乳做成贵族享用的饮料，这是一项极为繁重的工作，需要通宵达旦地轮番操作。因此，铁木真通过敲打木桶的声音和灯光就能轻易找到锁儿罕失剌的帐房。锁儿罕失剌看到跌跌撞撞闯进来的铁木真，不由大惊失色。这时他的两个儿子沉白和赤剌温劝说父亲帮助铁木真逃生。父子三人随即将铁木真的枷锁卸下投入火中，然后把铁木真安顿到后帐堆放羊毛的车中，并让赤剌温的妹妹合答安妥善照料。其实这是当时草原上一种古老的"客遇婚"，即让客人与自家的女人住在一起，以此来表示对客人的敬意。于是疲于奔命的铁木真就这样遇见了他生命中的第二个女人。

泰亦赤兀人搜遍营地的山林也没有找到铁木真的下落，大家便猜测是不是部族中的人把铁木真藏起来了。

接下来便是在整个营地一座帐房挨着一座帐房进行拉网式搜寻。搜寻队伍到达锁儿罕失剌家，把帐房里外仔细搜查了一遍，没有发现铁木真的下落。突然其中一个人说："除了你家这堆羊毛，整个营地都搜遍了，难道你把铁木真窝藏在这里头了？"说着便领人朝锁儿罕失剌家的羊毛堆走去。危急关头，锁儿罕失剌镇静而机智地说："这么热的天，羊毛堆里怎么能藏人？"搜寻的人经过一番折腾，也是燥热难当，于是十分认可锁儿罕失剌的话，离开了羊毛堆。

其实铁木真刚才就是躲在这堆羊毛里。历史虽然不能假设，我们也无法想象倘若铁木真被从羊毛堆里搜出来，蒙古民族以及亚欧大陆若干年后的历史又是怎样一番景象。但铁木真确实是被深明大义的锁儿罕失剌父子及温柔善良的合答安拯救了，也正是千百年温暖了无数游牧人的羊毛堆在关键时候庇护了日后这位改变人类历史的英雄。

献文庙铜爵祭器（元代）

事后，锁儿罕失剌为铁木真备足了乳肉，备好了乘骑，提供了防身弓箭，将铁木真送上回家的路。童年失去父亲的铁木真，在辗转飘零、食不果腹的生存状态下，各方敌人带给他的威胁也无时不在。究竟是苦难锤炼出了英雄，还是英雄克服了苦难，很难说清。总之，逃过这一劫难的铁木真一生征战，成就了一番大业。在他统一了蒙古各部，论功行赏时对曾经搭救过他性命的锁儿罕失剌一家给予了丰厚的赏赐和崇隆的地位。他封锁儿罕失剌老人为"答剌罕"，把塔塔儿故地——色楞格河一带作为世袭罔替的牧地赏赐给锁儿罕失剌家。锁儿罕失剌的儿子沉白史书记载不详，另一子赤剌温颇得铁木真重用，在戎马征战中屡立战功，后来成为著名的四怯薛长之一。至于合答安——铁木真羊毛堆的情人，得到了铁木真及"黄金家族"极高的礼遇。

▣ 达赖湖畔的天鹅——孛儿帖

美丽富饶的科尔沁草原，沁人心脾的达赖湖水，孕育出一位聪慧、美貌的姑娘——孛儿帖。每一个朝阳升起的早晨，童年的孛儿帖欢快地跑出毡房，在绵绵的草甸上玩耍，时而望着远方，时而抚摸着刚出生的小羔羊。她也不曾想到，在不久的将来，有一位小她一岁的男孩将来到她的身旁，成为她未来的夫婿。她的命运和她所在的草原的命运都将因为这个男孩而发生改变。

这一天很快就来了，当父亲德薛禅告诉她，对面的这个身体强健、眼睛炯炯有神，还略带羞涩的男孩——铁木真将是她未来夫婿的时候，她有点不知所措。她幼小的心灵如待放的花蕾，这个男孩的出现，让她适时绽放。

彩绘男陶俑（元代）

伟大的人生通常都有不寻常的磨难，铁木真正是如此。当他的父亲也速该被塔塔儿人害死之后，他的家族发生了变化。他不得不离开了孛儿帖，回到自己的营地，与他的家族经历着一系列的艰难困苦。望着铁木真远去

的背影，不舍的泪水一次次冲撞着孛儿帖的眼眶，她能做到的，唯有思念和祈祷。于是，达赖湖畔除了朝出夕归的成群牛羊，还有一位年轻的姑娘，在无时无刻地眺望着远方。

织金锦格里芬纹辫线袍（元代）

经过几年漫长的等待，英气勃发，被艰辛磨炼成熟了的铁木真出现在孛儿帖的面前，他们实现了童年的诺言。同时，无论孛儿帖是否做好了准备，她都将跟随着这位英雄人物跨越草原，南征北战，这些都注定了一个平凡女人的不平凡一生。

孛儿帖有着其他女人不曾感受的苦痛经历。在与铁木真结婚不久她就被蔑儿乞人掠走，等到被救回来的时候，已经有孕在身。铁木真给这个孩子取名为术赤（外来人、客人）。无论如何，这种被掠去的记忆和儿子不被认可的痛苦，终将无法抹去，时时刺痛着孛儿帖的心。至于后来她的四

个儿子们之间的不和，也往往因为术赤的来历而引起。作为铁木真的妻子，作为孩子们的母亲，孛儿帖不知如何解释，这些苦楚也只有她自己感受最深。

在铁木真的戎马生涯中，她是照顾铁木真的贤内助，也是适时出谋划策的军师。铁木真成为成吉思汗的时候，作为正妻的孛儿帖理所当然地成为大蒙古国的皇后。值得提及的是，原本成吉思汗与札达兰的部长札木合有结拜之谊，互称安达。但孛儿帖在长期观察中，深知札木合有兼并成吉思汗的意思，便劝成吉思汗与札木合分离。成吉思汗听从其建议与札木合分离，札木合果然独霸一方。再比如，蒙力克的第四个儿子阔阔出，胆大妄为，借巫术之名挑拨成吉思汗与其弟哈撒儿的感情，又羞辱斡赤斤。于是孛儿帖进言，应尽快杀掉阔阔出。成吉思汗听了她的建议，杀了阔阔出，警醒了惑众者，安

定了族人。

再后来，成吉思汗在征伐中结束了不平凡的一生，孛儿帖为之自豪，更多的是为之伤痛和惋惜。至于孛儿帖去世的年代无从查起，只知她出生在1161年，至1236年她尚在人世。在成吉思汗于1127年去世以后，她至少自己走过9个草原春秋。草原上的人们和后人所知道的是孛儿帖是成吉思汗的正妻，也是最得成吉思汗敬重的蒙古帝国的女主人和四个杰出儿子的母亲。她去世后，备受后世尊崇，元世祖忽必烈为她上谥号为光献皇后；元武宗海山为她加上尊谥翼圣，其谥号定为光献翼圣皇后。

哈撒儿之射与别里古台之力

俗话说："将门出虎子。"成吉思汗的父亲也速该是蒙古高原能征善战、智慧过人的勇士。他的儿子们个个是草原上的雄鹰。也速该死后，成吉思汗家族受蒙古部强宗泰亦赤兀氏的欺凌，部众被夺，家道中

铁镞（蒙古汗国）

落，处境艰难。是成吉思汗与众兄弟的齐心协力，冲破重重艰难险阻，重振家业，开创了蒙古民族的新纪元。而其中最值得称道的是哈撒儿与别里古台，他们从少年时代起一直跟随成吉思汗，成为其左膀右臂，为大蒙古帝国的建立和蒙古民族的形成立下了不朽的功勋，是蒙古历史上伟大的政治家和军事家。成吉思汗曾说："有别里古台之力、哈撒儿之射，此朕之所以取天下也。"

哈撒儿是成吉思汗的二弟，同为诃额仑所生，小成吉思汗两岁。他身材魁梧，体形奇特，他的肩与胸很宽，而腰很细，所以他侧卧的时候，能让一条狗从他肋下穿过去。他力气很大，能用双手

铁战刀（元代）

抓起一个人，像折断木箭一样折成两截。在没有共主的草原，在那个造就英雄的时代，他就是这片土地上的精英。当然哈撒儿最为后人称道的是他的箭术。在蒙古大军的征程中，哈撒儿一直伴随成吉思汗冲锋陷阵。

我们不知道，如果没有哈撒儿的

神箭，成吉思汗是否能所向披靡，书写世界的历史。诚然，历史不能假设，但毫无疑问的，哈撒儿这只来自草原的雄鹰，他忠心不渝地守护在兄长身旁，用弓箭射出了蒙古大军的军威，射出蒙古民族改变世界的机会。

别里古台是成吉思汗异母弟弟。他天性淳厚，躯干魁伟，勇力绝人。与哈撒儿一样，自幼跟随成吉思汗，曾参与对泰亦赤兀部、蔑儿乞部和塔塔儿部等数次战争，立下不世战功。

1196年，铁木真约请蒙古诸部攻打世仇塔塔儿人，主儿乞氏因与铁木真有间隙，违约不至，反乘铁木真出兵之机掠其后营。于是，铁木真在战胜塔塔儿后，回师来攻主儿乞氏，兼并其部众，播里，想要杀掉，但因他极勇武，不好决断。成吉思汗考虑再三，命别里古台与播里角力，别里古台按照哥哥的示意，将播里腰骨折断而死。

蒙古武士画像

如此，不动声色地消灭了敌人，这不得不说别里古台配合得恰到好处，还说明别里古台确实力大无比，难怪得到成吉思汗的赞许。

说到别里古台，历史可能还给我们留下另一个印象，那是一个身材魁梧、个性率直、稍有鲁莽的蒙古大汉。1202年，蒙古灭塔塔儿后，铁木真召集亲族会议，决定为父祖复仇，将所掳塔塔儿男子尽行屠杀，妇幼各分为奴婢。不言而喻，这必然是一个军事机密，哪知别里古台出帐后，就在不知不觉间泄露了此谋。于是，在蒙古人对塔塔儿动手的时候，塔塔儿人各抽刀子，据寨拼死反抗，使蒙古人遭受了很大的伤亡。为此，铁木真严责别里古台，以不让他参与亲族机密会议作为惩罚。除了懊恼，别里古台不知道还能做些什么。

吃一堑长一智，发生

这次事件后，别里古台也稳重了许多，学会了深思熟虑。在其后征服乃蛮部的军事行动中，成吉思汗就是听从了别里古台的建议，适时发动进攻，一举获胜的。

总之，哈撒儿与别里古台，这两个顶天立地、英勇无敌的蒙古汉子，是成吉思汗成就非凡事业的助手。他们如同蒙古高原的寒风，呼啸而至，所向披靡。若说成吉思汗是雄鹰，他们便是雄鹰坚硬的翅膀；若说成吉思汗是猛虎，他们便是猛虎锋利的牙齿。

一生忠诚的那可儿——博尔术

博尔术，蒙古阿儿剌氏。这个家族与成吉思汗家族源自同一个始祖，即孛端察儿。相对于幼年时期充满艰辛的成吉思汗，博尔术出生在一个相对富足的家庭。他的父亲有成群的马匹和牛羊，被人们称为"纳忽伯颜"（富足之人）。

结识成吉思汗时，博尔术十三岁，他像往常一样在草原上挤马奶，忽然看见一个身体健壮、面带疲惫、与自己年龄相仿的少年骑着马向自己奔来。下马之后，少年向博尔术打探是否看见有人赶着八匹马经过这里，并说明了自己是那八匹马的主人，马匹被仇家偷走。他为了追回被偷走的马匹，追赶了三天三夜，来到这里。那寻找马匹的少年就是铁木真。

龙首双系兽纹赏瓶（元代）

听完了铁木真的遭遇，博尔术说："今天早上，日出之前，有人赶着八匹马从这里经过，我去指给你。"说着，便放走了铁木真的秃尾黄马，给他骑上了自家的黑脊白马。博尔术没有向家里打招呼，便跨上了自己的淡黄快马，对铁木真说："我明白了，此时的你，正在遇到困难。是男人，苦难

〉成吉思汗石〈

19世纪初叶，俄罗斯考古学者在今中俄界河内蒙古呼伦贝尔市额尔古纳河西岸的俄罗斯吉尔吉拉古城（又称移相哥宫殿），发现了记录移相哥远射之事的石碑，碑文为回鹘蒙古文，汉译为："成吉思汗讨掳萨尔塔兀拉人还师，大蒙古国全体那颜聚会于不哈只忽之际，移相哥射，矢中三百三十五庹远。"它是现存时代最早的回鹘蒙古文碑，现存于彼得堡美术博物馆。

是一样的，我来做你的朋友吧。我的父亲叫纳忽伯颜，我是他的独生子，叫博尔术。"

于是，博尔术和铁木真一边说着，就出发了。二人凭借多年游牧生活的经验，走了三天三夜，就在太阳将要落山的时候，在一群百姓的营帐附近发现了正在吃草的那八匹马。铁木真说："好朋友，你在这里等我，我看见自己的马了，我去把它赶过来。"铁木真话音刚落，博尔术立即表示反对："我是来做你朋友的，怎能待在这里？"于是，两名勇敢的少年骑马飞奔过去，赶着八匹马离开了。

营帐里的人发现马被赶走后，陆陆续续追了上来。危急时刻，博尔术说："快把弓箭给我，我来射他！""怎能让你替我吃亏，还是我来射他！"铁木真一边说着，一边迅速拿起弓箭进行射击。追赶的人被射得无法继续前行，远远

伽陵频伽金帽顶（元代）

地落在了后边。加之天色已晚，他们无奈之下停止了追赶。于是，在博尔术的帮助下，铁木真追回了马匹。

第三天，在走到博尔术家附近时，铁木真对博尔术说："你帮我把八匹马赶回来了，说吧，你要几匹？"博尔术当即拒绝："好朋友，我是发现你很辛苦，才自愿做你朋友，并没想分到什么。我的父亲是富足的人，我是他的独生子，父亲的积蓄足够我享用一辈子了。"听到这话，铁木真看了看博尔术，用力地点了点头。

当博尔术带着铁木真回到自家营盘时，正为儿子失踪而焦急万分的父亲又气又喜。博尔术把事情的前后经历叙述了一遍。在博尔术的家里，铁木真受到热情的款待，享受了久违的肥羔羊肉。博尔术的父亲嘱咐说："你二人今后要好好交往，不要相互舍弃。"

经此事件，博尔术帮助铁木真找

凤鸟形玉冠饰（元代）

回了八匹马，二人也因此结下了深厚的友谊。之后，博尔术带着自己的马群前来与铁木真汇合，成为最早加入铁木真所统领的蒙古军队的一员，在蒙古统一诸部的战争中，博尔术志意沉雄，知兵善战，屡立战功。

博尔术之于铁木真，既有自幼深厚的情谊，也有对主人的绝对忠诚。博尔术曾多次置自身于不顾，而救铁木真于危难之中。有一次，铁木真被怯烈部人围困，无法脱身。博尔术便抱着铁木真，一起逃到荒野。当时正值雨雪期，找不到毡帐的所在地，博尔术便与木华黎一同张开毛毡皮裘来给铁木真取暖。直到被族人发现得救的一天后，博尔术与木华黎一直寸步不离地站在铁木真身旁。

1206年，铁木真建立大蒙古国。博尔术被任命为千户长、右翼万户长，为十大功臣之一，享有九次犯罪不罚的特权。铁木真对博尔术和木华黎说："国家的平定，你们的功劳很多。我对于你们，就如同车子对于车辕，如同身体对于胳膊。"因此，在建立大蒙古国历程中的诸多文臣武将中，二人的位置最高。

1226年，博尔术跟随成吉思汗率领大军征讨西夏，但不久病逝于军中。1236年，窝阔台汗赏赐博尔术后裔分地。1301年，元成宗追封博尔术为广平王。

如果说铁木真是伟大的君主，那么博尔术便是最可靠的朋友，最忠实、英勇的臣子。二人"共履艰危，义均同气，征伐四出，无往弗从"。因博尔术在身边，铁木真睡觉都觉得踏实，博尔术对于铁木真，犹水对于鱼也，这种比喻毫不为过。

野心勃勃的通天巫——阔阔出

雄才大略的铁木真十分敬畏长生天。那么能与天神沟通的人，自然就成为铁木真比较信赖和倚重的人了。阔阔出因为能与天神对话，传达天神的旨意，大家称他为通天巫，成了成吉思汗身边专掌占卜的人。阔阔出经常独自一人，赤身裸体地在草原、山林出没，声称是在和腾格里沟通，从而揭示事物的玄机、预言未来。

阔阔出最得意的事情莫过于他从天神那里得到消息，授予铁木真"成吉思汗"的称号。那是1206年的春天，铁木真宣布自己要称蒙古大汗，阔阔出对铁木真说："上天已经告知我了，他说已经把整个世界赐予给您和您的子孙，您应该拥有普天之汗的称号，并赐予您为

白釉铁锈花罐（元代）

成吉思汗。天神还让您广施仁政，做一个明智的君主。"从此，成吉思汗这个名字传遍整个草原，也被世界所熟知。

而让"成吉思汗"这一名号诞生的神巫阔阔出也一时名声大噪，势力大增，与此同时，一颗骄傲的心也愈发膨胀。更为严重的是，他在成吉思汗面前说哈撒儿有谋反之心，以成吉思汗最不能接受的事情来挑拨他们兄弟之间的关系。

成吉思汗也因此误会了哈撒儿，命人将哈撒儿捆绑而来当众问罪。兄弟二人互不相让，冲突越演越烈。消息传到母亲诃额仑那里，母亲出面，晓之以理、动之以情，事情才得以平息。事后，成吉思汗经过慎重的考虑，便明白了其中的玄机，分明是阔阔出在恶意破坏他们兄弟之间的感情，以达到挑拨离间、削弱成吉思汗实力的目的。经过观察也不难发现，阔阔出

借助其独特的身份，越来越嚣张跋扈。他还经常将各个部落的人聚拢在一起，唯他的命令是从。这种行为削弱了成吉思汗的权威。

成吉思汗见阔阔出的行为威胁到了自己的统治，但鉴于阔阔出的父亲是长者蒙力克，其家族也拥有强大的势力，怎么处置阔阔出显得十分为难。一日，成吉思汗的幼弟斡赤斤跑来哭诉，说自己的一些民众离开他投靠了阔阔出。当斡赤斤亲自前往交涉的时候，阔阔出利用通天巫的身份迫使他下跪请罪。听完，成吉思汗火冒三丈，决定立刻铲除通天巫阔阔出。在商量好计谋后，传旨蒙力克和阔阔出前来大帐拜见。等他们一到，斡赤斤和三个力士根据成吉思汗先前的旨意，折断了阔阔出的脊椎，将其处死。

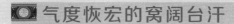

◎ 气度恢宏的窝阔台汗

曲折的即位过程

1227 年，成吉思汗在征伐西夏的途中去世，蒙古帝国四处征伐的脚

元太宗画像

步因此而稍作停顿。两年后，经过"黄金家族"诸王一致认可，窝阔台成为成吉思汗事业的继承者，继任大蒙古国大汗。

说起窝阔台继任大汗，其中有许多曲折。成吉思汗本来有四个儿子，老大术赤，老二察合台，窝阔台是老三，拖雷是老四。兄弟四人秉性各异，术赤性格耿直，察合台脾气暴躁。术赤天生的软肋就是他是母亲孛儿帖被蔑尔乞人抢走9个月后，在回蒙古营盘的路上出生的，血统问题争议颇大。成吉思汗虽然接受了术赤，可是在心里的疑云并未消散，于是给长子取名术赤，意思是"客人"。作为次子的察合台，对于兄长的血统问题，总是冷嘲热讽。术赤当然不愿意别人对自己说三道四，尤其是不能容忍有人说自己不是成吉思汗的儿子。为此，兄弟二人经常当着父亲的面就吵骂起来。他们二人的紧张关系让成吉思汗十分恼火，所以他将汗位继承的人选定在窝阔台和拖雷身上。比起两位哥哥像公牛一样抵牾，老三和老四的关系很是和睦，窝阔台更显得睿智，拖雷则一直跟着成吉思汗作战，学到了成吉思汗的战法。成吉思汗始终不确定到底让谁承袭汗位。于是，当成吉思汗临终之际，他做出了如下决定：让足智多谋的窝阔台继承大汗之位，又根据蒙古人"幼子守灶"的传统，将绝大多数近卫军交给拖雷掌管。

面对父亲安排，拖雷未置可否，可窝阔台意见极大。拖雷掌管了近9万人的近卫军，而窝阔台自己才有5000人。雄才大略的窝阔台害怕贸然继位，引起拖雷的反对，再加上成吉思汗的葬礼费时费力，所以大蒙古国近两年内群龙无首。

1229年，当草原上花草盛开的时候，"黄金家族"的诸王从四方赶来，聚集在克鲁伦河畔，开始盛大的选汗会议。会上，窝阔台派人一再宣读成吉思汗临终之际众人向成吉思汗许下的诺言文书，诸王们最终尊奉了成吉思汗的遗训。面对众人的一致拥戴，睿智的窝阔台表现出相当的谦虚，对兄长察合台和叔叔斡赤斤极尽礼让。当着"黄金家族"所有成员的面，窝阔台乘机向手握重兵的四弟拖雷发起试探，他提议把大汗之位让给日日夜夜侍奉成吉思汗、耳闻目睹成吉思汗法令的四弟拖雷。面对窝阔台打出的舆论牌，拖雷手中的重兵暂时失去了作用，不得不俯首称臣。最后，察合台引着窝阔台的右手，拖雷扶着窝阔台的左手，斡赤斤抱着窝阔台的腰，众人合力将窝阔台拥上宝座。察合台第一个脱帽、下跪——蒙古人之前没有下跪的先例，众人跟着脱帽、下跪，山呼万岁。这样，窝阔台在充分施展了一

窄檐式铁盔（元代）

些政治手腕后，终于暂时压住了拖雷的势力，顺利地登上了大汗宝座。

窝阔台即位后，大蒙古国的政治事业重新开张。在窝阔台汗的谋划下，蒙古人于1234年，结束了长达20多年的蒙金战争，灭亡了女真人建立的金朝。在1236年，窝阔台汗又发起了长子西征，蒙古人向当时的西方发起了第二次强力冲击。在内政方面，窝阔台的作为也可圈可点。现在通行的邮政，在古代称作驿站，就是窝阔台完善的。作为成吉思汗的继承人，窝阔台汗不负期望。

好酒滥赏的大汗

窝阔台时期的大蒙古国，文治武功空前鼎盛。窝阔台经常喝得酩酊大醉，无人敢管。察合台是大汗的兄长，又是掌管法令的长官，只有他能管窝阔台。察合台派专人负责窝阔台喝酒的事情，规定每天只能喝一定数量的杯数。酒鬼喝不到酒，总是有办法的。窝阔台偷偷地将每天喝酒

酱釉花卉文字酒瓮（元代）

的杯子，换成了大出原来好多的大杯子，每天喝察合台规定数量的杯数。察合台哭笑不得，无计可施。最终，窝阔台在他继位的13年后，在一次酒宴之后，喝多了酒于睡梦中溘然长逝。

窝阔台汗虽有酒鬼的恶名，却也享有慷慨大度的好名声。成吉思汗曾说过，如果有谁想要获得财富，请找窝阔台去吧。一些穷苦的人，在没有办法生活时就会冒险来找窝阔台汗。有个老人，没有任何手艺，穷困潦倒。他把几片铁随意磨了下，就说是针，进献给窝阔台汗。窝阔台一笑之后，说："这个可以给牧人缝补用嘛，打赏！"窝阔台时期，大蒙古国的都城在哈喇和林，因为过于寒冷，农业经营得比较少。有人种了萝卜，收成不太好，窝阔台汗得到进献后，按照茎叶计算，给予赏赐。有人在窝阔台汗的凉亭边，种了一些柳树和杏树苗，天

蒙元驿站

13世纪，北方草原上崛起的蒙古族在成吉思汗的带领下，南攻西征，征服了欧亚很多国家和民族。在这广袤领土上，各地方、各民族间的联系何其重要。因而，蒙元时期，驿站得到了前所未有的发展机遇和空间。成吉思汗《大札撒》明确规定"设立驿站，以便迅速得知国内发生的各种事件"。《多桑蒙古史》记载："成吉思汗仿中国制度于大道上设置驿站，以供官吏旅行应用之需，由居民供应驿马、驿递夫之食粮以及运输贡物之车辆，亦有居民供应之。定有一种规章，使用驿马者应遵守之。先是经行辖辒地域之外国人，常受其地多数独立部落之劫掠。自是以后，有一种严重之警巡，道路遂安。"

气太冷，树苗不会生长。夏天到来时，树苗突然发绿了，窝阔台汗按照棵数，给予了赏赐。于是，不断地有人进献烧柴的红柳、可口的香瓜、珍贵的象牙、羚羊角的杯子、中原的石榴、西夏的干粮、波斯的帽子、西亚的碗……总之，千奇百怪的东西，想到的、想不到的，什么都有，而窝阔台汗绝不会让进献者空手而归。有个外地来的造弓箭的人，给窝阔台汗献上一对箭，并告诉大汗自己有一些外债，生活难以维持。窝阔台慷慨地给了他所需要的金额，让他去振兴

自己的事业。结果钱太多，这个造弓箭的人背不动，窝阔台汗在众人哈哈哈大笑后，吩咐给他一辆牛车，让他把钱拉走。

窝阔台汗好赏的声誉逐渐传到远方，善于经营的外地商人，从四面八方涌来，献上自己从远方带来的物品。相比物品的价值，窝阔台汗更享受四方来朝、琳琅满目的感觉。所以，很多时候，窝阔台汗都不会计较物品好坏，一律10倍给赏。手下人说这样赏赐太多了。窝阔台汗说："远道而来的商人，对你们这些当官的人，肯定会有一些好处费。我十倍赏赐，其实是在替你们还钱，免得商人们有所损失！"

窝阔台汗当然并不糊涂。一天，一位不信真主的阿拉伯人跑来挑拨是

彩绘陶车俑（元代）

非。他对窝阔台汗讲，成吉思汗向他托梦，要他告诉窝阔台汗，尽量多杀一些穆斯林教徒。窝阔台汗略微思索后问他，成吉思汗是亲口告诉他这些话的？这个人说是亲口告诉他的。窝阔台汗又问他会不会蒙古话。他说不会。于是窝阔台汗厉声对这个人说："你是个骗子，因为我父亲只会说蒙古话。"看起来，好酒的窝阔台汗，并不是是非不分的人。

不过，好酒却导致窝阔台汗大肆赏赐以致滥赏，其程度远远超过慷慨大度。有个人做生意赔本了，窝阔台汗赏给他很多钱，让他再去经商。这个商人压根儿就没去做生意，花完钱后又来了，说又赔本了。窝阔台汗再次给他一些钱。结果这个人花完钱后，第三次来到窝阔台汗处讨赏。许多大臣不同意，要盘问怎么又赔本了。窝阔台汗不让追究，而是另外给了他一笔巨款，并嘱咐他这次不要再挥霍了。

窝阔台汗的滥赏，充分体现在随意处置国库里的财物。一年12个月，冬季3个月，蒙古人去打猎。剩余9个月，窝阔台汗待着没事儿干，坐在大帐门口，把国库里的东西分成一堆一堆摆开，赠送路过的每个人。有个人拿了一大捆财物，在路上掉了一件衣服。这个人左思右想，舍不得，还是回去捡吧，谁知竟意外地又得到一大捆赏赐。最过分的是，窝阔台汗竟然可以把国库大门打开，让全城的居民去领钱。他说："我要这么多钱何用，还得派人看着，都分了吧！"

人物形青釉笔洗（元代）

四位汗王的母亲——唆鲁禾帖尼

唆鲁禾帖尼是克烈部王罕的弟弟札合敢不之女，拖雷的正妻，蒙哥、忽必烈、旭烈兀、阿里不哥的生母。她的四个儿子中，元宪宗蒙哥和元世祖忽必烈都做过大蒙古国和大元的帝王，旭烈兀在西亚开创了伊儿汗国，阿里不哥于1260年在蒙古本土被部分宗王贵族推举即位，并和忽必烈争位达4年之久。难怪后世史学家称唆鲁禾帖尼为"四帝之母"。

拖雷死后，留下的是庞大的家业和四个没有长大成人的儿子。唆鲁禾帖尼不得不展露才华，掌管丈夫留下的基业。对于一个女人，这种痛苦和艰辛，是常人所无法想象的。若是唆鲁禾帖尼能够带着几个孩子平静地生活，对于拖雷，也算是一种慰藉。可身为兄长的窝阔台却处处为难，提出让她嫁给自己的长子贵由。窝阔台这么做是为了加强对唆鲁禾帖尼和她诸子的控制。对于这个无理的要求，唆鲁禾帖尼以诸子尚未成人为由予以拒绝。之后，窝阔台擅自决定把属于拖雷的三千户授予其子阔端。凡此种种，都是窝阔台为削弱拖雷系而做的努力。唆鲁禾帖尼在不能有力反抗的情况下，只有遵从大汗的旨意。也只有她自己知道，她不是一个软弱的女人，不是一个任人随意欺辱的寡妇，她心中怀有大志，更重要的是，她还有几个可成大器的儿子。

唆鲁禾帖尼首先悉心教导自己的儿子们忍辱负重，积蓄力量。对窝阔台，处处小心，善于迎合，避免引起他的敌视。对

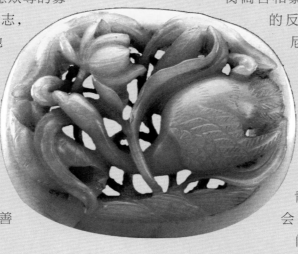

春水玉佩（元代）

于她封地上的臣民和百姓，她爱护有加，对触犯百姓利益的官员进行严厉的制裁。这样一系列的作为，使唆鲁禾帖尼获得宗亲、臣民的广泛拥戴。窝阔台去世以后，对于唆鲁禾帖尼和她的儿子们来说，是一个转变命运的机会。在新继位的大汗贵由与拔都剑拔弩张的时日里，唆鲁禾帖尼暗地里向拔都传递贵由要进攻其地的消息，使拔都躲过了贵由的偷袭。唆鲁禾帖尼因此赢得了拔都的支持，将术赤一系与自己拉在一条战线。贵由去世以后，拔都极力称赞唆鲁禾帖尼的儿子蒙哥才干出众，西征有功，并认为蒙哥应当即大汗位。库里台大会通过了拔都的提议，推举蒙哥为大汗。面对窝阔台和察合台两个家族的反对，唆鲁禾帖尼和蒙哥又遣使邀集各支宗王到斡难河畔召开忽里勒台，窝阔台、察合台两家的许多宗王贵族仍不肯应召前来，大会拖延了很长时间。但终究由于唆鲁禾帖尼的威

望，再加上她笼络了大批宗王贵族，多数宗王大臣最终前来，共同拥戴蒙哥为蒙古大汗。1251年，蒙哥登基，尊唆鲁禾帖尼为皇太后。

唆鲁禾帖尼为了巩固儿子的汗位，毫不留情地镇压反对派，尤其是针对窝阔台和察合台两个家族，并亲自下令处死元定宗贵由的皇后斡兀立海迷失。经过唆鲁禾帖尼的一系列整顿，蒙哥的汗位得以稳固，汗位由窝阔台系转移到了拖雷系。1252年，唆鲁禾帖尼因病去世，享年60岁。她可能也未预料到的是，她走之后，她的四个儿子在欧亚大陆上掀起了巨大的浪潮，他们在各自拥有的土地上，展示着勇士兼帝王的智慧。诚然，他们之间还为了争夺权力和利益相互攻伐，但无论如何，他们都留名青史，这是这位伟大母亲最值得骄傲的。

1266年十月，太庙建成，元世祖忽必烈为生母唆鲁禾帖尼上谥号为庄圣皇后，后来元武宗海

龙纹金钗
（元代）

山为唆鲁禾帖尼加上尊谥显懿，即显懿庄圣皇后。

被权力欲望吞噬的乃马真后

乃马真氏是一位心机颇深、权力欲望极强，最终登上了大蒙古帝国权力顶峰的女人。乃马真皇后，名脱列哥那，生年不详，卒于1246年，元定宗贵由汗的生母。窝阔台有数位皇后，众多妃嫔，可以说后宫佳丽三千，乃马真氏在皇后中排名第六，但因其美貌绝伦，又工于心计，颇得窝阔台的喜爱和信任。窝阔台在世之时，就常委她以宫廷之事，这对乃马真氏无疑是培育亲信和历练才干的绝好机会。

1241年，窝阔台汗病逝，失去丈夫的乃马真氏没有过多地悲伤，而是把心思放在了对权力的争夺之上。她公然违抗成吉思汗大札撒和窝阔台汗的遗嘱，拒绝拥立窝阔台的孙子、阔出之子失列门为汗，而是勾结部分大臣，自己临朝称制。

她当政之后，为了一己之利，铲除异己，结党营私。她勾结波斯女巫师法提玛，合谋暗害镇海和耶律楚材。事情败露，镇海逃出避难，才免一劫，耶律楚材却含冤而终。还有一些成吉思汗、窝阔台汗时期为大蒙古国做出重要贡献的文武大臣被迫害致死。乃马真氏还任命波斯商人奥都·剌合蛮为宰相，他们相互勾结，权倾朝野，众文武大臣也只是敢怒而不敢言。

在乃马真氏执政的五年间，大蒙古国的内政腐败，律法废弛，国家一片混乱。昔日辉煌的大蒙古帝国日渐失色。迫于形势，乃马真氏还政于孛儿只斤氏，立她的儿子贵由为蒙古大汗。贵由是一位明辨是非的汗王，将乃马真氏时期的政令一一废除，重整法纪、朝纲，并以谋害阔端罪处决了乃马真氏的心腹法提玛，重新任命镇海为右丞相；处死了奥都·剌合蛮，仍命牙老瓦赤主持中原地区的财赋事务。

于是，被乃马真氏蹂躏的大蒙古国如同将死的雄狮又被注进了新鲜的血液。在贵由成为大汗的同一年，乃马真氏病逝。她极强的权力欲望，还有为了利益不惜一切代价的决心，都如同昔日她那美妙迷人的脸庞和身躯，永远地成为了历史。

从奴隶到国王——木华黎

木华黎是成吉思汗最得力的猛将之一，起初是门户奴隶，后来被成吉思汗封为太师国王，一生为蒙古的征服大业立下了汗马功劳。木华黎出生于蒙古札剌亦儿部，出生时"有白气出帐中"，神巫预言这个孩子将来绝非常人。但在跟随成吉思汗之前，木华黎并不得势。当初他是成吉思汗的堂兄撒察别乞的门户奴隶，在撒察别乞被处死后便归顺了成吉思汗。木华黎深沉、坚毅、智慧，得到了成吉思汗的重用。1206年，木华黎因功封千户长兼左翼万户长，统汗庭以东至哈喇温山（今大兴安岭）的广大地区。因为忠诚、勇猛、屡立功勋，木华黎与博尔术、博尔忽、赤老温，并称"四杰"，世任怯薛（护卫军）之长，为十大功臣之一。

在那个造就英雄的时代，木华黎也在书写着这个时代的历史。1211年，

1222年

HSYC

话说元朝

木华黎随从成吉思汗征金，率敢死士冲锋陷阵，以寡敌众，大败金兵于野狐岭（今张家口市西北）、会河堡（今河北怀安县东）等地，所向披靡，尽歼金军精锐。1214年，从成吉思汗围攻金中都，迫金朝皇帝献女请和。1215年，木华黎攻陷东京（今辽阳）、北京（今内蒙古宁城县西），继取锦州等地。

1217年，成吉思汗封木华黎为太师、国王，并对木华黎说："太行以北，由我自己去经略，太行以南的地区，由你去尽力管辖吧。"同时，成吉思汗把作为汗的象征的大旗赐给木华黎，授以发布号令的全权。从此，木华黎总理攻金，经略中原。

做了国王的木华黎，与其他的蒙古征服者不同。他一改以往蒙古军队春去秋来，只重破坏和掠夺的做法。他开始占据每一个攻陷的城市，并下令诸将士，不准烧杀抢掠，将田地一律归还百姓，让百姓安居乐业，并采

石卧狮雕像（元代）

纳金朝的制度，在云、燕地区建立行省。这一改变的意义是不言而喻的，减少了战乱对当地百姓生产和生活的影响，也使得蒙古人取得了当地百姓的拥护。

在治理国家的同时，木华黎没有停止对周边地区的征伐，他相继攻陷金统治区内的部分州县。不可否认的是，有战争就有杀戮，在木华黎的指挥下，原为金统治的地区经过战火后，生灵涂炭。1223年，木华黎于征伐途中，病逝于今山西闻喜县，是年54岁。临终之前，木华黎仍不忘对国家和大汗的忠诚，对其弟弟带孙说："我为国家出力，助成大业，艰辛奋斗了四十年，东征西讨，没有什么太多的遗憾，只是汴京没有攻下，你要全心全力来完成。"

从成吉思汗身边的奴隶，到威震一方的国王，木华黎跟随成吉思汗的蒙古大军进行了不计其数的征战，忠心耿耿地护佑在成吉思汗的左右。后来，成吉思汗在亲自带兵攻打凤翔时，

曾对诸将说："要是木华黎还活着，我就用不着来此督战了。"木华黎对大蒙古国的重要，对成吉思汗的重要，自不待言。1321 年，木华黎死后的第 98 年，元英宗追谥木华黎为忠武鲁国王。

木华黎的墓位于今陕西省榆林市榆阳区西北 23 千米的小纪汗乡井克梁村西北，被蒙古人民尊称为金肯巴特尔（真正的英雄）之墓。现有古墓敖包（堆子）1 处，其北有敖包 12 处，俗称十三敖包。

沉默寡言的将领——纳牙阿

纳牙阿是泰亦赤兀部人，原本是成吉思汗的仇敌塔里呼台的那可儿，随塔里呼台出征，曾将塔里忽台从铁木真的围困中救走，也是塔里呼台较为重视的亲信之一。纳牙阿在蒙古攻灭泰亦赤乌部后投到铁木真帐下。铁木真慧眼识人，将纳牙阿留在身边做了近身侍卫，后升为怯薛军的统帅。

纳牙阿深得铁木真的信任。在一次战争中，铁木真大败，部下四散奔逃，只有少数几人护着铁木真逃出对方的包围圈。因为战争中丢失了驼马辎重、毡帐衣服，纳牙阿与木华黎、博尔术三个人在铁木真身边站了整整一夜，为他挡风避寒，不至于冻僵。铁木真十分感动，此后纳牙阿便常伴他的左右，每逢战事，必冲锋陷阵，所向披靡，战功赫赫。1206 年，成吉思汗分封功臣，纳牙阿被封为千户长、中央万户长，位列蒙古开国功臣第三十二位。

纳牙阿生性沉默寡言，甚至近于木讷。比如，因为忽兰而受到成吉思汗的斥责一事。蒙古部与蔑儿乞部本是世仇，成吉思汗的母亲就是途中抢来的嫁给蔑儿乞人的新娘，蔑儿乞人又曾掠走了成吉思汗的妻子孛儿帖。冤冤相报，两家的仇恨终不得调

三彩炉（元代）

和。1204年，成吉思汗得知金朝与蔑儿乞部产生了矛盾，便主动请缨发兵攻打蔑儿乞部。成吉思汗大胜，蔑儿乞部众四处逃散。其中，兀儿思蔑儿乞部长答亦儿兀孙情急之下前来投靠纳牙阿，并将自己心爱的女儿忽兰交给纳牙阿，以转献成吉思汗，求得自保。

三天后，纳牙阿将美丽聪慧的忽兰送到成吉思汗的帐中。成吉思汗见忽兰容貌姣好，十分高兴。然而，当得知途中三天忽兰一直住在纳牙阿的帐中时，这个伟大的男人也失去了本该具有的宽容与理智，大发雷霆，声称纳牙阿与忽兰有私情，并在盛怒之下命人捆绑起纳牙阿，欲严加惩罚。

而纳牙阿除了愤愤地一句"我发誓我对大汗是忠诚的"以外，再不辩解，听凭成吉思汗的发落。眼见纳牙阿的生命受到威胁，忽兰便向成吉思汗解释说："纳牙阿将军是绝对忠诚于大汗的，我们之间更没有什么私情。我之所以在途中耽搁三天才来到大汗身边，确实不是将军的错，是因为一路上兵荒马乱，将军为

了把我毫发无损地交付于大汗，不得不让我暂时在他的营帐中停留三天。我请求您暂时放了他，如果您临幸了我，自然就会知道我是否保全着父母所给的身子，事情自然也会真相大白。"在忽兰的百般解释和保证下，成吉思汗才放了纳牙阿，也证实了其忠诚和清白。

直到成吉思汗逝世，纳牙阿一直如影子一样陪伴左右，默默地为大汗效尽犬马之劳，从未有丝毫懈怠。传言纳牙阿活了120岁，恐怕是世界上最长寿的大将。

孤儿丞相——失吉忽秃忽

在忽必烈与阿里不哥争夺汗位期间（1260—1264年），82岁的"胡丞相"失吉忽秃忽终于因年迈、劳累、疲惫，永远地闭上了眼睛。谁都没有想到，这个父母亲族都被杀害的塔塔儿部孤儿，成为蒙古草原上的第一任最高断事官，建章立制，治世理政，为蒙元帝国立下了汗马功劳。

白矗（元代）

在铁木真的铁骑踏平塔塔儿营寨后，一个目光炯炯、英气勃发的小男孩在一个被拆毁的蒙古包前四处张望，他不知道在他离开的一瞬间，来了一群什么样的客人，眼神里充满了疑问和不曾感受过的惶恐。这时候，一位骑着高头大马威风凛凛的大汉出现在他的面前，一手将他抱起，放在马上。这个孩子就是失吉忽秃忽，抱起他的大汉就是成吉思汗。回到营盘，成吉思汗将失吉忽秃忽交给母亲诃额伦抚养。

失吉忽秃忽先天聪慧，再加上诃额伦母亲的抚养教育，少年时代就表现出英勇无比、胆识过人的特质。失吉忽秃忽 15 岁那年的冬天，看见一群麋鹿从蒙古大军旁跑过。在得到成吉思汗的御帐管理人屈出古儿那颜的允许后，失吉忽秃忽便无所畏惧地向麋鹿追去。寒风凛冽，天色渐晚，失吉忽秃忽还没回来。成吉思汗焦急万分，担心这个孩子会冻死。就在这个时候，失吉忽秃忽兴冲冲地跑了回来，他将 30 头鹿中的 27 头打死在雪地上。

可以说，这件事情在失吉忽秃忽的成长历程中占有重要的地位。此后，成吉思汗对他赞赏有加，待他为最亲信的伙伴。失吉忽秃忽开始了追随铁木真左右，征战欧亚大地的生涯。他是拥有政治、军事头脑的谋士，也是骁勇善战的大将。

1206 年，大蒙古国建国后，成吉思汗封失吉忽秃忽为千户长，因其功勋卓著，成吉思汗恩准他九次犯罪

"称海屯田万户" 铜印 （元代）

话说元朝

HSYC

不加惩罚，并授大札鲁忽赤官职，掌刑罚词讼及民户分封诸事，凡分与诸王、贵戚、勋臣的民户、所审断的案件以及经他奏准的各项规定，都成为定制，写在青册上，永世不得更改。

在被授予大权之后，失吉忽秃忽完全遵从成吉思汗的旨意，断事理案，赏罚分明，即使是对于许多"黄金家族"中的不法之徒，也从不手软。尤其是在战利品的分配问题上，失吉忽秃忽严格遵守特定的法律程序，所有的一切都归大汗所有。失吉忽秃忽的表率作用和治理有方，对维护成吉思汗的统治起到了重要作用。

1211 年，失吉忽秃忽从成吉思汗攻金。1215 年初，蒙古攻破金中都，失吉忽秃忽受命接管中都，对于受降的一切事务，他处置得有条不紊。他张贴告示安民，又派人四处寻找中都

玻璃香料壶（元代）

的人才，并命令士兵不得侵扰百姓。正是在失吉忽秃忽的努力寻找下，郭宝玉和耶律楚材才被发现，并成为成吉思汗的智囊。

之后在成吉思汗西征、大举攻金的征程中，失吉忽秃忽都是冲锋将领之一。1234 年蒙古灭金后，窝阔台命失吉忽秃忽为中州断事官，即管理汉地的最高行政官。就任后的失吉忽秃忽，主持编籍中原民户，将中原汉地民户分封给诸王、贵戚、勋臣。但他所制定的繁重差徭，使得人民不堪重负，大批逃亡。这给窝阔台的统治增加了几分不稳定因素。而后，失吉忽秃忽退职。他还曾协助忽必烈治理中原地区。

直到 82 岁的失吉忽秃忽离世之前，他从未停歇，他为成吉思汗、窝阔台和忽必烈的统治均起到过重要的辅助作用。可以说，他经历了悲惨的童年，他也有着超乎常人的幸运。当然，这一切都源于他非凡的智慧和才干。

◉ 说不清的长子，道不明的远封——术赤

　　1225年，术赤躺在异乡的病榻上，冥冥之中，他似乎听到父亲成吉思汗的强烈谴责，并命令他的弟弟察合台对他进行追逐、审问：他为何在西征途中，不断与弟弟察合台和窝阔台发生冲突，致使蒙古大军"师无和，无纪律"？又为何在西征途中屡次称病，置父亲北征不里阿耳、钦察等部的诏命于不顾？

　　然而，他却无力昂起高贵的头颅，也无力挺起坚硬的脊梁，更没有力气去向父亲解释和迎接弟弟们的讯问和征讨。他所能做的是用尽最后一丝力气去感知草原的风，来自蒙古故土的风。还有就是想着他那令自己也费解的出身，他真的是蔑儿乞人的孩子？可是，他宽厚的肩膀，他铮铮的铁骨，他的千古豪情……他想他的身上流淌着的注定是蒙古人的血液……带着这最后的疑问、压抑和苦闷，术赤安静地闭上了眼睛。

　　"术赤"这个名

字带给他一生的阴影，他就是蒙古人的客人，他来自蔑儿乞部。于是，术赤自出生之日起，就受到父亲的怀疑，其后他的弟弟们都对他的身份有所质疑，以至于对他态度轻蔑。在亲人们误解和怀疑中成长，术赤学会了隐忍，锻就了坚强的内心，犹如草原上的雄鹰，其视线所及的是遥远的山峰，其心神向往的是广阔的天空。

　　在大蒙古国建立之前，术赤已指挥大军进行较为重要的战役。1204年，术赤掌蒙古右翼军进攻乃蛮部，在与诸军的有力配合下，大败乃蛮部于纳忽山（位于鄂尔浑河东土拉河西），并擒杀了其首领太阳汗。战后，术赤驻军阿勒台山（今阿尔泰山），对当地

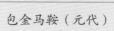

包金马鞍（元代）

进行管辖。

　　成吉思汗对诸子进行分封时，术赤分得蒙古民众九千户。蒙古帝国建立之后，对周边部落的征服成了蒙古军队的天职，而术赤这位能征善战的将领，便成为征伐的先锋。1207年，术赤统军降服了"林中百姓"，并于战后统辖了这些地区。1211年，术赤随父南下攻金，与弟弟察合台、窝阔台统右军，攻取云内、东胜、武州、朔州等地。1213年，大军沿太行山东麓南下，直抵黄河，复绕太行西麓北行，攻掠20余个州县，并与诸军会合，围攻金中都（今北京）。

　　1217年，术赤征讨乞儿吉思，军至叶密立河（今额敏河），取胜而归。1219年，术赤参与蒙古人影响和改变世界的西征，并奉命领军攻下昔格纳黑（今哈萨克斯坦的契伊利东南）、八儿真（昔格纳黑西北）、毡的（锡尔河北岸）等地。其后与察合台、窝阔台等部会师，攻下花剌子模首都玉龙杰赤（今土库曼斯坦的尼亚乌尔根奇）。1224年，西征之后，成吉思汗分封诸子，术赤所得地域为咸海、宽田吉思海（今里海）以北的钦察故地。术赤的封地距离蒙古最为遥远。远离故土，分封镇守异乡，在术赤的心里埋下了怨言。

鎏金铁马镫（元代）

　　因之与弟弟们，尤其是察合台由来已久的矛盾，加上这说不清楚的远封，术赤在西征的途中屡次称疾，不配合大军的行动，拒绝执行成吉思汗北征不里阿耳、钦察等部的诏命，并擅自还师，返回封地钦察草原。成吉思汗曾一度以为术赤不听诏令，图谋不轨，命察合台等备兵讯问，甚至缉拿。而后，得到了术赤的死讯，才肯作罢。

　　术赤死后，其次子拔都在他的封地上建立钦察汗国（金帐汗国）。因为术赤与察合台的矛盾很大，成吉思汗选定窝阔台为继承人。也正是由于这无法解开的疑团和无法调和的矛盾，术赤的后裔开始支持拖雷系，使蒙古大汗的位置由窝阔台系转移到拖雷系。

　　至于术赤是不是成吉思汗的亲生

儿子，我们无从知晓。我们所知道的是他没有因为父亲给予的名字和兄弟们的猜忌而放弃追逐和梦想。他是一个英勇果敢的男儿，是一个能征善战的骑士，还是一个立下赫赫战功的将领。至于对术赤的远封，不知成吉思汗当时做何想法，但是钦察汗国曾经成为不同民族、不同国家政治、经济和文化相互联系的桥梁和纽带，而做出这些贡献的正是术赤和他的子孙们。

拖雷之死

拖雷是成吉思汗与孛儿帖的第四子，也是他们最宠爱的儿子。蒙古人有"幼子守灶"的习俗，成吉思汗生前分封诸子，拖雷留在父母身边，继承父亲在斡难河和怯绿连河畔的斡儿朵、牧地和军队。

看拖雷其人，最值得称道的是他继承了蒙古人的英勇果敢和能征善战。拖雷曾跟随成吉思汗攻伐金朝，曾参与西征，在这一系列征伐的过程中，他表现出众，战功赫赫。具有大汗幼子身份的拖雷，在父亲的分封中获得大量的军队，成吉思汗留下的军队约12.9万人，其中约有10.1万为拖雷所继承。战争中非凡的表现，加之拥有庞大的军队，拖雷的实力骤增。

黄绢幡（元代）

所以1227年成吉思汗去世后，窝阔台继位之前的两年间，由拖雷监国。

然而，在权力面前亲情便显得尤为淡薄。尽管拖雷一度表现出对兄长的尊敬和爱戴，但是他的声望和他拥有的军权，让作为大汗的窝阔台感到了威胁。如何铲除这个优秀的弟弟和可恶的竞争对手，这是一桩让窝阔台颇费心思的事情。一方面窝阔台念及骨肉亲情和多年的兄弟情分，一方面又担心没有合适的借口，手段太过拙劣，被世人知晓，而伤及颜面和地位。无论如何，不除之不安心，窝阔台还是对拖雷下手了。

1232年夏的一天，太阳炙烤着大地，酷热的天气预示着一种不祥。此时的拖雷正处于从金朝班师北还的途中，他只想尽快地踏上草原，回到凉爽舒适的斡儿朵。出乎意料的是，他敬爱的哥哥，大蒙古国的君主窝阔台自称身患重病，像被施了魔法，装神弄鬼。身为弟弟兼臣子的拖雷不得不侍奉在他的身旁。这是一个令人窒息的时刻。为窝阔台治病的巫师念着祛病咒文，用一种只有他自己知道是什么的招数将窝阔台的疾病涤除在一杯清水中，并暗示如果有一个亲人喝下这

杯水，大汗窝阔台的疾病将可痊愈。事态发展到这一步，恶魔的双手已经伸向拖雷，但这是他不能左右的。面对着亲哥哥的威逼，面对着死亡的降临，拖雷彻底绝望了。除了勇敢地接受死亡，他无路可走。于是，拖雷拿起装满窝阔台疾病的杯子进行祈祷，祝愿即将逼死自己的哥哥早日康复，表达了对哥哥的爱戴。之后，果断地喝下了杯中除病的水。后果可想而知，几天后，窝阔台痊愈，拖雷在回程的途中病死，终年40岁。

成吉思汗的守灶之子，草原上一颗耀眼的明星就这样陨落了。也许人们会说，拖雷的死亡源于他优异的出身、强大的军事权力、非凡的才干和显赫的功绩。然

元武宗画像

而，更深刻的原因是在政治和权力面前，亲情被利益所践踏，良知被欲望所掩埋。

在窝阔台去世之后，蒙古大汗的汗位转移到拖雷家族。1251年，拖雷的长子蒙哥即位，是为元宪宗。元宪宗追尊父亲拖雷为皇帝，为拖雷追上庙号睿宗，谥号英武皇帝。1266年，太庙建成，制尊谥庙号，元世祖忽必烈将父亲拖雷的谥号由英武皇帝改谥为景襄皇帝。1310年，元武宗海山为拖雷加上尊谥仁圣，从此之后，拖雷的谥号变为仁圣景襄皇帝。

有雄心无壮志的皇帝——贵由汗

贵由，生于1206年，是成吉思汗的孙子，窝阔台汗的长子，母乃马真氏。1246—1248年任大蒙古国大汗。卒于1248年，时年43岁，庙号定宗，追谥为简平皇帝。

在血雨腥风的年代，任何一个在草原上长大的男儿，都有骑上骏马征战沙场的胆识和能力。成长于帝王之家的贵由就更不例外，在其即汗位

铜镲（元代）

之前，就跟随着蒙古大军南征北战。1235年，窝阔台授命拔都统兵远征钦察、俄罗斯等未服诸国，贵由随军出征。之后，贵由与蒙哥在高加索山地区用兵，其表现英勇，战绩卓著。

1241年底，窝阔台病重，命贵由班师返回蒙古本土。班师途中，窝阔台病亡。根据窝阔台生前的遗命，任命三子阔出的儿子失烈门为大汗。但此时窝阔台的第六个妻子、贵由的生母乃马真氏通过各种手段掌握了大权，违背了窝阔台汗的遗志，没有扶植年幼的失烈门，而是于1242年春临朝称制。

1246年，乃马真氏这个权力欲

话说元朝

HSYC

望极强的女人在执政五年后，将汗位让给自己的儿子贵由。然而，此时的大蒙古国在这个女人的统治下，已经失去了往日的辉煌，乃马真氏与朝廷官员相互勾结，结党营私，贪污腐败成风，国家政令不一，生产凋敝，民不聊生。

贵由在接下大蒙古国汗位的同时，也接下了这个问题复杂的大帝国。在其即位后的同一年，乃马真氏病死，给了他以展露拳脚的机会。不得不说，此时的贵由汗是一位有想法和雄心的君主，他虽然没有祖父成吉思汗、父亲窝阔台那样的雄才大略，但为大蒙古国的恢复寻找着途径。

首先，他处死曾经不支持自己为大汗的一部分人，铲除异己，树立威信。其次，杀死了乃马真氏在位时期宠信的大臣奥都剌合蛮，并将女巫法提玛沉入水中。再次，整顿吏治，恢复国家行政法令，起用被乃马真氏罢免的具有治国理政能力的官员。

然而，身在大汗之位的贵由，却没有一个大汗该具有的统辖诸王和广阔疆域的才干。贵由汗在对其他诸王采取一定的措施进行管辖和控制的同时，还插手其内部的一些具体事务，从而引起了不必要的麻烦。如察合台汗国位于中亚地区，察合台临终时曾遗言封地由其长孙哈喇旭烈继承，亦得到过窝阔台的认可。可是，察合台的儿子也速蒙哥因与贵由关系密切，贵由称汗后迫使哈喇旭烈让位于也速蒙哥。这一行为引起了哈喇旭烈的不满，为察合台家族和察合台系与贵由汗的关系埋下了隐患。

同时，贵由与术赤的儿子拔都素有不和，拔都曾反对贵由继承大汗之位，因而双方的矛盾愈来愈深。1247年秋，贵由任命野里知带为征西军统帅，率兵西进，统辖波斯地区，与拔都相抗衡，以削弱拔都的实力。

1248年春，贵由以都城和林气候不好，叶密力的环境有利他养病为借口，亲率大军离开和林而西进，向拔都处进发。此时，拖雷之妻唆鲁禾帖尼察觉贵由此举后，秘密通报拔都，拔都获悉后就整军待战。一场大战似乎即将来临，不可避免。出人意料的是，1248年3月，贵由汗在叶密力以东（今新疆青河东南）的行军途中突然病死。消息传出，拔都亦偃旗息鼓，从而避免了一场大规模的皇室内战。

贵由酷似其父窝阔台，过于慷慨。他曾下令打开府库，以金银财宝分赐王公大臣，仅一次大肆赏赐就花费7万锭。其挥霍之程度，真令人可恶可叹！

用一句话总结贵由汗，那就是有雄心而无壮志。在其即位之初调整政令之后，便沉溺于酒色，不理朝政，朝廷要事委付亲信裁决。因此，一直未彻底改变国家日益衰落的局面。尽管贵由的父亲窝阔台曾经费尽心机排挤拖雷，登上大汗的宝座，母亲乃马真氏机关算尽临朝称制，将汗位传给自己的儿子，但是在贵由死后，汗位依然由拖雷的儿子蒙哥登继承，大蒙古国的汗位由此转移到了拖雷一系。

◎ 狂卷欧洲的蒙古飓风——速不台

12—13 世纪，蒙古草原上的诸部落开始壮大，他们相互争夺水源、草场、人口和地盘，草原失去了往日的平静。铁木真的崛起，为一些胸有大志、忠诚勇敢、能征善战的蒙古勇士们提供了施展雄心和抱负的舞台，速不台便是其中之一。而更为重要的是速不台

青瓷武士造像（元代）

的视力所及，不仅是蒙古高原，还有整个世界。于是，他成为那个时代，世界上征战范围最广的将领。

速不台，生于 1176 年，蒙古兀良哈部人。速不台自幼机智勇敢，其父哈班在赶着羊群到铁木真营盘时，途中遇见一伙强盗，盗走了羊群，抓走了哈班。速不台与哥哥忽鲁浑赶到后，击败盗贼，救出父亲，也使羊群得以到达铁木真所在之处。速不台是以质子身份跟随于铁木真左右，他谙熟战略战术，勇猛善战，被称为铁木真的"四狗"之一，为铁木真所赏识和重用。在蒙古统一诸部的过程中，发挥了重要的作用。

如此的出身和际遇，注定了速不台东征西讨、没有停歇的戎马生涯。1211—1215 年间，速不台是伐金

战将，屡获战功。1219 年，速不台出征蔑儿乞残部，将蔑儿乞部彻底击灭。1223 年，参与第一、第二次西征，与罗斯联军作战。1226 年，速不台随从成吉思汗征西夏。自 1231 年，速不台在拖雷麾下效力，是攻灭金朝的主将之一。1241 年，率军攻伐至欧洲。

速不台之所以百战不殆，还在于他的战争谋略，比较值得一提的是在速不台奉命歼灭蔑儿乞残部时，令先行裨将阿里出带婴儿行进，夜宿后留下婴儿，就像是携家而逃的人。这样的假象，蔑儿乞部人信以为真，没有丝毫防备。于是，速不台大军进至，一举将蔑儿乞部击灭。

在蒙古对金的战争中，速不台是前锋，也是主要谋士。1232 年正月，窝阔台率中军在白坡渡过黄河，东向攻下郑州，两军对汴京形成钳形攻势。驻守潼关的完颜合达统率金军主力南下堵截拖雷，未能得逞，又奉金帝之命转向东北援汴。关于如何对付合达大军，拖雷曾向速不台问以方略，速不台说："城居之人不耐劳苦，数挑以劳之，战乃可胜也。"拖雷采用了速不台的建议，蒙古军队很快攻占了河南多数地方，消耗了金军主力。

金朝宣布投降后，速不台接受金朝献送的后妃、宗室和宝器等。速不台杀金荆王、益王等全部宗室近臣，并进入汴京城，企图屠城，在耶律楚材的进谏下，作罢。战乱后的汴京城残破不堪，民无所食，速不台下令任由城内的居民北渡黄河去寻找生的希望。从中不难发现，速不台还是一个善于采纳建议，适时顺应形势的将领。

狼牙棒（元代）

另外，与蒙古的其他大将相比，速不台还有一个特殊的身份。窝阔台即汗位后，将自己的女儿秃灭干公主下嫁速不台。可能是窝阔台确实赏识速不台的才华，也可能是有目的的政治联姻。但无论如何，作为皇帝的金龟婿，速不台的身份和地位自然又高一等。

1248 年，速不台病逝，享年 72 岁。纵观速不台的一生，有谋略，有胆识，战争与胜利同在。其征战的范围，东至高丽，西达波兰、匈牙利，北到西伯利亚，南抵开封。速不台和他所率领的蒙古大军从蒙古草原，一路抢掠、厮杀，战无不胜，这成就了他个人的军事成就，也给所到之处带去了灾难和毁灭。速不台成为那个时代世界征伐范围最广的将领，这或许是他自己也未能预见到的。

速不台，这个名字似乎成了能征善战的代名词。有人将其在作战中运用的主要战略战术做了总结，包括追击战、伏击战、围城战、袭击战、运动战、歼灭战和分化瓦解、各个击破等。这些战略战术被后世政治家和军事家广泛地研究和利用。

成吉思汗的箭——哲别

当初哲别是成吉思汗的敌人，在战斗中射伤了成吉思汗的爱马。可他归顺成吉思汗后，忠勇可靠，成为成吉思汗的一员猛将，为蒙古帝国立下了汗马功劳。

哲别是别速部人，起初由泰亦赤兀部统领，并随军作战。1201 年，铁木真与泰亦赤兀部大战，铁木真获胜，但其白嘴黄马被射伤。在铁木真追究凶手的时候，一个健壮的蒙古汉子走出队伍，毫不犹豫地承认是自己所为，并声称："若是把我杀了，只能污秽手掌大的土地；若是赐我一命，必将赴汤蹈火，在所不辞。"这样的表现让成吉思汗大为赞赏，于是留下了哲别。

哲别以骁勇善战、精于射术而著称。跟随铁木真后，他如同铁木真的一支神箭，无役不从，无往不胜。据说他射击飞动中的碗，能百发百中；还能徒手抓住敌人射来之箭，拉弓反射回去，能一箭穿透敌方主将的心窝。

1206 年，蒙古国建立，哲别被封为千户长。之后他参与成吉思汗每一次大规模的征伐行动。1211 年，随成吉思汗

汉白玉螭首（元代）

话说元朝

HSYC

南下攻金，在乌沙堡、野狐岭（今河北万全西北）、会河堡（今怀安东南）诸战中密切配合大军主力屡败金军，继以迂回突袭战法破居庸关。1216年，哲别全力攻打西辽，两年后攻灭西辽，掌控了丝绸之路的中东商贸，为蒙古大军的西征清除了障碍。

1219年，哲别为成吉思汗西征的先锋，兵至不花剌（今乌兹别克斯坦布哈拉），国王摩诃末南逃。成吉思汗即命哲别、速不台与脱忽察儿率领三万精兵穷追猛打，并降旨道："我命令你们去追赶花剌子模的国王，如果不能追上，你们也不要回来了。对于归顺者，可给予奖励，发给保护文书，为他们指派长官；对于流露出不屈服和反抗情绪的人，一律消灭掉。我们要在三年内结束战争，通过钦察草原回到我们的老家蒙古。"在成吉思汗的授意下，哲别挥军前进，向着摩诃末逃跑的地方，没有一丝懈怠。在追逐的途中，木维因、祃桼答而、阿模里和阿思塔剌巴忒等城中涌现出来大批抵抗的百姓，他们的鲜血染红了哲别的神箭和蒙古弯刀。最终，摩诃末走投无路，逃到小岛上栖身，不久郁郁而终。

随后的数年间，哲别和他所率领的蒙古大军到过波斯（今伊朗），越过太和岭（今高加索山），转战亚速海、顿河一带，击败钦察及阿速

武士铜雕像（元代）

等部，并深入斡罗思（今俄罗斯）。曾在迦勒迦河之战（今乌克兰日丹诺夫市北）中击溃入斡罗思诸国王公与钦察忽炭汗的联军，还曾转攻也的里河（今伏尔加河）上的伏尔加保加利亚。

1224年，哲别接到东回蒙古的消息，挥师东归。或许是征战得太久、太疲惫，这位曾经威震蒙古草原乃至整个世界的蒙古大将和出神入化的神箭手病死于回师的途中，结束了其胜利、辉煌、传奇，也不乏杀戮的一生。

◎ 上帝折鞭钓鱼山——蒙哥

孛儿只斤·蒙哥，生于1209年1月10日，蒙古帝国大汗，史称元宪宗蒙哥汗。"蒙哥"为"永久"之意。成吉思汗之孙，拖雷的长子，拖雷正妻唆鲁禾帖尼所生，其弟为元世祖忽必烈、旭烈兀、阿里不哥。

不得不说，蒙哥这样高贵的出身，着实是令人羡慕。然而，正是因为这样的身份，也招致了猜忌和防范。自幼年起，蒙哥就被自己的亲大爷窝阔台收为养子，成长于窝阔台帐下，并由窝阔台做主为其娶妻成家。直到1232年九月，拖雷去世后，时年24岁蒙哥才回到拖雷的封地。

窝阔台名义上是收养蒙哥，实则是以其为质子，为了加强对拖雷系的控制。可以想象，蒙哥是怎样地小心、谨慎、战战兢兢地生活在窝阔台的帐下，他经历着怎样暗淡、悲凉的年少时光。也因为如此，与其他同龄人相比，沉默寡言的蒙哥显得更加成熟，明白事理，他不会放过任何机会去锻炼自己、强大自己。

蒙哥曾多次跟随窝阔台参加征伐。1235年，蒙哥参加第二次蒙古西

元散舞砖雕（元代）

白釉杯（元代）

征，与拔都、贵由西征欧洲的不里阿耳、钦察、斡罗思等地，在里海附近，活捉钦察首领八赤蛮，凡所参战，屡立奇功。与此同时，蒙哥在军中的声威如同他的军功一样被众人知晓。

1248 年，窝阔台的儿子贵由汗去世后，皇后斡兀立海迷失临朝称制。由于贵由与拔都向有不和，拔都拒绝前来奔丧。为了对抗窝阔台家族，拔都以长支宗王的身份遣使邀请宗王、大臣到他在中亚草原的驻地召开忽里勒台，商议推举新大汗。窝阔台系和察合台系的宗王们多数拒绝前往，蒙哥与诸弟则受母亲唆鲁禾帖尼之命应召前往。这将是改变蒙哥和拖雷系命运的绝好机会。

1250 年，忽里勒台大会在拔都的驻地召开，拔都在会上极力称赞蒙哥能力出众，战功赫赫，应当即大汗位，并指出窝阔台后人无继承汗位的资格。大会通过了拔都的提议，蒙哥被推举为大汗。但因窝阔台、察合台两家拒不承认蒙哥的汗位，唆鲁禾帖尼和蒙哥又遣使邀集各支宗王到斡难河畔召开忽里勒台大会。虽然窝阔台、察合台两系的很多宗王仍不肯应召，但由于蒙哥和其母亲唆鲁禾帖尼的威望很高，多数宗王大臣最终应召前来参会。

1251 年 7 月 1 日，蒙古宗王大臣们共同拥戴蒙哥登基，蒙哥成为蒙古帝国的新大汗。自此，蒙古帝国的汗位便由窝阔台家族转移到了拖雷家族，这也为后来大蒙古国的分裂埋下了隐患。

蒙哥汗即位后，继承先祖的遗志，继续着对周边政权和国家的征伐。1252 年 6 月，蒙哥命其弟忽必烈南征大理国。1254 年 1 月，忽必烈攻克大理城，国王段兴智投降，大理国灭亡，云贵高原并入大蒙古国版图。1253年6月，蒙哥命其弟旭烈兀率10万大军西征。旭烈兀的大军所向披靡，渡过阿姆河后，先攻灭波斯南部的卢尔人政权，1256年攻灭位于波斯西部的木剌夷国，1258年灭亡巴格达的阿拔斯王朝，1260年3月灭亡叙利亚的阿尤布王朝，并派兵攻占了小亚细亚大部分地区。

久闻蒙古大军的威名，法国国王路易九世派遣传教士卢布鲁克前往东方觐见蒙古大汗，商讨传教和结盟对抗阿拉伯人事宜。蒙哥在致路易九世的国书中写道："这是长生天的命令。天上只有一个上帝，地上只有一个君主，即天子成吉思汗。"蒙哥以长生天和成吉思汗的名义命令法兰西国王承认是他的属臣，其雄心伟志，熠熠可见。

与此同时，他的征伐脚步还在继续。1258年，蒙哥、忽必烈和大将兀良合台分三路大举进攻南宋。蒙哥汗亲率主力进攻四川，攻克了四川北部大部分地区。1259年初，在合州（今重庆合川区）钓鱼城下攻势受阻，数月不能攻克。1259年8月11日，蒙哥因积劳成疾，病逝于合州钓鱼山，享年51岁。1266年10月，太庙建成，

制尊谥庙号，元世祖忽必烈追尊蒙哥庙号为宪宗，谥号桓肃皇帝。

长胡子智者——耶律楚材

耶律楚材，出身于契丹贵族家庭，是辽太祖耶律阿保机的九世孙。说到耶律楚材，有两个方面不得不提，其一，他是活跃于蒙古帝国政坛上的契丹人，深得蒙古统治者的信任；其二，他的智慧超群，人们称他为长胡子智者。那么，这位拥有契丹贵族血统的耶律楚材是如何与蒙古帝国联系到一起的，又是如何得到蒙古大汗们的信任的呢？

耶律楚材出生、成长于燕京（今北京），自幼聪慧好学，博学多识，年少之时便在燕京地区声名鹊起，广为人知。1215年，成吉思汗的蒙古大军攻占燕京。在蒙古铁骑的进攻下，燕京地区满目疮痍，民生惨淡。原本心怀大志的耶律楚材面对金朝政府的腐败无能，无计可施，心生悲凉，无奈之下过起了与世隔绝的隐居生活。

声望犹如春风，传遍京城的大街小巷。听说耶律楚材满腹经纶，才华横溢，求才若渴的成吉思汗便派人四处寻找。千里马遇上伯乐，成吉思汗找到了耶律楚材，并向他询问治国安

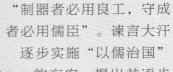

话说元朝

HSYC

邦的大计。而此时的耶律楚材也被成吉思汗所打动，决定于其帐下发挥才智，竭尽全力。于是，这位契丹人对成吉思汗及其子孙进献了种种统治策略，这对蒙古人所建立的国家产生了较为深远的影响。

这位长胡子智者的具体作为，主要体现在如下两个时期：

其一，成吉思汗时期，陪伴在成吉思汗左右，曾随其西征、征西夏，常讲述儒学、伦理、战争、征伐、治国、安邦的道理，谏言禁止蒙古大军擅自杀戮，禁止州郡官吏的贪暴之行，有效地减少了军队的杀戮和官吏的贪腐，深得成吉思汗的信任。

其二，窝阔台汗时期，倡议设立朝堂之仪，亲王要对大汗行君臣之礼，以尊汗权。曾任中书令，即宰相一职，称"天下虽得之马上，不可以马上治"、

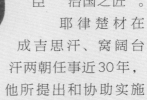

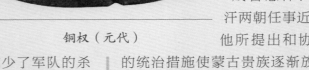

铜权（元代）

"制器者必用良工，守成者必用儒臣"。谏言大汗逐步实施"以儒治国"的方案，提出并逐步实现了定制度、议礼乐、立宗庙、建宫室、创学校、设科举、拔隐逸、访遗老、举贤良、求方正、劝农桑、抑游惰、省刑罚、薄赋敛、尚名节、斥纵横、去冗员、黜酷吏、崇孝悌、赈困穷等一系列统治策略。深得窝阔台的重用，被誉为"社稷之臣""治国之匠"。

耶律楚材在成吉思汗、窝阔台汗两朝任事近30年，他所提出和协助实施的统治措施使蒙古贵族逐渐放弃了落后的游牧生活方式，采用儒教为中心的传统思想和制度治理中原，对稳固蒙古贵族的统治起到了重要的作用。忽必烈进入中原后，在耶律楚材所谏言的方案上做了些许改动，用作自己的治国方略，为建立元朝和统治中原

奠定了较为坚实的基础。

让人称道的是，耶律楚材不仅是一位杰出的思想家、政治家，在文化、艺术方面也有很深的造诣。他是中国历史上第一个提出经度概念的人，编有《西征庚午元历》，主持修订了《大明历》。他还酷爱文学，写过不少诗作，现存《湛然居士文集》，共14卷。

窝阔台死后，皇后脱列哥那称制，耶律楚材这个坚持正义，不畏权威的异族人因屡次弹劾皇后宠信之奥都剌合蛮，而渐渐被蒙古王公贵族排挤、打击。1244年的5月14日，耶律楚材郁郁而终，享年55岁。

1261年，忽必烈遵耶律楚材的遗愿，将他的遗骸移葬于故乡玉泉以东的瓮山（即今北京颐和园的万寿山），追封广宁王，谥号文正。

弃商从政的大功臣——镇海

镇海，是活跃于大蒙古国时期的一位著名商人。其人生于1169年，原名沙吾提，一作称海，又作田镇海，时人称田相公。本为畏兀儿人，曾寄居于克烈部，因此也称为克烈人，信奉景教。镇海成长于草原部落，经商于大漠以北的镇海，后投奔成吉思汗，成为成吉思汗的开国功臣，是蒙古帝国较为重要的角色之一。他卒于1252年，终年84岁。

大凡有想法、深谋远虑的商人都会不遗余力地往政治上投资，镇海也不例外。在东奔西走的经商之余，他

青铜花押印（元代）

便将目光投在了铁木真这个"潜力股"的身上。于是，早在蒙古国建立之前，他就不失时机地投奔于铁木真帐下。

而镇海得到铁木真的信任和重用，当始于1203年。是时，克烈部王罕与铁木真激战于合兰真沙陀之地（今内蒙古东乌珠穆沁旗北境），成吉思汗的军队被王罕击溃，损失惨重，历经险阻，逃亡至呼伦贝尔草原班朱尼河畔（今呼伦湖西南）。镇海便是随同铁木真一起逃出来的19人之一，他们与成吉思汗同饮浑浊的班朱尼河水，食野马。铁木真宣誓："使我克定大业，当与诸人同甘苦。"

患难见真情，面对艰难困苦的局势，镇海以全部家产充作军资，把自己全部的希望都寄托在铁木真的身上了。同时，镇海也成为成吉思汗最信

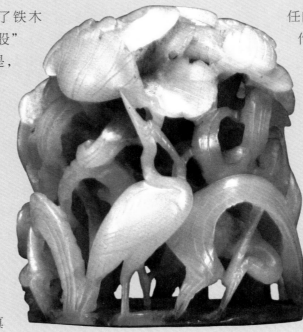

镂雕荷鹭青玉帽顶（元代）

任的人。1206 年，作为大蒙古国的开国功臣之一，镇海参加了大蒙古国开国大典，被成吉思汗授为百户。其后，便与其他蒙古国勇士一样，开始了跟随昔日的铁木真、今日的成吉思汗那似乎没有停歇的征伐之旅。

镇海曾参与征乃蛮的战争，立有战功，赐珍珠旗，佩金虎符，尊为阁里必（汉译"宰相"）。征西夏和金朝，在攻打金抚州（今河北张北一带）时，中箭后带伤继续作战，鼓舞了军队士气。到 1215 年蒙古大军攻取了金中都，镇海立功较多，为了奖赏他，成吉思汗命他在城中环射四箭，箭所达到的园地邸舍，都赏赐于他。在此期间，镇海得到了巨额的赏赐，名利双收，从而成为蒙古将军中的最有钱的商人，商人中权力最大的蒙古将军。

才能须用在刀刃上，这是成吉思汗英明的用人方略。自1216始，镇海奉命设立镇海城，戍守，屯田，从事生产，发展经济。在镇海留戍镇海城期间，负责掌管蒙古大军前后方的转输、联络。1221年，长春真人丘处机奉成吉思汗之诏西行，曾途经镇海城，由镇海率百骑护送西行至大雪山（今兴都库什山）成吉思汗的行宫。于是，镇海这座小城，俨然成为辽阔漠北草原上的消息传输机构和补给中转站。其重要的政治、经济、文化等方面的作用，可想而知。

成吉思汗离世后，镇海又事窝阔台。1230年，随窝阔台攻金。1231年，

窝阔台任命镇海为中书右丞相，主管畏兀儿文字书写的文书。需要注意的是，此时的汉字文书虽由长胡子智者耶律楚材掌管，但在正文之后、年月之前要由镇海亲写畏兀儿字云"付某人"，以此为验，否则无效。仅此一事，足见窝阔台对镇海的信任，更可见镇海的权力之大。1241年，窝阔台死，皇后脱列哥那临朝称制，镇海与皇后的亲信法蒂玛素有间隙，于是皇后欲捕镇海以治其罪。镇海事先察觉，急逃往皇子阔端处，才得以幸免于难。定宗贵由即位，顾念镇海为先朝旧臣，仍拜中书右丞相，参与政事。贵由将政事几乎尽委镇海等人。于是，年逾

畏吾体蒙古文题记

古稀的镇海在贵由一朝甚为勤勉。

一朝天子一朝臣，千古不变的定律。贵由死，宪宗蒙哥即位，因镇海与窝阔台关系密切，被视为叛王之党，被指与畏兀儿亦都护准备在别失八里杀害回回人，于1252年被处死，年84岁。

无论结局如何，镇海依然是智慧的商人、杰出的将军。虽然因为蒙古皇室的内讧被牵连致死，但由于镇海对蒙古国的贡献，其原有封邑仍得以保留，其子孙继续在元朝做官。

成吉思汗箴言

成吉思汗箴言大致可分为修身、齐家、治国、人才培养、战略战术及法律等几部分，总计大约100条。这些箴言短而精练、通俗易懂，是从游牧狩猎生活和军事政治斗争的长期实践中总结出的至理名言。虽然经过辗转翻译，但仍然具有非常浓厚的民族特色，读来发人深省。

成吉思汗对于修身和品格操守是非常重视的，他教诲儿童们："幼年时代，在父母面前耍娇贪玩，必然成为不学无术的人。不学无术的人，不但后悔莫及，亦贻笑大方。"

他告诫青年人："不要以金银珠宝装饰自身，而要以道德和才能充实自己。"

他倡导言而有信，指出："言而有信的人，心地坚贞，寡欲以协众。"

他鼓励读书学习，并坚信"读书的糊涂人，终究要超过生来的聪明人"。

他告诫青年人要尊敬老年人："到长者处时，长者未发问，不应发言。长者发问以后，才应做适当回答。因为如果他抢先说了话，长者听他的话

铁锈花酒瓮（元代）

那倒还好，否则他就要碰钉子。"

他反对酗酒，并指出："酒醉的人，就成了瞎子，他什么也看不见，他也成了聋子，喊他的时候，他听不到。……国君嗜酒者不能主持大事……卫士嗜酒者将遭受严惩。"

他强调团结一心，并语重心长地告诫自己的孩子们："一支脆弱的箭，当它成倍地增加，得到别的箭的支援，哪怕大力士也折不断它，对它束手无策。因此，只要你们兄弟互相帮助，彼此坚决支援，你们的敌人再强大，也不能战胜你们。但是，如果你们当中没有一个领袖，让其余的弟兄、儿子、朋友和同伴服其决策，听其指挥，那么，你们的情况又会像多头蛇那样了。一个夜晚，天气

酷寒，几个头为了御寒，都想爬进洞去。但一个头进去，别的头就反对它；这样，它们全冻死了。另外一条只有一个头和一条尾巴的蛇，它爬进洞里，给尾巴和肢体找好安顿之地，从而抗住严寒而获全。"

成吉思汗对于齐家之道有深刻的理解，并从理家之道中，去鉴别人的才能。他说："能治家者，即能治国；能率领十人作战者，即可委付以千人、万人，他能率领千人、万人作战。"成吉思汗反对家属干政，主张："野外的事，只野外断；家里的事，只家里断。"

他要求做家长的，要教育孩子不可追求享乐而忘本。他说："教诫子弟，使毋忘本。不可使其但知鲜衣美食，乘骏

纳石失织金锦男式袍服（元代）

HSYC

话说元朝

马拥娇姬，以免忘记我等开创之劳。"

他反对买卖婚姻，指出："婚姻而论财，殆若商贾矣。"

在蒙古族人口较少的情况下，妇女们在生活和生产中承担了许多重任，成吉思汗对妇女的作用很重视，他说："妻子贤惠，安家之宝。"

他勉励妇女们："男人不能像太阳般地到处普照着人们。妇女在其丈夫出去打猎或作战时，应当把家里安排得井井有条，若有使者或客人来家时，就能看到一切有条有理，她做了好的饭菜，并准备了客人所需要的一切东西。这样的妇女自然为丈夫造成了好名声，提高了他的声望，而她的丈夫在社会集会上就会像高山般地耸立起来。人们根据妻子的美德来认识丈夫的美德。"几百年过去了，勤劳贤惠的蒙古族妇女仍然按照成吉思汗的要求，为丈夫和家人而辛勤劳作，受到世人的尊重。

在茫茫的草原上，对大蒙古国该怎样管理呢？怎样才能使散处在大漠和草原上的牧人们服从指挥、统一行动呢？成吉思汗以法典的形式对其做了规定："左邻右舍，守望相助，爱护邻人如爱护自己，不得伤害及侮辱邻人，共同守护国家、城镇之秩序。尊敬寺庙之佛神及僧侣，并免其赋税。"

他大力提倡淳化民风："凡是一个民族，子不遵父教，弟不聆兄言，夫不信妻贞，妻不顺夫意，公公不赞

八思巴纹铜钱（元代）

話説元朝

HSYC

"东路蒙古室韦亲军百户所"铜印（元代）

许儿媳，儿媳不尊敬公公，长者不保护幼者，幼者不接受长者的教训，大人物信用奴仆，而疏远周围亲信以外的人，富人者不救济国内人民，轻视习惯和法令，不通情达理，以致成为当国者之敌，这样的民族、窃贼、撒谎者、敌人和各种骗子将遮住他们营地上的太阳，这就是说，他们将遭到抢劫，他们的马和马群得不到安宁，他们出征打先锋所骑的马精疲力竭，以致倒毙、腐朽，化为乌有。"

在成吉思汗的治理下，大蒙古国民风淳厚、人民团结互助，国力十分强盛，逐步发展成为横跨欧亚的庞大帝国。在这广大的国度内，生活着几十个民族和千百万民众。他们分别信仰佛教、道教、伊斯兰教、基督教、拜火教、摩尼教、景教，并且各自保留着不同的风俗习惯。为了巩固大蒙古国的统治，成吉思汗对各民族的宗教信仰平等对待，一律尊重。他要求各地官员："切勿偏重何种宗教，应对各教之人待遇平等。"

他还要求各地官员依法行政，特别是在战乱中应遵守"治乱国者，宜以法齐之"的原则。

成吉思汗用兵如神、每战必克，令敌闻风丧胆。在他的指挥下，蒙古骑兵十分英勇善战，他要求部队："同敌人对阵的时候要像黄雀一样节节跃进，像饥饿的老虎一样，像愤怒的鹫鸟一样；在明亮的白昼要像狼一样深沉细心，在黑夜里要像乌鸦一样有坚强的忍耐力。"他还要求："自将帅以至士卒，虽无敌时，亦当准备。一闻号令，立即起行。"

对于军事将领的选拔，成吉思汗不仅要求他勇敢忠诚，而且要爱恤士兵，他说："再也没有像也孙拜那样的勇士了，没有人像他那样能干！但由于他不感到远征之苦，不知饥渴，他就认为与他在一起的那可儿、战士和所有其他的人们也都像他那样能忍受劳累。因此，他不适于担任首长。

只有自己能知道这种饥渴并据以推知别人的情况，只有在行军时能考虑到不让军队饥渴、牲畜消瘦的人，才配担任首长。"

对于各具特点和不同性格的人，成吉思汗都要用其所长，务求做到人尽其才，并且把用人之所长作为确保江山永固的重大措施。成吉思汗说："智勇兼备者使之典兵，活泼骁捷者使之看守辎重，愚钝之人则付之以鞭，使之看守牲畜。我由此意，并由次序纪律维持，所以权威日增，如同新月，得天之保佑，地之敬从。我之后人继承我之权威者，能守同一规则，将在五千万年之中，亦获天佑。"

成吉思汗是伟大的军事家和政治家，他在中国以及世界上都享有崇高的威望。他的箴言至今仍然闪耀着真理的光辉，具有很强的感染力，值得我们从中汲取智慧、力量和勇气。

附：

1. 成吉思汗论人生："以笑脸面

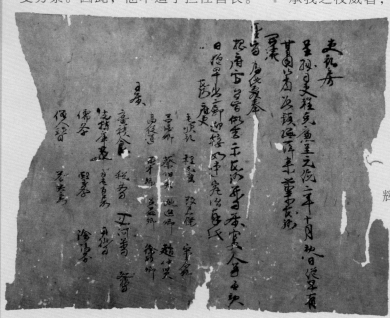

吏礼房通知（元代）

话说元朝

对生活，乐如三岁之犊。"

2. 成吉思汗军歌

可汗如太阳，高高照东方。

威德之所被，煜如天下光。

部属如草木，小丑如冰霜。

草木日益长，冰霜日消亡。

太阳有出没，可汗寿无疆。

唯我大可汗，手把旄与旗。

下不见江海，上不见云霓。

天亦无修罗，地亦无灵隶。

上天与下地，俯伏肃以齐。

何物蠢小丑，而敢当马蹄。

蒙古人的法律——成吉思汗的大札撒

大札撒是大蒙古国的第一部成文法典，初创于1206年，是在成吉思汗即大位的时候，于忽里勒台大会上正式宣布的。

大札撒汉文称为"青册"，据《蒙古秘史》记载，成吉思汗在任命失吉忽突忽为大断事官时说："凡断了的事，写在青册上，以后不许诸人更改。"以后，凡是由失吉忽突忽记下来成吉思汗所断之事的言论，便成为蒙古国法典。1210年及1218年，成吉思汗在忽里勒台大会上又对大札撒做了增补。成吉思汗又规定，所有他的子孙

及各地高级首长，每年必须集合一次，检讨有无违犯大札撒的事，违者要受到严厉处罚。

完整的大札撒，如今已散佚。但经过历代史家搜集和传抄记录，其主要内容散见于许多史书中。俄国人沃尔纳德斯基著《蒙古与俄罗斯》一书，从各家著述中整理出较完整的大札撒，与现代法典对照，可以编为三部分：总纲；国际法；政府、军队及行政法（包括刑法、军法、民法、商法和禁忌）。由于成吉思汗时期军务繁忙、大业草创，所以大札撒的内容十分简要，条文很少，其中国际法、民法、商法都只有一条。

在总纲中，成吉思汗告诫诸王百官："凡子不听父教，弟不听兄教，夫疑其妻，妻忤其夫，男子虐待其已聘之女，女子慢视其已字之男。长者不约束幼者，幼者不受长者约束；高位达官信用亲近，遗弃疏远；富贵之家，不急公而吝财者，必致流为匪类，变为叛贼，家则丧，国则亡，临敌则遭殃。我严切告诫，以防此弊。"在对待宗教问题上，成吉思汗规定："尊重所有宗教，但不使任何一教享有特权。"

在国际法中，成吉思汗宣布："大蒙古国不是世界各国之一，而是创造

中的世界帝国。使臣不可辱，保护通商。交战前，向敌国军民宣告：'如顺服，则汝等可获善遇或安息；如反抗，则其后果唯有长生天知道，非吾人所能预料。'"

在大札撒的第三部分规定："蒙古人对于其国王及贵族仅在名字上加一个尊称，如可汗、汗、那颜等，不用其他美名或尊号。其兄弟姊妹或亲属，概称其出生时所称之名字。"

为加强军事力量，大札撒要求："男子二十岁，皆有服兵役之义务。……妇女须随军前进，当男子作战时，代任其工作。"

在第三部分中，包括有刑法、军法、民法、商法的雏形。例如刑法中规定："违反可汗及国家者处死刑"；"遗火而燃烧草场者，诛其家"；"杀人者死（并课罚金）"。

在军法中规定，"临阵先退者处死，出征逃匿者斩"；"作战时，十人中如有一二人逃走，全体皆处死"；"一队之中，如有英勇者数人领先出击，其余如不跟进或者落后者处死。每一单位，如有一二人被俘，如不能抢救回来，全单位之人皆处死"。

在民法中定有"死于军中者，其奴婢自驮其尸以归，即以死者之畜产给予此奴；若由他人驮尸以归，则其人尽有死者之妻奴畜产"。

在商法中定有"凡以信用取运货物而破产者，仍得再以信用取运货物二次；破产三次者处死"。

此外，大札撒还有一些禁忌性的规定。如禁拾遗、禁草生而锄地、禁打马之面部、禁踏门槛等。

神射手移相哥和成吉思汗石

长期征战的蒙古人以精于骑射著称于世，移相哥（约1192—1267年）则是其中的佼佼者，他于1224年，创造了一箭射出335庹（音"讨"，为蒙古成年男子两臂平伸的距离，约为1.7米，335庹大约为560米），因而甚得成吉思汗器重，并降旨刻石立碑以志纪念。

移相哥，

成吉思汗石

1242
1502 年

为成吉思汗之侄，其父哈撒儿为成吉思汗之弟。19 世纪初叶，俄罗斯考古学者在今中俄界河——内蒙古呼伦贝尔市额尔古纳河西岸的俄罗斯吉尔吉拉古城（又称移相哥宫殿），发现了记录移相哥远射之事的石碑，碑文为回鹘蒙古文，汉译为："成吉思汗讨掳萨尔塔兀拉人还师，大蒙古国全体那颜聚会于不哈只忽之际，移相哥射矢中三百三十五庹远。"因碑文以成吉思汗起首，故称之为"成吉思汗石"。它是现存时代最早的回鹘蒙古文碑，在国际学术界极为著名，现存于彼得堡美术博物馆。

碑中所记"萨尔塔兀拉人"，即中亚古国花剌子模，蒙古人称之为"萨尔塔兀拉百姓"。1219 年，成吉思汗为报复花剌子模人杀掠蒙古商人之事，率 20 万众西征，移相哥从行，经 5 年血战，灭花剌子模国，于 1224 年班师。大军行至大蒙古国西境不哈速只忽（碑文为"不哈只忽"），成吉思汗"降旨设置大金帐，举行了大聚会及大宴"，并且进行由蒙古全体

胡人石像（元代）

那颜参加的射箭比赛，移相哥在大赛中创下矢中 335 庹的记录，并获得成吉思汗降旨刻碑的殊荣。

移相哥的生平，在古波斯史学家拉施特所著《史集》中有所记述，其外貌为身材高大，两颊绯红，长脸，留着长胡须。移相哥身体强健，至老不衰，寿至七十有五，直至元世祖忽必烈至元四年 1267 年才去世，历成吉思汗、窝阔台汗、贵由汗、蒙哥汗、忽必烈汗，可谓五朝元老。他一生先追随成吉思汗转战，1226 年成吉思汗病危之际，由其守护身边。1229 年，又奉成吉思汗遗诏，拥立皇子窝阔台为蒙古大汗。1260 年，移相哥被成吉思汗之孙忽必烈任为先锋，率领大军北征忽必烈之弟阿里不哥的叛乱。1263 年，阿里不哥投降，移相哥受命审讯之。此时，移相哥已 70 多岁，但仍然"精力强健……晚年忽必烈汗以事召见，发现无一茎白发"。同年，忽必烈赠移相哥金印，移相哥回到分封地额尔古纳河西岸的宫殿，安度晚年。1267 年，其部遭灾，忽必烈下诏"赈亲王移相哥所部

话说元朝

HSYC

饥民"。此后，移相哥其名不见史乘。因此，《蒙兀儿史记》的作者屠寄认为移相哥死于 1267 年。

丘处机过丰州

元朝人李志常所写的《长春真人西游记》，是我国 13 世纪初一部十分重要的文献。书中记载了长春真人丘处机在今内蒙古呼和浩特（元代丰州城）和岱海一带生活的情况，很有历史价值。

据《长春真人西游记》记载，1221 年，道教全真派大师、73 岁高龄的丘处机（号长春真人），奉一代天骄成吉思汗圣旨召请，率领弟子李志常等 18 人，从山东莱州起程，西行万余里前往西域以至中亚和印度，于次年 4 月抵达大雪山下（今阿富汗兴都库什山）谒见成吉思汗。当时，成吉思汗率领蒙古大军西征，当他

知道丘处机道业精深后，极为钦佩，特传圣旨将丘处机从万里之外的山东召至西征大军的御帐之中。从 4 月份首次接见，直到第二年 3 月，成吉思汗多次召见丘处机，两人谈得十分融洽。所谈内容均有蒙汉两种文字记录，奉成吉思汗"勿泄于外"之命为绝密材料，后由重臣耶律楚材整理，编入《玄风庆会录》，又经人收入《正统道藏》。

其他事件过程均由李志常记入《长春真人西游记》中。这是汉文史籍中最早、最完备地对成吉思汗及 13 世纪时蒙古民族，西北地理、风土人情、宗教信仰、异闻志怪的记录，史料价值极高。

丘处机在对成吉思汗讲道时坦诚地承认，世人没有长生不老之术，只有延年益寿之道。他向成吉思汗进言"外修阴德，内固精神"，"恤民保众，使天下怀安"。成吉思汗很欣赏丘处机的坦诚性格，尊称丘处机为

白釉梅瓶（元代）

話説元朝

HS YC

彩绘毡帐车和陶俑（元代）

"神仙"，提出"朕所有之地，爱愿处即往"，并下圣旨命丘处机执掌中原地区的道教诸事。到 1223 年 3 月，经过丘处机多次请求，成吉思汗三次挽留都未能留住，方于 3 月 10 日，派遣宣差阿里鲜为正使，以蒙古带和喝剌八海两人为副使，护送丘处机东归。出发的时候，蒙古大军中诸多将领携带着珍奇果品和葡萄美酒，一直送出几十里。临别之时，众人都挥泪不忍丘处机的离去。

东归万里，磨难重重，丘处机虽

有特使照料，但毕竟年事已高，加之沙漠苦旱风沙蔽天，行至 5 月 17 日，丘处机生了大病，不能进食，每天只喝点热开水来支撑。在这严重的时候，丘处机一行跋涉到丰州城（今呼和浩特市东 18 公里白塔村）。驻扎在丰州的蒙古军元帅及其下属都出城来迎，宣差俞公还把丘处机一行接回自己府上，并特意做了热气腾腾的面条，由俞公亲手端给丘处机。这大概是丘处机离开内地以来见到的第一碗面条，他顿时食欲大增，饱饱地吃了

话说元朝

HSYC

一顿。第二天，他的病竟然不治而愈，饮食也恢复如常。宣差俞公十分欣喜，请丘处机一行叙谈。此时已近初夏，大家面对北窗，凉风习习很是快慰。俞公拿出一张盖有成吉思汗御玺的纸，恭请丘处机题字。丘处机挥笔写下一首五言诗："身闲无俗念，一宿至鸡鸣。两眼不能睡，寸心何所萦。云收溪月白，气爽谷精神。不是朝昏坐，行功扭捏成。"

7月1日，丘处机辞别了元帅和宣差俞公，离开丰州东进。到7月3日，一行到达威宁府（今内蒙古乌兰察布市凉城县附近），元帅夹谷龙古带率部下出城相迎，并直接把他们迎回元帅府居住。一时间，远近前来参拜丘处机的人有1000多位。夹谷元帅家中养着7只鸭子，准备为远来的贵客做菜用。丘处机知道以后，请求不要宰杀，傍晚的时候，他与元帅带着鸭子来到威宁城边的岱海放生，鸭子在岱海的波浪里追逐嬉戏，十分欢悦，丘处机感慨万千，当场口诵两首七言诗。其中一首是这样的："两两三三好兄弟，秋来羽翼未能成。放归碧海深沉处，浩荡波澜快野晴。"

察合台汗国银币（元代）

第二天，丘处机一行又辞别夹谷龙古带元帅，向东方的云中（今山西省大同市）前行。丘处机在内蒙古的丰州和岱海之滨逗留近半个月，受到当地蒙汉各民族、各阶层人士的热情款待，也给这里的人们留下深刻而美好的印象。

英声赫然的察合台

内蒙古博物馆收藏有数枚察合台汗国的银币，其形状呈圆形，最大直径 3.5 厘米，最小直径 1.7 厘米，厚度 0.15 厘米。银币用打制法制成，币的正面印有库法文和阿拉伯文，意为"安拉是唯一的神"。察合台汗国（1221—1370 年）创始人察合台（？—1241 年），是元太祖成吉思汗的第二个儿子。察合台在青年的时候，就跟随成吉思汗西征，立下了赫赫战功，与他的兄长术赤、弟弟窝阔台、拖雷一道，形成了大蒙古国的"四大宝柱"，创建了著名的蒙古四大汗国，即金帐汗国、察合台汗国、窝阔台汗国和伊儿汗国。其中，察合台汗国地处亚洲西部，其疆域东至新疆吐鲁番，西至中亚阿姆河，北至塔尔巴哈台山，南至阿富汗，其版图包括今新疆、中亚五国和阿富汗等地，是蒙古四大汗国中版图较大的一个。元朝初年，成吉思汗之孙、世祖皇帝忽必烈祭祀其英名，作乐章《皇伯考察合带之歌》，歌云："雄武军威，兹历多年。深谋远略，协赞惟专。流沙西域，饯日东边。百国畏服，英声赫然。"

孔雀蓝盖罐（元代）

公元 1227 年，成吉思汗病逝，临终遗命诸子，以第三子窝阔台为继承人。直到 1229 年，蒙古汗国内部久议未决。此时，察合台位尊权重，由中亚草原万里东返，率领所有的蒙古宗王，在蒙古本部的大草原上，向窝阔台行跪拜之礼，拥立其为全蒙古的大汗，从而结束了汗位虚悬的历史。这对于维系大蒙古国的稳定，无疑具有相当重要的作用。

窝阔台即汗位后，极为尊重察合台，尊之为皇兄，并颁赐皇兄印信。此印一直保存在元朝中央政府内，直到 100 年后的 1329 年，元朝政府才将"皇兄之宝"的大印，送交察合台六世孙保存。

察合台自幼跟随其父征战，对成吉思汗口授的法令（大札撒）熟记于心，并且运用于治理天下的实践中，因而甚得成吉思汗的喜爱。当时的历史学家认为察合台是一位正直、有能力和令人敬畏的统治者，成吉思汗曾经反复告诫诸王和臣下：如果要学习法令规程，

话说元朝

那就必须首先向察合台学习。据记载，在察合台统治下，汗国之内各民族的臣民秩序井然，以至于在其统治期间，旅客只要接近他的军队，在任何道路上都无须保镖和卫士；而且有一个夸大说法：一个头顶黄金器皿的妇女，可以不用担心害怕地单独行走。

1241年，察合台病逝。其子孙与元朝保持着宗藩关系，奉元朝皇帝为宗主。

在较长时期中，察合台汗国的蒙古统治者和全军将士，在当地民族文化和宗教的影响下，逐渐伊斯兰化，由信仰萨满教、佛教而改奉伊斯兰教，以安拉为唯一的信仰。因此，在汗国的银币上印有"安拉是唯一的神"的字样。察合台汗国与元朝中央政府的交往十分密切，今内蒙古博物馆所收藏和展出的察合台汗国银币，即是流传至今的实物见证。

蒙哥汗的金匠威廉师傅

威廉是巴黎的金匠，后来到匈牙利做买卖，在蒙古骑兵第二次西征（1235—1242年）时，他在别勒格刺德（今贝尔格莱德）被俘，后被带到蒙古草原，成为成吉思汗之孙蒙哥汗帐下的一名金匠。

1253—1254年，法国人鲁布鲁克奉罗马教皇之命，从欧洲出使蒙古，在哈喇和林（今蒙古国杭爱省）见到了威廉，两人一见如故，鲁布鲁克经常去威廉家作客，并把他的见闻记载下来，这就是著名的蒙古史著作《出使蒙古记》。通过这部书，我们知道了欧洲战俘在蒙古草原的生活情况。

据该书记载，威廉在草原上娶了

铜鎏金菩萨像（元代）

一位来自匈牙利的妇女，又收养了一名孤儿，还把这孩子培养成一名精通多国语言的翻译。蒙古人很喜欢这一家人，尊称威廉为师傅。

在 1254 年，也就是蒙哥称汗的第三年，蒙哥汗给威廉拨出 50 名工匠和 3000 个马克，命他在宫殿制作一件能供千人饮酒的巨型酒具。威廉师傅以欧罗巴神话为创作素材，制作了一棵大银树，在树根处放置 4 头银狮子，每头狮子口中有一根铁管，可以喷出白色的马奶。在大树枝上，除了装饰金银树叶和果实外，还有 4 条金蛇，能够分别流淌出葡萄酒、蜂蜜酒、甜米酒和马奶酒。在树下还有 4 只大银盆，用以承接酒和饮料，在大树的顶端，安装着一个吹喇叭的银铸天使。在宴会中间，如果饮料或奶酒不够了，银天使就会吹

元大都到元上都路线图

响喇叭，仆人们便立刻把饮料和奶酒注满。对这件巧夺天工的神奇酒具，不但蒙古人很惊喜，就连鲁布鲁克也很惊奇。

后来，威廉把秘密告诉给他的法国同乡。原来，在大银树下有一座地穴，在里面藏着一个人，银天使的喇叭和酒水的供应，都是由这个人暗中操纵的。蒙哥汗对威廉的创造很满意，重赏给他 1000 个马克。后来，鲁布鲁克要返回法国了，威廉师傅请他把一条镶宝石的皮带转赠给法国国王，嘱托说按照蒙古风俗，把它束在腰间可以防止雷电的伤害。在洒泪分别时，与鲁布鲁克同来的几个法国人不想回去，就留在了蒙古草原与威廉师傅生活在一起。

1990 年，蒙古国为了纪念威廉

师傅，发行了一枚邮票，上面的图案就是威廉制作的大银树。

大蒙古国专题之一——蒙古帝国的藩属"四大汗国"

1206 年，成吉思汗统一漠北，建立大蒙古国。随后成吉思汗及其子孙带领蒙古骑兵不断征战，在 1225 年西征归来后划分了四个儿子的封地。在分封的基础上，又经过不断的征战，最终形成了大蒙古国的格局。东方是拖雷后裔统治下的中国元朝，在西方是四大汗国：金帐汗国、窝阔台汗国、察合台汗国、伊利汗国。

金帐汗国

金帐汗国（1219—1502 年），又名钦察汗国，是蒙古帝国的四大汗国之一，位于西北面，具体辖区在今天的咸海和里海北部的俄罗斯和东欧以及中欧地区。金帐汗国是由成吉思汗的大儿子术赤的封地发展起来，由术赤的儿子拔都所建立。因为汗国统治者的帐篷顶是金色的，所以称为金帐汗国。

1219—1225 年，成吉思汗率部第一次西征，把西征中占领的土地封给了三个儿子。长子术赤的封地在也儿的石河（今额尔齐斯河）以西、花刺

褐釉四系罐（元代）

子模以北，直到蒙古军马蹄所能达到的地方。术赤在去世前把南俄罗斯一带的土地分给了他的两个儿子：拔都统领青帐汗国（东方），斡儿答统领白帐汗国（西方）。在不久后的一场争斗中，拔都的弟弟昔班离开拔都的军队，奔赴乌拉尔山以东的鄂毕河和额尔齐斯河之间建立了自己的营帐，

版图最远至哈萨克的阿克托贝，叫作蓝帐汗国。成吉思汗去世后，窝阔台继任为蒙古国大汗，并于1235年召集诸王大会，决定征讨今天里海、黑海北面的钦察以及斡罗思等国，诸王都以长子率兵出征，术赤的次子拔都为出征诸王之首。1236年蒙古军攻破伏尔加河中游的不里阿耳城，钦察首领班都察率部投降，另一首领八赤蛮顽抗而死。1237年秋，蒙古军攻入斡罗思，并于1240年征服了斡罗思。蒙古军继续西征，一部分攻入孛烈儿（今波兰），另一部由拔都率领攻入马扎儿（今匈牙利）。1243年，拔都结束西征，回到伏尔加河下游，建都于拔都萨莱城（今阿斯特拉罕附近），建立起东自 也儿的石河，西抵斡罗思，南自巴尔喀什湖、里海、黑海，北到北极圈附近的辽阔的金帐汗国。在汗国内，拔都的13个兄弟各有世袭领地、又各自形成半独立国。

1255 年，拔都去世，他的后继者与元朝和其他汗国时战时和，呈现出错综复杂的政治局面。1257 年，拔都的弟弟别儿哥成了金帐大汗。别儿哥曾经帮助阿里不哥同忽必烈作战。阿里不哥失败后，别儿哥又长期跟忽必烈的兄弟旭烈兀建立的伊利汗国作战。别儿哥还曾经出征波兰和保加利亚，都大获全胜。他和马木鲁克朝、塞尔柱帝国和拜占庭帝国结成对付西方国家和伊利汗国的同盟。1266 年，别儿哥汗去世，拔都的曾孙忙哥铁木儿即位。忙哥铁木儿统治到1280年，他同别儿哥一样，继续反对忽必烈，并且帮助窝阔台汗国大汗海都作战。海都在忙哥铁木儿的帮助下大大增强了窝阔台汗国的势力。1277 年，金帐汗国的军队在战斗中曾经俘虏了忽必烈的儿子，后来虽然交还了元朝，但是从此以后金帐汗国开始独立发展了。

伊斯兰墓顶石（元代）

青铜角力带（蒙古汗国）

1280—1287 年，忙哥铁木儿的弟弟脱脱蒙哥成了金帐汗国的大汗。脱脱蒙哥是个虔诚的穆斯林。在脱脱蒙哥后即位的是兀剌不花（1287—1290年）和脱脱（1290—1312年）。其中脱脱在 1299 年击败了别儿哥的侄孙蒙古老英雄那海，加强了对金帐汗国的控制。1312 年，脱脱汗去世后，他的侄子月即别（乌兹别克汗）继承金帐汗国汗位。乌兹别克汗同元朝遣使往来，得到元仁宗的册封，同时与伊利汗国、埃及等国家互通友好，发展对外贸易，金帐汗国达到了极盛。乌兹别克汗迁都于别尔哥萨莱城（今伏尔加格勒附近），并使伊斯兰教得到进一步的传播，其后金帐汗国的大汗都信奉了伊斯兰教。乌兹别克汗喜欢用莫斯科大公作为他的统治工具，去打击汗国内不顺从的俄罗斯小国。莫斯科公国于是取得了比其他俄罗斯小国高的政治地位。

金帐汗国在统治的过程中逐渐突厥化，从而丧失了蒙古文化的特性。

金帐汗国的人口主要是钦察人、保加尔鞑靼人、柯尔克孜人、花剌子模人以及其他一些突厥系族群，尤其以钦察人与土库曼人居多。

政治上，金帐汗国是蒙古帝国一脉，自蒙哥汗去世后基本上完全独立，并且同伊利汗国多次交战。金帐汗国的统治者是忽里勒台大会从拔都的后人中选出来的，大汗以下是宗王，宗王以下有大臣以及一种叫达剌罕的行政和军事长官。军队分为东、中、西三路，左右两翼，中军由可汗指挥。兵制是以十进制为单位，行政上可分为万人团、千人团、百人团。宗教上，蒙古人和突厥人都信仰伊斯兰教，伊斯兰教被定为国教。

乌兹别克汗去世后，金帐汗国在经历了 3 代大汗的统治后，于 14 世纪 50 年代末起陷入了内讧。20 多年间汗位更替了 20 多人，1380 年，白帐汗国的后代脱脱迷失在中亚帖木儿帝国的支持下成了金帐汗国大汗，从此以后金帐汗国的大汗全部出自白帐

话说元朝

系。15 世纪 20 年代起，从金帐汗国相继分裂出了喀山汗国、克里木汗国、阿斯拉罕汗国，金帐汗国只剩下有限的疆土。1502 年，克里木汗跟莫斯科大公国结盟，功下萨莱城，金帐汗国灭亡。

喀山和阿斯拉罕汗国分别于 1552 年和 1556 年被伊万雷帝征服。克里木汗国成为奥斯曼帝国的附庸国，并于 1777 年被沙皇征服。1480 年，蓝帐汗昔班的后裔建立了西伯利亚汗国，1600 年被俄国征服。1428 年，蓝帐汗昔班的另一个后裔阿不海汗即

位并率领乌兹别克人南下建立了乌兹别克汗国。1500 年，阿不海的孙子昔班尼灭了帖木儿帝国，乌兹别克汗国成了中亚霸主。

窝阔台汗国

窝阔台汗国（1225—1309 年），是蒙古四大汗国中存在时间最短的汗国，共存在 84 年，期间有 4 任大汗，分别是窝阔台汗、贵由汗、海都汗和察八儿汗。窝阔台汗国的第一任大汗是成吉思汗的第三个儿子窝阔台。1225 年，成吉思汗把叶迷立（今新疆额敏）和霍博（今新疆和布克赛尔）一带地区封给窝阔台，封地具体位置在额尔齐斯河上游和巴尔喀什湖以东地区。这就是窝阔台汗国的雏形。

八思巴文"中书分户部印"（元代）

其后窝阔台汗国经历过很多次战争，辖区也有较大的变迁。

窝阔台继任大蒙古国第二任大汗后，封地由他的后裔管辖。窝阔台汗于 1241 年去世，他的儿子也就是窝阔台汗国的第二任大汗贵由于 1246 年继任大蒙古国大汗。贵由汗在位仅仅一年零八个月就因为酗酒过度而去世。在贵由去世后的一段时期内，由贵由的皇后监国。贵由去世时，由于贵由和拔都早年关系不和，拔都没有来奔丧。而为了对抗窝阔台家族，拔都便以长宗的身份邀请宗王大臣到他所在的中亚草原召开忽里勒台大会，推举新的蒙古国大汗。窝阔台系和察合台系的宗王们多数拒绝前去。1250 年，忽里勒台大会在中亚拔都的驻地召开，会上拔都力挺拖雷系的蒙哥，称赞蒙哥能力出众，并指出贵由违背了窝阔台汗的遗命（窝阔台遗命失烈门即位），指出窝阔台汗后人无继承汗

位的资格。大会通过了拔都的建议，推举蒙哥为大汗。1251 年蒙哥即大汗位。从此窝阔台家族被剥夺了大汗继承者的资格。蒙哥汗为了消除后患，对窝阔台系进行了打压，处死和流放了许多反对他的窝阔台后裔，改变了他们的封地，只有跟随蒙哥的窝阔台的儿子阔端和合丹仍活动于原来的封地。就在窝阔台家族势力被严重削弱的时候，海都的势力逐渐强大起来。

海都是窝阔台之子合失的儿子，是窝阔台汗国的实际创立者。海都是一个杰出的蒙古族人，他聪明能干，通过自己的努力不断增加部众，势力逐渐强大，成为了窝阔台系的首领。在窝阔台系后裔势力逐渐削弱时，海都被封到蒙古以西的海押力（今哈萨克斯坦塔尔迪库尔干儿）。海都向来反对蒙哥即位，因为在窝阔台汗即大汗位的时候，全体宗王曾经立下誓言："只要是从窝阔台合罕子孙中出来的，哪怕是一块肉，我们仍要接受他为汗。"在贵由汗即位的忽里勒台大会上，宗王们也有类似的宣誓。蒙哥是拖雷的儿子，所以海都反对他即位。在蒙哥汗死后，海都支持拖雷系的阿里不哥与忽必烈争夺汗位，并趁机在金帐汗国的支持下以海押力、叶迷立为基地，向天山、阿姆河与锡尔河之

搅胎釉瓷碗（元代）

波斯细密画《蒙古骑兵征战图》

间的河中地带扩张，恢复和扩大了窝阔台汗国。在阿里不哥失败以后，海都在金帐汗国大汗别儿哥的支持下，在中亚与察合台汗国进行了战争。海都利用察合台汗国大汗阿鲁忽死去，新汗巴剌沙刚刚上任的时机，控制了察合台汗国阿力麻里在内的整个忽阐河以东草原。随后海都又在金帐汗国大汗忙哥铁木儿的支持下，在忽阐河流域击败继承木八剌沙汗位的八剌，迫使八剌背叛忽必烈与他结盟，并且把势力深入到阿姆河以北地区。八剌入侵伊利汗国失败后在1271年死去，海都趁机将察合台汗国变成了他的附庸。与此同时在东方，海都与察合台汗都哇一起同元朝进行了长达半个世纪的战争，夺取了今天天山以南的大片土地，并且数度侵入漠北，甚至一度攻取了哈喇和林。在北方，海都支持白帐汗国的分裂势力。在西方与旭烈兀建立的伊利汗国也有很多战争。在南方，海都的儿子撒班辖地濒临印度。至此，窝阔台汗国可谓盛极一时。

窝阔台汗国的兴盛伴随着海都的

去世一去不复返。1301 年，海都在按台山帖坚古与元朝军队展开大战，并使得元朝军队遭受重大损失。战后不久海都去世。在去世前，海都将窝阔台汗国的事务悉数托付给了他所信任的察合台汗都哇。都哇是八剌的儿子，此前他曾与海都结盟与元朝为敌，但是都哇对海都侵占察合台领地心怀怨恨。海都死后，都哇不顾窝阔台诸王的反对，挑选了海都的儿子察八儿作为窝阔台汗国的新大汗。察八儿体弱多病，窝阔台汗国开始走下坡路。都哇将察八儿立为大汗后，马上遣使到元朝求和，并且要求察八儿归还他的父亲海都从察合台汗国夺取的土地。察合台、窝阔台两汗国长达数十年的联盟出现了裂缝。1304 年，察合台汗国入侵窝阔台汗国，元朝军队趁机也进攻窝阔台汗国，察八儿

灰陶俑（元代）

战败，投靠了察合台汗国。随后都哇在阿力麻里的虎牙思草原召集忽里勒台大会，都哇当着到会的 300 多人，列举察八儿的"罪状"，宣布废黜他。1309 年，察八儿在察合台汗国的内斗中失败，被察合台系的怯伯打败，逃到了元朝境内，后来察八儿被元武宗封为汝宁王。窝阔台汗国灭亡，领地被察合台汗国也先不花汗吞并。

察合台汗国

1225 年成吉思汗西征归来，划分了四个儿子的封地，次子察合台的封地从畏兀儿境内向西一直延伸到河中（中亚锡尔河、阿姆河之间）的草原地区。察合台汗国就是察合台的后代在察合台封地的基础上发展起来的。1321 年察合台汗国一分为二，并最终消亡。

察合台被分封到中亚地区后，以阿力麻里（今新疆霍城境内）为中心进行管理，但是封地内的城市仍

然由大汗派官进行管辖。1226年成吉思汗出征西夏时，察合台奉命留守大斡耳朵。察合台与长兄术赤不和，与三弟窝阔台相处比较融洽。成吉思汗去世后，察合台遵照遗命拥戴窝阔台继任大汗位。察合台谨守臣下礼节，维护窝阔台的大汗尊严。窝阔台汗对察合台也非常尊重，但凡国家大事，都要先派遣使者去询问察合台。1241年，察合台病逝，因为窝阔台称他为阿哈（兄），所以以后历代大汗都称其继承人为察合台阿哈。察合台汗去世后，他的孙子哈喇旭烈继承汗位。贵由汗即位后，因为与察合台的第五个儿子也速蒙哥关系很好，所以改命也速蒙哥代替哈喇旭烈成为察合台汗国的大汗。蒙哥成为蒙古帝国的大汗后，由于察合台和窝阔台两家族反对蒙哥继承大汗位，所以蒙哥大汗把河中地区交给拔都管辖，并且支持哈喇旭烈回国争夺汗位。哈喇旭烈在回国途中去世，他的妻子兀鲁忽乃到达虎牙思，杀死了也速蒙哥，兀鲁忽乃在察合台汗国进行了长达10年的统治。蒙哥汗死后，忽必烈与阿里不哥争夺蒙古大汗汗位，大蒙古国陷于分裂。忽必烈、阿里不哥、

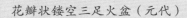

花瓣状镂空三足火盆（元代）

海都等都试图占据察合台汗国。阿里不哥派察合台的孙子阿鲁忽统治察合台汗国，并且保证阿鲁忽的军需供应以防备忽必烈的进攻。阿鲁忽乘机控制了原来由大汗直辖的中亚城郭，同时承认忽必烈的宗主地位。察合台汗国成为真正的独立汗国。1266年，察合台的曾孙八剌即位，他背叛了元朝，与窝阔台汗国海都结盟反对忽必烈。八剌死后，海都支持他八剌的儿子都哇继任察合台汗，从此察合台汗国成为窝阔台汗国的附属国。都哇跟随海都长期与元朝为敌，屡次侵扰元朝边境。1301年，都哇与海都大举进攻漠北，遭到元军的反击，海都不久后死去，都哇也中箭受伤。都哇支持

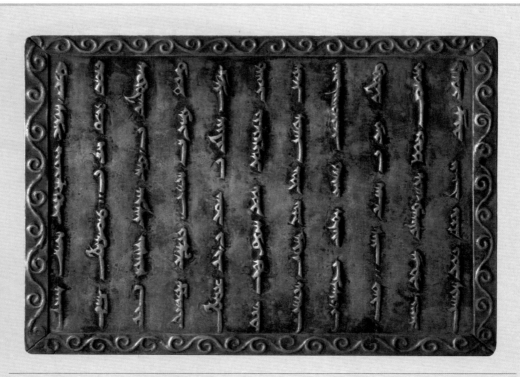

回鹘文银策书（元代）

海都的儿子察八儿成为窝阔台汗国的大汗，并且与元朝联兵击败了察八儿，吞并了窝阔台汗国的大部分领地。

　　至此察合台汗国进入了最为兴盛的时期，其疆域东至吐鲁番、罗布泊，西及阿姆河，北抵塔尔巴哈台，南越兴都库什山。察合台汗国的统治中心在中亚的河中地区。中亚很早就有发达的城市工商业。那里土地肥沃，适合农业和畜牧业经济的发达。河中地区的农业和园林业尤为发达，不仅农作物种类繁多，而且水果种类也很多，有葡萄、无花果、石榴、苹果、桃、梨等十余种。河中地区的水利灌溉设施也比较完善，仅利用撒马尔罕上游河水建成的法失儿迪咱水渠，就可以给2000个园林和大片农田提供水源。畜牧业有马、牛、骆驼和小牲畜的饲养。一般家庭可饲养25~500头牲畜。东部阿力麻里地区的畜牧业尤为发达。随着畜牧业的发展，牲畜贸易十分活跃。察合台汗答儿麻失里在位的时候，提倡外国商人来察合台汗国经商。察合台汗国还有两座繁华的工商业城市布哈拉和撒马尔罕。

繁盛的察合台汗国没有持续多久。迁居河中地区的部分蒙古族迷恋城市生活，信仰伊斯兰教，要求突厥化，而另外一部分贵族反对突厥化并要求保持原有游牧生活方式。察合台汗国逐渐分裂为东、西两部分，东部称为蒙兀儿斯坦，西部称为马维兰纳尔。察合台汗怯别在位时期（1320—1327年），察合台汗国的统治中心逐渐西移，他在西部另外筑造了一座新城。怯别的弟弟答儿麻失里即位后（1331—1334年）则长期居留在汗国西部，同时皈依了伊斯兰教。答儿麻失里还强令整个河中地区的百姓都信仰伊斯兰教。这个政策引起了一部分蒙古贵族的反对，答儿麻失里的弟弟布罕

青铜人（元代）

将其杀死。1346年，合赞算端汗被杀，此后继立的察合台汗成为权臣手中的傀儡，各部也都竞相各自拥立傀儡汗，汗国陷于分裂。1348年，秃黑鲁帖木儿被秃鲁忽剌氏贵族拥立为汗，控制察合台汗国东部，后来他两次率军进入西部，使得分裂的汗国得到短暂统一，在他统治时伊斯兰教得到广泛传播。1362年，秃黑鲁帖木儿死后，西部巴鲁剌氏贵族帖木儿迅速崛起，废除并且杀死了可汗，积极向外扩张，察合台汗国西部成为帖木儿帝国。察合台汗国东部仍掌握在秃忽鲁帖木儿后裔手中，1389年，秃黑鲁帖木儿的幼子黑的儿火者继承汗位，在别失八里建都。1418年，黑的儿火者的孙子歪思汗，又把国都迁到亦力把里（今伊宁市），所以东察合台汗国也称别失八里国和亦力把里国。东察合台汗国从1348年建立，历经8代

15 位汗主政，到 1514 年被叶尔羌汗国取代，共计立国 166 年。

伊利汗国

伊利汗国（1256—1335 年），又称伊尔汗国，蒙古帝国的四大汗国之一，是元朝西南的宗属国，是由拖雷的儿子旭烈兀所建立。旭烈兀和他的继承者们奉元朝为宗主国，自称伊利汗，伊利是突厥语"从属"的意思，所以汗国的名称也叫伊利汗国。在四大汗国中，伊利汗国与元王朝的关系最密切，汗位的即位必须经过元朝廷册封。伊利汗国的位置大约在今天中南亚到西亚一带。

成吉思汗西征时，征服了中亚的花剌子模国，占领了波斯东部的地区。蒙古军撤回之后，花剌子模的札阑丁算端开始大力恢复花剌子模国，占据了波斯西部地区，并将桃里寺（今伊朗阿塞拜疆大不里士）作为首都。

1231 年，窝阔台命令绰儿马罕西征，消灭了札阑丁，征服了波斯大部分地区以及谷儿只（格鲁吉亚）、亚美尼亚等国家，窝阔台命令绰儿马罕镇守在这些地方。1251 年，蒙哥成为蒙古国大汗后，命令他的弟弟旭烈兀统率军队西征那些没有投降的国家。1256

彩绘陶牵马俑（元代）

年，旭烈兀攻灭了盘踞在拶答而（今伊朗马赞德兰省）的木剌夷国（伊斯兰教亦思马因派势力，木剌夷意思是"异端者"），1258 年率军进攻至报达（今伊拉克巴格达）。统治报达的黑衣大食（阿拉伯帝国阿巴斯朝）末代哈里发（伊斯兰教主称号）不能抵挡蒙古军的铁骑，报达城被攻破，哈里发出城投降后被处死。随后蒙古军攻入叙利亚，被密昔儿（埃及）算端击败，西征因此终止。

1260年，忽必烈成为蒙古国大汗，跟阿里不哥展开了争夺汗位的战争，旭烈兀因此不再返回蒙古，而是驻扎在波斯。旭烈兀向双方派遣了使者，表示拥护忽必烈为大汗，指责阿里不哥。于是忽必烈便把阿姆河以西直到密昔儿边境的土地军民划归了旭烈兀，于是原来由大汗直接管辖的波斯地区，实际上成了一个独立的汗国。伊利汗国的领土东起阿姆河、印度河，西包小亚细亚大部，南抵波斯湾，北达高加索，以蔑剌哈（今伊朗马腊格）为都城。由于旭烈兀支持忽必烈，所以伊利汗国与支持阿里不哥的察合台汗国、窝阔台汗国产生了矛盾。而伊利汗国与金帐汗国由于领土争端也经常发生冲突。1262年，金帐汗国别儿哥汗为争夺旭烈兀控制下的阿塞拜疆地区，发兵来攻打伊利汗国，双方激战了两年多，别儿哥最终退回。晚年的旭烈兀致力于巩固在波斯的统治，他通过武力胁迫或联姻的手段，清除了波斯境内的割据势力，使波斯成为

伊利汗国统治的核心地区。1265年旭烈兀去世，他的儿子阿八哈在宗王大臣的支持下即位为汗，并得到了忽必烈的册封。阿八哈即位后将都城迁到了桃里寺。忽必烈进攻宋朝的时候，阿八哈派遣回回炮手帮助忽必烈，回回炮技术因而传入中国。1282年阿八哈去世，他的弟弟贴古迭儿成为伊利汗国的大汗。1284年，阿八哈的儿子阿鲁浑声称大汗位应该属于自己，在权臣不花的支持下起兵推翻了他叔叔的统治，忽必烈命令阿鲁浑继承了汗位。1291年阿鲁浑去世，他的弟弟合都继位。合都挥霍无度，在他的统治之下国库空虚，于是他仿效元朝发行纸钞，但是施行时间很短暂便被废除。1295年，权臣谋杀合都，将拜都推举为大汗。阿鲁浑的儿子合赞起兵讨伐叛逆者，夺取了汗位，并得到了元朝的认可。合赞汗即位后改信伊斯兰教，并将伊斯兰教定为国教，与元朝继续保持密切的关系。他大力进行社会改革，使伊利汗国进入了全盛时期。

合赞汗被人称为"贤君"，他的童年是在其祖父阿八哈汗的身边度过的。他受过良好的文化教育，勤奋好学，通晓天文、医学和工艺。除了本民族蒙古语外，合赞还懂得阿拉伯语、波斯语、印地语、藏语和汉语。1298

年，合赞汗任命拉施特为宰相，实行社会改革。主要措施有改革税制，废除包税制，规定统一的征税范围和税率，禁止任意征税和放高利贷；裁减和废除驿站，免去沿途人民的沉重负担；奖励垦荒，修复灌溉工程，减轻赋税，发展农业；统一币制和度量衡制度，铸造金银新币统一流通，新币铸有《古兰经》文和合赞名字，以大不里士的度量衡为全国的标准；实行军事封地制度（伊克塔），受封者只有收税权。同时合赞汗还鼓励发展科学技术，兴建天文台和学校，命宰相拉施特编纂《史集》。与此同时，势力强盛的汗国与拜占庭帝国、罗马教廷、英、法等国都建立了密切的友好关系。伊利汗国的军事制度仍然沿用蒙古的万户、千户、百户制度。伊利汗国还盛产桑蚕和羊毛，生产许多珍贵的纺织品如天鹅绒、地毯等。伊利汗国的建筑艺术华丽，有许多著名的建筑物。

1304年，合赞汗去世，他的弟弟合儿班答继任，将都城迁到了孙丹尼牙（今伊朗苏丹尼耶）。合儿班答继续仍用拉施特为宰相发展经济，并且与元朝的往来更加频繁。1316年，合儿班答去世，他的儿子不赛因继位，将都城重新迁回桃里寺，后来跟权臣发生冲突，内乱不断，国势渐渐衰落了。1335年，不赛因死后，权臣各自拥立傀儡汗，互相攻打，汗国瓦解。1355年，金帐汗札尼别率军攻下桃里寺，伊利汗国末代汗不知所终，伊利汗国灭亡。札剌亦儿贵族哈散占据报达自立，1358年，他的儿子兀洼思兼并波斯西部大部分地区，又攻占桃里寺作为都城，史称札剌亦儿朝，14世纪末被中亚帖木儿帝国攻灭。

至大元宝金币（元代）

第三章
"黄金家族"风云

实力较量和权欲争夺——蒙古皇族的继承风云

自古无长生不老的君王，因此就必须有继承制度，我们往往习惯于中国传统的继承制度——嫡长子继承，也就是说皇帝去世以后，要由其正妻所生的长子继承皇位。虽然很多时候实际情况并不如此，像秦始皇次子胡亥、"玄武门之变"等等，但是至

成吉思汗陵内成吉思汗家族图

少这种观念是渗入人的头脑当中的。可是到了元代，情况大不相同了。元代时期，既可以说有蒙古独特的继承制度，甚至也可以说在继承这件事上，蒙古人压根就没形成什么固定的制度。

窝阔台继承汗位

成吉思汗建立了大蒙古国以后，一直也就没有明确的指定一个继承人，只是一直延续着"幼子守灶"的草原游牧规矩，即最小的儿子拖雷要继承成

吉思汗家族大部分的财产，包括军队、人民和牲畜等财富。但这个新建立起来的国家也是由拖雷继承吗？成吉思汗并没有明确指定。

1219 年，成吉思汗准备再次西征，临走的时候，也遂皇后问他："您跋涉山川，远去征战，如果一旦有不测，这四个儿子由谁来继承大汗之位呢？您可以在走之前把这个事情定下来，好让我们都知道。"成吉思汗点头称是，于是转过来问术赤："我的孩子里面，你是最年长的，你说呢？"还未待术赤回答，第二子察合台咄咄逼人地说："父亲问术赤，难道您是想把汗位传给他吗？我们大家都知道，术赤可是母亲被蔑儿乞人掠去回来之后生的，怎么能让他管理我们的国家呢？"刚说完，术赤便站起来走过去，一把把察合台衣领揪住，怒道："父亲都不曾这样说，你竟敢说这种话！

高足金杯（元代）

〉奥鲁〈

明代汉译为老小营，指征戍军人的家属所在。蒙古国时期，男丁充军出征，家属和童仆按千户在后方或随军从事生产，经营畜群和其他产业，供应前方，称为奥鲁。

你除了刚硬点，还有什么能耐？"结果一石激起千层浪，兄弟们开始互相吵起来。在场的大臣们都在劝架。其中一位重臣阔阔搠思以一种训斥的口吻对察合台说："察合台呀，你怎么能这样呢？你的父皇现在还指望着你呢！当初你没有出生的时候，我们草原上混战不堪，天下扰攘，互相攻伐不止，民不聊生呀！那时候你母亲因为这乱世才被蔑儿乞人抓了去。如果你这样说你的母亲，岂不是伤了她的心？你父亲刚刚建立国家的时候，与你母亲同甘共苦，将你们这些儿子抚养成人，希望你们长大能够成才。你的母亲如日般明，如海般深，你怎么能这样说呢？"

成吉思汗说："察合台，你不要再这样说你的大哥术赤了，诸多儿子中他最年长。今后不许你再有类似话语！"说到这里，察合台面带微笑地附和："术赤的力气和技能本领之高之强，那是我们不用争的。我们兄弟里面，数我与术赤最年长，以后我们愿意为父亲出力气、打天下！如若不

石供桌（元代）

然，便把我们杀了！我们的弟弟窝阔台敦厚老实，我们愿意以他为尊！"成吉思汗以此话问术赤，术赤说："察合台都已经这样说了，我没意见，愿奉窝阔台承继大统。"成吉思汗说："你们二人不必在我跟前出力，天下如此之大，我会给你们封国，让你们富贵。但是，你们刚才说的话，可要言出必行，不要惹后人耻笑。"成吉思汗转过来由向拖雷询问，拖雷也保证道："父亲说的，我遵照便是。"成吉思汗又说："我的弟弟哈撒儿、阿勒赤歹、斡惕赤斤、别勒古台四位的封地、子民、财产，都指令一个人来管理，我的位子也是一个人来管理，就照着

这个决定来办，谁都不许违抗。如果窝阔台的子孙不才，难道我的众多子孙里面，就没有一个有才能的吗？"

可见，成吉思汗通过对他的几个儿子术赤、察合台、窝阔台和拖雷长期的锻炼和观察，发现只有第三子窝阔台老成持重，处理问题冷静、公允，善于管理部众，因此最终决定由他来继承大汗的位子。但是通过成吉思汗最后一句话来判断，蒙古大汗继承制度并没有确立，只是有才者居之。而这，是否也为后来的宫廷斗争埋下了伏笔呢？

脱列哥那皇后的擅政

1241 年，窝阔台去世，他生前非

话说元朝

HSYC

常不喜欢长子贵由，而是喜欢第三子窝出，但是窝出天不假年，于1236年蒙宋战争的时候战死，于是窝阔台便指定他的孙子、窝出的儿子失烈门为大汗的继承人。窝阔台死后，脱列哥那马上就要立自己的儿子贵由为大汗，但由于没有窝阔台汗的遗嘱，没办法只能找可谓是三朝元老的重臣耶律楚材来商议。脱列哥那对耶律楚材说："先帝在时，曾经打算让皇孙失烈门为继承人，然而皇孙失烈门年幼未长大，长子贵由又西征未归，你看现在如何是好？"耶律楚材说："先帝既有意向，就应立即让皇太孙即汗位。"脱列哥那听后心里老大不高兴了，暗自沉默不语，思忖对策。正在不知如何是好的时候，脱列哥那的心腹奥都剌合蛮进言道："皇孙年幼，长子未归，何不请母后称制？"耶律楚材急忙道："哎呀，女人称制这种事情，恐怕还要再慎重地考虑一下。"脱列哥那笑道："暂时称制，谅也无妨吧？"耶律楚材还要再说话，但是见到奥都剌合蛮对其怒目而视，想到他们势力大，自己力单势薄难以匹敌，也就不再言语了。而脱列哥那称制，

实际上是一个缓兵之计，耶律楚材因不满脱列哥那的这个做法，遂称病不朝。于是，脱列哥那就这样趁着混乱，也没有与宗亲诸王商议，便偷偷地擅自夺取了国家政权，擅政长达4年之久。

脱列哥那掌权以后，她用各种馈赠来笼络亲属和一些可能拉拢的宗王们，使得这些人由于贪图金银财宝而都倒向了她。但是还是有一些人反对她，不支持她，像成吉思汗时期的老臣镇海以及窝阔台时期的一些重臣们，他们照旧做自己的事，不听命于脱列哥那。于是脱列哥那开始对他们产生了不满，伺机对他们进行报复。

缠枝纹青花杯（元代）

话说元朝

HS YC
YC

永乐宫壁画《救苦天尊图》

她派人到中亚地区去捉拿重臣牙老瓦赤，同时也企图把镇海抓回来。然而，镇海看出了她的险恶用心，就在她准备动手之前，镇海逃到脱列哥那的儿子阔端那里，寻求他的保护。而阔端也确实保护了他，使他幸免于难。至于牙老瓦赤，当脱列哥那派去的人见到他时，牙老瓦赤用尊崇礼敬的仪式欢迎他们。每天都对他们倍加殷勤的照顾，就这样过了两三天以后，他偷偷地把马匹等物资收集齐全，最后终于在第三天晚上，趁着捉他的人都睡着了，骑着快马逃走了，他最后也去了阔端那里寻求到了庇护。

在脱列哥那擅政期间（1241—1246年），还发生过一次成吉思汗的兄弟斡惕赤斤武力夺取大汗之位的事件。斡惕赤斤是成吉思汗的弟弟，他受封在大蒙古国的东端地带，因为看到大汗之位空缺，还是他的侄媳妇在执政，便动了夺权的心思。于是他带着大军前来。结果，他这种冒天下之大不韪的动作，挑动得很多军队和各支势力都开始骚动起来，这是非常危险的。脱列哥那急忙派遣使臣过去质问他道："我可是你的侄媳妇呀，我一直对你是抱有很高的希望的，而且我说什么也没想到你会带着军队来到我这里。你这次带着军队和粮食、装备来到这里，到底是何用意？你看看，因为你的到来，把所有的军队和宗王们都惊动了，这要是闹起来，会出多大的乱子？你能担待得起吗？"但是说归说，为了博取他的信任和悔意，脱列哥那把一直留在大帐处的斡惕赤斤的儿子斡台，连同其孙子明里斡忽勒以及与斡惕赤斤有关的所有亲属和家仆，一股脑都送还斡惕赤斤。这个慷慨大度的举动使得斡惕赤斤非常后悔自己的行为，于是便随便编了一个借口，说过来是参加某人的追悼会，以此为自己开脱辩解。不久便率军回去了。

窝阔台去世之后，远征钦察草原的窝阔台的儿子贵由便急忙往回赶。贵由何时回到大帐脱列哥那的身边以及回来以后的情况，由于文献记载不详现在不得而知，推测他回来以后就即了大汗位，但是由于没有召开蒙古贵族公认的忽里勒台大会，因此可能一直是不合法或者没有正式公布。直到1246年，终于召开了忽里勒台大会。所有的宗亲勋贵们都来了，却只有术赤的长子、也是目前各支宗王的长兄拔都没有来，据说理由是身体不好，腿脚有毛病不方便走路，原因是生了贵由和其母脱列哥那的气，认为他们不应该擅政，但天高皇帝远，他也没有办法了。在这次会议上，大家都纷纷议论道："由于成吉思汗提前约定的继承者阔端已经去世，窝阔台提前约定任命的继承者失烈门还没有长大，脱列哥那倾向于贵由，所以最好还是拥立窝阔台汗的长子贵由继任吧！"实际上，脱列哥那和贵由早就把这一切盘算好了，也在开会之前把大批勋贵和大臣都笼络了，因此出现这个结果是意料之中的。贵由还假装推让一下，说自己有病、体弱，不堪重任之类的话语，经过大臣和勋贵们"极力"地推举，这才同意。贵由随后就提出了条件并要求大家立下誓言："既然大家推举了我做大汗，那我就得立个规矩：在我之后，大汗的位子都要从我的家族中选任，你们必须都得支持和同意！"说到这里，我们看到，贵由和脱列哥那终于暴露了他们最真实的目的，那就是世世代代保住大汗之位。于是，勋贵们一起以蒙古草原特有的方式起了一个誓："只要你的家族中还留下哪怕是裹在油脂和草中的，连牛、狗都不会吃的一块肉，我们都不会把汗位交给别人！"这个誓言看起来还真挺独特，意思是我们宁可把汗位交给"这块肉"。可是，这个誓言和贵由汗的美好愿望根本没有实现，短命的贵由执政了 4 年之后就去世了。去世以后，形势风云变幻，完全不复当年贵由汗和脱列哥那掌权时候的样子了，拖雷一系的家族势力异军突起，最后勋贵宗王们支持拖雷的儿子蒙哥继任了大汗之位。

大蒙古国的汗位更替没一个省心的，窝阔台因为有成吉思汗的钦点，算是顺利继任。后面的失烈门没有即位，被贵由夺了去。再后面贵由的后代没有继任，被拖雷的儿子蒙哥夺了去。蒙哥之后的阿里不哥和忽必烈对汗位的争夺展开了

瓷蒺藜（元代）

话说元朝

殊死斗争，从漠北打到漠南，大起刀兵，最后是按照"成王败寇"的规矩由忽必烈继任大汗。

历代王朝都不乏对皇位的争夺，而元朝的皇帝们更是不例外，甚至是有过之而无不及，把争权夺位的斗争发展到了极致，除了那充满血腥的"南坡之变"和弥散着战火硝烟的"两都之战"，还有一次较为和平的事件，名曰"武仁授受"。忽必烈建立元朝以后，把中原王朝式的皇帝与蒙古汗国的大汗合二为一之后的那些皇位继承事件。

黑釉玉壶春瓶（元代）

总理漠南，花开金莲——忽必烈

1251年，蒙哥继位，为了扩张拖雷家族在蒙古贵族中的势力，蒙哥支持弟弟忽必烈进入广阔的漠南地区，管理河南、陕西等已经征服的汉地。时年36岁的忽必烈把金帐设在漠南金莲川（今锡林郭勒盟金莲川草原）。

雄心勃勃的忽必烈知道要想成就大业必先"征天下名士而用之"，他着意延揽中原人才。1242年，中原佛教领袖海云印简禅师应邀到漠北讲佛法大意。海云南还时，将徒弟刘秉忠留在忽必烈身边。刘秉忠是儒、释、道皆通的人物，他不但孜孜不倦地向忽必烈讲述治理天下的道理，还将一些中原儒者如姚枢等推荐至忽必烈帐下。金朝旧臣听说忽必烈从善如流，也陆续北上投靠忽必烈，由此形成著名的"金莲川幕府"。在这些人物的影响下，忽必烈认识到在蒙古草原之外还有一个如此广阔的世界，他逐渐对汉文化有了较深刻的认识，对安邦治国之道有了较充分的理解。1256年，忽必烈令富有政治才干的刘秉忠在金莲川选址建城，3年后，一座宏伟富丽的大城建成，名为开平府。5年后，它有了另一个让世界为之震颤的名字——元上都。

1252年7月，蒙哥汗采纳忽必烈

〉 阿里麻里 〈

元代西北重镇，察合台汗国都城，突厥语为苹果园之意。遗址位于今新疆伊犁哈萨克自治州霍城西 13 千米处。

计策，决定避开宋军主要防线，进兵大理，借西南人力物力，形成迂回攻宋的态势。虽然忽必烈在 1252 年 7 月就接到蒙哥汗出征大理的命令，但是直到 1253 年他才动身，他希望他的军队必须做好一切准备，克服所有能遇到的困难，而物资供应一定要充足，要保证做到应有尽有。进攻大理的准备工作之所以如此重要，是因为这是他人生中第一次面对如此重大的任务，他的父亲和哥哥都是在十几岁和二十几岁的时候就担任了远征军的领导任务，而他则在年届 36 岁的时候终于等到了机会，是到了建立不世功勋的时候了。忽必烈率军先后经过今天的宁夏、甘肃、四川，于十一月初进抵金沙江畔，遣使赴大理国招降。大理国国王段兴智是个傀儡，丞相高

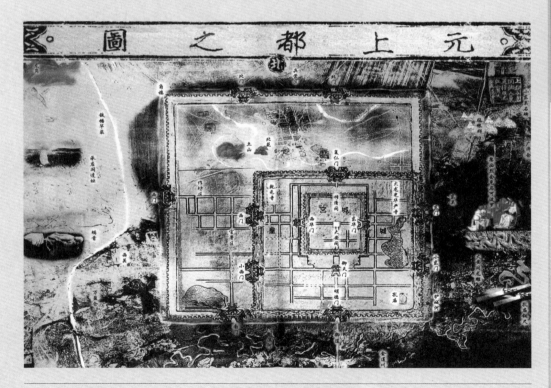

元上都图

話說元朝

HSYC

話說元朝

泰祥掌握政权，但他做出了一个对他和大理都很不幸的决定，他把3个使者全部处决。忽必烈愤怒了，这是对他本人和大蒙古国极大的藐视。血债需要血来还！蒙古军兵分三路快速逼向金沙江。金沙江一役是惨烈的，在付出极大的代价后，蒙古军渡过金沙江。之后蒙古军如秋风扫落叶一般迅速攻破大理城。忽必烈没有让愤怒冲昏头脑，他采纳谋臣姚枢建议，裂帛为旗，写上禁止杀戮的命令，大理居民得以保全性命，忽必烈也因此赢得了宝贵的民心。他遣军攻占附近堡寨，于姚州（今云南姚安北）俘斩高泰祥，报了斩杀使者的血仇。蒙古军继续追击段氏，两年后终于俘获段兴智。面对魂不守舍的段氏皇族，蒙哥采取怀柔政策，放他们回去继续统治原属各部。

此战，是中国战争史上一次著名的远征，前后历时7年，忽必烈充分

元代名臣刘秉忠画像

发挥蒙古骑兵的特长，挥军长驱直入数千里，沿途招抚吐蕃首领、喇嘛，深远迂回攻占大理国，出奇制胜，形成了对南宋的南北夹击态势，由此忽必烈威望大增。

几年的经营使得忽必烈和拖雷系贵族稳稳占据蒙古政局的中心，然而好景不长，中国历代为了权力之争而

万户

万户，军官名。成吉思汗建国后封授右、左、中三万户，分领所属军民。蒙古语作土绵。元代承袭，成为军制。中枢及外路均设万户，子孙世袭。设万户府统千户所，置万户一员。

兄弟相残、父子反目的事情再一次上演。他的成功引起多疑猜忌的蒙哥及其嫡系的不安，直觉告诉蒙哥，忽必烈是展翅云天的雄鹰，绝不是甘居檐下的麻雀。1257年，蒙哥以忽必烈患有脚疾，让其留在家中休息为由，以此解除了忽必烈的兵权，同时又让阿兰答儿对漠南各地进行名为"钩考"的经济清查，忽必烈的人大多受到牵连而入狱。这一切，显然是冲着忽必烈来的。忽必烈与蒙哥的关系顿时令人猜测万端。忽必烈被激怒了，气势汹汹地要去与蒙哥辩理。姚枢、郝经和刘秉忠三人把他拦住了。姚枢等谋臣对此洞若观火，深知个中险恶，关键时刻，他为忽必烈条分缕析，认为蒙哥就是要使忽必烈做出过激行动，以便抓住把柄将其整垮。他向忽必烈建议，请他将自己的妻子和世子送到首都和林，送到蒙哥汗的眼皮底下，在那里长期定居，以表明忠诚心迹，这样，蒙哥汗的疑忌自然会解除。忽必烈冷静下来，犹豫不决。第二天，

姚枢又一再敦劝忽必烈返回漠北，回到大汗身边，彻底解除他的猜忌。忽必烈思考再三，终于回答"从汝、从汝"。这年十一月，忽必烈先后两次遣使觐见蒙哥，表白自己愿意"归牧"漠北的心迹，得到蒙哥的诏许后，忽必烈即驰归和林。兄弟相见后，忽必烈端一杯酒敬献哥哥，恭恭敬敬行了一个大礼后退回座位，然后再次敬献一杯酒，再退下来。等他第三次去献酒，蒙哥汗的眼泪潸然而下，忽必烈的眼泪也止不住地流淌，他想为自己告白，蒙哥汗却伸手制止了，两兄弟张开双臂相拥在一起。随即，蒙哥汗下令撤销"钩考局"。

钩考虽然停止了，忽必烈仍然被解除兵权，留居漠北。蒙哥此举，可见当初的疑忌有多严重，双方的裂痕有多深，也可见那时忽必烈的危险有多大，他采取的对策有多及时。至此，忽必烈不得不过上掩藏锋芒、韬光养晦的生活。

一代贤后——察必皇后

察必是元朝雄才大略的皇帝元世祖忽必烈的皇后，在蒙古族历史上是一位颇具远见卓识和贤惠明德的女杰。察必来自蒙古弘吉剌氏，是鲁国

济宁忠武王按陈的女儿。她在忽必烈还当王爷时就嫁给了他，与忽必烈几乎相伴终生。据史书记载，察必"貌甚美、性仁明，随事讽谏，多裨时政"。察必虽身居深宫，却勤俭自律，事事用心，在辅佐忽必烈"鼎新革故"殚精竭虑，做出了卓越的贡献。

察必，一个在历史上扮演重要角色的女性人物，是忽必烈登上元朝开国之君宝座的一大功臣。1258年，蒙哥汗和忽必烈分兵攻打南宋，次年蒙哥汗死于四川钓鱼山。此时，忽必烈正久攻鄂州不下。他的谋士姚枢、郝经等苦苦劝谏忽必烈撤兵，但忽必烈急欲灭南宋后再班师北上，拒不听劝。恰巧此时鄂州又有13万宋军支援，而留守和林汗廷的阿里不哥正私自招募和调动汗廷军队，紧锣密鼓地谋划抢夺汗位。如果阿里不哥成功，忽必烈便会腹背受敌，

进退不能，形势极为危险。

在这样危机的时刻，察必镇定自若地挺身而出，以政治家的敏感及时洞察到了形势的严峻。她一方面义正词严地斥责阿里不哥私自调动军队，另一方面又秘密派亲信给忽必烈送信。在千钧一发的时刻，是察必令忽

元世祖察必皇后像

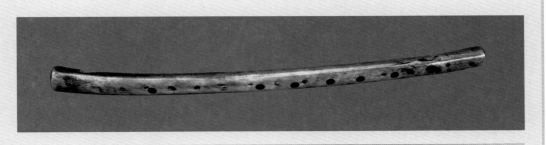

骨笛

必烈悬崖勒马，猛然醒悟，放弃了先灭宋的打算，当机立断率军北归，迅速扭转危局，抢在阿里不哥之前登上了汗位宝座。

察必思想比较开明，经常以女人特有的细腻心思和机灵心眼，在不同场合向忽必烈进谏。元朝初建后，有一次，四怯薛官请求忽必烈批准他们圈京城近郊的田地做牧场。察必纵观天下利益，深刻地认识到这将导致农民流离失所，无以为生，同时也必将影响元朝经济。察必皇后知道不能强行劝谏忽必烈，恰逢太保刘秉忠有事奏报，她看时机成熟，便故意提高嗓门对刘秉忠说："陛下要征收京郊的农田为牧场，像这样的大事，你作为国家重臣，应该知道土地在国都没迁来之前已经分配了。如今要新征收牧场，土地的主人岂不要迁往他乡？这会引起百姓的怨气，造成社会混乱。皇上政事繁多，日理万机，像这样的小事想不到也是有的，你们做臣子的

怎能不及时提醒呢？"察必皇后与刘秉忠的对话，忽必烈听得一清二楚，随后便命令刘秉忠先去视察，最后撤销了允许圈地的诏令。后来忽必烈还采取了许多具体措施，如将蒙古贵族的牧场限制在一定范围内，禁止牲畜践踏庄稼，允许农民耕种大都附近的草场，耕作季节把牛羊赶到山里放牧，秋收后再把牛羊赶回等等，使元初的农业经济得以迅速恢复和发展。

1276 年，忽必烈平定南宋以后，特地把从南宋掠来的珍宝陈列在大都皇宫展览，炫耀战果，并允许嫔妃挑选一件自己心爱的珍宝。嫔妃们喜出望外，争先恐后地挑选，唯独察必皇后不但不挑选，反且闷闷不乐，心事重重。忽必烈问她，平定江南一统天下是大喜事，为什么不高兴？察必皇后回答他，宋朝的先人积攒下这些珍宝，传给他的后人，而后人不能守住祖业，亡了国，这些宝贝才落到我们手里，我怎忍心使用这些宝贝呢？她

在为后人能不能守住来之不易的江山，会不会重蹈南宋灭亡的覆辙而忧心。作为一个一人之下万人之上、母仪天下的尊贵的皇后，能有这样的远见卓识，实在是非常难得的。

察必皇后以其锐利的政治眼光，惊人的魄力，在朝廷庆功会上能保持理智、冷静的头脑，懂得"前事不忘后事之师"；在日常生活中，又以勤俭贤德的品性，亲自率领宫女们收集废旧的弓弦、羊臑皮等，缝制衣服和地毯；在皇帝有失考量之时，又以善谏的智慧，直接影响着忽必烈的大政方针，达到了"多裨时政"的效果。史书给予她这样的盛赞："其性明敏，达于事机，国家初政，左右匡正，后有力焉。"所以，察必皇后不愧为历史上的一代贤后。

海螺（元代）

兄弟阋墙——忽必烈与阿里不哥

1258年，进攻南宋的蒙古东路军连连失利，蒙哥想到那个被自己委屈了的能干的弟弟，再次委任忽必烈率军南下。在当年的12月，忽必烈从他在开平的宫殿出发向南方进军。他希望这次远征能像远征大理那样成功，因此警告他的下属不得滥杀汉人，违令者将被严惩，甚至被处决。显然，从征服大理的战争中，忽必烈深刻地体会到得民心的重要性。进过半年多的远征，他的军队于9月初到达长江北岸。

南宋政权危在旦夕，就在蒙古军距离胜利只有一步之遥的时候，一个惊天的消息传到了忽必烈的行军大帐里——蒙哥汗死了。

这个消息是他的异母兄弟穆哥送来的。穆哥要求他回到北方，准备选举新汗。然而忽必烈拒绝了这个提议。此后，他继续进行了两个月的征宋战役。无论是窝阔台汗还是蒙哥汗，都没能击败南宋，或与南方汉人达成一个协议。一场胜利自然会给参加即将召开的忽里勒台大会的宗王贵族们留下好印象。而且，如果在继位问题上出现争议，他可以依赖中国南方的雄厚资源作为争取汗位的资本。基于这些原因，他没有理会穆哥催促他回到北方的请求。忽必烈急于占领鄂州，希望用一场胜利提高他在蒙古帝国中的声望。然而他的弟弟阿里不哥不会给他这样的机会。蒙哥汗的死亡使庞大的蒙古帝国立即出现权力真空，众多蒙古贵族无不垂涎崇高的汗位，一场波诡云谲的政治斗争即将开始。

很快，阿里不哥开始行动了。他迅速调动军队，积极拉拢各处蒙古贵族，很快获得皇后忽都台以及蒙哥诸子的支持。1260年初，阿里不哥的一个盟友向开平城进军，此举极大地威胁到忽必烈的大本营。忽必烈的妻子察必获悉后立即报告了正在长江边上的忽必烈。忽必烈意识到问题的严重性，他此时已经别无选择，只能放弃对鄂州的围攻，动身返回北方去争夺汗位。1260年初，从蒙宋前线匆匆北返的忽必烈抵达燕京。阿里不哥设计诱捕忽必烈，邀请他和"所有其他亲王们"集会哀悼蒙哥。忽必烈知道一旦踏入草原腹地，他就会立即被扣留，于是拒绝了邀请。阿里不哥明白无法再欺骗忽必烈，于是着手准备战争。双方间使臣往返，交涉

不断，矛盾日趋激化。1260年3月，忽必烈在新筑成不久的开平城召开部分宗王和将领参加的忽里勒台，宣布即大汗位。按照蒙古族传统惯例，选汗的忽里勒台大会应在斡难河之地举行，而且必须有各系宗王参加。忽必烈在汉地自行集会选汗，显然有违传统。当时忽必烈因为汉化倾向比较明显，也在逐渐失去蒙古正统派的支持。一个月后，阿里不哥在首都哈喇和林西按坦河召开的忽里勒台大会上即大汗位，他得到大多数蒙古正统派的支持。一时间蒙古帝国出现两个大汗。忽必烈在正统性的问题上明显处于劣

铁锈花瓷香炉

势。

　　阿里不哥和忽必烈都成了大汗，都在寻求蒙古皇室各派系的支持，而阿里不哥似乎已占有优势，四大汗国的统治者都支持他。为改变此种局面，忽必烈不断对西道诸王封赏许愿，不断挑拨他们之间的关系，他明白在现实利益面前，没有人会真正在乎正统与否。次年，忽必烈与西道诸王的关系基本和解，遂使他得以全力对付阿里不哥。在此期间，他着手征调和组编忠于他个人的精锐部队，用以保卫大汗，戍守北方各地，尤其是燕京、开平一线心腹地区。为了得到更多的力量支持，忽必烈采用汉制年号，设立的政府机构中书省和宣慰使司类似于传统的中国机构，事实上，忽必烈希望向所有的汉人示意，他想采纳典型中国统治者的服饰和风格。忽必烈很快争取到控制四川和陕西的蒙古军的支持。不久他的部下在甘肃打败阿里不哥的军队，这次胜利让忽必烈掌握了当时蒙古军控制的所有的农耕地区，阿里不哥的势力完全被驱赶到北方的草原。此时甘肃、东北以及更西的中亚地区是由忽必烈的盟友控制的，阿里不哥陷入孤立，他失去了可依赖的盟友以及可靠的供应

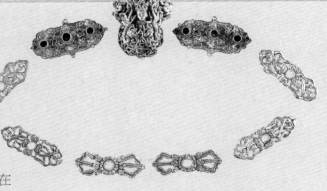

金冠饰（元代）

来源。对他来说，放弃汗位争夺只是时间问题。在几次小冲突之后，1263年，阿里不哥向忽必烈投降。长达5年的汗位纠纷由此结束。几年后阿里不哥在被监管中死去，有人怀疑他是被毒死的。尽管阿里不哥死了，忽必烈的权力仍然面临着其他威胁，他仍然摆脱不了对他即位的合法性的怀疑。

“汉法”还是“祖制”？

　　忽必烈与阿里不哥争夺汗位，尽管阿里不哥在政治上占有优势，但忽必烈凭借着中原地区的雄厚人力物力，又有蒙古亲王合丹以及阿只吉、塔察儿、也先哥、忽剌忽儿、爪都等诸大臣的支持，逐渐占据优势。

　　阿里不哥虽也想得到内地更多的

支持，但支持他的汉族大将只有刘太平，蒙古文臣亦只有真定束鹿的孛鲁欢而已，就连他的老师真定名士李槃和份地内的知识分子张础也不附从他，而愿附从忽必烈。他命脱里赤括兵于漠南诸州，也得不到漠南人民的支持；使阿兰答儿、浑都海图据关陇，又遭到雍古氏按竺迩、汪良臣的坚决抵制。

由于阿里不哥在内地不得人心，因而他只能"构乱北边"，割据和林。但和林的食粮和饮料都要从汉地转运。当阿里不哥与忽必烈相互对立，通往漠北的粮道被卡断时，"其地遂困于饥馑"。因为百物皆缺，遂使阿里不哥的军队陷于"兵械食粮具匮"的境地。他要求中亚察合台后王接济粮食、兵械，又无结果，于是部下的将士相继逃亡，终因"无兵无饷无助"，不得不南下投降忽必烈。

忽必烈既占有雄厚物质基础的北中国，又得到内地汉族地主阶级和新兴的蒙古、畏兀儿、汪古等族地主阶级的衷心拥护，所以当他与阿里不哥对垒时，大量的军用物资能及时地运到开平。仅在 1260 年运到开平的有战马万匹、粮食 10 万石以及羊裘、皮帽、袴、靴等数以万计的军用

物资。有人还用私产助军需。如汪古部人月合乃以私财购马 500 匹助忽必烈反击阿里不哥。又如闻阿里不哥叛。蒙古化的汉人贾昔剌之孙虎林赤，亦出其名马相助。因此，忽必烈的胜利，是在蒙汉等族地主阶级大力支持下取得的。

忽必烈与北边诸王的斗争仍未结束，因为在蒙古贵族中坚持旧法，反对变通的绝非阿里不哥一人。在阿里不哥投降以后，坚持守旧立场的西北藩王便紧步后尘，继续利用蒙古旧俗来反对忽必烈。他们遣使入朝质向："本朝旧俗与汉法异，今留汉地，建都邑城郭，仪文制度，遵用汉法，其

青白釉酒壶（元代）

HSYC

话说元朝

故何如？"

在西北藩王看来，蒙古贵族是征服者，因此"屠城"消灭汉人，把汉族居住的地方变为牧场，来繁殖牛、羊是理所当然的。认为忽必烈留居汉地，建都邑城郭，遵用汉法，就是"下从臣仆之谋，改就亡国之俗"。这与窝阔台的近臣别迭等所主张的"虽得汉人，亦无所用，不若尽去之，以为牧地"是一脉相承的。他们不懂得"北方之有中夏者，必行汉法，乃可长久"，否则乱亡相继，就无法统治下去。

我国古代北方民族，如匈奴、乌桓、鲜卑、突厥、回纥、契丹、女真等，在其进入中原之前，都和蒙古族一样，"无城郭常处耕田之业"，过着以游牧为主的生活。但他们进入中原，留居汉地之后，无一不主动改变旧俗，采用汉法，建都邑城郭，修仪文制度。如在黄河流域建立过北魏王朝的拓跋鲜卑，在我国北方建立过辽、金王朝的契丹和女真，无一不采用汉法。其中拓跋鲜卑，"始有代地，便参用汉

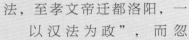

青铜龟（元代）

法，至孝文帝迁都洛阳，一以汉法为政"，而忽必烈只不过是顺乎历史潮流，"附会汉法"罢了。蒙古族南迁后变其旧俗，逐步从游牧走向定居是历史发展的必然结果，这既为元朝统治阶级所必需，也是符合蒙汉人民利益的。为了使中原的生产很快地得到恢复和发展，"民间垦辟种艺之业，增前数倍"。漠北蒙古地区，自北边诸王之乱平定以后，经过元朝采取恢复和发展生产的措施，到元仁宗延祐年间，已是"羊牛马驼之畜，射猎贸易之利，自金山、称海、沿边诸塞，蒙被涵照，咸安乐富庶"。元朝统一后所带来的这些积极成果，都是应该充分肯定的。

但是，忽必烈采用汉法，并非如西北藩王所指责的那样，是完全"遵用汉法"，而是以蒙古贵族的统治利益为前提，有选择地"附会"汉法而已。如留居汉地，建都邑城郭，修仪文制度，采用中原现成的封建剥削制度，利用一批封建地主阶级的汉族官僚和儒臣，都是从巩固蒙古贵族统治利益

出发的。另一方面，许多蒙古旧制，如采邑分封制、在全国各地大小行政机构中的达鲁花赤、经济领域里的斡脱制、生产领域里的驱奴制、将全国人民分为四等的民族歧视制度等，都是与汉法背道而驰的。而忽必烈为了维护蒙古贵族的特权，却把它当作重要原则加以坚持。因此，在元代民族矛盾和阶级矛盾互相交织，全国大统一所提供的各种便于发展生产的条件，未能得到充分的发挥。元朝统治时期，各族人民，特别是江南人民的反抗斗争有增无减，以至元朝享国的时间不足百年。这些都与忽必烈只维护蒙古贵族利益，不注重人民的疾苦以及北边诸王从中破坏是分不开的。

雄藩漠北——晋王甘麻剌

甘麻剌自幼由祖母察必皇后抚养，时常侍奉在祖父元世祖忽必烈的左右，自然接受了祖父的很多经验教训，深受教诲，从小就养成了为人谨慎、睿智少言、磊落光明的良好品性。至元中期，甘麻剌奉旨镇守北疆，叛王岳木忽儿等听闻他要到了，便望风请降。不久之后，都阿、察八儿等诸王也派遣使者向他求和，于是边境又得以安宁。有一回，甘麻剌出征突然

遭遇了大雪，驻扎在金山。他拥火坐在帐内与将领们相谈甚欢之时，感慨地说：“今日风雪如是，吾与卿处犹有寒色，彼从士亦人耳，腰弓矢、荷刃周庐之外，其苦可知。”于是，他便命令随军厨师准备一些肉粥，粥做好了之后他亲自赐给了全军将士，这让将士们极为感动，而更加拥戴他。甘麻剌练兵有方，不仅能够体恤部属，而且还经常劝诫部下勿扰民众，保民安居乐业。

1289 年，元世祖考虑到甘麻剌长期镇守边疆，就特命他到柳林之地（今北京通县南）围猎。甘麻剌率众到达柳林后，训诫军士要严守军纪，不要掠夺、榨取百姓财物。果然，众军都如约遵守了军纪，百姓们生活安宁。围猎结束后，甘麻剌北还上京觐见元世祖，深受元世祖的嘉奖。元世祖赞之曰：“汝在柳林，民不知扰，朕实嘉焉。”

甘麻剌天性好学，闲暇之时常请人讲读《资治通鉴》，并时时以报效朝廷为己任。1290 年冬，元世祖封甘麻剌为梁王，授以金印，出镇云南。他是出镇云南的第一位梁王，也是云南宗王“九王”中的第四位。朝廷对他出镇云南很重视，同时为了协调宗王和行省的关系，第二年任命云南行

省参知政事兀难为梁王傅。

1292年，北安王那木罕死，忽必烈又改封甘麻剌为晋王，移镇漠北草原，统领太祖成吉思汗四大斡尔朵及北方诸军和蒙古本土，更铸晋王金印授之。全部蒙古本土及其以北地域内的诸王、贵戚、勋臣所部军民，均受晋王节制。据波斯史书记载，甘麻剌当时统辖和林、赤那思、昔宝赤、斡难、怯绿连、谦谦州、薛灵哥、海押立以迄于乞儿吉思边境的诸地区，是漠北诸王之长。他驻守在克鲁伦河上游成吉思汗大斡尔朵之地，置内史府，秩从二品，设内史、中尉、司马、断事官等官属，并在大都置分司，原北安王王府并转属晋王。

晋王虽是漠北诸王之长，但并非最高统帅。在晋王出镇漠北的次年（1294年），世祖忽必烈曾派遣甘麻剌之弟铁穆耳（真金第三子）抚军北边，并

汉白玉建筑构件（元代）

授皇太子宝，赐予他辖领诸王、诸军的最高权力，为漠北诸军最高统帅。同年，忽必烈病逝，晋王听闻世祖的讣告后，奔赴上都拥立母弟铁穆耳即位，是为成宗。成宗即位后，晋王复归藩邸，继续镇抚北方，保卫社稷。

1302年2月8日，晋王甘麻剌病逝，年仅40岁。晋王天性仁厚，御下有恩。于是，元成宗命晋王年仅10岁的儿子也孙铁木儿承袭了王位。1323年，也孙铁木儿即皇帝位，即泰定帝。他追尊其父甘麻剌为光圣仁孝皇帝，庙号显宗。1328年，泰定帝去世后，皇室出现内讧，他的儿子阿速吉八在上都登基称帝，是为天顺帝。元武宗海山之子元文宗在大都登基称帝，双方交战两个月，1328年10月14日，元文宗获胜，天顺帝失败后下落不明，不知所终。从此，晋王甘麻剌这一支失去了统领岭北蒙古军民的

青铜马蹬（元代）

权利和地位。

晋王甘麻刺一生戎马倥偬，时刻心系元朝的江山社稷。其为人仁厚敦实，能征善战，故尤为朝廷所重。无论在元朝西南边陲还是辽阔北疆都担负起了"藩翰屏垣之寄"的重任，为建设和保卫元朝的辽阔疆域做出了极大的贡献。

蒙藏交流的开启者——蒙古宗王阔端

蒙古族、藏族这两个历史悠久并都在中国历史上产生过重大影响的少数民族在 13 世纪的时候进行了一次伟大的、历史性的会晤，这次会晤造就了一个蒙古宗王，使他名垂青史，开启了一段先河，是两个优秀的民族相互交融，同时也让一些参与此次事件的人物登上了历史的舞台。

1234 年，金王朝在蒙古与南宋的联合绞杀下灰飞烟灭，成为一个历史名词。窝阔台为了彻底消灭盘踞在甘肃的金兵，进而达到攻掠南宋四川的目的，制订了一系列计划，而这个计划的实施者就是他的二儿子——阔端。

1235 年春，阔端率军征讨甘肃地区，11 月攻破石门，金将王世显投降。1236 年 10 月，进入成都。既定的目标已经实现，那么下一步该如何呢？是就此返回还是经营此地？阔端选择了后者。在军队进入四川后，阔端就向北撤回，于 1240 年，驻扎在西夏故地——凉州（今甘肃武威）。事实上，此时的阔端是大西北的实

黑纛（元代）

话说元朝

际负责人，想要更好的经营所辖之地，使其长期稳固，就必须要处理好与藏族人之间的关系。但如何处理好、怎样处理好，是一个颇费思量的问题。

藏族人早在成吉思汗扫灭西夏、进行西征时就与蒙古有一定的接触。为了能更加详细地了解此时的乌思藏地区的动态，尽快解决乌思藏地区的问题，以便维护西北的稳定，阔端于1240年派遣大将多达那波率军进入乌思藏。多达那波不负所望，基本完成了阔端出兵乌思藏的目的，并把乌思藏地区的详细情况汇报给了阔端。噶当派、达隆法王、止贡寺、萨迦班智达各自为尊，互不统属，使乌思藏地区的政教状况比较混乱。面对此种情况，阔端认为应该找到在乌思藏地区各方面都有威望的人进行交流与谈判，于是萨班就进入了阔端的视线。

萨班·贡噶坚赞是藏传佛教萨迦派的第四代祖师。如果没有阔端的"慧眼"，他也许只能在乌思藏地区家喻户晓，如果他没有渊博的佛法知识、威望，乌思藏其他势力也不会推举他去会盟。很幸运，这些他都具备。因此，他在蒙藏具有历史性的会晤中占有重要的一席之位，名留青史。

可是好事多磨，在阔端选定好人选的时候，他却并没有立即付诸实施。1241年，窝阔台病逝，乃马真后称制，一系列的变化可能打断了阔端的计划。直到1244年，阔端才继续执行。1244年，阔端给萨班·贡噶坚赞写了一封信，大意是说我选择了你，希望你能为我做的事情指点出取舍。你虽然年事已高，但一定要来，否则我的蒙古铁骑不一定会做出什么事。萨班·贡噶坚赞在接到信后，便赶忙与其他政教势力坐在一起商谈，在达成一致的利益诉

铜鎏金释迦牟尼像（元代）

求后，他带领两个侄子八思巴和恰那多吉，经过两年的长途跋涉，于1246年到达凉州。

1247年，萨班·贡噶坚赞带领八思巴和恰那多吉与阔端在大本营——凉州举行了会晤，双方可能都没想到，这个具有特殊意义的"凉州会晤"会给后世带来什么样的影响，会开启怎样的一个先河。会晤双方很快就人员任用、户籍、贡赋、税收等方面的问题达成共识。

凉州会晤很快结束了，可它的影响深远。它使蒙古第一次占有了乌思藏地区，开启蒙古族、藏族长期交往与各领域的融合的大门，它成就了蒙古宗王阔端，也让萨班·贡噶坚赞登上了历史舞台，为藏族世代僧侣所称颂。1251年，阔端病逝。同年，萨班·贡噶坚赞圆寂。这两位开启"凉州会晤"，共筑蒙藏沟通桥梁的英雄人物在同一年离开，为"凉州会晤"增添一丝神秘色彩。

◎ 笃奉儒学的真金太子

1243年，"黄金家族"诞生了一个男婴，他是忽必烈的第二个儿子，这个孩子的出生让忽必烈分外高兴，专程请佛门大师为他起名为真金。

搅胎碗（元代）

真金少年时，行为儒雅，文质彬彬，深得忽必烈的喜爱。忽必烈为真金请过很多不同的师傅，其中有喇嘛、道士、儒生等，通过对不同文化的认识和比较，真金对儒学产生了浓厚的兴趣。忽必烈对真金学习儒学大力支持，见真金聪明好学，心中欢喜，产生了立为继承人的想法。此后他极力培养真金。1271年，忽必烈正式册封真金为太子。

朝中儒臣认为真金已是储君，儒治的时代就要到来。当时，中国北方刚经历战乱，百姓贫困，以许衡、姚枢等为代表的儒臣极力主张轻徭薄赋。但这种观点与忽必烈扩大财政收入的愿望相悖，于是善于理财的回回人阿合马得到重用。阿合马横征暴敛的做法招致朝中正直之士的反对。儒

铜棒头（元代）

HSYC

话说元朝

臣们希望通过太子真金来牵制阿合马，于是朝廷中"回法"与"汉法"之争，在某种程度上演化成真金和阿合马之争，朝中一时剑拔弩张。

此时山东出了一个智勇双全的王著，他和好友高和尚、张易等人商量，既然朝中不能除掉奸相，只有另想办法为民除害了。

1282年3月，忽必烈和真金北去到上都巡视去了，阿合马留在京城朝廷里理政。王著认为机会绝佳，他们想了一个妙计，乘忽必烈不在朝，假造一支太子卫队拥着假造的太子回宫，诱骗阿合马出宫迎驾，把他诛杀了。阿合马被刺的消息传出，大都百姓争相买酒，歌饮相庆。大都的酒三天就卖空了。然而，这件事给真金带

来灭顶之灾。

在上都避暑的忽必烈闻报大惊。真金与阿合马不和是尽人皆知的。如今刺客假冒他的名义刺杀了朝廷重臣，真金能逃脱得了嫌疑吗？别说忽必烈，任何人都会对真金产生怀疑。忽必烈立刻下旨将真金软禁起来，严审王著，追查幕后指使的人。王著果然是条汉子，一口咬定是看不惯阿合马欺君罔上、祸国殃民，自己是为国除害，是自己一人所为，与任何人无关。他受尽各种酷刑，绝不攀咬太子和任何人。他临刑时慨然大呼："王著为天下除害，今死矣，异日必有为我书其事者。"说罢引颈就戮。忽必烈见实在找不到真金参与和幕后指使的证据，便想解除对真金的软禁。不料，更为严重的一件事发生了。而这件事，使忽必烈下了废除真金太子位的决心。

事情是这样的：御史台的御史们见忽必烈一天天老了，精力大不如前。更重要的是，他越来越宠信南必。南必与她姐姐察必不一样，她利用忽必

兀鲁思

兀鲁思，又称斡罗思，蒙古语为ulus，意为人众、国家。成吉思汗建国，称"也可·蒙古·兀鲁思"（yeke monghol ulus），即大蒙古国。元朝大封国也称兀鲁思，如察合台兀鲁思。元代诸王的封地也称为兀鲁思。明代蒙古万户一般也称兀鲁思。

文一看，觉得事关重大，便没有向上呈递，想斟酌斟酌、看看风声再说，便把表章压了下来。这是在阿合马被刺之前的事。

阿合马被刺杀后，他的儿子及同党认定是真金所为，对他恨之入骨。他们听说这件事，大喜，便使计策上报忽必烈。忽必烈听说有这样的表章，将信将疑，派人去御史台搜查。在御史台果然搜出御史们联名写的劝请忽必烈退位的奏章。这回忽必烈真的震怒了，当即下旨废掉真金的太子位，囚禁于太子宫，等候进一步发落。

烈的宠爱，不但干预朝政，而且把持着忽必烈。御史们想，怎样才能不让南必干政呢？想来想去觉得只有一个办法，就是请忽必烈退位，把皇位让给太子真金。他们想得很天真，认为真金是太子，反正早晚是要承袭皇位的。于是，就联名写了一道劝退表章。写好以后，交给御史台都事尚文。尚

忽必烈的怒气平息以后，历历往事反复出现在他的脑海里，挥之不去。真金是他最喜欢的儿子，从小仁孝，

蒙古侍卫陶俑（元代）

处理国事井井有条，人们都说他像自己，有帝王之风。虽然父子间有时有不同政见，但真金从未做过忤逆之事。王著至死不承认刺杀阿合马与真金有关，御史们上劝退表，也没有发现真金参与和授意。忽必烈对自己废掉真金太子位的做法开始怀疑了。人们对阿合马的议论他是知道的，但他始终不相信阿合马会欺骗自己，莫非阿合马真像人们说的那样是奸臣，真是自己错了？忽必烈还算是个开明的皇帝，他没有固执己见，并开始调查阿合马。

这一查不要紧，把忽必烈惊得目瞪口呆。阿合马家的资财居然比国库还要多。忽必烈愤怒地说："王著杀之，诚是也！"并下旨将阿合马"发墓剖棺，戮尸于通玄门外，纵犬啖其肉"。

真相大白，忽必烈下旨赦免真金，恢复太子位。然而，真金生性胆子小，谋逆又是十恶不赦的重罪，被囚禁以后，精神处于极度恐惧之中，宫外一有动静，就认为是忽必烈派人来杀他。当他听说有圣旨到来，立刻吓得魂飞魄散。可怜的真金太子认定是父皇要赐他一死，在极度恐惧中，心脏骤然停止了跳动。

◎守成之君——元成宗铁穆耳

元成宗铁穆尔生于1261年，是太子真金的第三子。忽必烈本来对真金抱着极大的希望，为此请来一批精英人士，如知名儒人姚枢、窦默教授太子儒学汉法，可惜真金在1285年底病逝。真金太子去世后，按照嫡长子继位的传统观念，元世祖忽必烈把希望寄托在真金的儿子们身上。真金的

元成宗画像

长子甘麻剌决定一直总兵镇守漠北，真金的次子答剌麻八剌于1292年又因病去世，于是铁穆尔于1293年被封为皇太孙，总兵镇守漠北和林。1294年农历正月二十二日，元世祖忽必烈逝世。铁穆耳在其母阔阔真与大臣伯颜等人的支持下，1294年5月10日在上都大安阁即位，是为元成宗。

成宗即位后，虽然表示要奉行先朝的成规，但实际上还是做了一些调整。对内方面基本采纳大臣王约的建议：在经济上实行轻徭薄赋，停止所有非急需、必需的土木工程，免除历年积欠的赋税，重新核实纳税的民户，以减轻民众负担，与民休息；同时设立义仓，赈济贫苦孤独之人，开放打猎等禁令，实行有利于农业的措施，以安抚民众，发展生产。在政治上，整顿吏治，打击贪污受贿，革除多年的积弊；慎重地选择官吏，尤其要慎重地选择直接治理民众的府、州、县长官；重新修订律令，严明赏罚；裁减多余的官吏，精简机构；减省繁琐的条文，改革不合理的制度，以提高办事效率。在对待周围邻国关系上，不要斤斤计较于要求别人朝贡，甚至为此动武，应该以恩德招徕远方

黑釉浅腹捣钵（元代）

之人。此外，还兴办学校、培养人才等等。成宗在位期间多次下诏减免赋税，尤其是遇到自然灾害时，受灾严重的地区赋税全免，以减轻民众负担。同时，成宗三令五申要求地方官员鼓励农桑，发展生产。

在对外关系方面，成宗即位以后，就采取全面收缩的战略，他拒绝大臣对日用兵的请求，停止了对日本的用兵。在1299年派江浙释教总统僧人宁一山出使日本，恢复了两国间的正常贸易和文化往来。在西南地区，由于自然灾害和国家财政问题，为了减轻人民负担，成宗在大德五年决心不再对西南用兵。也就在这时，成宗达成了与笃哇、察八儿等西北诸王的和解，延续几十年的西北战乱得以平息。

话说元朝

成宗在位期间一直实行守成政策，但由于他对宗室功臣滥增赏赐，入不敷出，国库积累的资财很快就用尽了，只能依靠挪用钞本来维持，导致钞币迅速贬值，给国家经济发展造成了负面影响。在成宗执政后期，由于他身体不好，委任皇后卜鲁罕和色目人大臣，朝政日渐衰败。另外，成宗于 1305 年册立卜鲁罕皇后所生皇子德寿为皇太子，可是同年德寿因病去世。德寿去世后，成宗在生前未再立皇太子。由于缺乏明确的法定继承人，埋下了元朝中期皇位争夺战的隐患。1307 年正月初八日，成宗在大都玉德殿病逝，享年 43 岁。同年九月十一日，元武宗为铁穆耳上谥号钦明广孝皇帝，庙号成宗，蒙古语称号完泽笃汗。

对于元成宗铁穆尔，《元史》评价："成宗承天下混壹之后，垂拱而治，可谓善于守成者矣。惟其末年，连岁寝疾，凡国家政事，内则决于宫壸，外则委于宰臣；然其不致于废坠者，则以去世祖为未远，成宪具在故也。"《新元史》评价："成宗席前人之业，因其成法而损益之，析薪克荷，帝无使焉。晚年寝疾，不早决计计传位武宗，使易世之后，亲贵相夷，祸延母后。悲夫！以天子之尊，而不能保其妃匹，

岂非后世之殷鉴哉。"历来史家都认为他是一位守成之君，但晚年在政治方面有一些过失，给帝国的将来埋下了隐患。

当一代雄才大略的皇帝忽必烈去世之后，选择一位什么样的君主，是关系到这个王朝能否存在下去，能否长治久安的关键。元朝初年的汉法派花费了很大心血培养太子真金，目的就是希望他继往开来，希望他用儒家思想建立一个太平盛世。但真金太子英年早逝，对忽必烈是一个沉重打击，对帝国是一个重大的损失。成宗之立完成了元代从开国阶段到守成阶段的平稳过渡，成宗与其父真金太子一样受儒学汉法的影响较大，"尊孔崇儒，倡导德治"是元成宗君臣实行守成政治的基本指导思想，在他即位之初就下诏要中外崇奉孔子，公开向天下臣民表示朝廷执行的是尊孔崇儒的政治路线。元成宗的统治虽然没有使元代进入太平盛世，但他的整治措施较好地保存和发展了从父辈那里传承下来的帝国基业。

◎ 黄金家族中的穆斯林——安西王阿难答

创立元朝的蒙古人一直奉行宽容

的宗教政策，能够接纳其他宗教的存在。但后来崇信佛教后，逐渐抛弃了萨满教的信仰，而且对其他宗教也做了取舍。1264年，忽必烈随萨迦派新教主巴思八受戒，皈依佛教，后妃、皇子、公主及诸王也纷纷接受灌顶，崇奉藏传佛教成为宫廷达官显贵的一种时尚。虽然统治者并不排斥其他宗教，为了维护统治还对各种宗教采取兼容并蓄的政策，但由于统治者提倡信奉佛教，其他宗教虽有一席之地，但并不出色。可是伊斯兰教是个例外，这是由于在元初政坛中有一位极有影响的宗王信奉皈依伊斯兰教后，伊斯兰教在他的倡导下在元代有了极大的发展，这位宗王就是阿难答。

阿难答是元世祖忽必烈的孙子，宗王忙哥剌之子。忙哥剌深受

其父忽必烈的喜爱，在忽必烈确定真金为皇太子之后，1272年，将忙哥剌封为安西王，其封地在西部的甘肃、宁夏、陕西、四川一带，另外在上都的白城子也有封地。第二年（即1273年），又将安西王同时封为秦王，另外赐予秦王金印，在长安设立安西王府。忙哥剌统领的关陇河西地区正是从西域进入中原的交通要道，忙哥剌的权力相当大。1280年，忙哥剌病亡，阿难答袭封为安西王。1285年，忽必烈为"皇孙阿难答立衍福司，职四品，使、同知、副使各一员"。由于有父亲忙哥剌的铺垫，阿难答依然是权力最大的宗王。

1294年，元世祖忽必烈病逝后，元成宗即位。元成宗认为安西王阿难答的权力过重，开始有意压制他。面对危机，阿难

蓝釉香炉（元代）

答开始以扩充实力来抗衡中央,他一方面借口赈济民饥向朝廷索要粮饷、军械;另一方面,请立王相府,管理地方行政事务。尽管成宗对他的要求一般都不予批准,但到成宗去世时,阿难答的势力已南达四川,西到吐蕃,西北抵哈喇火州,包括陕西、宁夏、甘肃和四川北部在内的西北大片地区。

成宗后期,皇后卜鲁罕因为成宗多病而干预朝政。1305 年,成宗病中册立卜鲁罕所生的德寿为皇太子,但天有不测风云,过了半年,德寿却先于成宗而死,之后成宗再未立皇太子。这对阿难答来说无疑是一个天赐良机,阿难答的政治野心自此开始无限的膨胀了,他要争夺皇位。1307 年春正月,成宗驾崩,皇位之争便无法避免了。卜鲁罕与阿难答之间有十分密切的关系,后来仁宗甚至宣称二人有私通情节。卜鲁罕在成宗死前三日密召阿难答抵达大都,妄图借助阿难

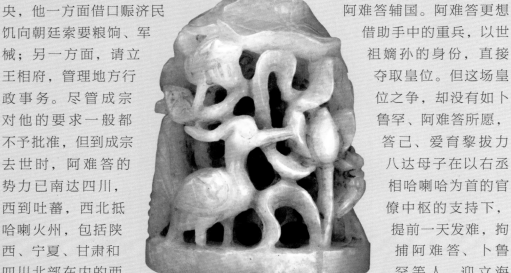

玉帽顶(元代)

答的实力临朝称制,并起用阿难答辅国。阿难答更想借助手中的重兵,以世祖嫡孙的身份,直接夺取皇位。但这场皇位之争,却没有如卜鲁罕、阿难答所愿,答己、爱育黎拔力八达母子在以右丞相哈喇哈为首的官僚中枢的支持下,提前一天发难,拘捕阿难答、卜鲁罕等人,迎立海山继位。阿难答本人在海山继位前被处死。

阿难答虽然因夺取皇位失败而被杀,但他信仰倡导伊斯兰教的影响是不可忽视的。据《史集》记载,阿难答出生后忙哥剌繁于战事,将刚出生的阿难答托付给当地一位叫蔑黑贴儿·哈散·阿黑塔赤的中亚穆斯林抚养。因此,阿难答从小就能流利背诵《古兰经》。他经常把自己的时间消磨于履行宗教功课和向真主祈祷上。阿难答继承其父的王位后,正式皈依伊斯兰教并大力倡导推行,所以他的军队有 15 万人信奉伊斯兰教。阿难

答统治的区域内正是我国伊斯兰教信徒的重要分布地区，所以许多史学研究者认为阿难答之所以信奉伊斯兰教是为了利用伊斯兰教为其政治目的服务。但是不管阿难答信奉倡导伊斯兰教的真实目的是什么，这一政策对促进各民族之间文化交流，为我国古代文明的发展做出了贡献是无疑的。

◎兄弟礼让抑或实力较量——武仁授受

1305年，重病中的元成宗立独生子德寿为皇太子。结果德寿于半年后去世，于是又出现了储位空悬的局面。1307年正月，元成宗驾崩。成宗一死，元朝统治集团内部发生了争夺帝位的冲突。当时有诸多实力雄厚的蒙古王子分布在大漠草原的各个地域。其中，诸王之中以皇侄怀宁王海山最具实力，他坐镇大蒙古国的龙兴之地、

银玉壶春瓶（元代）

窝阔台时期建立的都城——哈喇和林之地，手里掌握着大量兵力，而且他还是支系最近的皇族，与成宗血缘最近。

对怀宁王海山继承皇位反对最激烈的就是成宗的皇后卜鲁罕。她是一个权力欲很强的女人，在中书左丞相阿忽台、平章八都马辛、赛典赤伯颜，诸王阿难答、明理铁木尔等一干大臣的帮助下，卜鲁罕企图阻止海山南下争夺皇位，自己企图临朝称制，并且打算由阿难答辅政，进而推举阿难答为皇帝。

于是，丞相阿忽台召集大臣商议皇后卜鲁罕和阿难答摄政之事，遭到太常卿田忠良、御史中丞相何玮等人的激烈反对，最终未能通过。中书右丞相哈剌哈孙也反对这一做法。卜鲁罕一日连下数旨，要求实施自己的这个施政计划，但哈剌哈孙或阳奉阴违，或置之不理，就是不给办。与此同时，哈剌哈孙还派康里脱脱速返漠北，向怀宁王海山报告，要求他快速率军返回大都争夺皇位，再派人去怀州（今河南沁阳）通知海山的母亲答己和海山的弟弟爱育黎拔力八达，要他们速返大都。答己母子迅速收拾行装，很快就赶到了大都。阿难答等人本来计划于三月三日发动政变，结果被爱育黎拔力八达、哈剌哈孙等侦知消息，

执掌大权的势力都被铲除了。二十一日，海山即位，是为元武宗，蒙古语称其为曲律汗。

海山即位时杀了不少大臣，以致中书省大臣们或死或免，为之一空。中书省没人了，这国家机构还能运转吗？武宗便任命知院朵儿朵海为太傅，右丞相哈剌哈孙为太保，并参与管理军国重事，任命塔剌海为中书左丞相，床兀儿、阿沙布华、明里布华等为中书平章，以床兀儿兼知枢密院事，塔思布华、康里脱脱为御史大夫。他把元成宗铁穆耳时期的那些大臣都给换掉了，任用了协助自己镇守哈喇和林时期的那些官员，正所谓"一朝天子一朝臣"。

海山之所以能够继承皇位，与他的弟弟爱育黎拔力八达的大力支持和帮助有重大关系。因此，海山为了表达感激之情，于当年的六月初一，封皇弟爱育黎拔力八达为皇太子，后又陆续为其设官署、兵卫，并让他兼领中书省、枢密院事，给予了至高的权力和荣誉，并约定"兄终弟及，叔侄相传"。

1311年正月，"惟曲蘖是沉，姬

元仁宗画像

于是他们决定提前动手，于三月二日率卫士入宫，杀掉了中书左丞相阿忽台等人。爱育黎拔力八达以监国名义执政，通知海山速来即位。五月初二，海山兄弟、答己在上都召集宗室诸王会议，决议废黜成宗皇后卜鲁罕，把她赶出了宫廷，去东安州（今河北安次西）居住，不久又找了个理由将其赐死。然后他们又处死了阿难答、明理铁木尔等人。这样阻碍海山这哥俩

嫔是好"的元武宗海山去世。五月，爱育黎拔力八达即位于大都，是为元仁宗。有些史籍将武宗和仁宗兄弟的相继统治，称作"武仁授受"。

元仁宗爱育黎拔力八达是一位颇有文化底蕴的皇帝，即位伊始，便开始着手改革朝政和吏治，例如禁止侍臣擅传圣旨；诸王投下份地的正达鲁花赤必须由中央委派，只有副达鲁花赤才准许由诸王任命；吏员入仕只能升至七品；恢复自宋亡以后中断了几十年的科举考试制度，等等。可以说元仁宗是一个挺有作为的皇帝。但是，仁宗因对母后答己唯命是从，对宗戚勋旧又很软弱，导致他的许多改革措施都没能明显见效和持续久远。

1320正月，仁宗病死。三月，其子硕德八剌即帝位，是为元英宗。爱育黎拔力八达最终破坏了与哥哥海山立下的约定，选择了自己的儿子继承帝位，元仁宗的这一决定，给自己的儿子硕德八剌带来了灭顶之灾。

一代中兴英主的陨落——英宗命丧南坡

元世祖忽必烈去世以后，朝政日益变得混乱，宗室内乱、宫廷政变、后妃干政、权臣用事等层出不穷，不过好在总有一些忧国忧民的大臣，更有一些力图振兴朝纲的皇帝在艰难维持，就这样到了元英宗执政时期。

元上都遗址

HSYC

话说元朝

元英宗名为孛儿只斤·硕德八剌，按蒙古的习俗，又被称作格坚汗。"格坚"在蒙古语中是光明、广大、明亮的意思，此外还有活佛的意思。蒙古人信奉藏传佛教，元英宗又对佛学非常精通，加之他的确是有振兴朝纲的雄心，因此起这个名字可谓是实至名归。

英宗自幼受儒家教育，熟读经典，对佛学也很精通，他表面看来很温和，内心却极有主见，早已埋下改弦更张的种子。1316年，年仅13岁的硕德八剌就被立为皇太子。1320年，17岁的硕德八剌即皇帝位。当时他的老祖母答己太后权力欲极度膨胀，极力干预朝政。不仅如此，她还重用过去曾经被仁宗罢黜的权臣铁木迭儿为右丞相，二人相互勾结，排除异己，权倾朝野。这让刚刚执掌大权，尝到皇帝味的硕德八剌很是恼火。一方面是

自己的祖母和混乱不堪的朝纲，一方面又是身为皇帝的他怀有"中兴大元"的雄心。硕德八剌深深知道，即使亲如祖母，如果被权力蒙蔽了心智，也会变成可怕的母狼。为此，他必须要有所决策和动作。

答己太后要求提拔听命于她的亲信，硕德八剌坚决拒绝了她，认为"先帝旧臣，岂宜轻动"，说什么也不肯撤掉那些他想重用的旧臣，而任用听太后的那些亲信。答己太后气得火冒三丈，常在后宫大骂硕德八剌。结果，因为长期没法控制硕德八剌，郁郁而不得志，终于在1322年生病死了，同时死的还有她最大的亲信铁木迭儿。19岁的硕德八剌排除了他的第一个大障碍，但仍不能松懈。

他为了巩固自己的地位，立成吉思汗的功臣木华黎后裔拜住为左丞相，极力抑制答己、铁木迭儿余党的势力，与他们抗衡。同时，硕德八剌开始采取了一些改革措施：广泛起用汉族地主官员和儒士，如张珪、吴元珪、王约、吴澄等；发布《振举台纲制》，要求推举贤能，选拔人才；罢徽政院及冗官冗职，精简机构，节制财用，行助役法并减轻徭役；颁行《大元通制》，以加强法制，

金匜（元代）

金刚铃（元代）

推行汉法；清除铁木迭儿余党，查处他们的贪赃枉法事件。这些措施遭到一部分保守的蒙古贵族反对，但也使那些贪官污吏感到不寒而栗。尽管硕德八剌清除了答己太后、铁木迭儿的部分余党，但是由于他心持"妇人之仁"，没有对所有余党斩草除根，竟然连铁木迭儿的义子、御史大夫铁失都忽略了，这个失误直接导致了他在1323年的厄运。

铁木迭儿余党、御史大夫铁失看到硕德八剌的一系列举措都是针对他们这一帮人的，感到很快就会有对自己有不利的事情发生。因此，他决定铤而走险，和硕德八剌干上一场。他私下自忖，即使自己成功了，因为不是"黄金家族"的成员，不可能成为皇帝，反而落得个不忠不孝、弑君叛国的罪名，其罪可不轻。因此，要选个头领，才能办成此事。铁失想来想去，选谁好呢？很快他想到，忽必烈那早逝的太子真金有一个长孙，叫作

也孙铁木儿，后被敕封为晋王，他与武宗、仁宗是叔伯兄弟，现在漠北哈喇和林地区驻守。这个也孙铁木儿是个阴谋家，早就垂涎皇帝宝座，无奈自己虽然有做皇帝的资格，但苦于一直没有机会，尤其又被派往漠北，远离朝廷，鞭长莫及呀！可是这次，他的机会真的来了。

铁失计议已定，便开始与也孙铁木儿的晋王府内史倒剌沙联系，并秘密商议此事，双方一拍即合，很快，一个惊天的宫廷政变的计划就形成了。之后，铁失秘密派遣使者赴漠北向也孙铁木儿汇报政变行动计划，并明言事成之后，让晋王即位称帝。

元朝实行的是两都巡幸制度，每年有大半年的时间，皇帝都在上都度过。因为蒙古人不耐酷暑，所以皇帝在夏季赴上都避暑乘凉兼理政，冬季再回到大都。而元朝皇帝从大都到上都的路线往往是固定的，途中经过哪些地方，在哪些驿站停留，这都是事先定好了的，早已成为一个习惯。同时，皇帝出行的时间、所带物资和人员，也都是事先定好的。因此，身为皇亲国戚的铁失能够很容易地掌握皇帝出行的一切动向。

1323年8月5日，硕德八剌、丞相拜住在上都理政完毕，由上都启程

返回大都，途中宿营于上都西南的南坡店。铁失纠集了一批对硕德八剌不满的蒙古宗王，率军冲进了硕德八剌和拜住的临时宫帐，将其全部杀死。可怜硕德八剌当时年仅20岁，正满怀中兴元朝的宏图伟志，却不慎成为叛臣的刀下之鬼。这一事件，历史上称为"南坡之变"。晋王也孙铁木儿闻讯后，已来不及赶回大都，便立刻在漠北称帝，是为泰定帝。

虽然也孙铁木儿没有亲手参与杀害英宗的行动，但是他也不是个省油的灯，同样有着极深的城府和狠辣的手段，正所谓"卧榻之旁岂容他人鼾睡"！他担心铁失等一干"叛臣"，既然他们能够杀死硕德八剌，将来很有可能同样杀死自己。于是，一不做二不休，他还没有到达上都之前，就派人将铁失和参与"南坡之变"的人全部杀死。

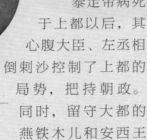

钧窑鸡心罐（元代）

危险的宝座——三帝更位

1328年七月，泰定帝也孙铁木儿病死于上都。他的死立即引发了一场元朝历史上最大规模和最血腥残酷的帝位争夺战，最后的结果是皇帝的宝座在一年之间三次易主，最终燕铁木儿等人拥戴的怀王图帖睦尔获胜，皇位又回到武宗海山一系的手中。

泰定帝病死于上都以后，其心腹大臣、左丞相倒剌沙控制了上都的局势，把持朝政。同时，留守大都的燕铁木儿和安西王阿剌忒纳失里等人早就密谋发难，欲迎立武宗之后为帝。1328年八月四日，燕铁木儿和安西王阿剌忒纳失里等在大都发动了政变，号令文武百官拥立武宗之子为帝。燕铁木儿一边联合党羽逮捕、清洗泰定帝留守大都的权臣集团（平章政事乌伯都剌、伯颜察儿，中书左丞朵朵，参知政事王士熙，参议中书省事脱脱、吴秉道，侍御史铁木哥、丘世杰等人），一边秘密派遣亲信前往江陵迎接武宗次子、怀王图帖睦尔到大都。九月，燕铁木儿等人请图帖睦尔登位。于是，九月十三日，图帖睦尔在大都大明殿继皇帝位，是为文宗，改元天历。

得知大都事变后，倒剌沙和驻守上都的皇室亲王等人仓促拥戴泰定帝9岁的儿子阿速吉八在上都继皇帝位，改元天顺，史称天顺帝。同时迅速采取行动，加紧对大都方面的进攻。这样就形成了两个皇帝对峙的局面。元代历史上为争夺皇权的大规模的内战——两都之战爆发。

由于燕铁木儿的行为纯属政变，倒剌沙立即以讨逆为名，向大都发起攻势。辽东、关陕、川蜀先后起兵响应支持上都，辽王脱脱、左丞相倒剌沙留守上都，分兵四路南下。梁王王禅进军居庸关，诸王失

刺进攻古北口，也速帖木儿进攻辽东迁民镇，湘宁王八剌失里等绕道进攻山西，与陕西军协作进攻紫金关。上都方面计划迅速包抄，攻取大都。而燕铁木儿也立即着手迎战，加强长城各关隘防守，并把作战主力收于麾下，针对上都方面的兵力分散的弱点，采取集中优势兵力，击败各路来军的策略。

相对而言，上都的军力更具有优势。但是上都方面缺乏统筹全局的帅才，分兵南下又犯了兵家大忌，原本具有的优势，很快便丧失了。面对大都军队的强劲攻势，上都众将接连溃败。双方激战了两个月，十一月十三日，大都军队威逼上都城门，倒剌沙等人无奈出城投降并献出皇帝御玺，随后都被诛杀。泰定帝皇后八不罕被流放，不久被秘密处死。而最无辜的小

白釉剔花罐（元代）

皇帝阿速吉八在战乱中也不知所终，应该也难逃燕铁木儿等人的毒手。至此，两都之战终于硝烟散尽。文宗成为大元朝唯一的皇帝。

文宗虽然取得了两都之战的胜利，也暂时保住了这来之不易的皇帝宝座，但他一直担心自己的兄长和世㻋与他争夺皇位。和世㻋是武宗正妻所生，又是长子，具有更强的正统性。和世㻋与图帖睦尔在仁宗、英宗两朝都受到政治迫害。和世㻋被流放漠北，距离大都较远，而图帖睦尔在江陵，离大都较近。燕铁木儿等发动政变后，图帖睦尔虽然不具备多少实力，但因为其兄长和世㻋远在漠北，燕铁木儿为了争取主动，首先选择了图帖睦尔。在这样的情况下，图帖睦尔就顺势登上了皇帝的宝座。

文宗在登基之初，曾经说："大兄在北，以长以德，当有天下。必不得已，当明以朕志播告中外。"后又下诏云："谨俟大兄之至，以遂朕固让之心。"如今战事平定，漠北与大都的道路已通，文宗便决定履行诺言，让位于自己的兄长和世㻋，并请他回大都即位。于是，和世㻋从北边南还。1329年正月，和世㻋即位于和林，是为明宗。

明宗即位后，下诏大都所封的一切官爵照旧，立文宗图帖睦尔为皇太子，在他没来大都前朝中政事还由弟弟图帖睦尔掌权。图帖睦尔和燕铁木儿是提着脑袋获得的皇位和权势，这样让出皇位实在心有不甘。终于，这场看似温情的兄弟礼让最终演变成了血腥阴谋。同年八月，明宗来到大都。图帖睦尔到明宗行宫所在地忽察都迎接明宗，明宗大宴皇太子图帖睦尔、诸王及大

灰陶驮囊驼（元代）

臣。兄弟二人相见甚欢，可仅仅4天后，连龙椅都没有正式坐过的明宗便不明不白地暴崩。这便是"天历之变"。

随后，图帖睦尔返回大都重新登上帝位。一年之间，大元王朝更替了3位皇帝。激烈的宫廷政治斗争，使百姓处于水深火热之中，同时也加重了元朝的统治危机。

◉留恋滇池的鸿雁——诗人阿盖公主

元朝统一中原的历史很短暂，短暂到很多人不了解这一段历史以及生活在这一段历史中的人物和事迹。其实，这一时期也有许多独领风骚，颇具传奇色彩的人物，比如蒙古族的才女阿盖公主。我国著名历史学家郭沫若先生就以阿盖公主的生平为原型，写出了著名的历史剧本《孔雀胆》。

阿盖公主生活在元朝末期元顺帝时期。阿盖公主的父亲是镇守云南的蒙古梁王敖其尔呼雅嘎。当时天下已经开始大乱了，各地义军蜂起。其中由明玉珍等人带领的义军正在步步逼近云南。镇守云南的梁王基本不会行军作战，屡战屡败，他便去找大理的段氏帮忙。段家派出了他们家族的精英人物蒙化知州段功。段功是大理

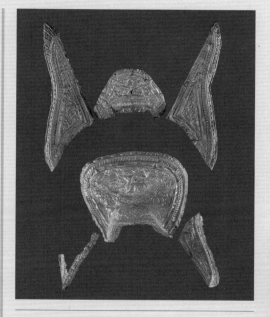

包金马鞍（元代）

段家年轻人物中最为出色的一个，年轻时便率领着白族军队扫平大理的叛乱，在当地的知名度非常高。为了感谢段功保境安民的功劳，梁王将他奏拜为云南行省平章政事，并把女儿阿盖公主嫁给他做妻子。段功因此留驻云南，不回大理。阿盖公主不仅十分美丽，而且非常有才。在段功成功退敌之后，阿盖公主专门为他写了一首诗，这便是历史上有名的《金指环歌》，诗曰：

将星挺生扶宝阙，宝阙金枝接玉叶。

灵辉彻南北东西，皎皎中天光映月。

玉文金印大如斗，犹唐贵主结配偶。

父王永寿同碧鸡，豪杰长作擎天手。

阿盖在诗中热情地赞美了段功的英雄气概和勇猛精神，也很好地表达了胜利之后的喜悦之情。

阿盖公主才色出众，段功又是大理英雄，两人结为夫妇，互敬互爱，在当时云南各族人民中传为佳话。可惜好景不长，由于段功在任上成绩突出，梁王担心他会功高盖主，再加上梁王身边不少昏庸之辈进献谗言，说段功会图谋不轨，于是梁王下定决心要除掉段功。

梁王将阿盖公主找来，对她说段功想要图谋不轨，让阿盖公主用孔雀胆毒杀段功，不然她就没有父亲了。阿盖公主不想让父亲伤心，但她和丈夫段功的感情很好，无法对丈夫下毒手。经过慎重思考后，阿盖公主将梁王的计划告诉了段功，劝段功放弃现在的一切回大理去，她愿意陪着段功一起回大理。段功对蒙古统治者存在幻想，希望以自己对元室的忠诚求得梁王的信任，改善蒙古、汉、白等各民族之间的关系，并且段功认为梁王一直对自己都很好，应该不会对他痛下杀手。因此，段功不愿相信阿盖公主的话，不愿意听从她的意见回大理。梁王见阿盖公主并没有毒死段功，便想其他办法杀害段功。于是，梁王邀请段功到寺庙听和尚讲经，在通往寺庙的通济桥桥头埋伏杀手，将段功杀死在桥上。阿盖闻讯后，痛不欲生，写了一首《悲愤诗》：

兽钮金印（元代）

吾家住在雁门深，一片闲云到滇海。

心悬明月照青天，青天不语今三载。

欲随明月到苍山，误我一生踏里彩。

吐噜吐噜段阿奴，施宗施秀同奴歹。

云片波粼不见人，押不卢花彦色改。

肉屏独坐细思量，西山铁立风潇洒。

阿盖公主用这首诗表示自己的抗议与哀悼。这是一首汉语、蒙古语和白语相混合的古体诗。诗人叙述自己从老家雁门以北，随父亲来到昆明滇海，嫁给段功。而段功不被父亲相信，最终遭遇杀害，酿成终身遗憾。想起当初夫妻同游的地方，现在只见云片、波粼不见人，独自坐在骆驼背上思念夫君，悲痛莫名。诗写于哀痛之中，杂用几种不同的民族语言，一气呵成，情真意切，形象鲜明，凄婉哀怨，富有地方特色和民族特色。该诗写成后，600年间在西南广大地区广泛流传，成为一首有名的忠于爱情的悲歌。

金冠饰（元代）

阿盖公主不堪忍受丧夫之痛，自己服下了孔雀胆，殉情而死，在历史上留下了一段凄美的爱情故事。明朝建立后，梁王在云南的统治覆灭了，但不畏强暴，以自己年轻的生命来殉情的阿盖公主，永远被人们所牢记、所歌颂，成了美丽忠贞的妇女形象，受到人们的尊重，有不少文人墨客用文字来歌颂她。

大汗魂归何处——神秘的起辇谷与大禁地

自成吉思汗开始，蒙古大汗有个专门的葬地，这个地方的汉文名称，在元代文献中称为"起辇谷"。经考察，其具体地望在今蒙古国肯特省曾克尔满达勒地方。

1227年夏，成吉思汗病逝于西夏境内的清水县，属下遵照他的遗命，秘不发丧，将灵柩运回漠北起辇谷。为了绝对保密，护送灵柩的队伍将遇到的人畜全部杀死，在起辇谷为成吉思汗举行了隆重的哀悼仪式。按照蒙古人传统习俗，成吉思汗之墓"不封不树"，待深埋灵柩之后，以万马踏平葬地，是为"秘葬"。据波斯人志费尼记载，墓中随葬品不乏金银和马匹，还有40名盛装美女随葬。据记载，成吉思汗的墓地后来成为一大片树林，即便是那里的老守林人，也无法找到确切的埋葬地点。同时，这里是蒙古人极为尊崇的"大禁地"（蒙语称为"也可·忽鲁黑"），由禁卫骑兵一千户巡逻守护，其外围有箭杆插成的短墙，严禁任何人走进，违者要受到严厉处罚。南宋时，曾有汉使来到蒙古，远远望见这处神秘的大禁地，并且记入《黑鞑事略》一书。成吉思汗以后，窝阔台汗、贵由汗、蒙哥汗及拖雷等人逝世后，也埋葬于起辇谷。

元世祖忽必烈及其后的元朝皇帝，死后也全部从旧俗，北上归葬起辇谷。其灵柩由元大都的北门建德门运出，汉族官员人等出建德门，祭奠之后，悲号而退回城中，蒙古官员人等则护灵柩北归起辇谷，深葬平土之中，使其与草原融为一体。依蒙古丧葬习俗，"元朝宫里，用木完木二片，凿空其中，类人形大小合为棺。置遗体其中，加髹漆毕，则以黄金为圈，三圈定，送其直北园寝之地深埋之，则用万马蹴平，俟草青方解严，则已漫同平坡，无复考志遗迹"。由于实行秘葬，至今考古界尚未发现蒙古帝王或贵族的墓茔，这是极为罕见的现象。

归葬祖茔并深埋草原的秘葬方式，反映了蒙古人崇拜祖先并追求宁静与自然的文化意识，神秘的起辇谷就是这种意识的反映。

铜禽形砝码（元代）

◉蒙元帝国专题——星罗棋布 繁花似锦：蒙元时期内蒙古草原上的城邑

1206年，成吉思汗统一了蒙古各部，建立了大蒙古国。1211年，蒙古军从草原南下，占领了金王朝的北部地区，蒙古人开始接触并占领了不少城邑。元太宗七年（1235年），蒙古汗国的第一座都城——哈喇和林建成。这座古城遗址位于今蒙古国北杭爱省哈尔和林农牧场。随着军事和政治的需要，到忽必烈为藩王时，于1256年在今内蒙古锡林郭勒盟正蓝旗兴筑开平府。这是蒙古人在内蒙古地区建起的第一座城。

元朝在朝廷设立中书省，总理全国行政事务。又在全国设置10个行中书省（即行省），中书省则直接管辖黄河以北、太行山东西两面地区，称为"腹里"。元代的内蒙古，大部分属于中书省直辖的腹里，其中又有蒙古诸王封地，元上都（上都路）、兴和路部分地区分别属于辽阳、陕西、甘肃行中书省以及河东山西西道宣慰司管辖。蒙元时期，建于内蒙古的城邑有30多座，经考古调查现已发现其中的28座。

成吉思汗建立大蒙古国后，首先分封他母亲、弟、妹和儿子等宗亲，其次分封异姓功臣。成吉思汗母亲诃额伦和幼弟斡赤斤受封地在内蒙古东部，其官帐、城址在今呼伦贝尔市鄂温克旗巴彦乌拉古城。成吉思汗二弟哈撒儿的封地有城邑3座，其中一座在呼伦贝尔市额尔古纳市黑山头古城，另两座在今俄罗斯境内。此外，成吉思汗姻亲家族弘吉剌部，建有应昌路和全宁路二城，故址分别在今赤峰市克什克腾旗和翁牛特旗。

内蒙古东南地区，元代属大宁路和宁昌路所辖。元大宁路及大定县同治一城，城址在今赤峰宁城县大明城；武平县城址，在今敖汉旗丰收乡；高州城址，在今赤峰松山区太平地土城子。元宁昌路城址，在今敖汉旗五十家子古城。

在内蒙古北部，有著名的元上都。元朝在上都设上都路总管府，统领4州，在今内蒙古境内有2州：桓州城，故址在今锡林郭勒盟正蓝旗黑城子；松州城，故址在今赤峰市红山区西八家古城。成吉思汗的另一姻亲汪古部，在内蒙古北部建静安路（后改名德宁路），城址在今包头市达茂旗敖伦苏木古城。元代的砂井总管府，城址在今乌兰察布市四子王旗大庙古城。元代集宁路城址，在今乌兰察布市察右前旗巴彦塔拉土城子古城。元代净州路城址，在今四子王旗吉生太城卜子古城。

今内蒙古中部区，在元代属西京路所辖的州县有丰州，城址在今呼和浩特东郊白塔村；云内州，城址在今托克托县西白塔；东胜州，城址在今托克托县大皇城。此外，还有平地县，城址在今察右前旗苏集村；宣宁县，城址在今凉城县淤泥滩村。

在今内蒙古西部区，元察罕脑儿宣慰司城址，在今鄂尔多斯市乌审旗与陕西靖边县交界的白城子。察罕脑儿宣慰司属陕西行中书省管领，所辖区域包括今内蒙古鄂尔多斯市和乌海地区。

今内蒙古地区属于元代甘肃行中书省所辖的，有兀剌海路和亦集乃路。兀剌海路城址，在今巴彦淖尔市乌拉特中旗新忽热古城。亦集乃路是沿袭西夏黑水城建置的，"亦集乃"是党项语"黑水"的意思，今译为"额济纳"。1226年蒙古军攻下黑水城。1286年正式设置了亦集乃路，城址即今阿盟额济纳旗黑城。

综上所述，蒙元时期设于今内蒙古地区的城邑众多，可以分为都城、宗王分封城邑、路城、州城、县城5

种形式。它们分布在茫茫草原或沙漠的绿洲上，由发达的驿路交通线联系，为拱卫大元一统、开发草原经济，做出了独特的贡献。下面选取几座重要而典型的城邑做一介绍。（元上都另有篇目，此处不赘述）

赵王城

赵王城是元代汪古部长世居之地，城址在今包头市达茂旗敖伦苏木古城，为全国重点文物保护单位。

汪古部自唐代起居住在大青山以北，称为阴山达怛或白达怛。成吉思汗创业之初，汪古部归附从征，功劳卓著，成吉思汗将其三女儿阿剌海别吉下嫁汪古部长阿剌兀思，并相约世代结成姻亲，其子孙代代为王。汪古部长曾受封为北平王、高唐王。自1309年术忽难受封赵王起，先后实封有8位赵王，并追封汪古部部长6人为赵王。其世袭所辖区域为阴山以北的按答堡子、砂井、集宁、净州；阴山以南的丰州天德军（今呼和浩特地区）也归汪古部管理。

汪古部长约在世祖忽必烈至元年间，在黑水（今达茂旗艾不盖河）兴筑新城（原在按打堡子，即金界壕的一处堡寨）。1305年，以黑水新城为静安路。1309年，汪古部长术忽难封为赵王，后来继承的7位赵王都世居此城，因此通称为赵王城。时至今日，当地蒙古族群众称之为敖伦苏木，意为许多庙宇的意思。这座古城平面呈长方形，城墙用土夯筑。东墙残高2米，长951米，南墙长582米，西墙长970米，北墙长565米；在西、南、东三墙正中开设城门。城内建筑遗迹甚多，有院址17处、建筑台基99处，城内街道宽阔、布局整齐。在中部偏东靠近南墙处，有一大院落，院内有一组高台基址。1927年，我国著名考古学者黄文弼先生发现了《王傅德风堂碑记》汉文石碑（今已不存），证实了此城址就是赵王城。此外，考古学者在城中陆续发现刻有十字架纹的景教碑石和元代罗马教堂遗址，说明汪古部为信仰景教和天主教的元代蒙古部族。

元代应昌路古城

该城是元代弘吉剌部长兴筑的城郭，城址在今赤峰市克什克腾旗，为自治区级重点文物保护单位。

成吉思汗家族与弘吉剌部是世代姻亲，弘吉剌部受到元朝皇室的特殊礼遇，享有很多特权。例如在其封地内，可兴筑城郭，任命官吏、管理军队和百姓。据此，弘吉剌部长先后建筑了应昌路（即鲁王城）和全宁路（故

哈喇和林城遗址

1271 1271年 〉

城在赤峰市翁牛特旗乌丹镇），分别作为夏季和冬季的住所。弘吉剌部于1270年建应昌城，其后，至少有4位首领被封为鲁王。因此，又称应昌城为鲁王城。1368年，元顺帝退出大都，先至上都，次年又退至应昌府，仍然继续奉元朝正朔，史称北元。1370年，元顺帝病逝于应昌，其子爱猷识理达腊继位，改元宣光。1372年，明军攻入应昌，在明军打击下，北元势力只得远退至漠北，应昌城终于废弃。

据实测，该城平面呈长方形，南北长800米，东西宽650米。在东、南、西三面城墙中部开设城门。城内发现"应昌路新建儒学记"碑额、应昌路总管府遗址、鲁王府遗址等。鲁王府内设王傅，负责日常管理。元代张应瑞碑和竹温台碑，记载了鲁王的许多情况。据《元史》所载，应昌府总计有官署40余个，官员共700余人，其规模很大；同时应昌也是屏藩元朝中央政府的东部重镇，地位十分重要。

鲁王城兴筑在达里诺尔湖西南的平滩上，这里水草丰美，河流纵横，是优良的牧场和农业区。元人杨允孚有《咏应昌城》，诗云："东城无树西起风，百折河流绕塞通。河上驱车应昌府，月明偏照鲁王宫。"

长颈堆花牡丹纹瓷瓶（元代）

第四章
治国之术与治天下匠

何为"一字王"——元朝的王爵

元朝时位居一等的王爵称为"一字王"。何为"一字王"？简而论之，这是蒙古皇帝赐封给太子、驸马和皇亲国戚的最高爵位。如忽必烈于1262年，封皇子真金为燕王，1277年，即册封真金为皇太子。与"黄金家族""世婚世友"的汪古部，其部族首领木忽难，于1308年受封为赵王。一字王享有封地、投下军州、食邑等特权，位在一人之下，万人之上，其王印为金印兽纽和金印螭纽两种。

位居二等的王爵，用印为金印驼纽，王号为两字。如高丽国王，安南国王。成吉思汗的岳丈、翁吉剌部首领特薛禅的后代蛮子台，也曾受封为济宁王，后来才晋封为一字王鲁王。

位居三等的王爵，用印为银印龟纽，王号为三字，如永丰郡王，宁昌郡王，其身份多为驸马，但也享有食邑等特权。

八思巴文"宗仁蒙古侍卫亲军都指挥使司百户印"（元代）

话说元朝 HSYC

帝中国，当行中国之事——汉族对蒙古统治的回应

蒙古族的统治对中原汉人的冲击是非常大的，不论是从统治政策上的变化，还是思想观念上的颠覆，都是空前的。我们通过几个典型故事，来说明汉族人在那个急剧变化的时代是如何生存的。

尘缘未了的僧人——刘秉忠

蒙古人来到中原，统治了泱泱中华大地以后，为什么又称作"大元王朝"了呢？这个名字在中国历史上赫赫显耀，可是也许大家都不知道，这个名字竟然是一个出了家又还俗的汉族僧人起的。这个尘缘未了的僧人名为刘秉忠。

刘秉忠的祖父曾经任金朝邢州节度副使，父亲刘润，继承父职。木华黎占领邢州后刘润投靠了木华黎。也就是在此前后，刘秉忠诞生并慢慢长大。

刘秉忠天资聪颖，8岁时就能"日诵数百言"。17岁的时候，被委任为"邢台节度使府令史"。可他不满足，总有一种怀才不遇的感觉，于是决定"隐居以求志"。可见，隐居是隐居，但不是真正的隐居，而是为了"求志"。

说到刘秉忠隐居，别人隐居往往到深山老林去过闲云野鹤的生活，可刘秉忠先是去了远离邢州的江西武安山，而且并未安心隐居，而是积极参与世俗应酬。天宁禅寺的虚照禅师听闻了他的事迹，不知出于何种原因，竟然将其招进寺院落发为僧，并给他取法名为子聪。

做了僧人以后，刘秉忠过不惯寺院里清苦的禅修生活，选择了另一条修行方法——云游四方。后来他辗转来到代北云中。当时忽必烈正好经过此地，于是禅宗高僧——海云禅师将刘秉忠引荐给忽必烈。

见面的场景史书记载颇为简练，但从忽必烈后来对他的信任可知，

提梁铁罐（元代）

当时的刘秉忠必然是谈吐不凡。因此，野心勃勃的刘秉忠果断放弃了苦行僧生活，加入忽必烈的幕僚，步入政坛。

后来的事实证明，这个尘缘未了的僧人刘秉忠在忽必烈麾下充分发挥了自己的聪明才智，为蒙古问鼎中原积极出谋划策，就连元朝的国号，也是由他取自《易经》"大哉乾元"这句话。

梦想教化的大儒——许衡

说起蒙元时代的文化名人，绝不能忽略许衡。众所周知，中国古代是以儒家文化为主导的社会。可是到了元代，这种情况发生了变化。因为起于朔漠的元朝当政者有自己独特的草原游牧文化，对儒家的思想体系一时难以接受，但要想统治幅员辽阔、经济文化发达的汉地，不管情愿不情愿，与儒家遭遇是不可避免的。

元代统治者把人分为十等："一官、二吏、三僧、四道、五医、六工、七猎、八民、九儒、十丐。"读书人，也就是所谓的儒，竟然排在了第九，几乎和乞丐沦落到一个层面。因为在元朝以前，知识分子的地位是十分尊

青铜象棋子（元代）

贵的。后来，我们在说知识分子受到歧视和苛待的时候，就叫"臭老九"，这种说法极有可能就源于此。不管当时知识分子的地位有多低，多被统治者瞧不起，却总是有那么一些人，怀着对理想的执着、对社会的责任以及那种积极入世、梦想教化世人的决心和魄力，在这个变动的社会中奔走呼号，许衡就是其中一位。

许衡在思想文化史上很有名，但在我们翻阅历史故事时却鲜有触及，与刘秉忠、史天泽等那些世家大族相比，他的家庭并不显赫，祖祖辈辈都是普通农民。许衡出生后，按史书的

记载，自然是"幼有异质"，聪明异常。据说他 7 岁入学的时候，老师教他学习文章词句等基本功。有一日，他突发奇想，向老师发问："老师，我们为什么要读书呢？"老师觉得很奇怪，这还用问吗？于是不假思索地回答他："当然是为了参加科举考试，取得进身之阶。"可是小小的许衡又追问："如斯而已乎？"意思是，难道就仅此而已了吗？没有别的目的了吗？这一下可使老师大为惊奇：小小年纪，竟然就有这种想法，这孩子不简单啊！

在那以后，老师每次教课，许衡都会向老师请教文章的内涵，老师习惯了平时囫囵吞枣式的教书习惯，这下遇到一个刨根问底的许衡，哪受得了！时间长了，老师就对许衡的父母说："你们的儿子颖悟不凡，太聪明了，日后必是大材，我不配做他的老师。"于是辞职而去，任许衡父母如何挽留都不同意。结果再请老师，不久还是因为同样的原因辞职，就这样连续换了 3 位老师。

许衡酷爱读书，"嗜学如饥渴"，但是由于家贫买不起书，获取书籍十分不容易。有一次，他在别人家中看到了

人物石板（元代）

《尚书》，就借回去抄录，然后再如饥似渴地阅读。许衡这个人读书不仅学习义理、辞章，还身体力行书中所讲的道理。有一次，他经过河阳，时天气暑热难耐，路上的行人都饥渴难耐，遇到路边生长有梨树，树上结满了黄灿灿的香梨，行人纷纷争抢着上去采摘着吃，唯独许衡坐在树下神态自若。人们觉得奇怪，便问他为何不吃。许衡答道："这梨树不属于我，因此不可以随便去吃。"人们说："这世道这么乱，这种路边的梨树哪里有主人？"许衡说："梨无主，吾心独无主乎？"意思是说，梨没有主人，我的心难道也没有主人吗？许衡就是这样通过身体力行的坚守和努力来维护他所看重的礼义道德。

许衡酷爱读书，而且记忆力极好，逐渐成为一个学富五车、知识渊博的大儒。许衡的可贵之处不仅是因为他学识渊博，而在于"慨然以道为己任"。通俗地说，就是他心里有了想法，有了原则，他首先会亲自去实践，往往必须先自己做到，

才会向别人和社会推广。中统元年（1260）年，忽必烈当了皇帝，马上就把早已闻名天下的许衡召到身边，准备加以重用。

忽必烈虽然生长于北方草原，但对中原汉地的儒学非常感兴趣。于是，忽必烈很快任命许衡为集贤大学士，并兼任国子祭酒。然后，忽必烈选了一批蒙古贵族子弟跟着他学习。许衡因为受到忽必烈的礼遇而倍感欣慰，决定倾其所学为新王朝培育优秀的文化人。于是他马上四处联络，把自己的门生弟子全部找来，总共12个人，其中就有后来也非常有名的士人耶律有尚、姚燧等。新的儒家教育团体就这样形成了，许衡多年如一日的发挥着教化新王朝的作用。

此外，还有一件事值得一提。与许衡同时代有一个著名的水利专家，他叫郭守敬。一提起他，人们往往马上就会想到闻名中外的《授时历》。其实，《授时历》并非是郭守敬一人完成，本部历法和许衡还有很大的关系。

1276 年，忽必烈命王恂、郭守敬等人修订历法，结果王恂却说：

金龙饰件（元代）

话说元朝

HSYC

"如今的这些历法家，徒具虚名，很少有真才实学的人，多数都弄不了这个新历法。要说有真本事的人，那还是非许衡莫属。所以说，我们现在要是修订新历法，必须得跟许衡先生商量。"忽必烈同意了他的建议，许衡于是参与制定了中国历史上使用时间最长的这部历法。所以，许衡在制定《授时历》这件事上是功不可没的。《授时历》完成后不久，许衡由于思虑过度，身心交瘁，于 1281 年 3 月 2 日病故，终年 73 岁。

当时的许多学者听到许衡去世的消息之后，都聚在一起哀声痛哭，还有一些更加虔诚的人，不远千里奔赴许衡的墓前吊丧。一代梦想教化的大儒许衡就这样去了，可是他的品德言行却为后人大加推崇，后人把许衡赞誉为"元朝第一人"。在当时的社会环境下，他特立独行、敢于担当，最终为推动历史的发展和社会文明的进步，发挥了独一无二的作用。

元代历法书《钦定授时通考》

◎ 谢枋得绝食明志

1289 年的一个冬日，此时南宋已经灭亡 10 年，曾与文天祥一起被视作南宋历史上两座爱国主义精神高峰的著名诗人谢枋得，拒绝了元朝的橄榄枝后，在大都悯忠寺（今北京法源寺）以绝食、绝言五天的特殊方式从容自尽。

谢枋得，南宋信州弋阳（今上饶弋阳县）人。他的父亲谢应琇因为冒犯朝廷高官而被冤枉致死，谢枋得由母亲桂氏抚养长大。他天资聪慧，每次看书，一目十行，看过终生不忘。据说谢枋得长相奇异，其左目重瞳，脑壳隆起，大口长髯，而身高则不足五尺，为人豪爽，性子耿直，与别人论及古今治乱及国家大事时，都会掀起胡子，抵着几案，神情异常激动。谢枋得青少年时，正值南宋积贫积弱之非常时期，他以"忠义"为己任，忧国忧民，希望将来能够金榜题名，为国效力。

立粉高足杯（元代）

1256 年，30 岁的谢枋得赴临安（今杭州）参加殿试，与文天祥同时考中进士。但是，因为在殿试中，就政事、经义等设问的对策中，他直率地当殿揭露"民穷、兵弱、财匮、士大夫无耻"的时弊，并直言"权奸误国，必亡赵氏"，把矛头直指当时的右相兼枢密使的董槐和宋理宗的贴身内侍、人称"董阎罗"的宦官董宋臣，最后被宋理宗贬到"二甲第一名"，任命他为掌户籍、赋税、仓库交纳等事的抚州司户参军。但他没有赴任，选择弃官回家。

南宋每年都要举行一次教官考试，规定凡进士出身的人依次考经义、诗赋两场，考中后则可被任命为各州学的教授。谢枋得在家赋闲了一年，于宝祐五年参加了教官考试，中了兼经科，朝廷委任他为福建建宁府教授。但由于一些原因，谢枋得这次又没有赴任。

第二年，蒙古军兵分三路，大举进攻南宋。很快，兵锋逼近信州。此时，闲居的谢枋得挺身而出，说服当地邓、傅二姓所属二社各大家捐资抗敌，保卫家乡。谢枋得的妻子李氏全力支持丈夫，毅然将家产妆奁资助军费。朝廷任命 79 岁的抗金名将赵葵为江东西宣抚使，命他节制调遣饶、信、袁、临江、抚、吉、隆兴各州府的官军、民兵。赵葵到江东后，看到谢枋得等已经做好了战备工作，十分欣喜，便请他干办公事，并拨给军粮和10万贯军费。谢枋得用这些钱粮和当地人民的捐助，共招募民兵1万多人，守卫饶、信、抚三州。不久，赵葵又报请朝廷批准，封谢枋得为礼兵部架阁。当时，丞相兼枢密使贾似道奉行投降政策，卑躬屈膝地向蒙古军求和。由于蒙古大汗蒙哥刚死，为了返回争夺大汗之位，忽必烈接受了贾似道的求和条件，撤军北返。蒙古军队刚刚撤离，贾似道就诬陷各地的领军将领贪污军费，逼迫他们填补亏空的军费，而这些军费却被贾似道中饱私囊。谢枋得对贾似道的所作所为极为愤慨。

1264年九月，江南东路漕司（宋朝转运司的简称，又称漕台）要在宣城和建康举行乡试，39岁的谢枋得因曾是建宁府教授，被任命为乡试考官。谢枋得有感于朝廷的腐败和权相贾似道祸国殃民的恶行，以指责贾似道的政事为试卷内容，说："兵一定至，国家一定亡。"共提出了10个问题要求考生作答。这就是著名的《江东十问》。考试结束后，江南东路转运使陆景思立即派人将一份试题原件送给贾似道。贾勃然大怒，立即指使

亲信以谢枋得居乡不守法纪、起兵时冒领军资钱粮、诽谤朝廷重臣为由向宋理宗弹劾谢枋得。不久，宋理宗下诏削去谢枋得礼兵部架阁的官衔，谪居江南西路

白釉罐（元代）

兴国军。他在兴国军待了3年多，直到3年后因朝廷宣布大赦，谢枋得才又回到弋阳老家。

1275年，元将伯颜率兵大举攻宋，贾似道先前祸国殃民的罪恶行径彻底暴露，朝廷罢免了贾似道，并发布了《谢枋得特授秘书省著作郎兼权司封郎诰》，命他为江东提刑、江西招谕使，负责召集溃军，守卫饶州和信州。翌年正月，元军进攻江东地区。谢枋得亲自率兵与元军展开了一场血战，终因孤军无援而失败，饶州和信州相继失守。临安失陷后，谢枋得又一次召集义兵，继续进行抗元斗争，但终因势单力薄而失败。由于元军的追捕，

谢枋得被迫隐姓埋名，弃家逃亡福建。

在弋阳，元军抓住了谢枋得的母亲，想用她为诱饵抓住谢枋得。

谢母说："老妇我今天应该死，我不应该教儿子读书、识礼仪，知道了'三纲五常'的做人道理，因此有今日因抗元而遭受的苦难。如果我不教他读书、识礼仪，他就不会知道'三纲五常'的做人道理，也就不会因为抗元而害我被抓。老妇我希望早早赴死！"她说话的时候从容不迫，毫无愁恨、悲叹之意。元军将领对她无可奈何，只得放了她。谢枋得的妻子李氏，携两子一女藏匿于贵溪山中，采草木而食，后遇到好心山民，稍有安定，又遇元兵追捕。为保全乡民性命，李氏挺身而出，谢枋得的儿子熙之、定之及弟弟、侄子、女儿、奴婢等也同时被捕，除了一个弟弟不久后死于信州，其余亲属全被押解至建康大牢之中。元军在狱中向李氏逼婚，李氏不屈，与女儿、奴婢为保节自缢；另一个弟弟与三个侄子都死于狱中；两个儿子被移往扬州狱

龙首柄银杯（元代）

中，后被释放。

谢枋得逃到福建后，曾长期流亡在建阳一带的荒山野岭之间，生活极其艰难。为了悼念已亡的故国，他每天穿着麻衣、草鞋，面向东方痛哭。他曾遍访武夷山、龙虎山等道教圣地，还号称"依斋易卦"，为人卜课算命，几乎成了游方道士。后来，有人认出了他，便把他请到家里，请他教授家中子弟读书。

元朝统一中国后，出于巩固统治的需要，开始招募汉族士大夫。由于谢枋得的名声和威望，很多人举荐他。因此，元朝政府曾先后5次派人来劝谢枋得出仕，但都被他用严词拒绝。并写了一篇《却聘书》："人莫不有一死，或重于泰山，或轻于鸿毛，若逼我降元，我必慷慨赴死，决不失志。"以此向世人昭示自己的态度。

1288年冬天，在天降瑞雪的一天，福建行省参政魏天佑奉朝廷的命令，强迫谢枋得北上大都。这时，谢枋得虽然外表形容枯瘦，但精神尚好，慷慨赋诗赠别亲友。从出发北上那天起，谢枋得就开始绝食，决心用饿死

话说元朝
HSYC

来表示抗拒。后来，有人说到了大都可以看见被元军俘虏的谢太后和宋恭帝后，因此为了能活着到大都，他才每天吃少量的蔬菜和水果维持生命。

他们在路上颠簸了近半年的时间才到大都。在馆驿，他问明谢太后的停葬之处和宋恭帝所在地的方向，痛哭跪拜，表示对故国的眷念，此举在大都引起震动。在馆驿他拒绝进食以至于生命垂危，被转移安置到悯忠寺。谢枋得住的那间屋子的墙上有一块纪念曹娥的碑。看过碑文后，谢枋得痛哭着说："一个年轻的女子都可以为父尽孝，我怎么能不为国殉难呢？"之后，再次进行绝食斗争。原南宋的左丞相、投降元朝担任尚书的留梦炎派医生拿了掺有米饭的药汤请他去喝，他怒骂："我想死，你还想要我活吗？"把药饭抛洒在地上，将药罐打翻摔在地上。四月初

大运河

元世祖忽必烈派郭守敬等人大修运河，打通南北水路，为南方米粮顺利送到大都提供便利。关于修运河的事，拉施特也有记载："在汗八里——大都，有一大河，从北面，从通往夏营地的道路所在之处的察卜赤牙勒境内流来。还有另一些河……从摩至那的京城，从行在，从剌桐以及其他地方到达汗八里。""合罕下令挖一条大运河，并且将上述那条河以及其他一些从哈喇沐涟流出，并静静地流经地区上诸城之河的水，放入其中。船可从汗八里航至行在和剌桐、忻都斯坦诸港湾和摩至那京城，期间为四十日途程。""当船到达这些坝的时候，无论它有多少货物，无论它有多么重，都是连船带货一起，用铰链举起来，放到坝的另一面的水上，使它继续航行。"

五，谢枋在绝食5天后，终于为南宋尽节，终年64岁，至死都没有投降成为元臣。

谢枋得死后，他的京师旧交备办衣衾棺椁，将他暂时葬于大都城的文明门外。元世祖忽必烈听说后，认为谢枋得忠勇可嘉，深受感动，下令把他的遗体送回原籍，为他举行隆重的葬礼。谢枋得的儿子谢定之遵照皇帝的命令，运送谢枋得的遗体返回信州老家，葬在故乡弋阳的玉亭龚原。他的学生们私下为他取谥号为"文

青铜牛（元代）

节"。因为谢枋得号叠山，所以北京至今仍保存有一座谢叠山祠，南昌也有一条叠山路。这都是为纪念谢枋得而建的。

◎ 孤独的汉臣——李璮叛乱

蒙古开始大规模攻金后，盘踞山东的各路豪杰纷纷趁势攻劫州县，反金自立。其中有一支军队，统帅叫李全，和他的妻子杨妙真一起率兵转战于鲁南、山东沿海岛屿数年。这支队伍先依附于宋，后又投降了蒙古。之后，他一面以"反正"之名向宋朝索要粮饷，一方面又不断给蒙古岁贡，势力越来越大。直到1231年，李全在攻打宋的江北重镇扬州时兵败，被追兵乱枪刺死。

李全死后，其子李璮不仅承袭了李全的益都行省之职，还继承了父亲的野心，继续拥军自重，伺机割据。

汉白玉门当（元代）

1259 年，蒙哥汗死于四川攻宋前线。"黄金家族"内部随即爆发了忽必烈、阿里不哥兄弟争夺汗位的战争。这一切被野心勃勃的李璮看在眼里，他认为自己的机会就要来了。利用这种形势，李璮一面进犯南宋，取海州等四城，一面积极加固益都城防，储存粮草，截留盐课，进一步巩固自己割据山东东路的地位与权益，对世祖政权的违抗态度越来越不加掩饰。

其实，在李璮真正举事以前，元朝廷就已经洞悉了他的动机。粘合南合和张宏等人，在李璮起兵前就向世祖进言，说李璮必反。然而，由于当时中原的守备空虚，元世祖只能对他专用安抚、姑息的政策。甚至还在1260年、1261年之间封李璮为江淮大都督，赐金、银符共60余枚，再三对其褒奖、安抚。1262初，作为质子的李璮的儿子李彦简逃归山东，李璮造反只是迟早的事。

李彦简逃走后，元世祖马上召见了谋臣姚枢，让他推测李璮的动向。姚枢推测，李璮起兵之后，有三种战略可供选择：一是趁世祖北征之时掀起战乱，控大海，袭燕地，固守居庸关，这是上策；其次是与宋联合，坚守自己地盘，不断侵扰蒙古边境，使朝廷疲于奔命，这是中策；如果李璮出兵济南，等待山东诸侯支援，那李璮就离死不远了。而且，姚枢断定李璮必定要选择下策。

1262年二月，李璮趁元世祖亲征漠北之时，起兵造反。然而，李璮没有审时度势、运筹帷幄的军事才能，他的部属，完全证实了姚枢的推测。他只是出兵济南，打出恢复宋室的旗号，然后坐待山东诸侯应援。

然而，李璮没有料到的是，辽金以来以宋为正朔的观念在北方早已淡漠，因此李璮恢复宋室的号召已经没有多少政治感召力。汉人世侯们亲眼看到了蒙古军队的作战能力，并且心里也都认同了诸侯之间实力均衡、互相牵制的形势，他们已经在内心满足于割据一方的实权和地位。李璮翘首等待的那些汉人世侯，不但没有支持他，反而在朝廷的督责之下带兵参加对他的围剿。他把成功的赌注完全压在了不切实际的空想上，期盼得到那些安于现状的诸侯的支援，只能是一步步走向死路。

常言道，兵贵神速，然而在李璮举事的最初十几天里，虽然也多次出击元军，但他总的战略意图还是主力固守济南，坐待北方世

立羊铁秤砣（元代）

侯的响应，以致十多天里竟然在军事上毫无进展，丧失了先机。就在李璮屯兵观望的时候，朝廷却迅速完成了围攻济南的军事部署。

四月，元朝派右丞相史天泽专征山东。史天泽接受军前行中书省参议宋子贞的建议，与前线统帅宗王合必赤商定，深沟高垒，打算拖垮李璮。五月中旬，济南被完全困死，从此李璮身陷孤城，只能奋力突围。

被困一个月后，济南城内李璮的

辽塔及宁昌路遗址

　　辽塔及元代宁昌路遗址位于赤峰市敖汉旗玛尼罕乡五十家子村西侧、孟克河西岸一级台地上。现存土筑城垣为长方形，南北长约250米，东西宽225米，其外还有一重城墙，边长约600米，在1974年农田基本建设大会战时均被夷为平地。现唯一保存完整的是在城内中轴线偏北耸立的一座辽代的砖砌佛塔。佛塔为八角形密檐空心式，塔檐十三级，塔座分4层，高34米，底边宽6米。

　　城址内出土了很多文物，有玻璃建筑构件和装饰件、"至大元宝"金币、元代银器等，最重要的发现是元代至正二年（1342）加封孔子制诏牌，诏牌刻有"宁昌路""宁昌县"的一些官员，由此可以证明，元代宁昌路即是五十家子城址。由于该城址及辽塔已收入《中国名录词典》，近年又确定这里属元代宁昌路即亦乞列恩部部长宇秃的封地，因此引起了学术界的重视。

军队士气逐渐低落。为了提高士气，李璮甚至在济南城中抓来无数女子赏给众将。然而没多久，城内粮饷即将断绝，于是李璮就让士兵到百姓家中吃饭，把百姓的存粮都吃光了。到六月，城里面所有的粮食都吃完了，无奈之下他们甚至把屋檐截下来拌盐喂马。当再无可吃的时候，就发生了人吃人的惨剧。士兵们为了活命，纷纷逃出城去。此时，李璮自己也日渐消沉。

　　六月二十日，济南城破。李璮亲手杀了爱妾，自己则乘船到大明湖湖心自杀。可笑的是，因为湖水太浅，李璮自杀未遂，反被元军抓获。审讯时，严忠范问李璮："你为什么起兵造反？"李璮却愤愤不平地质问："你多次与我相约一起起兵，为什么不来？"严忠范唯恐李璮再说出什么，慌忙刺李璮肋下一刀。史天泽问李璮："忽必烈有什么亏待你的？为什么你还要起兵？"李璮却说："你给我写信约我一起起兵，为什么背弃盟约呢？"史天泽令手下砍掉了李璮的双臂，又砍掉双足，开胸挖其心、割其肉之后才把他斩首。由此我们可以看到，朝廷中的很多汉臣之前都与李璮有所联络，不过在最后关头放弃了李璮，包括史天泽自己。于是他违反程序，在军前擅自处死了李璮。

　　对于李璮与汉地世侯们的私下交通，世祖忽必烈其实是十分清楚的。然而在汗位争端尚未完全解决的情况下，过分追究北方世侯与李璮之乱的关系，可

青铜蜡台（元代）

话说元朝

能会把他们逼得与朝廷公开对抗，这无疑会给政权带来更大的危害。因此，世祖很快就停止了追究，在政治上继续优待各地世侯，同时也充分利用他们害怕朝廷深究的自危心理，裁削私家权力，把这些专制一方的军阀变成中央集权的专制君主统治下的文武官僚。从中统三年起，元朝先后在北方旱地实施兵民分制、罢世侯、置牧守、行迁转法，易置汉人将领部署、将不善兵等制度。可以说，李璮之乱进一步促成了元世祖对华北各地统治的集权化进程。

◎飞扬跋扈的权臣——燕铁木儿

一个朝代的大权、皇帝的废立都掌握在一个勋贵、大臣的手里时，那么这个朝代离崩溃灭亡也就不远了。伯牙吾台·燕铁木儿在大元帝国就扮演了这样的角色，他从给海山（元武宗）当卫士开始，到拥立海山二儿子图帖睦尔（元文宗）为帝，毒害海山大儿子（元明宗），最后百般阻止妥璮帖睦尔（元顺帝）即位，他的权力通过与皇权的捆绑达到了巅峰，成为有元一代空前擅权的大奸臣。他死后，大元帝国在不到40年的时间里，就

烟消云散了。

燕铁木儿，生年不详，蒙古钦察部人。曾祖是钦察部的王子，后来在拔都西征时投降。祖父吐吐哈在忽必烈时期常年与北方诸叛王作战，立下赫赫战功。父亲床兀儿，元成宗和元武宗时期的名将，因为抵御窝阔台系宗王海都的叛乱有功，被封为句容郡王。燕铁木儿出生在这样的一个功劳显赫的贵族家庭，可以说是躺在祖、父的功劳簿上长大的。

1307年，元成宗去世，海山经过多方的努力以及各方的支持，登上帝位，是为元武宗。海山登上了权力的顶峰，燕铁木儿也进入了大元帝国的政治权力的中心，得以见识不同于战场上的"无形战争"。1311年，在燕铁木儿的仕途刚刚有起色的时候，他的靠山海山去世。因为海山的遗命，使元朝自海山以后的皇帝即位充满杀戮与鲜血，但也为燕铁木儿的政治生命的崛起提供了肥沃的土壤。

海山的弟弟爱育黎拔力八达（元仁宗）在海山的即位过程中做出了巨大的贡献。海山提出了他死后由弟弟即位，弟弟死后再传位给他儿子的办法。可是爱育黎拔力八达违背了海山原来的意愿，改由他的儿子硕德八剌（元英宗）即位。而硕德八剌并不感

龙纹琉璃滴水、瓦当（元代）

激太后和铁木迭儿的举荐，立志推行自己的施政抱负，并对擅权嚣张的铁木迭儿十分厌恶。在太后和铁木迭儿相继过世后，硕德八剌依然不放手，继续查处铁木迭儿集团的恶行，最终导致铁木迭儿集团残余势力的反噬，于1323年命丧南坡店。

燕铁木儿也非常痛恨爱育黎拔力八达不遵守协议，但是他此时职位不高，力量不够，不足以参与如此激烈的博弈。但他作为一个局外人，悄悄观察着其中发生的一切，更有前辈铁木迭儿的"榜样"在那，他决定依葫芦画瓢，让皇位重新回归到海山一脉的手中。

在硕德八剌突然命丧南坡后，燕铁木儿看到了帝位回归的希望，可是此时海山的两个儿子一个镇守云南，一个定居海南，远离王都，来不及回归。晋王也孙铁木儿（泰定帝）因为

离大都比较近，加之"南坡之变"前就知道了消息，所以在"南坡之变"发生后，他迅速登顶。燕铁木儿无比失望，只能继续等待机会。

1328年，也孙铁木儿在上都病逝，蛰伏已久的燕铁木儿决定采取行动，不让帝位再一次流失。燕铁木儿用他掌控的大都城防力量迅速控制留守的大臣，同时派出一部分人去上都，企图在两地同时发生兵变。但是也孙铁木儿留在上都的势力很快就消灭了燕铁木儿派去上都的人员。不得已，为了尽快占有名分，"就近原则"再一次被利用，离大都比较近的海山的二儿子图帖睦尔登上帝位，是为元文宗。而拥护也孙铁木儿一脉的人也在上都拥立阿速吉八（也孙帖木儿之子）上位，是为天顺帝。此时的大元帝国出现了国有二主、两都对峙的局面。虽然在对峙初期上都方面占据了优势，

话说元朝

HSYC

可是好景不长，燕铁木儿以其杰出的军事才能弥补了大都方面的不足，上都方面很快败亡，就连天顺帝最后也不知所踪。

大都方面获得了胜利也就意味着燕铁木儿获得了胜利，拥立新帝的功劳及保皇的成功给他带来了无上的荣耀。封王、拜相，一时间，权力达到了极致，风光无限。正当燕铁木儿得意高兴的时候，图帖睦尔想起了他的哥哥，也就是海山的大儿子和世琜，当初的"就近原则"只是权宜之计，因为哥哥尚在云南，不便立即就位。

现在天下稳定了，图帖睦尔就想把皇位让给他哥哥。不过谁能想到，这场让位的"闹剧"实际上是个天大的阴谋，是堵天下人的悠悠之口，试想，谁又能让到手的权力再从手中溜走呢？若果图帖睦尔尚且顾念一丝兄弟之情，那么燕铁木儿则完全没有顾虑，他所要考虑的只是他的权力不被剥夺。可怜的和世琜此时还陶醉在即将即位的喜悦中，他根本不知道一扇通向不归路的大门正向他缓缓敞开。

1329年，图帖睦尔让位于和世琜。然而几个月后，和世琜暴卒，图帖睦

汉白玉石人（元代）

嚣张跋扈可见一斑。图帖睦尔在他面前就是一个傀儡，一个拿着玉玺准备随时听命往下印的代言人。

1333年，荒淫无度的燕铁木儿为他的行为付出了代价，美女无数的后

木怜道

木怜道是蒙元时期一条行经大漠南北的主要驿道。木怜道的行经路线大致是经兴和路过大同路北境，由丰州西北甸城谷出天山（今内蒙古大青山），经净州、出砂井，入"川"（沙漠之意），接岭北驿道。今内蒙古乌兰察布市境内的古城址大都在这条线上，这条线路基本上是唐代的线路。

尔再次复位。他不仅实现了他之前让位的"诺言"，而且皇位又一次回到自己的手中，一切似乎都还和几个月之前一样，唯一的不同是他大哥和世㻋，用生命践行他的"诺言"。燕铁木儿凭借着再次拥立的功劳，光宗耀祖。曾祖、祖父、父亲都被追封为王，他自己也被封为此时大元帝国的唯一丞相（元建立后，历朝丞相都是分左、右设置）。

燕铁木儿通过拥立皇帝、毒杀皇帝达到了权力的巅峰，相权的高度集中，必然导致皇权的衰落。他以一个大臣的身份强娶泰定帝的妃子，皇室、皇族中的公主有40多人成为他妻妾。在大都皇宫，他如履平地，仿佛在自己的后花园。就连文宗临死前的遗命他也胡乱篡改，百般阻挠，致使妥欢帖睦尔登基之路充满着艰辛与坎坷，燕铁木儿

卵白釉戏球狮（元代）

宫成了他最终丧命之地。海山顾念亲情而导致的皇位继承的混乱无序，因燕铁木儿的横插一脚变得更加血腥，也使得本就风雨飘摇的大元帝国迅速走向灭亡。可以说燕铁木儿是汲取大元帝国或者大元皇室的血来满足自己欲壑难填的权力欲，辉煌自己，毁灭国家。

◎汉军拔都——张柔

张柔，易州定兴人，出身田垄，凭功劳获封高官显爵。其九子张弘范，在剿灭南宋的过程中步步紧逼，崖山一役，一举成为元朝的不世功臣。《元史·张柔传》中记载："柔少慷慨，尚气节，善骑射，以豪侠称。"1214年，金宣宗完颜珣因为极度害怕蒙古势力，决定迁都汴京（今河南开封），河北成了权力真空地带，盗贼四起。张柔聚族党数千家自卫并发展成一支实力强大的地方武装。张柔后被金朝所笼络，先后任定兴令、永定军节度使等职。此间金中都经略使苗道润对张柔颇有知遇之恩。1218年六月，苗道润为部下贾瑀所杀，张柔檄召苗氏部曲于易州军市川集会，"誓众为之复仇，众皆感泣"。最终，俘贾瑀于孔山，生剖其心祭道

润。其间蒙古大军进入紫荆关，张柔率军迎战，马蹶被执，遂以众降，仍受任旧职，得以便宜行事。

此后，张柔作为蒙古大将开始了他南征北战的一生。1218年冬，张柔徙治满城。金真定帅武仙会兵数万来攻，张柔大军不在，帐下仅数百人，竟以老弱妇女登城虚张声势，亲率壮士出敌后大破攻城金军，并乘胜攻克完州。1219年春，张柔进而攻拔祁州、曲阳等。后来中山叛，柔引兵围之，与武仙将葛铁仓战于新乐。流矢中柔额，折其二齿，拔矢以战，斩首数千级。在这两次小小的攻防战中，尽显张柔乃有勇有谋之本色。后张柔继续征战四方。

1227年，张柔移镇保州。《元史·张柔传》记载

鎏金錾花木马鞍（元代）

"保自兵火之余，荒废者十五年，盗出没其间。柔为之画市井，定民居，置官廨，引泉入城，疏沟渠以泻卑湿，通商惠工，遂致殷富。迁庙学于城东南，增其旧制"。该地经张柔多年治理，于 1241 年升为顺天府，成为河朔地区的中心城市。可以说张柔为后人留下一座文化名城——保定。

1232 年，张柔参加伐金，互有攻防，立下不少功劳。1233 年，金哀宗奔睢阳（今河南商丘），"崔立以汴京降，张柔入城，于金帛一无所取，唯独进入史馆，取走《金实录》并秘府图书，并访求耆德及燕赵故族十余人卫送北归"。他此次行为堪与汉萧何并称，正是他保护《金实录》的行为，使得元王朝仅用了一年多的时间就完成了《金史》的撰述，使得后人能较完整地了解金朝的情况。接着围睢阳，破汝南，于战俘中救下金朝最后一位状元王鄂，"解其缚，宾礼之"，并将其送回保州，留于幕府之中。王鄂于 1244 年被忽必烈召至藩邸，后进入翰林院，前后 10 年间，忽必烈的重大诰命、典册，皆出其手，他参与了《太祖实录》的编纂及辽、金二史的修订。张柔招募的幕僚中也能人辈出，如乐夔、敬铉、郝经，尤

其是郝经于 1256 年到达金莲川，成为忽必烈的重要谋臣。

1234 年，灭金后，张柔入朝，窝阔台历数其战功，赐金虎符，升万户。第二年，蒙古开始大举伐宋，历经窝阔台、蒙哥、忽必烈，张柔一直活跃在攻宋的第一线。1239 年，张柔奉命以本官节制河南诸翼兵马征行事，河南 30 余城均属他管辖。在此后近 20 年间，他为蒙古守卫今河南南部与安徽西北部的防线，并不时出击威胁宋军。

1259 年，张柔跟随忽必烈参加了鄂州之战，率军攻最险要的虎头关，先与宋军战于沙窝（今河南商城西南），其子张弘彦将宋军击败，继而破守关宋兵，后由于蒙哥汗身亡，忽必烈返回争夺汗位，命张柔统率蒙古、汉军以俟后命。第二年他奉诏班师，

青釉印花花口盘（元代）

而后"阿里不哥反，世祖北征，诏柔入卫，至庐朐河，有诏止之。分其兵三千五百卫京师，以子弘庆为质"。虽入质、助军属于汉族世侯应向蒙廷应尽的六项义务，但可以看出汉族世侯只是蒙元朝廷内外征伐的工具，其势力实际一直受到朝廷的牵制。

1266年，加张柔荣禄大夫，主持大都的城建。元大都堪称中国建筑史上的奇迹，马可·波罗在他的《马可·波罗行记》中写道："城里满是壮丽的宫殿以及为数众多的巨大而漂亮的房屋。……全城的格状街道有如棋盘，布局如此完美和精巧，想给以恰如其分的描写，是不可能的。"

纵观蒙元历史，蒙古军能从漠北进入河北地区乃至广大中原地区，从而伐金灭宋，建立大一统的元朝，汉人世侯起关键作用，而其中河北世侯

张柔、史天泽、董俊功不可没，又同被称为"拔都"（汉语为英雄）。据载，后来忽必烈曾说："史徒以筹议，不如张氏百战之立功也。"蒙古族是马上民族，生来征战四方，能得忽必烈肯定为百战之立功，张柔足以彪炳千古。

从海盗到海运之王——朱清、张瑄

朱清、张瑄是宋末元初著名的海盗，也是元朝海运的开创者。正是由于他们对元朝海运事业的发展做出了杰出的贡献，才能载入史册。

朱清是扬州崇明人。南宋末年，因生计所迫，朱清的母亲与亲族十余户捆绑芦草做屋子，终日漂浮江河，以打鱼为生。张瑄，平江嘉定人，父亲早逝，幼时与母亲乞讨为生，长大后却生的"丰姿魁岸，膂力过人"。虽长了副好皮相，但张瑄却喜好饮酒和赌博，乡邻以"恶少年"视之。朱清因贩私盐与张瑄认识，并结为兄弟。二人因为贩私盐被逮捕囚于平江军狱。后因别人求情，提刑洪起畏释放了他们，并教谕他们说："今中原大乱，汝辈皆健儿，当为国家立恢复之功。"出牢后，二人

金马鞍饰件（元代）

話說元朝

HSYC

旋即当了海盗。据史书记载，朱、张二人在做海盗的时，"劫富济贫"，颇受贫苦大众的拥护。因为被官府通缉，于是携老带幼到胶州投降了正在攻打南宋的蒙古军。忽必烈授二人为管军千户。

后来，丞相伯颜以大军逼近临安，朱清、张瑄率领部下从征。蒙古大军抵达江南一带，因淮东地区仍被宋将把守，无法取道运河而北上大都。于是伯颜派朱清、张瑄等人，从崇明州由海运至直沽（今天津境内），然后由陆路转往大都。朱清、张瑄二人在海上漂泊多年，熟悉沿海的地形，顺利开辟了由东南长江入海口到渤海湾的海路航线。这一创举在中国史上具有划时代的意义。

其后，忽必烈听取了朱清、张瑄的奏议，创行海运，将南北物资交通线从运河移至海上，并且任命朱清任海道运粮万户，张瑄任海运千户。在元军南下征伐的系列战争中，大军的粮饷主要通过海上运输，极大地节省了人力和物力。此外，起于朔漠的元朝统治者将大一统国家的首都定在了靠近草原的大都，北方成为元朝的政治中心。但当时中国的经济中心已南移，因此需要将大量钱粮财帛由江南地区运往北方。本来隋朝以后，这种

南北间的大宗物资运输主要依靠运河水路来完成。元初，因连年战乱，运河已经堤崩坝溃，许多地段已堵塞多年，若贯通疏浚，耗费巨大。而恰巧当时朱清、张瑄二人开辟了海路，于是历史选择了后者。海运相较于运河风险很大，再加上技术条件的限制，稍有闪失，结果便是船毁人亡，但因为依靠季风和洋流策动大船行驶，可以节约人力、物力。此后，经过几十年的发展，海运逐渐成熟，元朝的南北交通主要依靠海运，这对巩固我们多民族国家的发展具有积极意义。

因功勋卓越，朝廷授予朱清授资善大夫、河南行省参知政事，后升迁行省左丞，赐玉带。张瑄也累次升迁至左丞。后来朱清、张瑄举家迁徙至太仓。太仓本为昆山惠安乡之属地，不满百家。朱清、张瑄营建

白釉铁锈花盆（元代）

宅第，开海道通于直沽，粮艘商舶云集于市。两家子弟，佩金符者百余人，蕃夷珍货、文犀、翠羽充斥于府库之内，富贵赫奕，为东南之冠。 但极盛而衰，1303年，朱清、张瑄被人诬告谋反。朱清叹曰："我世祖旧臣，宠渥逾众，岂从叛逆？不过新进宰相图我家资，欲以危法中我耳。"朱清气愤不过，以首触石而死，时年67岁。张瑄则与其子被判弃市。

从1285年开始，朱清、张瑄及其子孙一直致力于元代海运事业的发展。元代海运的开拓，进一步加强了中国南北的沟通和交流。从微观角度来看，他们移居太仓，促进了太仓地区的发展，使得太仓成为当时天下第一都会，促进了元朝对外贸易的兴盛。最后，海运事业的发展也在客观上推动了造船技术的进步，是世界航海史的重要组成部分。

朱清，张瑄虽然出身微贱，又做了不少"乘舟掠海上"的强盗的行径，为世人所诟病，但是他们开拓元代海运的功绩值得载入史册。

一代名儒蕃地来——廉希宪

元朝兴起后，促进了各少数民族与汉族之间的文化交流，各少数民族都不同程度受到了中原先进文化的影响，其中就出现了一批相当优秀的熟知儒家文化的少数民族知识分子，维吾尔族的名臣廉希宪就是一个代表人物，他因博学、忠诚和清廉流芳千古。

廉希宪的父亲布鲁海牙投靠成吉思汗后一直忠心耿耿，执法公正，功劳卓著，死后追封为魏国公。1231年，

三足火盆（元代）

〉应昌城〈

应昌城位于今赤峰市克什克腾旗达里诺尔湖西南约2千米处。应昌府是元代蒙古族弘吉剌部的驻冬之地，1270年，斡罗臣与囊家真公主曾一起向朝廷请求在答儿海子（今内蒙古赤峰市克什克腾旗达里诺尔湖）建立城邑。囊家真公主为世祖忽必烈之女。因此应昌城的兴筑，得到了元朝政府的批准和大力支持，建成后赐名为应昌府。后来在明朝军队不断的进攻下，北元势力被迫退至漠北蒙古高原，应昌城也因此逐渐被废弃。1957年，李逸友先生率领考古队考查了应昌古城。

布鲁海牙被任命为燕南诸路肃政廉访使，即主管司法刑狱和官史考科的长官。任命的当天，次子希宪出生，他非常高兴，对家人说："古时候有人用官职为姓氏，上天大概是要我以'廉'字为宗族的姓吧。"从此，他的子孙便用"廉"为姓。

廉希宪从小就喜欢读经史，且十分刻苦，稍长便以博学多才闻名。忽必烈听说后将其召入藩邸为臣。进入忽必烈的府第后，廉希宪仍然手不释卷。一天，他正在专心读《孟子》，

白釉盖托（元代）

忽必烈派人来传唤，于是廉希贤揣着书前往觐见。忽必烈见他手拿《孟子》，便问书中内容为何。廉希贤便将孟子的人性本善、仁义爱国等思想讲给忽必烈听。忽必烈听后很高兴，对他赞不绝口："真是一个廉孟子啊！"从此，廉希宪就以"廉孟子"闻名天下。

关于廉希宪还流传着这样一个故事：廉希宪生平最敬重读书人。他官居中书平章政事时，中书左丞刘整登门拜访，但他对行伍出身的刘整一脸鄙夷，竟然没有招呼入座。刘整离开后，有个衣着破旧的南宋秀才拿着诗文求见，廉希宪很客气地请秀才入座，与他谈论诗书典籍，像老朋友那样关心他的生活饮食。

事后，弟弟廉希贡问道："刘整是大官，你对他不客气；秀才不过是个清寒的读书人，你却待他那样热情。这是为什么呢？"廉希宪回答说："这不是你所能了解的。大臣的举止进退，关系到天下国家。刘整官位虽尊贵，却是背叛君主来归顺的。南宋秀才

并没有罪过，没有必要让他难堪。我大元起于朔漠，若不能善待文人，恐怕儒学要失传。"

1260年，忽必烈继承了蒙古汗位，升廉希贤为京兆道宣抚使，两年后迁至中书省平章事。廉希宪为官清廉，政绩卓著，而且对忽必烈忠心耿耿。廉希宪曾经因释放被诬陷入狱的尼赞马丁一事，惹恼了忽必烈，被罢免了官职。忽必烈怒气平息后，向侍臣询问廉希宪的近况。一向忌恨廉希宪的阿合马害怕廉希宪东山再起，于己不利，就趁机诬陷廉希宪整天花天酒地。忽必烈听了非常生气说："胡说！希宪清贫廉洁，人人皆知，拿什么吃喝？"不久，忽必烈就重新起用廉希宪镇抚辽东。

后来，廉希宪到新平定的长江重镇江陵去做行省长官。他为了安抚地方，专门下令：凡是杀害俘虏者一律按杀害平民治罪；开掘城外御敌之水，灌溉良田数万亩，分给贫民耕种；发放粮食，救济饥民。在江南地方秩序初定后，廉希宪又大力兴办学校，他还亲自讲课，训导激励学生学以报国。因廉希贤治理有方，江南逐渐恢复了生机，因此远在西南地区的少数民族首领和重庆等地的宋将都闻风来降。忽必烈得知消息后感慨地对侍臣说：

青铜双耳赏瓶（元代）

"先朝用兵不能得地，现在廉希宪不用一兵却让几千里外的人奉送土地，'廉孟子'不虚其名啊！"

廉希宪虽然做到了宰相，但始终保持着清廉作风，俸禄之外从没有贪私之物，走到哪里都是随身带着一张琴和几箱书。归顺元朝的南宋将官都带着很多金银去见元朝的地方长官，廉希宪对此深恶痛绝。他向送礼的人说："你们送的东西，如果是自己的，我收了便是不义；如果是公家的，你们拿来送礼，就是盗窃国财，我收了便是贪赃；如果是从百姓那里搜刮来的，就要罪加一等了。"说得送礼的人无地自容，惭愧得不知说什么好。

1277 年，廉希宪被召回京，江陵百姓拦路哭送，后来又建立祠堂纪念他。回到北京后，他随身携带的东西仍然是琴和书。回京两年之后，廉希宪病重，皇太子真金派人去探望，并请教治国之道。廉希宪请求太子劝谏皇上赶快除去贪赃误国的阿合马一伙，以免后患无穷，祸及国家。身为忠臣廉吏，廉希宪对专权纳贿、肆意掠夺民产的阿合马一直心存戒备，恨自己不能为国锄奸。

临终时，廉希宪仍然不忘叮嘱儿孙谨守忠诚清廉之道："你们知道狄梁公吧，梁公有大节殊勋，但儿子却

青花鸳鸯水草纹碟（元代）

玷污了他的清名，你们要谨记为戒！"狄梁公即唐朝名相狄仁杰，死后其子贪暴，百姓愤而毁了狄仁杰的生祠。廉希宪的六个儿子都时刻遵守父亲的遗训，为将为相都能清廉自守。

1280 年，廉希宪在上都病故，享年 49 岁，可以说是英年早逝。1304 年，追封廉希宪为魏国公，赠清忠粹德功臣、恒阳王等荣誉称号，谥号为"文正"。

这个谥号是对大臣的最高评价，历史上得到这个谥号的人很少。廉希宪一生勤奋好学，忠于职守，深察民间疾苦，并致力于除暴安良，为百姓做了很多好事，一直为后人所称颂和赞扬。

圆议连署民主议政

从额济纳旗黑城遗址出土的文书

中，发现了元代地方官长期执行"圆议连署"民主议政制度。一直到1371年还有文书记录。此时，距元朝结束已有3年。额济纳旗黑城遗址为元代亦集乃路旧址，考古学家通过黑城出土文书得知，亦集乃路设主官达鲁花赤1员（三品），总管1员（三品）、同知1员（四品）等，还设有经历、知事、照磨具体负责拟写官文初稿，提供会议决策。在亦集乃路还设有办事员8人。再往下，还有儒学教授司、蒙古字学教授司、医学教授司、阴阳学教授司、司狱、交钞、仓库、税务、药局等教育、民政、司法、税务、医疗部门的具体负责官员。

按照《元典章·圆坐署事》的规定，元代路、府、州、县各级官员，要"每日早聚圆坐，参议词讼，理会公事"；各级"应有大小公事，官员别无差故，自上至下，须要圆书画押"；"自达鲁花赤、总管以至推官，皆可联衔署书"。

黑城出土的"司吏崔文玉强夺驱口案卷"记

> **十恶**
>
> 十恶为刑法术语，为十种重大罪名，即谋反、谋大逆、谋叛、恶逆、不道、大不敬、不孝、不睦、不义、内乱。隋《开皇律》最早提出，凡触犯者皆从严惩治，不予赦免。以后历代相沿，成为定制。元朝时期重申了这个规定。通常我们所说"十恶不赦"就是指的这个意思。

录了1371年，亦集乃路的达鲁花赤召集总管、同知、治中、判官等官员，按照"圆议连署"办公制度。在一位闫姓推官办理下，由各位官员自上至下，逐一圆书画押，按律处理了"司吏崔文玉强夺驱口案"。

"四方之士，荟萃于一府，相与共理官政，上下其议论，赞画其谋猷，相资以德，相尚以义。"这是元代文人杨翙对地方官府"圆议连署"制度的具体描写。

为了加强出勤考核管理，元代各路大小官员"每日必须早聚"，"至未时方散"，"禁止日高聚会，未午休衙"。其间因公出请假不能出席"圆议连署"会议的

玉佩饰（元代）

要在官文上注明原因。

"圆议连署"会议制度使得达鲁花赤、总管、推官等高级官员，必须与其他下级官员集体会议决策，具有蒙古早期的军事民主忽里勒台大会的遗风，至今依然有借鉴意义。

◉ 元代人民的反抗

元代，蒙古族人民与中原人民一起缔造了祖国的光辉历史和灿烂文化，同时也和全国人民一起共同反抗了蒙汉反动统治阶级的联合统治。如早在忽必烈至元年间，长江上游及珠江下游地区人民揭竿而起，反抗元朝统治时，蒙古草原也发生应昌部珠尔噶岱（只儿瓦台）的"构乱"。在杭海，别失八喇哈等地也相继发生起义。元朝中叶，当中原人民前仆后继武装斗争正向纵深发展的时候，蒙古族军民也在全国各地展开了斗争。如 1312 年，河北沧州人阿失歹尔、睹海、塔海等蒙古族人，射死压迫剥削他们的田主许大，举起了反抗元

朝统治的义旗，得到了广大人民的响应，射伤、杀死了前来镇压他们的官兵，转战拒敌，"南抵黄河，回到山东，北至大宁"，成为元朝中叶震动北方的一次声势较大的起义。仁宗延祐年间，岭北贫困的"戍士"和晋王也孙铁木儿的部民也因饥寒交迫，"相挺为变"。1329 年，山西岚、管、临三州蒙古主公八剌马、忽都火者的领地也有人民群众的反抗斗争。1330 年三月，诸王也孙台部 700 余人在天山县（今内蒙乌兰察布市四子王旗）起义。至顺二年，云南蒙古军及哈喇章、罗罗斯同时"叛乱"。1347 年，八邻部内哈喇那海、秃鲁和伯人民发动起义，一举截断了岭北行省的驿道，给元朝统治阶级以沉重的打击。

1351 年，以韩林儿为首的红巾军起义爆发。第二年，兀鲁兀台、忙兀、札剌儿、弘吉剌、亦乞烈思等蒙古部人也相应而起。至正十三年，金山一带也发生暴动，打死诸王只儿哈郎。当关先生、破头潘所领导的红巾军从山西向塞外草原

酱釉罐（元代）

挺进时，大青山后汪古部领地内也发生反抗赵王统治的起义。蒙古族人民与全国各地各族人民一起，共同为推翻蒙汉各族统治阶级进行了相互呼应的斗争。

政治统治专题之——元朝的民族政策

元朝继秦汉、隋唐之后，又一次在中国古代实现了大一统局面，但不同于以往的是元朝统治者是以游牧的蒙古民族入主中原，其政权的特点不同于汉族王朝，所采取的各项政策亦异于前代，尤其是在民族政策方面，更具有自己的特色和方式。

成吉思汗建立大蒙古国后，把统治中心迁到漠北的哈喇和林一带，直至蒙哥汗时期，大蒙古国均以哈喇和林为统治中心。漠南地区的阴山以北有世代居住的汪古部。1214年，成吉思汗又将新占领的金国土地分封给札剌亦儿、兀鲁兀、忙兀、弘吉剌、亦乞列思等五投下和他的弟侄。灭西夏后，原属西夏的河西地区相继被分赐给蒙古诸王，蒙古牧民相继南迁进入河西。1271年，忽必烈建立元朝，定都上都和大都，确立两都制。1307年，立和林等处行中书省，后改为岭北等

❀ 中统宝钞 ❀

蒙古进入中原以来，各地发行地方性纸币以通贸易。成吉思汗二十二年（1227年），何实在博州（今山东聊城）印行会子，窝阔台汗八年（1236年），蒙古发行交钞，全境通用。以后各地方政府仍自印纸币。中统元年（1260年）忽必烈即位之初，开始由中央政府统一发行纸币。七月，发行交钞，以丝为本。十月，又造中统元宝钞，简称中统宝钞、中统钞、宝钞。不限年月，通行诸道，可以用宝钞交纳赋税。钞面以文贯为识，有9种面额。

处行中书省，漠北成为元朝政府统辖下的地方行政区域。漠北地区西北有八阿邻部、吉利吉思诸部，东北贝加尔湖周围的豁里、秃马惕、不里牙惕、巴剌忽诸部以及石勒喀河至额尔古纳河一带蒙古宗王哈撒儿的封地。可见，元代北方地区的主体民族是蒙古族。除此以外，尚有各种色目人、汉人、契丹人、女真人和唐兀人等。另外，今天我国西南藏族聚居区，元代时统称为"吐蕃之地"，居民主要以藏族为主，自蒙古统治者引进藏传佛教以后，蒙藏两族人民的关系往来逐渐频繁，许多藏族高僧入仕元朝政府。

大蒙古国时期，蒙古族统治者在南下一统中原的进程中，曾经在如何对待中原和北边蒙古高原各族关系的问题上存在着两种截然不同的看法。

究竟如何统治内地，这是摆在君临中原的蒙古统治者们面前的重大问题，是保留内地原有的社会经济，还是像别迭等人所说的"汉人无补于国，可悉空其人以为牧地"，这个问题到了忽必烈时，显得更加突出。

1251年，忽必烈受命总领漠南军国重事以后，他所统治的地区主要是汉地，统治的民族主要是汉族。他所依靠的物质力量，主要也是中原发达的传统农业经济。因此，他接受了蒙哥的任命，马上南驻爪忽都之地。爪忽都，即札忽惕，在当时指汉人、契丹人和女真人居住的地区，亦即《圣武亲征录》所谓"札阿绀孛居汉塞之间"，也就是漠南上都河流域的金莲川草原，即元初之开平，在今内蒙古自治区正蓝旗境内。这里北连朔漠，南接中原，"展亲会朝，兹为道里得中"。忽必烈选择这里作为他的潜邸，大开藩府，广招蒙、汉贤才，探求治国平天下之道。他任贤使能，依靠这些人治理漠南汉地。当时

铁斧头（元代）

"汉地不治"，尤其是邢州、河南、陕西皆不治之甚者。他针对具体情况，派遣张耕、刘肃等人在邢州（今河北邢台），史天泽、赵璧等人在河南试行改革，都收到了显著的效果。这使忽必烈坚定了依靠汉族知识分子用汉法、治汉民的决心。汉族士人中的董文炳、史天泽、张柔及其子张弘范等都成了他手下的重要军事将领，在争夺汗位、铲除异己、灭亡南宋等方面都发挥了重要的作用。

当忽必烈奉命南下，攻取云南时，一反以往蒙古统治者屠戮生灵、毁践农田的行径，明令禁止毁城屠邑和破坏农业生产。他规定，凡是所俘获的军民都要将其释放，"或妄杀人，虽大将亦罪之"，认为出征目的在于获取土地和人民，使百姓安心务农。因此，在进攻南宋时，蒙古军队"不欲渡江，既渡江，不欲攻城，既攻城，不欲并命，不焚庐舍，不伤人民，不易其衣冠，不毁其坟墓，

三百里外不使侵掠"。入宋境后，忽必烈亦曾"分命诸将毋妄杀，毋焚人室庐，所获生口悉纵之"。抛开史书记载的溢美之嫌，与成吉思汗南下伐金初期相比，确有明显的不同。这使得汉族士人拥护忽必烈，赞其"甚得夷夏之心，有汉唐英主之风"，为用夏变夷之贤主，承认其为中国之主。这在一定程度上缓和了蒙汉民族关系，长远看有利于社会的稳定和进步。

然而，忽必烈变通祖宗之法，任用中原汉人却触犯了蒙古宗室和权臣利益，因而他们多次向蒙哥汗进言，说其多专擅不法，陷害忽必烈，这曾使忽必烈遭受"自谓遵祖宗之法"的蒙哥汗的猜忌，其在潜藩时代的一些改革举措被废除，忽必烈本人几遭不测，最后兵权也被解除。

但是，蒙古人已经深入中原汉地，只有行汉法才可行统治之实，"帝中国，当行中国事"。在汉地中原儒学熏陶下成长起来的蒙古百官子弟多已受到中原传统文化的影响，因此，他们曾主动上书忽必烈，要求通习汉法。特别是忽必烈的嫡子真金、木华黎的后裔安童以及畏兀儿人廉希宪、廉希贤等人，具有举足轻重的政治地位，他们积极要求实行汉法的影响是不可低估的。同时，徙入中原的北方民族多是蒙古、汪古、唐兀、畏兀儿、契丹、女真等族的普通民众，他们与汉族人民错杂居处，一起从事农业、手工业劳动和服兵役，彼此影响，共同的利益逐渐增多，促进了民族之间的交融，这些社会背景有利于忽必烈推行汉法。

郭守敬画像

龙兴之地不可弃——加强中央集权与地方制度，密切与北方地区的联系

北方蒙古地区作为元朝统治者的龙兴之地，是非常重要的。明人叶子奇说："元朝自混一以来，大抵皆内北国而外中国，内北人而外南人。"也就是说，将北方地区视为腹里、内地。蒙古统治者通过设置有效的军政管辖机构将北方地区完全纳入中央政权体制中。元朝将全国各地划分为不同的行政区域，在各区域设置"行中书省，凡十一，秩从一品，掌国庶务，统郡县，镇边鄙，与都省为表里，……凡钱粮、兵甲、屯种、漕运、军国重事，无不领之"。行省代表中央在地方执行统治、管辖当地一切军政事务。在全国所划十一个行省中，岭北、辽阳、甘肃都是设置于北方地区的行省，此外，中书省的北部是今天内蒙古地区的中西部地区。

根据北方蒙古地区各民族不同于内地的现实状况，因地制宜，因俗而治。元朝在漠北先后设立了和林路、和林宣慰司都元帅府、和林等处都元帅府等机构。

1307年，立和林等处行中书省，罢和林宣慰司都元帅府，置和林总管府。1312年，改为岭北等处行中书省。

话说元朝

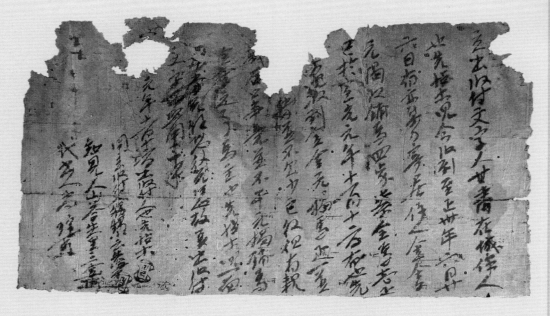

元代文书

至此，漠北蒙古地区，已和全国各省一样，"今皆赋役之，比于内地"，都在新设立的行省管辖之下，成为元朝中央政府下属的一级行政区域。其与中原内地的关系，远非以往所谓"羁縻之州"所能比。在吐蕃地区设置政教合一的宣政院，在畏兀儿地区设置北庭都护府、提刑按察司等机构，加强了统治和管理。

元朝大一统之后，以大都和上都为中心，建立了通向全国各地的驿站。元代的驿站"东渐西被，暨于朔南，凡在属国，皆置驿传，星罗棋布，脉络相通，朝令夕至，声闻毕达"。当时全国共有驿邸逾万所，驿站的马匹超过30万匹，而岭北行省的驿站多达119处。同时，还规定当地部落要提供驿站所需的人力、物力，保障道路畅通。这套完善而发达的驿站制度，大大便利了漠北蒙古地区与中原的交通，加强了和林等地与内地的联系，极大地沟通了中央与地方尤其是与北方蒙古地区的联系，方便了各民族之间的相互往来，促进了民族关系的交融和发展。

元朝采用汉法，并没有像以往北方民族，如北朝时期的鲜卑族一样彻底汉化，放弃本民族固有传统。元代民族关系体现在政治制度上，是实行"夷""夏"并用的二元体制，在中央与地方的机构设置和运行上均有体现，即所谓"既行汉法，又存国俗"的特征。具体如

菊瓣纹卵白釉罐（元代）

政治上的采邑分封制、达鲁花赤监临制度，经济领域的斡脱制和来自中亚的"撒花银"，生产领域里的"驱口"制，将全国人民分为四等的民族等级制等等，都具有鲜明的民族特色。此外，与皇帝有关的一些制度，也体现了蒙古统治者实行夷夏并用的民族政治政策。元代实行两都巡幸制度，皇帝每年有近半年的时间在上都度过，除了避暑需要，主要是为了处理政事、联络北方地区的蒙古贵族宗王，以保持传统游牧生活方式。皇帝的即位，除在大都举行仪式，还要到上都举行忽里勒台大会。皇家的祭祀仪式，在大都以中原古制举行，在上都和漠北哈喇和林地区以蒙古"国俗旧礼"举行。这一系列的具有鲜明民族特点的政策，较好地在政治上处理了北方各族之间的关系。

此外，封官赐爵，加以恩宠也是其重要手段之一。蒙古统治者深知，对北方少数民族的上层人士进行封官赐爵，能够以此笼络人心，达到羁縻统治、为其所用的目的。例如，畏兀儿人赛典赤·赡思丁、畏兀儿人廉希宪、契丹人耶律阿海、女真人赵良弼、唐兀人高智耀等都曾担任显官要职。元朝还曾设立畏兀儿断事官，领北庭都护府、大理寺、大都护府等机构，最高长官为亦都护，由畏兀儿首领巴而术阿而忒的斤的后裔世袭，管理畏兀儿各城及迁居汉地的畏兀儿人户。

元朝统治者还实行对各种宗教兼容并包、信仰自由的开放政策。民族关系往往与宗教问题紧密关联，一些民族甚至是全民信教，宗教就成为构成甚至区别某一民族的首要因素，例如畏兀儿信仰伊斯兰教、汪古人信仰景教等。因此，蒙元时

期的宗教政策也成为处理北方民族关系问题的一个重要方面。自成吉思汗时起，除了本民族原始的萨满教以外，蒙古对其他各种宗教均采取宽容态度，兼容并蓄，只要不危及统治，都予以保护和利用，形成萨满教、藏传佛教、中原汉地佛教、道教、基督教、伊斯兰教等各种宗教派别并存、"一国多教"的局面。成吉思汗禁止其子孙偏重一种宗教，主张对各宗教待遇平等，并优待宗教职业者，对从事宗教活动之人豁免赋役。元朝时期，在北方的大都和上都城内均修建有各种宗教场所，包括佛教寺院、礼拜寺等，这从宗教上体现了多民族关系的特点。

元朝在大一统的基础上，对北方地区各民族采取了多种统治政策，卓有成效。对于开发北方地区，加强与中原的政治、经济和文化联系，起了重要作用。元朝将北方地区及其各民族，尤其是漠南草

灰陶俑（元代）

原，即今天的内蒙古地区正式纳入中国这一大一统的行政版图之中，并设官建制，开启有效管辖的历史，这促进了我国疆域的形成和巩固，初步奠定了中国北部边疆的规模。各民族在北方地区共同开发，繁荣发展，也是元代北方民族关系对中国历史的重大贡献。

元朝持续地推行汉化政策，使汉族文化与蒙古文化经过碰撞、磨合和交融，使中原汉族人对蒙元政权及其统治者蒙古民族逐渐理解、认识，同时蒙元帝国创立的大一统局面和维持的长期稳定的社会秩序，使以汉人为主体的被统治民族与蒙古民族的交往与融合更加频繁，在一定程度上缓和、改善了民族关系。

在肯定元朝民族政策积极作用的同时，也应看到其消极方面。元朝实行四等人制，这在事实上不可避免地造成了民族之间的不平等，引发社会矛盾。元朝民族政策还存在着对各族人民的剥削与压迫，统治者往往利用"以夷制夷""以夷攻夷"的策略，制造北方各族人民的矛盾，使其相互制约，甚至互相争斗，借以渔猎其中，维护蒙古族统治者的政治利益。这样必然会加深边疆各族人民的矛盾，在历史上留下消极影响。再如，元朝统治者在各少数民族中征敛无度，沉重的苛捐杂税往往引起少数民族的不满与反抗。1346年，"辽阳为捕海东青烦扰，吾者野人及水达达皆叛"。这一切，均是元朝民族政策中的负面影响，应当引以为鉴。

元代驿站图

第五章
元军征四方

◎真实的鸿雁传书——郝经使宋

　　郝经，字伯常，元代著名政治家、思想家，颇具才情，有不少诗作流传于世。郝经祖籍泽州陵川（今山西陵川），在金元之际的战乱中，生于许州临颍城皋镇（今河南许昌）。由于战乱，郝经随着家族四处迁徙，11年间搬迁了十余次。但他在艰难困苦之中依然苦读不辍，"上溯洙、泗，下逮伊、洛诸书，经史子集，靡不洞究"，为其一生奠定了坚实的学识基础，树立了"以复兴斯文、道济天下为己任"的远大抱负。

　　郝经入仕之后，累迁至高位，后来作为国使出使南宋。他"振衣束发，慨然启行"，认为这是弭平战乱，拯救苍生于兵祸之中的机会。郝经使宋的消息传出后，百姓云集相送，如此强烈的厌战思和的情绪，更加坚定了郝经的决心。

　　1260年九月，郝经一行抵达真州（今江苏仪真），被带到忠勇营住下。忠勇营的布置宛如囚所，"驿吏棘垣钥户，日夜守逻"。后郝经连连致书南宋皇帝、丞相和三省枢密院，极陈和战利害，希望南宋方面能认清形势，抓住良机，与北方达成和议。但这些上书俱如石沉大海，杳无音信。郝经虽不明底细，但知道和议无望，遂多次要求南宋放他们归国，却同样得不到任何答复。事实上郝经馆留真州期间，历经了严峻考验。在漫长的囚禁岁月里，他的部属们有的经不住长期囚禁的折磨，"殆无生

铜火铳（元代）

意"，"斗殴相杀"而死。且南宋皇帝也几次派人游说，甚至不惜伪报蒙古内乱的"异闻"，试图动摇瓦解郝经的意志。但郝经始终不为所动，并对下属说："一入宋境，生死进退，听其在彼，屈身辱命，我终不能。"这也使得南宋放弃了劝降的意图。在监管期间，郝经并不自暴自弃，他不仅上书数十万言与南宋交涉，还坚持笔耕不辍，羁押真州十余年间共撰有《续后汉书》《易春秋外传》《太极演》《原古录》《玉衡贞观》《通鉴书法》等著作数百卷。

《新元史》中这样记载，开封民射中一大雁，得到系于雁腿上的帛书："霜落风高恣所如，归期回首是春初。上林天子援弓缴，穷海累臣有帛书。"在诗后还写着"中统十五年九月一日放雁，捕获大雁的千万不要杀掉它，国信大使郝经写于真州忠勇军营新馆"。当时南北隔绝，郝经不知道元朝改元至元，写的是中统十五年。

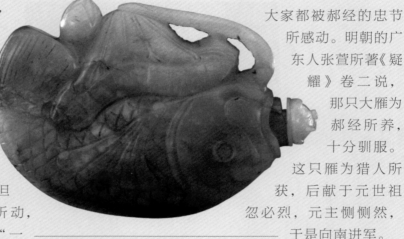

莲鱼形玉瓶　元代

大家都被郝经的忠节所感动。明朝的广东人张萱所著《疑耀》卷二说，那只大雁为郝经所养，十分驯服。这只雁为猎人所获，后献于元世祖忽必烈，元主恻恻然，于是向南进军。

1274年六月，元世祖忽必烈以南宋扣押国使郝经为由，正式诏告天下，发兵灭宋。与此同时，遣使赴宋"问执行人之罪"。1275年二月，元军进占建康（今南京），宋相贾似道震恐，连忙派人礼送郝经归元。至此，郝经已被扣留囚禁了15年。在北还途中，郝经不幸染病。忽必烈闻讯特派近侍、太医迎候照拂。及至大都，忽必烈又厚予赏赉，慰劳有加。但郝经还是一病不起，于七月病故，时年53岁。

在《元史》与《新元史》中都有郝经鸿雁传书的故事，我们无法考据这个故事的真实性。但郝经为国尽忠、为民尽心的气节值得慨叹。他的忠诚与坚守，比故事要美丽，比文字要醇厚。

江南若破，百雁飞过——伯颜大军征宋

1274年正月，阿术、阿里海牙等蒙古将领向忽必烈建议派兵大举进攻南宋，认为灭亡南宋的时机已经成熟。忽必烈于是召集大臣筹划具体事宜。忽必烈和大臣们商议的结果，决定派遣精明强干、老谋深算的蒙古人伯颜率军出征，直捣临安，对南宋实施毁灭性打击，要求他务要一举成功。为了这次进攻能够顺利实施，完成既定的目标，实现不世伟业，忽必烈下令让中书省从各处抽调了10万精兵，并精选上等优质战马5万匹。随后，忽必烈正式发布了诏书："爰自太祖皇帝以来，与宋使介交通。宪宗之世，朕以藩职奉命南伐，彼贾似道复遣宋京诣我，请罢兵息民。朕即位之后，追忆是言，命郝经等奉书往聘，盖为生灵计也。而乃执之，以致师出连年，死伤相藉，系累相属，皆彼宋自祸其民也。襄阳既降之后，冀宋悔祸，或起令图，而乃执迷，罔有悛心，所以问罪之师，有不能已者。今遣汝等，水陆并进，布告遐迩，使咸知之。无辜之民，初无预焉，将士毋得妄加杀掠。有去逆效顺，别立奇功者，验等第迁赏。其或固拒不从及逆敌者，俘戮何疑。"

首先发生了襄樊之战，"无襄则无淮，无淮则江南唾手可下也"。襄樊是江南地区的重镇，南宋对此非常倚重。襄樊之战是宋元之间的一场关键战役。这次战役旷日持久，实际从1267年就已经开始了。当时，蒙古将领阿术率军进攻襄阳，发生安阳滩之战，中间历经吕文焕的反包围战，张贵、张顺的援助襄阳之战，龙尾洲之战和樊城之战，最终因为孤城无援，

"大元国内"白釉铁锈花罐（元代）

吕文焕无奈之下于 1273 年投降了元朝。

襄樊之地一被元军占领，南宋的防线便出现了缺口。蒙古军队在伯颜的带领下，几乎没有遇到什么抵抗，就一路南下，直达长江北岸。此时，南宋朝廷却仍没有感到末日危机的来临，京湖制置使汪立信向丞相贾似道上书说："现在天下的形势已经是十去七八了，可是君臣们还在夜夜宴乐，不以此为忧虑。"同时，汪立信向朝廷提出了一些防御措施建议，可是以奸臣贾似道为首的南宋大臣们根本不听，总觉得长江之险很是坚固，蒙古人绝对攻不过来。1275 年正月，元军渡过长江，进攻鄂州，仅仅用了 3 天就将鄂州占领，宋军闻风撤退，毫无斗志。占领了鄂州之后，元军继续在长江以南纵横驰骋，与宋军开展了一系列会战，南宋的城池接连陷落，这下子吓到贾似道了，他赶紧派使者到伯颜的军中讲和："请允许我们宋朝向你们称臣，并且保证缴纳岁币。"可是，都已经到了这个时候了，势如破竹的蒙古大军怎么可能再与即将灭亡的南宋讲和？贾似道议和不成，也没有做好迎战的准备，败局已定。二月十九日，元军从池州出发，水陆并进，战船沿江而下。二十日，元军进入丁家洲（今安徽省铜陵东北一带）。贾似道派遣孙虎臣等将领率水、陆军 7 万人在丁家洲拒敌，将兵船集结在长江两岸，贾似道与夏贵率领后军将 2000 艘战船横亘在江中。元军左右两翼骑兵夹江而进，用巨炮轰击丁家洲的宋军。宋军很快大乱，纷纷逃亡，贾似道等统帅也驾船逃跑。经过了这一战，南宋的主力军队几乎全部丧失，元军乘胜深入宋地占领各处城池。南宋朝廷任命陈宜中为宰相，诏告各地起兵勤王，意图维持局面，但响应者极少，只有张世杰、文天祥率兵前来。七月，张世杰、孙虎臣在焦山（今江苏镇江市附近）集结军队，宋元两军在此展开激战，最终宋军彻底惨败，张世杰、孙虎臣各自逃散。这是伯颜渡江作战以来最为惨烈的一次战役。

彩绘白瓷人像（元代）

波斯细密画《蒙古军押送俘虏图》

在元军强大的攻势之下，南宋各地官军望风而逃，一派衰亡景象。同年十一月，元军终于攻破了临安门户独松关，南宋的败亡即将来临，官员们都开始忙着各自逃命，谁也不管国家的生死了。十二月，南宋又派出使臣赴伯颜军营讲和，依然是徒劳无益。在大军压境的形势下，南宋皇室彻底丧失了抵抗的信心，谢太后派遣监察御史杨应奎向伯颜呈交了传国玉玺和降表。伯颜接受了投降，派遣董文柄、吕文焕、范文虎等率军进入城中安抚百姓，禁止抢掠，封闭府库，收缴了宋朝的衮冕、仪仗、图籍等物，运至大都。伯颜入城以后，安置南宋朝廷的人员，把恭帝、皇太后、福王等人押送到大都。至此，存在了300多年的大宋王朝灭亡。

但是，部分宋朝廷皇室成员和军民始终没有投降，仍在南方各地拼命抵抗，文天祥在陆地组织军民反抗元军，陆秀夫等人和宋室在海上漂泊，组成了行朝。直至1279年，宋军和元军在崖山展开最后的决战，宋军大败，宋末帝和部分臣民纷纷投海自尽。

◎烈马焉能跨海——元军征伐中南半岛诸国

忽必烈在攻灭南宋后，兵锋直指东南亚。

话说元朝

HSYC

对安南的战争

兀良合台平定云南后，于1257年出兵安南，攻破安南王都，安南国王遁至海岛。蒙古兵士因天气炎热不能久留，旋即还师。后安南国王陈光昺迫于形势，接受了忽必烈的册封，元朝在安南国设置达鲁花赤。1267年，忽必烈下诏书，以"君长亲朝""子弟入质""编民数""出军役""输纳税赋""置达鲁花赤"六事来约束安南，企图进一步控制安南。陈光昺不愿接受这些苛刻的条件，上书请求罢免本国达鲁花赤，并且请求废除六事。1277年，陈光昺去世，其子陈日烜继立为安南国王。第二年，忽必烈派遣柴椿等由江陵经邕州直抵交趾，责备安南不遵守六事，自立为帝而不向元朝请示，并且要求陈日烜到大都朝觐。陈日烜托故未去。

1283年，忽必烈准备远征占城，派遣使者向安南征兵粮。陈日烜拒绝提供。第二年，王子镇南王脱欢、大将李恒受命征伐占城，欲借道安南。陈日烜的兄长兴道王陈峻领兵拒元军于安南境外。脱欢进攻陈峻，大败安南兵，在万劫江击破陈峻部。1285年正月，陈日烜亲自率军10万前来增援，沿着江面设置兵船，设立木栅抗拒元兵。陈日烜兵微将寡，

不敌元军，退守天长、长安。陈日烜一连吃了几次败仗，一直逃到清化府。但是这时安南的援军渐渐集合，陈峻在万劫江聚集了千余艘船。元军因水土不服，疫病横行，士兵死伤惨重，而且安南的地形也不利于骑兵作战，于是不得不向北撤退。安南军乘机追袭元军。元军在册江渡河时，安南军乘机袭击，大败元军，李恒中毒箭而亡，脱欢逃回思明州。唆都的军队距

石雕狮子（元代）

話說元朝

YCSH

蒙古军攻城图

离脱欢军很远，先前并不知道脱欢向北撤退的消息，在回军途中于乾满江被安南军全歼。

1286 年，忽必烈下诏不再征伐日本，专心攻击安南。1287 年，忽必烈征集江淮、江西、湖广三省的 7 万蒙汉军、百余艘船和云南兵、黎兵等再度攻入安南。脱欢将大军分为三路并进：奥鲁赤与脱欢由东攻打女儿关；程鹏飞由西攻打永平；乌马儿、樊楫由海路率军合攻。安南军有计划地退却，诱敌深入。元军渡过富良江，迫近安南都城。1288 年正月，陈日烜再次逃到了大海。安南人坚壁清野，将粮食藏起来逃避元军，以此来限制元军。元军在长驱深入之后，士兵疲惫，粮饷用尽，而且天气转热，疫病又开始发生，开始陷入进退两难的困境。于是脱欢决定全师北撤。樊楫等由水道先退，在白藤江被安南军攻击后全军覆灭。安南集合重兵 30 万占据女儿关和丘急岭，阻断了元军的归路。脱欢边战边退，撤到思明州。陈日烜随即派遣使者到元朝，归还俘虏。忽必烈对这次失败十分恼怒。1290 年，陈日烜去世，他的儿子继位。1293 年七月，忽必烈又命令刘国杰等水陆分发，第三次攻打安南。第二年正月，忽必烈病死，成宗铁穆耳即位，下诏停止征讨安南。

对缅战争

1271 年，忽必烈派遣使臣诏令缅国蒲甘王朝那罗梯诃波王赴大都朝觐。缅国偏居一隅，根本不知道蒙古在欧亚大陆掀起的征服浪潮，于是拒绝了元朝的要求，并杀死了使者。1277 年，缅国内乱，干额总管阿禾归附元朝，缅国王率兵攻打干额、金齿，阿禾向元朝告急。大理路蒙古千户忽都，总管信苴日出兵 700 人增援。缅军有四五万人，前锋队伍乘坐战马，后继队伍驱赶战象，看似威武雄浑。但因元军善于骑射，缅国大象部队死伤过半，受伤者四散奔逃，逃入树林中，战具尽数被毁坏。元军乘胜进攻，追逐了 30 余里，连续攻破 17 座营寨。随后，云南行省遣纳速剌丁率兵征讨缅国。纳速剌丁率兵攻打到江头城，招降了忙木、巨木秃等 300 多个寨。1283 年，忽必烈命相吾答儿、太卜、也罕的斤等率领元军，开始对缅国进行大规模征讨。其中一路军队顺着阿昔江达镇西阿禾江，顺流下到江头城，断了缅人的水路。另外一路军队从骠甸径抵达缅国，与另一支由罗碧甸进军的部队相会合，攻破江头城。建都以及金齿等十二部向元军投降。缅王遣使请和，被孟乃甸白衣头目阻碍没有成行。1287年，缅王被他的儿子不速速古里囚禁，并杀死云南王所命官阿难答等。忽必烈以脱满答儿为都元帅，再次攻入缅国。云南王也先帖木儿与诸将行进到蒲甘，缅军诱敌深入，元军失败，死伤7000余人。缅国遣使谢罪，并请求三年一贡。

元成宗时，缅国木连城的首领阿散哥也利用民众对缅王降元的不满，杀死缅王以及元朝留在缅国的信使等百余人。1299年，缅国王子向元朝求援兵。成宗令宗王阔阔、云南行省乎章政事薛超兀儿、忙兀都鲁迷失等出兵平乱。元军进围木连城，阿散哥也

❁ 十三翼之战 ❁

蒙古乞颜部首领铁木真与札答阑部首领札木合之间的一次战役。因铁木真将自己所属3万人分为十三翼迎战札木合而得名。12世纪末，在铁木真的率领下，蒙古乞颜部迅速发展壮大，逐渐引起札答阑部首领札木合的不满。札木合因族人掠夺铁木真马匹被射杀，于是联合泰亦赤兀等十三部共3万人进攻铁木真。亦乞列思部的孛秃向铁木真报告了这一军情，铁木真集合麾下十三翼军迎敌，战于答兰版朱思之野（今蒙古国温都尔汗西北一带），铁木真失利，退避于斡难河（今鄂嫩河）上源狭地，札木合亦领军还本部。此次战役中铁木真虽然失利，但由于札木合残杀俘虏，引起部下不满，导致许多部下归附了铁木真，反而增强了他的实力。

据城坚守。阿散哥以重货贿赂元军将领退兵，于是元军将领以天气酷热瘴气横行为由，擅自撤兵。1303年，元朝罢废云南征缅分省。此后，缅国对元朝仍然保持着朝贡关系。

对占城的战争

元朝灭宋后，将占城王封为郡王。1280年，忽必烈命令唆都在占城设置行省，进行羁縻统治。后因占城王子扣押元朝派往退国、马八儿国的使者，双方矛盾激化。1282年，忽必烈派遣江浙、福建、湖广行省的5000兵士、百艘海船、2500艘战船，由唆都率领，经海路进攻占城。占城沿着木城周围约20里的地方，树立起许多栅栏堡垒，设立了100多个炮台进行防御。占城国王在木城西面10里的地方设置行宫率领重兵屯守。1283年正月，元军攻入木城，占城国王兵败退守西北的鸦候山，派遣使者诈降，暗中集结兵力，准备反攻。唆都侦知占城的真实战略意图后，于1284年撤回。忽必烈又命令脱欢、李恒会合唆都的兵力准备从安南借道攻击占城，但是遭到了安南的坚决抗击。

远征爪哇

1292年，忽必烈命令史弼、高兴、亦黑迷失等将领率领福建、江西、湖广行省的2万军队、1000多艘战船，

随船承载了一年的军粮，远涉重洋，征伐爪哇国。元军于当年十二月从泉州出发，走海路经过万里石塘（东沙、中沙、西沙、南沙群岛）等地，于第二年二月抵达爪哇国。元军分兵两路，水陆并进。这时，爪哇国王哈只葛达那加剌被邻国葛郎国主哈只葛当所杀，哈只葛达那加剌的女婿土罕必阇耶率兵攻打哈只葛当，但是被哈只葛当击败。土罕必阇耶听说元军率兵来伐，便派遣使者出降元军，奉献当地山川、户口以及葛郎国图籍，请求元军帮助他攻击葛郎国。

元军击败葛郎兵，并且攻进葛郎国，包围葛郎国的答哈城。哈只葛当领兵抗拒元兵，但是被元军打败，哈只葛当投降。葛郎国被攻占后，土罕必阇耶借口要回国准备贡品，脱离元军。在回国途中，他乘元军没有防备，在元军的归途中伏击元军。元军死伤惨重，被迫撤回，在海上航行68天后返回泉州，士兵伤亡300多人。远征爪哇彻底失

败，忽必烈非常失望，史弼和亦黑迷失因此受到忽必烈的责罚。

蒙元征半岛——高丽尚公主

在蒙古帝国征服东亚的过程中，当时朝鲜半岛上政治、经济、文化较为先进的高丽王国也列入了其征服的范围。通过数次征伐，高丽最终成为元朝的藩属国，一度受到大元征东行省的控制。

1216年，归附蒙古的金朝千户契丹裔耶律留哥的部下金山、六哥等率兵反抗蒙古，但是在蒙古军队的打击下，金山、六哥等被迫向东撤退，退兵到鸭绿江沿岸，不久又率领9万多人退到了高丽王国境内，占领高丽的江东城，并且将江东作为据点，四处烧杀抢掠。1218年，蒙古派遣元帅哈真率领1万人与东真国完颜子渊率领的2万人，以追歼叛军为理由进入高丽。哈真写信给高丽国王要求其

十字宝杵纹金盒（元代）

斡里札河之战

金国派遣丞相完颜襄率兵征讨塔塔儿部，进军至龙驹河（今克鲁伦河），击溃塔塔儿部，塔塔儿部余众向斡里札河（又译浯勒札河）逃奔，完颜襄派遣完颜安国追击。铁木真得知这个消息后，立即报告克烈部的王罕，与王罕联合共同出兵协助金国攻打塔塔儿部，以"为父祖复仇的"名义，征集主儿乞人参战。主儿乞人没有出兵，铁木真便率领自己本部人马与王罕会合，从斡难河上游东进至斡里札河的纳剌秃失秃延、忽速秃失秃延之地（可能为金国所修筑界壕附近的两座边堡，在今蒙古国乌勒吉河上游一带），很快攻破了塔塔儿人的堡寨，捕杀了其首领篾兀笑里徒，"尽虏其车马粮饷"，还拾得一个小孩，即是后来的失吉忽秃忽。此次战役打击了塔塔儿部的势力，使其一蹶不振，同时大大提高了铁木真的影响力，被金国赐封为"札兀惕忽里"，克烈部的王罕获得了"王"的封号。

贡献粮草，并且说成吉思汗有令，在灭贼成功之后双方约为兄弟之国。蒙古军队在高丽军队的协助下，攻破江东城，打败了契丹叛军。之后哈真同高丽军首领赵冲举行盟誓，约为结成兄弟之国。从此之后，两国使节不断往来。

1225 年，蒙古出使高丽的使臣在归国途中被杀，蒙古怀疑是高丽所为。在蒙古人看来，杀死使者是不可饶恕的大罪，曾经为此多次与别国开战。但是由于蒙古大军西征，接着成

吉思汗于 1227 年去世，蒙古帝国没有立即对高丽展开报复，但这一事件已经影响了双方的关系，两国的使节往来中断了 7 年。后来蒙古大汗窝阔台以使臣遇害为由，命撒礼塔率兵攻打高丽，开始了对高丽的征服。蒙古军队长驱直入，相继攻占了高丽的数座城池，但蒙古军也遭到了高丽军民的顽强抵抗。但是高丽国小力弱，抵抗不住蒙古军的强势进攻，被迫讲和。蒙古在高丽京、府、县等重要地区设 72 个达鲁花赤，对其进行监控，蒙古军暂时撤出高丽。高丽国王为了避免蒙古的再次入侵，于 1232 年在武臣崔谊的挟持下躲避到江华岛，同时又射杀了蒙古设在高丽的达鲁花赤。高丽的这些抵抗举措引起了蒙古的再次进攻。从 1232 年到 1259 年，蒙古汗国对高丽进行了 7 次较大规模的征

铜炮（元代）

伐。

1258年三月，高丽国内发生内乱，权臣崔谊被杀，高丽的政治实权重新回到国王手中。高丽高宗在内政和外交上开始调整对策。首先对蒙古的外交政策进行调整。高宗接受了蒙古提出的太子朝觐的条件，向蒙古汗国求得和解。1259年四月，高丽太子赴蒙古朝觐，途中获悉宪宗驾崩以及忽必烈与阿里不哥争夺汗位等情况，率先去拜见忽必烈。忽必烈对高丽太子的这一举动大为惊喜，对其大加褒奖，并偕同高丽世子一起回到开平。高丽世子的到来为两国结束战争，开始和平交往奠定了基础。1260年，忽必烈在开平登上汗位。而此时高丽高宗已经去世，高丽国内王位空缺，于是忽必烈让高丽太子回国继承王位，是为高丽元宗。两国新君的继位成为双方关系的转折点，从此两国结束了战争的局面，进入了和平交往时期。

高丽元宗继位后基本同元朝保持了比较和平的关系。高丽每年主动遣使者到蒙古献贡，蒙古也给予相应的回赐。1269年，高丽国内发生了叛乱，使高丽元宗的王权受到威胁。忽必烈对高丽国王受制于权臣表示不满，于是出面干涉，平定了叛乱，维护和稳定了高丽王权。经过这次叛乱的平定，元宗意识到为了加强王权，避免权臣的再次干政，取得蒙古的大力支持和援助是十分必要的。同时取得蒙古方面的充分信任，使蒙古消除疑虑，以便维持高丽相对独立的国家主权，进一步改善、巩固与蒙古的友好关系就显得更为重要和迫切。经过反复的思索，元宗想到了通过与蒙古联姻来巩固两国的关系的有效途径。1269年十二月，元宗因叛乱事件到大都朝觐，申明事情的真相。第二年二月，元宗在燕京拜见了忽必烈。在这次朝觐中，高丽元宗向忽必烈提出为世子请婚的请求。对高丽的请婚，忽必烈并没有拒绝，但也没有立即答应。历史上以联

马蹄形三足炉（元代）

姻的方式来改善、巩固民族关系的例子很多，但是强大的蒙古帝国军力所向披靡，所到之处无不臣服，在蒙古与其他国家的关系中还没有蒙古公主下嫁的先例。而且蒙古公主极为尊贵，所以忽必烈当时并没有立刻许婚。但如何巩固与高丽的关系，特别是蒙古要想使高丽尽忠于自己，就应该为加强两国关系寻求一条更合理有效的途径。1271 年，高丽呈上元宗的奏章正式请婚。同年六月，遣世子到蒙古做人质。十月，忽必烈许婚，将其女忽都鲁揭里迷失（后封齐国公主）许嫁给高丽世子。但由于当时公主尚幼，只有 13 岁，直到 1274 年五月才最终完婚。六月，高丽元宗去世，世子继位为高丽国王，是为忠烈王。十月，蒙古公主进入高丽境内，忠烈王亲自迎接，高丽国内上至百官，下至普通百姓对蒙古公主嫁入高丽都十分重视，意识到蒙古公主的到来将迎来两国和平友好往来的新时期。

自从忠烈王娶忽必烈的女儿为妻后，元朝与高丽和亲不断，元朝共有 7 位公主嫁给高丽国王，基本上与元朝相始终。虽然在元朝与高丽联姻的历史上元朝皇帝和高丽国王多没有真正意义上的舅舅与外甥的关系，但在两国长达百余年的友好交往史上，仍然按照舅舅和外甥的关系互相称呼，并以此来指代双方的姻亲关系和友好关系。通过“舅甥之好”，两国上层统治者之间的接触空前密切，最大限度地减少了双方之间的矛盾和摩擦，对巩固两国的关系起到了重要作用。

“神风”护佑日本——元军惨战日本海

元世祖忽必烈与属国高丽在 1274 年和 1281 年两次派军攻打日本。日

银鎏金绿松石耳坠（元代）

本方面依当时的年号，称第一次战事为"文永之役"，第二次为"弘安之役"。这两次战争都以北九州为主要战场。元军的两次征战皆以失败告终，而且两次军事失败都与台风有密切关系。当时的日本人相信是天皇的神灵借风力击败了元军，所以将这两次台风称作"神风"。

1260年，忽必烈即位称帝，同年高丽元宗向蒙古帝国称臣，蒙古与高丽结盟。1264年，忽必烈建立元朝，并在两年之后要求高丽向日本派遣使者，希望与日本通好。高丽人赵彝代表元廷出使日本，但未取得任何收获。1268年，忽必烈又派遣了第二批使者，同样无功而返。此后，忽必烈又遣使继续传诏，并以战争相威胁。当时的日本正值镰仓幕府统治中期，幕府将军并无实权，实权掌握在权臣北条氏手中。当时的"执权"北条时宗拒不投降，并着手加强日本离高丽最近的九州的军事防御。

忽必烈早在1268年就打算出征日本，后因朝鲜半岛当时没有足够的财力提供充足的兵力而作罢。1273年他派了一支部队作为先锋驻扎高丽，结果这支部队因供给不足，被迫返回。1274年六月，忽必烈令高丽造大小舰900艘。八月，任命忻都为征东都元帅、洪茶丘为右副帅、刘复亨为左副帅，统帅蒙古及女真士兵15000人，高丽将军金方庆统高丽军5600人，加上高丽水手6700人，组成共3万多人的大军，远征日本。十月，元军先后攻占对马岛和壹岐岛，全歼日本守军。十一月，元军进逼今津，发生了博多港之战。虽然元军兵器和战术占优，但日军以逸待劳。双方激战后，元军不能取胜，只好撤回船上。随后元军分二路在博多登陆，日本幕府聚集了总数约10万人的军队迎战。元军采取两路夹击的战术使得日军腹背受敌，死伤惨重，但是元军副帅刘复亨中箭受伤，元军停止进攻。当晚，元军召开军议，由于后援不足，多数将领主张撤退。于是忻都下令撤退。撤退当晚，元军遭受到台风的袭击，损失惨重。最后辗转撤回元朝腹地的只有万余人。

元军第一次征伐日本失败后，高丽国王因不堪庞大的军需，多次给元朝中央上书，请求朝廷停止进攻日本的军事行动。同时元朝中央鉴于第一次的惨败，也有意通过和平渠道获得日本的臣服，但派遣至日本的两批使者，都被当政者北条时宗下令斩首。

1279年，元军征服南宋之后，收编了南宋的水师。忽必烈召集阿剌罕、范文虎、忻都、洪茶丘等将领，亲自主持召开东征日本军事会议。1281年春，忽必烈发动了对日本的第二次征伐。元军兵分两路：一路以洪茶丘、忻都、金方庆为首，率蒙古、高丽、汉军4万人、舵工水手1.7万人，分乘战舰900艘，自高丽合浦出港；一路以阿剌罕、范文虎为首，率江南军10万人、战船3500艘，自宁波港出发，这批江南军队还受命携带农具、稻种，意图赴日屯田，以为长久之计。两军约定于六月中旬在壹岐汇合，共同进攻博多太宰府。

日本方面早就侦查到元军来攻的消息，于是从1275开始就积极准备，除了改进弓箭、组织起九州武士外，幕府还在认为元军可能登陆的地点修建堡垒和其他防御工事。北条时

錾花铜重甲（元代）

宗下令在日本沿岸所有重要地区都建起的"元寇防垒"，起了极大的防卫作用——元军的战舰在到达日本近海时，竟找不到登陆的地点，停泊在博多湾长达1个月。其间，元军发动几次强行登陆作战均告失败，并且一直遭到河野通直等部的袭扰，直到七月初，南北两军在九州外海会合。元军会师后再度发动登陆作战。这次元军遇到了更顽强的抵抗，日军以石墙为掩护，不断击退元军的进攻，许多蒙古军将领相继阵亡，战斗又持续了一月有余，元军损失惨重，依然不能突破石墙。此时一场持续两天的台风袭击了元军舰队，并摧毁了大部分船舰。八月，元军再次遭到台风的袭击，风暴持续4天，军舰大部分沉没，范文虎落水，被张禧救起。范文虎鉴于水师损失情况，擅自决定

班师。为运载平户岛上被救起的 4000 多兵士，张禧将船上的战马、辎重弃于岛上。

被遗弃在日本九龙山海滩上的元军还有 3 万多人。日本发动反攻，将残存的元军驱赶至一处名为

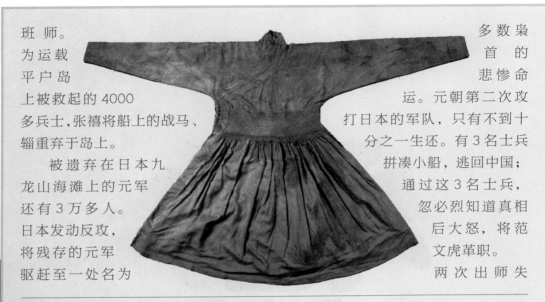

龙纹织金锦辫线袍（元代）

多数枭首的悲惨命运。元朝第二次攻打日本的军队，只有不到十分之一生还。有 3 名士兵拼凑小船，逃回中国；通过这 3 名士兵，忽必烈知道真相后大怒，将范文虎革职。

两次出师失

八角岛的狭窄地区。这些元军大部分战死，其余数万士兵被俘。日本方面将蒙古人、色目人、高丽人、契丹人、女真人以及原金朝统治下之汉人全部挑出斩首，其余汉族（蒙古人称之为"南人"，日本人称之为"唐人"）则成为奴隶。其实元军固然损失惨重，但是 14 万大军真正消耗在战争中的不过 3000 人左右。而在风暴之中遭难者占大半，幸存者最保守估计也有四五万人，这一数量比日本布置在整个太宰府的兵力还要多。如果全军上下能够统驭有方，置之死地而后生，组织积极防御，即使对方以逸待劳，也绝不至于落得残军两三万人投降、

利，并没有使忽必烈放弃征服日本的计划。1283 年，忽必烈下令重建攻日大军，建造船只，搜集粮草，准备第三次征日。此举引起江南人民的强烈反抗，迫使其暂缓造船事宜。同时，元朝在南方对越南陈朝发动的进攻受挫，造成国力匮乏，三度攻日之议因而作罢。直到 1294 年正月忽必烈逝世，再没有攻打日本。

亡宋贼臣，抑或旷世名将——刘整

"冯唐易老，李广难封"，对于英雄豪杰最可悲的莫过于生不逢时。

话说元朝
HSHYC

圆顶式铁盔（元代）

宋元之际的刘整和汉朝飞将军李广的命运颇为相似，劳苦功高却又未受朝廷礼遇。刘整又被称为"赛存孝"，存孝是指唐末至五代著名的猛将李存孝。刘整曾以18骑袭破金国信阳，因此军中呼为"赛（李）存孝"，由此看来，刘整可以说是文韬武略。在他降元后，转变了元朝制定的灭宋方针，提出先取襄阳的战略构想；并为元朝组建了一支强大的水军，这只水军助蒙元军队参加了厓山海战，灭亡了南宋最后一只反抗力量；且他们横行海上，曾多次出兵海外，扬蒙元实力于诸多外邦之中。

1275年，在刘整攻破襄阳，准备渡江攻打临安时，被勒令停止，并由宰相伯颜代替他掌军。刘整作为元灭南宋计划的制定者，在最后的胜利即将到来的时候，被轻轻松松掠去了立头功的机会，他也因此愤懑而卒，终身未曾封侯。可是刘整因弃宋降元，被诟病为"亡宋贼臣，整罪居首"。

刘整，邓州穰城（今河南邓州市）人，祖上几辈生活在关中地区，以当时政权的辖地范围而言，他属于金朝。于金末时，投奔南宋，曾隶属名将孟珙麾下。1254年，随李曾伯入蜀，屡建战功。因身为"归正人"（南宋对北方沦陷区南下投奔之人的蔑称，称沦于外邦而返回本朝者为归正人，即投归正统之人）的刘整以武功得以升迁，为南方将领所忌，恰逢权臣贾似道为了排除异己，在各路武将中推行"打算法"（即派遣官会计查核各地军费，凡在战争中支取官府钱物用于军需者，一律加以侵盗掩匿的罪名治罪），很多名将诸如赵葵、高达、曹世雄、王坚等皆因此被罢官或送命。刘整也被当时的襄阳守将吕文德与四川制置使俞兴勾结以"打算法"的名义进行迫害，他得知后火速派人到临安向朝廷上诉，却投诉无门，担心无以自保，于是秘密派人与蒙古成都路军马经略使刘黑马联络，以泸州及所属十五郡三十万户投降了元朝。刘整的叛变反映了当时宋朝政权内部的倾轧、腐败，体现出了一个王朝行将灭亡的混乱状况。

1267年，刘整入朝，向忽必烈献策言道："宋主弱臣悖，立国一隅，今天启混一之机。臣愿效犬马劳，先攻襄阳，撤其扞蔽。"正式向元朝提出先攻襄阳的策略，开启了襄樊之战的第一幕，襄樊之战是元朝统治者消灭南宋统一中国的重要战役，这次战役从公元 1267 年，蒙古将领阿术进攻襄阳的安阳滩之战开始，中经宋吕文焕反包围战，张贵、张顺援襄之战，龙尾洲之战和樊城之战。终因孤城无援，公元 1273 年，吕文焕力竭降元，历时近 6 年，以南宋襄樊失陷而告结束，加速了南宋灭亡的步伐。但在刘整降元前后，蒙古三路大军向南宋全线施压，但并未取得多大进展，在三处战场双方均处于相持状态。在四川方向，蒙古军的实力一直受到压制，局面未曾打开。东面战场，宋军在此布防最重，也无进展。正是听取了刘整的建议，元世祖忽必烈时期，灭宋战争的进攻重点改为襄樊，实现了由川蜀战场向荆襄战场的转变，宋元战争也陷入了元军队南宋的战略进攻阶段。

刘整的一生可以说是曲折晦暗的，他曾经投奔宋朝，却为权臣所迫，

铜喳斗（元代）

被迫降元，归顺元朝之后，可以说是得遇明主，元世祖忽必烈肯听从他的建议，也算重用他。然而由于他先后叛金降宋、叛宋降元，很难得到统治者的礼遇。在宋元鼎革之际，多种势力逐鹿天下，刘整虽叛服无常，为后人诟病，但不能因此而忽略他卓越的军事才能。

◎燕行朝天的末世太后——谢道清

谢道清，是宋理宗赵昀的皇后。她的祖父谢深甫曾任南宋右丞相，地位显赫，权倾朝野，因此谢道清被选入宫中。她入宫之时，恰有喜鹊在皇帝的寝宫外筑巢，这被认为是她给大宋带来了祥兆。当时的杨太后对她照顾有加，在后宫的争宠斗艳中，杨太后助她成为宋理宗的皇后。

据说，谢道清生来皮肤黝黑，眼睛旁还有一大黑痣，一只眼睛中甚至有云翳。入宫后她生了一次大病，皮

肤变得莹白如玉，大黑痣也消失了。1227年，她被册封为皇后，时年十九岁。宋理宗对她十分敬重，礼遇有加，她也将后宫治理得井井有条。此外，谢道清也不是一个只将眼睛盯在后宫的人，她对于政治颇有见解。1259年，元军大举进犯，包围了鄂州（今湖北武昌），大有一举消灭南宋统一天下之势。此时朝廷上下一片惊恐，有人甚至向宋理宗建议从临安迁都到四明（今浙江宁波），以避其锋芒，求得保全。此时谢道清站了出来，她坚决反对迁都，并对宋理宗说："如果迁都，军心、民心必将动摇，后果不堪设想。"宋理宗听从了皇后的谏言，稳定了朝纲，延续了南宋的国祚。

1264年，宋理宗病逝，宋度宗即位，尊谢道清为皇太后。宋度宗天生体弱，孱弱无能却又荒淫无度，还偏听偏信权臣贾似道。可谢太后并非度宗生母，又于他没有教养之恩，度宗时业已成年，谢道清没有干涉朝政的理由。1274年，宋度宗病逝，年仅3岁的宋恭帝即位，尊

釉里红玉壶春瓶（元代）

65岁的谢道清为太皇太后。尽管她再三推辞，然而因幼帝年少，谢太皇太后只能应允众大臣奏请垂帘听政。当时南宋已是国力衰微，风雨飘摇，谢道清处事不惊，先诏令"裁汰冗员，节费用，蓄国力"，竭尽所能地应对因连年战争而带来的庞大的军事费用，并于1275年罢免了贾似道丞相之位，平反冤案。面对强大的元军，她多次亲书急诏，号召各地起兵勤王。

面对诸多朝臣弃官逃遁的局面，她愤而下诏："大宋立国三百余年，优待士人，眼下我与嗣君蒙难，大小官员没有一人一言来号召救国，平日所读的圣贤之书，究竟读到哪里去了！此等作为，活着以何面目示人，死了有什么面目去见先帝！"

大宋立国300余年，最是礼遇文官的朝代，真正地做到了刑不上大夫。然而宋朝在生死存亡之际，这些饱受宋朝恩德的官员大多置国家利益于一旁，只顾自身自家之安危，确实令谢道清心寒。但是面对元朝大军压境，南宋军队的节节败退，谢道清的

话说元朝

HSYC

抗敌诏令，响应者也越来越少，在一片主和声中，她只能派人和谈。文天祥被任命为右丞相、枢密使，与元军接洽时被扣押。在急难之中，她头脑清晰，秘密安排陆秀夫等人携益王、广王等赵宋皇族及部分朝廷机构出逃南方，以延续赵氏血脉，也保存了最后一只抗元力量。二王从临安逃到闽、广一带组建了赵宋流亡政权，直到崖山海战才彻底垮台。

1276 年，谢道清于无奈之下向伯颜奉上传国玉玺和降表，怀抱宋恭帝赵㬎投降。同年八月，重病的谢道清被从临安宫中抬出押送至元大都（今北京），被封为寿春郡夫人。之后其生活如何，史书并没有记载。7 年后，谢道清辞世，时年 74 岁，归葬家乡。

与其他宋朝皇后、嫔妃的籍籍无名相比，谢道清被推上了风口浪尖，但她面对已经病入膏肓的宋朝，虽想力挽狂澜，可最终无力回天。后人对她下诏降元一事颇有微词，认为她是主和派或者说投降派的代表人物，然从其反对迁都、

钧窑带座螭耳瓶（元代）

下诏起兵勤王、重用"宋末三杰"等措施其实可以看出，她应是洞悉了大局，顺应了历史潮流。

遥想当年，宋太祖欺后周之孤儿寡母，黄袍加身，开创了大宋 300 年基业，不料他的王朝最后也是以孤儿寡母北上投降结束，这不能不令人唏嘘扼腕！

蒙古骑兵的装备

中国古代，以蒙古骑兵最为骁勇，也最能打胜仗。这一方面得益于蒙古骑兵指挥有方、士气旺盛；另一方面，也与其武器装备有密切的关系。成吉思汗以"用兵如神"著称，但他从来不打无准备之仗。据《多桑蒙古史》记载，成吉思汗严格规定："用兵之前，必须检阅其部队，审视士卒之兵械。士兵所带之如一针一线等均不得忽视，皆在检查之例，如有一兵缺而不备则依法予以惩罚。"

蒙古骑兵分为重装骑兵和轻装骑兵两种。重装骑兵每人自备战马 2 匹、仆役若

人形玉佩（元代）

千名、盔甲1副以及弓箭、剑等；每五人携带共用帐幕1顶。轻装骑兵每人自备战马2匹及弓箭、箭筒、剑、枪、斧、10个箭头、皮囊、背囊、针线、磨石等，每十八人携带帐幕1顶。

在大兵团西征中亚和欧洲时，蒙古军队还配备了架桥器械、石油火团投掷器、抛石机、撞城槌等重型装备。除了骑兵以外，还首次拥有了工程兵和炮兵序列，这就大大提高了蒙古军队的战斗力。

蒙古大汗出征时，由护卫亲军保卫，他们分为佩带刀、斧、棍、弓箭，着铁盔甲的卫队以及左腰佩刀、右腰佩剑，着锁子甲、皮盔、持弓箭的卫队，其战马也装扮得与众不同。

蒙古骑兵军官主要有十户长、百户长和千户长，他们出征时也都有亲兵和仆役，其装备亦各不相同：十户长备马5匹、帐幕1顶，着锁子甲、

三峰山之战

三峰山之战是蒙古灭金过程中的决定性战役。元太宗三年（1231），蒙古分三路进军攻金。东路以斡陈那颜为首，从山东进攻河南。中路由太宗窝阔台自领，包围金国在黄河以北的重要据点河中（今山西永济蒲州镇）。西路由拖雷指挥，由凤翔（今属陕西）南下，经南宋辖区，迂回到金国的后方。西路军是整个军事行动的主力，共约三、四万人，于同年冬渡汉水，抵邓州（今河南邓州市）附近。金国被迫抽调防守黄河的完颜合达率二十万大军南下，阻挡西路军的进攻。拖雷以部分兵力牵制金军，将大部分军队分散，通过金军的防线北上，指向汴京（今河南开封市）。金军被迫后撤，两军在钧州（今河南禹县）三峰山相遇，展开激战。次年（1232年）正月，蒙古中路军在攻下河中之后，乘金军尚有十余万人，久战疲惫，士气低落，再加上天降大雪，气候严寒，未经战斗，已经溃不成军。蒙古军故意让路，金军仓皇逃走，遭蒙古军追击，被消灭。完颜合达被擒。

1311
年

佩剑和弓箭；百户长备马10匹、帐幕1顶，着铠甲、佩剑、棒、槌、弓箭；千户长备马100余匹、帐幕1顶（上有飞檐），着锁子铠甲、佩枪、弓箭、箭筒。

蒙古骑兵行军作战时，没有沉重的运粮车随从，"只是羊马随行，不用运饷"，"食羊尽则射兔鹿野豕为食"。另据《马可·波罗游记》载，在必要时，蒙古人能靠马乳维持一个月的生活，他们的战马只需喂以草料，不需要粮食。为了使战马不致疲劳过度，蒙古骑兵"凡出师，人有数马，日轮一骑，故马不困敝"。按照游牧民族的习惯，大部队出征时往往举族而行，老少随营，妇女在军队中起到了后勤保障的作用，她们"专管张立毡帐，收卸马鞍、辎重、车驮等物，事急能走马"。"妇女们都穿长裤，其中有的像男子一样善于射箭"。

由于蒙

古骑兵装备精良、备战充分，又采取了轻装和全民皆兵的方略，再加上骑兵部队"来如天坠，去如电逝"的高度机动灵活性，从而能在成吉思汗的统帅下破敌克城，纵横万里，屡建奇功。诚如清初学者顾祖禹《读史方舆纪要》所言："吾尝考蒙古之用兵，奇变恍惚，……所向无前。故其武略比往古为最高。"

◎元代的炮与炮兵

内蒙古博物院现收藏有一门元代的铜炮，口径5.3厘米，炮长43厘米。在炮身上还刻有"声震九天，射穿百步"及"至正辛卯"等铭文。由此可知，这件威力很大的铜炮，铸造于元顺帝至正辛卯年，即1351年。它是我国现存时代较早的火炮。而现存最早的火炮，则铸于1332年（元文宗至顺三年），现存中国历史博物馆。炮上的铭文为"至顺三年二月十四日绥

蒙古骑兵图

远讨寇军。第三百号马山"。据此可知：元代后期的火炮已成批生产，每门炮上都有编号。这门世界上最古老的铜炮，比欧洲发明的火炮还早50年。它分为头、尾和药室三部分，从头部向药室内装火药，再安装石弹；尾部有火眼，可以点燃导火线射击。明初《大学衍义补》一书中说："近世以火药实（填）铜铁器中，亦谓之炮，又谓之铳。"这说明大约自13世纪末14世纪初起，金属管状火器出现。因火炮的威力大，又被人誉为"铜将军"，元朝末期开始使用，到明朝即普遍用于战争。有诗赞曰："铜将军，天假手，疾雷一击，粉碎千金身，斩奴蔓、拔祸根，烈火三日烧碧云。"

元代最初的火炮并不是管形火器，而是在宋代石砲基础上改制的抛石机。今天，在中国象棋中，"炮"也写成"砲"字，可见早期的砲亦与石头有关。抛石机由炮杆、横木、皮窝和拽绳组成，形状如同一架大杠杆。它由瞄准手（又称定放手）目测方位和距离，然后安放石块，按照统一号令由众多的壮丁（又称拽手），按一定

铜火铳（元代）

的力量和速度拉拽绳射击。在元代，石弹最重达75千克。抛石机主要用于轰城。还有一次发射几百个小石弹的，用于大量射杀敌军。以元代的七稍炮为例，它的横木长2.8丈，有拽绳125条，动用拽手250人，射程可达150米。元代西域人亦思马因发明的巨砲（即回回砲），在攻克宋朝的襄阳城战役中发挥了巨大作用："机发，声震天地，所击无不摧毁，入地七尺。"

成吉思汗时期，蒙古军队皆由骑兵组成，尚不会用炮攻城，遇到敌方据守高城时往往绕道。成吉思汗为此召集众将发问："攻城略地，兵仗何先？"唵木海将军站出建言："攻城以砲石为先，力重而能及远故也。"成吉思汗闻听深表嘉许。从此，蒙古军队开始发展炮兵。1214年，大将木华黎出征辽东，成吉思汗特意嘱咐说："唵木海言攻城用砲之策甚善，汝能任之，何城不破。"蒙军炮兵又称"砲手"，来自各地所掠的工匠，凡"征讨之际，于随路取发，并攻破州县，招收铁木

金火等匠人充石炮手，管领出征"。在西征欧亚时，由蒙古军所获的各国工匠也被编入炮兵。

由于有了炮兵，使骑兵避免了在攻城中的大批伤亡。在攻城前，先由蒙古骑兵把敌城围住。炮兵们很快地选好阵地，竖起大量的抛射架，运来大批的石弹。随着攻击令发出，巨石便如疾风暴雨射向敌城。在中亚地区，蒙古军还使用沾满石油的火球向敌城发射，被称为"火弹"。每当大战完毕，炮手们即返回各自的手工业作坊，加工首饰、打铁、制作工具。当时，蒙古首都哈喇和林附近有许多作坊，由各国匠人在这里生产生活日用品。在元代，虽然设有石炮水手元帅管理炮手们，但并不设常备的炮兵部队。因此，元代的炮兵只是归政府管理的一批手艺人，他们靠自己的技术，得以在战时及和平年代生存。

◎ 留取丹心照汗青——文天祥

文天祥，1274 年任赣州（今江西境内）知州，赣州在他的治理之下出现了短暂的安乐景象。此时距元军大举压境只余不到一年的时间，南宋已到了最为危急的时刻，文天祥终于结束了长达 15 年的宦海沉浮，开始了戎马生涯。

1275 年正月，文天祥接到诏书，命他召集勤王之师。接到诏书之后，他火速征募义勇之士，筹集粮饷并捐出全部家财作为军费，把母亲和家人送到弟弟处赡养，以示毁家纾难。最终他组织了 3 万多人的兵马。他的友人曾对他说："现在元朝军队以三路进兵，你只有区区 3 万人马，就像是驱动羊群去与猛虎斗争。"文天祥答道："受君之恩，食国之禄，应该以死报国。"此后，他开始奔赴前线阻击蒙元大军，但宋朝的覆亡已不是他所能阻止。他组织了多次保卫战，均

青铜雕鱼龙小刀（元代）

宣告失败。此时的朝廷又陷入了主战和主和的争论，文天祥、张世杰主战，两人联名奏请朝廷背城一战，危中求安。主和派加紧策划议降，太皇太后谢道清准备"奉表称臣"。1276年，文天祥出使元军大营，为伯颜所扣，被押送元大都的途中，在镇江（今江苏镇江）使计逃出，一路经真州（今江苏仪征市，即扬州市西南）、扬州（今江苏扬州）、泰州（今江苏泰州），最终到达通州（今江苏南通），拥立益王登位。此后他招兵筹饷，组建了一支督府军，但是他们的实力远远逊于元军，在战斗过程中尽管也曾收复过失地，取得了短暂的胜利，但最终于1278年文天祥在五坡岭为蒙古铁骑所俘。崖山之战之后，他被押送回元大都（今北京）开始了长达3年2个月的囚禁生涯。从1280年十月抵达大都到1283年，元朝统治者用尽各种手段希望能够劝降文天祥，甚至连元世祖忽必烈亲自出面也未能说服他。整个过程中，参与人物之多、威逼利诱的手段之毒、许诺的条件之优厚、等待的时间之长久，都远远超过了其他宋臣。但他意志坚定，拒绝投降。最终元朝统治者迫于无奈，只能放弃劝降。

1283年，文天祥从容赴死，终年47岁。行刑前，他问明南方所在方向，然后拜了几拜。他殉难之后，人们以各种方式纪念他，他的文集、传记、诗歌也逐渐流传开来，历久不衰。他的《绝命词》写道："孔曰成仁，孟曰取义，唯其义尽，所以仁至。"

三宫衔璧燕山去，蛮子合尊汉地来——南宋幼主的命运

赵㬎，宋度宗幼子。宋度宗死后，他被贾似道等拥立登基为帝，年仅4岁，谢太后临朝称诏。他在位的几年，元军不断进攻南宋，南宋始终处于劣势。1277年，元军攻至临安，陆秀夫等先至大元军中，求称侄纳币甚至称侄孙，俱不从，谢太后无奈只能上传国玺降。同年二月，元朝使节入临安府，封府库，收史馆、礼寺图书及百司符印、告敕，罢官府及侍卫军，南宋灭亡。1277年，他随母亲、祖母及其他朝官、宫廷人员等一同被伯颜派人送到元大都北京，受到元世祖忽必烈的召见，被封为瀛国公。1283年，他被从北京遣送到上都开平。

1289年，据传民间有人以南宋皇室名义起义，元世祖忽必烈赐给赵㬎诸多钱财，让他去吐蕃出家。他的行

经路线从汪元量《湖山类稿》中的很多诗来看，他自上都向西行，过草地，履沙漠，经今宁夏，到达今甘肃居延，后到达萨迦寺。在萨迦寺出家后，他学会了藏文，并将《大乘百法明门论》和印度因明学主要论书之一《因明入正理论》两部重要的经书译为藏文。此后他又陆续翻译了不少佛经，被藏族史学家称为翻译大师。据传他甚至担任了萨迦寺的总主持，为藏传佛教的发展做出了贡献。1323年，据《汉文历代通载》记载："四月，赐瀛国公合尊死于河西诏僧儒金书藏经。"赵㬎是自然死亡还是被赐死，历史上一直有争议。赵㬎死于1323年，享年54岁。

赵㬎除为藏传佛教做出突出贡献外，围绕着他的还有一出堪比《赵氏孤儿》的历史大剧。

据元明之际的《庚申君遗事》《西湖志余》等稗史传说，赵㬎被封为瀛国公后，元世祖忽必烈曾将一位郡王的孙女下嫁赵㬎。他被勒令出家后，偕母亲全太后、妻子罕兀鲁来到张掖大佛寺。1311年，元武宗驾崩，其弟仁宗继位。当时武宗的儿子周王被贬云南，因处境堪忧，后逃往张掖，与赵㬎结为好友。周王见赵㬎的儿子相貌不凡，乞为己子。赵㬎也深知自己的处境，于是把妻子与儿子都托付给周王，并将其子改名为妥欢帖睦尔。后来周王即位，即元明宗，但不久被篡位。篡位的元文宗将赵㬎妻子罕兀鲁和儿子妥欢帖睦尔流放。3年后，文宗传位于元宁宗。不数月，幼帝元宁宗亡故，太后乃命立妥欢帖睦尔，也就是赵㬎的儿子，于1333年即位，即元顺帝。他在位期间，实行"脱脱更化"，名留青史。1368年明军攻入，元顺帝撤离大都，退回蒙古高原。因此民间就有了"元朝天下，宋朝皇帝"一说。据正史记载元顺帝妥欢帖睦尔生于1320年农历四月十七日，当年赵㬎51岁，无论从逻辑还是事实，元顺帝为赵㬎之子的可能性似乎不大。

但不管怎样，赵㬎的一生已足够传奇。他从天潢贵胄顿然转身为僧人，却能静心向佛，潜心向学，最终成为吐蕃的佛门高僧，被尊称为"合尊大师"，这一切不能不令人称奇。

话说

元朝

下

翟　樊
禹　志
　　强

主编

高傲的黄金家族是以怎样的
智慧和雄心统治着那个时代的
「全世界」

内蒙古人民出版社

图书在版编目 (CIP) 数据

话说元朝 : 全 2 册 / 翟禹 , 樊志强主编 . -- 呼和浩特 : 内蒙古人民出版社 , 2016.7
ISBN 978-7-204-14200-2

Ⅰ . ①话… Ⅱ . ①翟… ②樊… Ⅲ . ①中国历史—元代—通俗读物 Ⅳ . ① K247.09

中国版本图书馆 CIP 数据核字 (2016) 第 179284 号

话说元朝 (上下册)

作　　者	翟　禹　樊志强	
责任编辑	王　静　马燕茹	
封面设计	宋双成	
责任校对	李向东	
责任印制	王丽燕	
出版发行	内蒙古人民出版社	
地　　址	呼和浩特市新城区中山东路 8 号波士名人国际 B 座 5 楼	
网　　址	http://www.nmgrmcbs.com	
印　　刷	内蒙古爱信达教育印务有限责任公司	
开　　本	810mm×1050mm　1/16	
印　　张	26.5	
字　　数	500 千	
版　　次	2018 年 1 月第 1 版	
印　　次	2018 年 1 月第 1 次印刷	
印　　数	1—5000 册	
书　　号	ISBN 978-7-204-14200-2	
定　　价	118.00 元（全 2 册）	

如发现印装质量问题，请与我社联系，联系电话：（0471）3946120　3946169

目　录

下篇

大哉乾元显恢弘——多民族共享繁华。诸文化汇聚交融

第六章
民族大融合

話說元朝

HSYC

◎天下混同，人分四等

元朝"四等人制"不是一朝一夕形成的，而是有一个逐步发展的过程。元世祖时，在官职的分配上规定"以蒙古人充各路达鲁花赤，汉人充总管，回回人充同知，永为定制"，规定了不同民族在政治待遇上的等级差异。经过统治者的推行和社会各领域政策的驱使，生活在元朝境内的各民族逐渐被分为四等，依次是蒙古人、色目人、汉人和南人。其中，汉人指原金国统治下的汉族、女真、契丹、渤海、高丽等族以及宋金对峙时期四川地区的汉族人；南人指南宋灭亡后南方元朝江浙、江西、湖广三

行省和河南行省南部的汉族和其他民族。可见，元朝统治者将蒙古族置于全国其他各民族之上，且在法律、政治和经济上乃至科考上，各族都因处于其所划的不同等级而各异。法律上规定，蒙古人殴打汉人，汉人只能向司法部门申诉，不能还手。对各族征收赋税也是按照等级而不同。如括马是一种非常时期为军事目的而施行的强征，征收对象是色目人、汉人、南人，而色目人只括取三分之二，汉人、南人则全部括取，体现出鲜明的民族等级色彩。"四等人制"是蒙古统治者出于对各族实行控制的目的，色目、汉人、南人均被限制于相对固定的区域，蒙古人居于最高层面对其进

人骑动物瓷棋子（元代）

玛瑙盅（辽代）

话说元朝

行统治，这保持了政局的稳定，有利于人口占少数的蒙古民族实施统治。

同时，对于入仕蒙古政权的其他民族实行分化政策，政府以行政手段强制推行民族同化。《元史》记载，1284 年八月，"定拟军官格例，以河西、回回、畏吾儿等依各官品充万户府达鲁花赤，同蒙古人，女直、契丹同汉人。若女直、契丹生西北不通汉语者，同蒙古人；女直生长汉地，同汉人"。这种强制推行的政策，使生活在蒙古地区和汉族地区的女真、契丹等族很快分别与蒙古族、汉族同化，融入蒙古、汉族之中。《南村辍耕录》所载的汉人八种中就有契丹人。元代以后，文献中已见不到契丹之名，说明契丹人在元代已基本融入其他民族当中，可见元代的民族分化政策起到了很大的作用。

走出松漠之间——元代的契丹人

契丹族首领耶律阿保机建立的辽国统治北中国达 200 多年。1125 年，辽被金灭后，契丹人仍活跃于北方地区。契丹族先于蒙古族发展了几百年，其间广泛吸取了中原传统文化，而入仕元朝政府的多为契丹上层人士，他们具有较高的文化水平和从政能力，在治国理念和施政策略上均有独到之处，对蒙古统一全国和北方民族关系的交融以及元朝政权的建设都做出了杰出的贡献。

成吉思汗建立大蒙古国以后，于 1211 年亲统大军开始了灭金、西征和攻宋的战争。一些契丹人参加了征战，投入蒙古军队中担任要职，成为其中

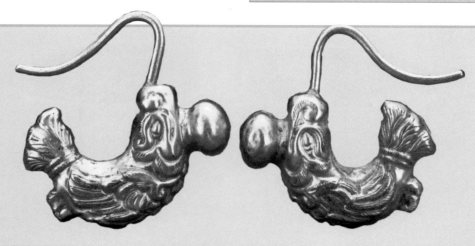

摩羯形金耳坠（辽代）

的一支重要力量。他们拥有较高的智谋和才学，在蒙古统一全国的进程中发挥了重要的作用。

　　金代的桓州地区（今内蒙古锡林郭勒盟正蓝旗）生活着较多的契丹人，这些人较早地投靠了蒙古。最早在蒙古任职的契丹家族是耶律阿海和其弟耶律秃花。早在金朝时期，耶律阿海因"通诸国语"作为使者赴蒙古，见到了尚未称汗的铁木真，萌生为其效劳之心，遂留其弟耶律秃花为质。不久，耶律阿海正式投附铁木真，从此"得参预机谋，出入战阵，常在左右"。1202年，铁木真败于克烈部王罕，向东撤退，至班朱泥河时，仅剩19人跟随并与其同饮班朱尼河之水，其中就有耶律阿海兄弟。1206年以后，蒙古将领哲别率军攻取金国领土，耶律

阿海为先锋，一路攻城略地，进展顺利。他曾向蒙古统治者进谏，应体上天好生之德，禁止杀戮降附民众。耶律阿海通晓多种语言，在长春真人丘处机谒见成吉思汗时，耶律阿海曾担任翻译，为成吉思汗所赏识。其弟耶律秃花同样在攻金过程中功劳卓著，后授封为太傅、濮国公，命其统领降蒙的契丹汉军。

　　桓州另一契丹家族石抹明安早年在金国军队中任职。1211年，成吉思汗率军进入金国境内，先后攻占昌州、桓州、抚州等地，石抹明安受命为使者赴蒙古谈判，遂投附成吉思汗。石抹明安向其进谏："金有天下一十七路，今我所得，惟云中东、西两路而已，若置不问，待彼成谋，并力而来，则难敌矣。且山前民庶，久不知兵，

今以重兵临之，传檄可定，兵贵神速，岂宜犹豫？"成吉思汗纳其言，遂命其率领蒙古军南进，抚定云中东、西两路，所到之处百姓皆箪食壶浆以迎，于是很快占河北诸郡。1215年，石抹明安与三木合把秃儿带兵行经金中都（今北京）地区，金丞相完颜福兴绝望服毒自杀，援军战败，中都军民开门请降，石抹明安抚谕："负固不服，以至此极，非汝等罪，守者之责也。"随后命令居民安业，"仍以粟贩之"，民众均感其恩德。石抹明安也因攻克金中都，而被加封太傅、邵国公，并兼管蒙古汉军兵马都元帅。其长子石抹咸得不，袭职为燕京行省。次子石抹忽笃华，窝阔台汗时任金紫光禄大夫、燕京等处行尚书省事，兼掌蒙古汉军兵马都元帅。

著名的契丹家族还有石抹也先、石抹高奴等。石抹也先听闻成吉思汗率领蒙古大军攻金，单枪匹马来归，并向成吉思汗建议首先攻取金国"开基之地"东京，再定中原。

高颈玻璃瓶（辽代）

随后他被任命为木华黎的先锋，率千骑用计袭取东京，使金国丧失"根本之地"。继而石抹也先率军包围北京，旋破城，木华黎欲屠城，石抹也先极力阻止，城乃得免。石抹也先拜为御史大夫，管领北京达鲁花赤。不久，石抹也先招募精锐之士12000多人，号称黑军，随木华黎转战各地，后拜为上将军，以御史大夫提控诸路元帅府事，管领"辽水之西、滦水之东"地区。后从木华黎攻蠡州城阵亡，时年仅41岁。其后人世代袭职为官，多有贡献。《元史》所记石抹也先有四子，分别为查剌、咸锡、博罗和侃。查剌袭其父御史大夫之职，继续率领黑军，为蒙古征战。其后代世代袭职，从查剌之子库禄满、咸锡之子度剌始，历经良辅、继祖、亦剌马丹、仓赤等几代，直至元代中后期，其事迹有从征李璮、管领石抹也先所创立之黑军，攻取金宋城池、官至各行省平章政事、左丞等职，为元代政治做出很大的贡献。元代后期，石抹继祖曾为沿海上副万户，先后镇守台、婺、处等州。他"驭军严肃，平宁都寇，有战功；且明达政事，讲究盐策，多合时宜"。其子石抹宜孙袭父职，以军功升浙东宣慰副使，刘基、叶深等名士均为其僚佐。

1211年，成吉思汗率军至威宁（今内蒙古乌兰察布市兴和县台基庙古城）时，石抹高奴与刘伯林、夹谷常哥等人举城投附，受封为千户，后随窝阔台汗征金，"为征行千户，卒于军"。石抹高奴之子常山和其孙石抹乞儿均先后袭父职，率领蒙古军东征西讨，"数有战功"，并卒于军中。石抹乞儿之子石抹狗狗秉承家族遗志，继续在元朝政府任职。

在蒙古军南进、金国即将陷于崩溃之时，各地的契丹豪族也纷纷组织武装，据地自守以配合蒙古军的行动。

例如，义州耶律氏世族王珣在木华黎攻取辽东时投靠蒙古军，"招集遗民至十余万……承制以珣为元帅，兼领义、川二州事"。辽东耶律留哥归属成吉思汗时，其部属号称60余万。耶律留哥去世后，其妻姚里氏"权领其众者七年"，成吉思汗称赞说："健鹰飞不到之地，尔妇人乃能来耶。"

最初投靠蒙古的契丹将领的后代，在蒙哥、忽必烈时期也都被委以重任。1275年，移刺涅儿的孙子元臣从丞相伯颜平宋，进阶武义将军、中卫亲军总管，佩金虎符，平乱之后被忽必烈晋为昭勇大将军。耶律秃花曾孙忙古带，"世祖时，赐金符，袭文职，为随路新军总管，统领

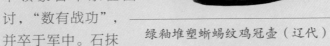

绿釉堆塑蜥蜴纹鸡冠壶（辽代）

山西两路新军"，元成宗即位以后，忙古带被"授乌撒乌蒙等处宣慰使，兼管军万户。迁大理金齿等处宣慰使都元帅"。世居太原的契丹人石抹按只归附蒙古后，攻打叙州、泸州，屡

契丹小字铜镜（辽代）

立战功。1276 年，其子石抹不老乘夜袭击宋军，围攻重庆，战功卓著，"命袭父职，为怀远大将军、船桥军马总管，更赐金虎符，兼夔路副万户"。

成吉思汗南下攻金时，得知耶律楚材是个有学问的人，就在 1218 年下诏派人寻访。耶律楚材面对蒙古入主中原的形势，并没有拒绝合作，而是应召前往，受到重用。1218 年，耶律楚材跟随成吉思汗西征，在中亚地区停留了六七年，后回到漠北。成吉思汗去世以后，耶律楚材继续受到拖雷、窝阔台汗的信任和重用。他充分发挥治国才干，积极倡言于蒙古最高统治者，提出了一系列符合当时形势

的方针政策，奠定了王朝治理的政治基础。

耶律楚材思想的核心是"以儒治国"。政治上他极力修正"裂土分民，各分土地，共享富贵"等传统的蒙古草原习俗，而主张加强中央集权，以中原传统政治方式实行统治。他劝诫窝阔台汗逐渐改变屠城杀掠的惯例，完善法制，稳定社会秩序。他在《便宜一十八事》中规定："州县非奉上命，敢擅行科差者罪之，贸易借贷官物者罪之。蒙古、回鹘、河西诸人，种地不纳税者死。监主自盗官物者死。应犯死罪者，具由申奏待报，然后行刑。"这些法令的推行，对于社会恢复生产、人民的安定都是有利的。在经济上，耶律楚材很重视农业，认为中原的耕地是财赋的源泉。他每每向窝阔台汗等蒙古统治者痛陈国家弊病，生民休戚，并据理力争，反复申述。他曾多次力谏，阻止窝阔台的一些扰民做法，并身体力行，曾整理天下九年之赋。他的这些主张逐渐为蒙古统治者所接受，窝阔台汗也开始重视中原的农业生产，认识到其中的巨大利益。在文化上，耶律楚材注重保护、任用中原汉族儒士，为蒙古统治者引荐了众多人才。耶律楚材说："制器者必用良工，

话说元朝

HSYC

话说元朝

守成者必用儒臣。儒臣之事业，非积数十年，殆未易成也。"因此，他非常重视科举事业，在他的努力下，通过举行以经义、词赋、论为三科的科举考试，招募了大批文士，奠定了元朝文治的基础。成吉思汗晚年嘱其后继者窝阔台说："此人天生我家，尔后军国庶政，当悉委之。"窝阔台赞扬耶律楚材说："非卿，则中原无今日。"

耶律楚材的儿子耶律铸，在窝阔台和忽必烈时期，继承其父的思想，继续践行"以儒治国"的方略。耶律楚材去世以后，耶律铸嗣领中书省事，当时年仅23岁，他"上言宜疏禁纲，遂采历时德政合于时宜者八十一章以进。……朝廷有大事，必咨访焉"。1260年，耶律铸拜为左丞相。至元初期，耶律铸制定法令三十七章，使官府处理政事有法可循。1276年，负责监修国史。耶律铸为政多有建树，凡有利于安邦定国的主张，大都得到窝阔台和忽必烈的采纳。

1276年，忽必烈意欲讨伐日本，因此征询朝臣意见，耶律铸之子耶律希亮劝止："宋与辽、金攻战且三百年，干戈甫定，人得息

肩，俟数年，兴师未晚。"忽必烈听其劝告止之。1309年，"武宗访求先朝旧臣，特除翰林学士承旨、资善大夫，寻改授翰林学士承旨、知制诰兼修国史"，耶律希亮以其史官的职责，对元世祖忽必烈的"嘉言善行"进行分类编次整理，呈递英宗，英宗对此很重视，将其置于宫中。

耶律有尚是辽代东丹王耶律倍的十世孙，曾受业于儒学名士许衡。元世祖至元年间及成宗朝，通过耶律有尚的努力，元政府开始大建学舍，立国子监，立监官，增广弟子生员，为培养治国人才做出了贡献。耶律有尚"前后五居国学，其立教以义理为本，而省察必真切"，他的教法承自许衡，非常勤谨。在他的教导和管理下，"诸生知趋正学，崇正道，以经术

鱼形玉盒佩饰（辽代）

彩划花卷沿罐（金代）

为尊，以躬行为务，悉为成德达材之士"。

离开白山黑水——元代的女真人

1234年，金国为蒙古所灭，统治金国的女真人遂成为蒙古统治之下的一个民族。正如契丹人一样，女真与蒙古在政治、经济等领域内都有不同程度的交往，许多女真上层人士也纷纷入仕蒙元政权，为蒙古的征服战争

和王朝治理做出自己的贡献。同时，女真人仍以部族的形式聚居在北方地区，同蒙古民族交错杂居，融合发展。

大蒙古国时期，许多女真人就开始在蒙古政权中扮演重要角色。女真人赵良弼，事忽必烈于潜藩。蒙哥汗去世以后，忽必烈北还，"良弼陈时务十二事，言皆有征"，又5次上言"劝进"，是元世祖继位的积极支持者。后来，他与汪惟正、刘黑马携手，诛叛臣浑都海死党，维护了元朝政权的统一。在赵良弼代表元朝出使日本以前，忽必烈同意由翰林院为赵氏父兄四人撰文立碑，信任程度不言而喻。后来，赵良弼官至同金枢密院事。1282年，女真人夹谷之奇为吏部郎中，立陟降澄汰之法。1284年，迁左赞善大夫。时真金为皇太子，夹谷之奇"又与谕德李谦，条具时政十事，上之皇太子：一曰正心，二曰睦亲，三曰崇俭，四曰几谏，五曰戢兵，六曰亲贤，七曰革敝，八曰尚文，九曰定律，十曰正名"。此议涉及领域甚宽，其中"正名""革敝"尤切中时政，受到蒙古族统治者重视。刘国杰，元朝初年屡立战功，先后担任四川行枢密院事、湖广行省左丞、右丞、湖广等处行枢密院副使。元成宗即位以后，刘国杰官至湖广行省平章政事。李庭，任职

话说元朝

HSYC

于蒙古族将领伯颜军中,对平宋统一多有贡献。1276年,忽必烈嘉其劳,大宴之时,"命坐于左手诸王之下、百官之上"。后继续对其封赏,别降大虎符、加镇国上将军、汉军都元帅等职。1287年,刘国杰参与了忽必烈亲征乃颜的策划和军事行动,因功官拜资德大夫,尚书左丞,商议枢密院事。成宗继位,仍以"坐于左手诸王之下、百官之上"之礼待之。

此外,在元朝最高学术机构秘书监中,有秘书卿高元侃、典薄召完者图、令史学术鲁继祖、典作郎完颜君翼等女真官,他们所从事的文化工作,直接服务于蒙古族最高统治阶层,这为蒙古与女真文化的互相吸收、互相影响提供了便利。

诸如上述,女真人能够进入元代中央和地方某些实权机构,无疑是

蒙古族最高统治者的需要,同时也反映出蒙古族统治者与女真上层人物在阶级利益上的结合,为元代政权体制增添了多民族色彩。

在今山西、河北、山东以及中原的其他地区,还有一些女真人因迁徙、随军屯驻等原因而散居在各地,其数量较为模糊,难以估计。因蒙古南下灭金时,许多女真人为避免屠杀或掳掠,自行藏匿姓氏或改易汉姓。例如,李庭,本为蒲察氏,来中原后改姓李;刘国杰,本姓乌古伦,入中州后改姓刘;赵良弼,本姓术要甲,音讹为赵家,于是便以赵为姓;还有完颜氏易姓为王,石盏氏改姓石等等。这些易姓的女真人文献中均有记载,具有代表性。这些改易姓氏的女真人,与聚居于东北等地的女真人形成鲜

玉座龙(金代)

明对照。他们散居各地，在当时的社会背景下为了适应社会生活的需要，自觉或不自觉地与其他各族实现了融合。而那些仍以旧俗过着聚居生活的女真人，则仍然处在蒙古统治者的管辖之内。

金代曾在临潢府（今内蒙古赤峰市巴林左旗）、西北路招讨司辖地（治所在今内蒙古正蓝旗）、西南路招讨司辖地（治所在今内蒙古呼和浩特市），分别设置了十几个猛安，其人口数量约有几十万。蒙古军南下灭金时，上述地区的女真人被收降以后，多数留驻于原地。但也有一部分加入蒙古军转战各地，他们待遇优厚，元朝政府规定："若女直、契丹生西北不通汉语者，同蒙古人。"在今天的东北三省地区也聚居着200万左右的女真人。例如，元代的辽阳路生活着女真的洪宽部，咸

双鱼纹铜镜（金代）

平府治所所在地有女真人190户。合兰府水达达等路，混同江南北一带的居民均为水达达、女真等人，那里没有市井城郭，他们过着"逐水草为居，以射猎为业"的生活。元朝政府在此设置管理机构，因其俗而治之。窝阔台汗时，设立有开元、南京2万户府，治旧黄龙府（吉林省农安县），管领女真、水达达等降附部族。至元年间，忽必烈又对当地的行政机构做了调整。在辽阳等处行中书省之下，设开元路、水达达等路。在水达达路设桃温、胡里改、斡朵怜、脱斡怜、孛苦江5个万户府。近年来在黑龙江省阿城金上京城内出土的八思巴文篆字铜印"管水达达民户达鲁花赤之印"，制造于1278年，也是蒙古对女真族实行军政统治的实证。

在女真族聚居区也生活着大量的

話説元朝

HSYC

话说元朝

蒙古军队和民众。内蒙古东部和黑龙江一带有蒙古东道诸王的封地。如成吉思汗幼弟帖木哥·斡赤斤的封地在今大兴安岭西麓、海拉尔河以南到哈拉哈河流域的一带。辽金时期，这些地区皆居住着女真人。斡赤斤受封此处，其部众以及蒙古东道诸王部落的许多蒙古民众都在当地迁徙畜牧，与女真人错处杂居，一直到斡赤斤曾孙乃颜时，前后历经五六十年，在这一带成为一支强大的地方势力。在至元年间忽必烈与乃颜的斗争中，朝廷先禁后弛女真、水达达弓矢之禁，反映了双方都在争夺女真人的管辖权。在蒙古诸王哈撒儿、哈赤温、别勒古台等人的封地内，也有相当数量的女真人。1331年，辽阳境内有"蒙古饥民万四千余户"。元朝派驻有相当数量的蒙古军从事屯田、镇戍、站赤等事务，使女真与蒙古呈现出交错分布的状况，这为他们之间在各个方面相互交往和融合提供了有利的客观条件。

铁锈花草纹大钵（金代）

东北地区土质肥沃，宜于农业发展。早在金代，女真人就在这里从事农业生产。到了元朝，东北地区的女真人在政府的统一管辖下，经济也有相应的发展。1292年九月，元世祖确定了一条管理女真人户的原则，即"水达达、女直民户由反地驱出者，押回本地，分置万夫、千夫、百夫内屯田"，一些流散的女真人返归放土，劳作于阡陌之间。1293年正月，忽必烈得知捏怯烈女直200人以渔自给，生活困苦，当即降旨："与其渔于水，曷若力田，其给牛价、农具使之耕。"渔猎业是东北地区女真人原始的生产内容，但仅仅从事渔猎生产，不可能使女真人的生产力得到长足的发展，更难以适应元朝大一统局面之下生产力的发展水平。忽必烈的这一诏令，客观上是有利于当地女真人生产力发展的。

忽必烈以后的蒙古帝王，也没有改变在东北地区发展农业的方针。

1295 年七月，元朝政府设立了肇州蒙古屯田万户府，以蒙古、女真、水达达归附军等共 650 余户在肇州（今黑龙江省大庆市肇州县）附近开垦农业区，在此开耕屯田的主要是蒙古人和女真人，双方在日常的生产生活中相互之间必会发生交往。1316 年七月，"发高丽、女真、汉军千五百人，于滨州、辽河、庆云、赵州屯田"。1331 年，政府两次下令辽阳行省，发票赈济贫困的蒙古军民，被救济的蒙古军民至少在 15000 户以上（以 5 口一户计，约 7 万口）。辽阳行省内，有大量的女真人从事农业生产，能拿出这么多粮食，可以从一个侧面反映该行省农业生产的水平。可以说，在元代任何一个时期，蒙古族统治者都比较重视东北女真人活动地区的农业生产。

为了帮助女真人度过由于自然灾害而造成的饥荒，元朝政府还经常以大量的钱物赈济女真灾区。1283 年，"给布万匹，赈女真饥民一千户"。1299 年，"辽东开元、咸平蒙古、女直等人乏食，以粮二万五百石、布三千九百匹赈之"，数量如此之多，表明了当地蒙古、女真民户之众。元朝时期，都以赈粮、给钞、减免赋税等方式，帮助受灾的女真人渡过难关。

由于元朝政府对女真人的生产、生活甚为重视，因此一些地区特别是东北地区女真人的生产，不仅以元朝初年的残破状况下逐步恢复好转，而且渐渐缩小了与中原地区的差距。这是元代女真人与蒙古族相互交往所产生的积极成果之一。

元朝统治者对女真族手工业也采取积极扶持和利用的方针。女真人的手工业，在金代已较发达，如云内州的青镔铁，大兴府的金、银、铁冶，真定府的铜、铁，山东、西京、辽东等地的制盐业，辽阳府的织布业等都享有一定的声誉。正因如此，蒙古灭金以后方能完备"百工之事"。元代辽阳大宁有银冶，惠州有"银洞三十六眼"，辽东双城及和州有淘金之产，水达达之地，盛产珍珠；辽阳锦州、瑞州是驰名的产铜之地。这些部门和地区，都有女真人从事劳作。女真人的织布业也相对集中。窝阔台汗时期，"癸卯年，合懒路岁办课白布两千匹，恤品路布一千匹"。水达达人也以兽皮作为赋税。上述地区皆为规模不等的女真聚居区。

女真人的造船技术非常发达。元代在对日本的征战中，需用大量船只，担任造船任务的除耽罗人外，主要为女真人。1285 年六月，"命女真硕达勒达造船二百艘，及造征日本迎风船"。造船数量如此之大，反映出元朝蒙古族统治者能够有效征发、控制女真人，同时也说明女真人的造船能力之强。由于造船工具比较简陋，当时女真人所付出的人力、物力也是可以想象的。从史料分别记载"造船二百艘"和"迎风船"分析，这次女真人造船的种类至少有两种。这些船只，要经受远航日本的考验，其质量亦会有严格要求。可见，元代女真人的造船技术在前代基础上是有所发展的。

元代女真与蒙古在科学文化领域多有交流。蒙古人在女真、契丹等人的帮助下，引进了天干地支纪年法。女真人赵良弼在1274年伯颜伐宋时进言："宋亡，江南士人多废学，宜设经史科，以育人才，定律令，以戢奸吏。"皆被采纳。这样的建议，对于在战乱之中保护学校以及儒学人才起到了积极作用。1282年，赵良弼又将土地3000亩，分别赠给怀州

和孟州，"皆永隶庙学，以赡生徒"，全力扶持元代文化事业。元世祖至元中期，正值各项文化事业恢复阶段。女真人乌古孙泽担任兴化路总管府事，他"兴学校，召长老及诸生讲肄经义，行乡饮酒礼，旁郡闻而慕之"。显然，其兴学、讲经的做法，对周围各地都造成了良好的影响。女真人孛术鲁翀，才学过人，学问文章为时人折服。1307年以后，先后担任儒学教谕、学正、翰林国史院编修官、翰林修撰，主管"国子监"，集贤学士等职官。在元代的国家教育、修史等方面颇有贡献。他除了自著文集60卷外，还参加修撰《世皇实录》《大元通制》（为之作《序》）、《太常集礼》，为元文帝撰写《天历大庆诗》。对元代官员的铨选，他提出"科举未立，人才多以吏进，若一概屈抑，恐未足尽天下持平之议。请吏进者，宜止于五品"的建议，被采纳后"著为令"。他还向左丞相拜住明言，"为宰相者，必福

铁锈花小口罐（金代）

德才量四者皆备，乃足当耳"，"才"即指文化水平。在当时，选官注重相应的文化水平，无疑具有进步意义，也有利于蒙古族同各个民族之间的文化交流。

元朝在立国思想、政权建设等方面，多承袭辽金两朝，而辽金王朝的传统多得自唐宋及历代中原王朝。因此，元朝在占领中原汉地以后，很快能够稳固其统治，这与大量的契丹、女真人入仕元朝政权，与蒙古民族融合是分不开的。

金国虽然为蒙古所灭，但女真人先于蒙古接受中原汉地生产、生活方式。在元朝大统一的局面下，女真人与蒙古人之间在各个阶层、各个领域的交往，增进了两个民族在元朝时期的相互了解。尽管女真族处于被统治的地位，绝大多数女真民众又是被奴役、

贞祐铜钞版（金代）

被剥削的对象，但从总体上看，元代女真人与蒙古族在政治、经济、文化诸方面的相互往来，对当时的社会进步有其积极的一面，同时也为元代多民族的物质文明和精神文明增添了有历史意义的内容。

"回回"的出现

蒙元时代一个引人注目的现象是形成了一个新的民族群体——回回。"回回"一词在金宋时代的汉人观念中，与隋唐时期的"回鹘""回纥"经常是同义语。到了蒙元时代，"回回"词义发生变化，其所指的是畏兀儿以西中亚诸人群的集体称谓，与畏兀儿（回鹘、回纥）分离开来而各有所指。"回回"一词既是民族名，又有穆斯林的含义。元代时期，回回人

绿釉鸡冠壶（辽代）

话说元朝

HSYC

具体包括来到中国的阿拉伯人、波斯人以及中亚的突厥各族，这个人群的共同特征包括较高的社会政治地位，属于外国移民及其后裔，同时信仰伊斯兰教等。

此外，元代时期，还有一些蒙古人和汉人也加入到回回民族的行列中。部分蒙古人起初受到来自中亚、西亚地区穆斯林的影响，加之忽必烈的孙子安西王阿难答等蒙古贵族的提倡，信奉了伊斯兰教，从而归入回回。而一部分汉人由于各种原因，成为回回人收养的奴仆，或成驱口，或发生族际交往，如通婚等，也加入到回回行列。此外，随着回回民族的发展壮大，到了元朝后期，部分畏兀儿人和阿儿浑人也被称为回回。

蒙古与回回人的关系由来已久。早在成吉思汗统一蒙古高原的过程中，蒙古就吸收了一些回回人，文献记载的有阿三、札八儿火者和哈散纳等。《蒙古秘史》记载："又有阿三名字的回回。自汪古惕种的阿剌忽失的吉惕忽里处来。有羯羊一千。白驼一个。顺着额尔古涅河易换貂鼠青鼠，来至巴泐渚纳海子。"回回人阿三是在成吉思汗被克烈部打败以后，退至班朱泥河之时，加入到蒙古军行列之中。札八儿火者和哈散纳则是早就跟随在成吉思汗跟前，《元史》中均有其传。札八儿火者，赛夷人。"赛夷"意为贵族，"火者"意为师长、先生，因此札八儿火者是信奉伊斯兰教并出身高贵的穆斯林。当时，这3名回回人属于与成吉思汗同饮班朱泥河之水的19人行列之中，地位非比寻常。也由此看到，蒙古部在兴起之初就与不同部族民众有着广泛的联系。

大蒙古国建立以后，成吉思汗有意与中亚的花剌子模建立联系，进行通商往来，遂派遣了一支500人的商队和使团，其首领均是回回人，他们充当了蒙古人的商业代办和外交代表。当他们到达花剌子模边境城市讹答剌时，被诬为间谍，几乎被全部杀掉，仅剩一人得脱。成吉思汗得知后，派回回使臣责难，使臣又被杀，这才开始率领蒙古军西征。到达中亚地区时，掳掠了很多回回人，包括士兵、工匠和普通的平民，然后将他们带回草原。后来的几次西征途中，西征军多次将大量回回人带回蒙古本部。同时，因为这几次西征，沟通了中西亚与蒙古草原的联系，大批回回人因此源源不断地来到中国北方草原地区。这些人当中有商人、教士、知识型人才等，纷纷入仕大蒙古国。回回人多信奉伊斯兰教，来中国的一些专职教士，称为"答失蛮"。忽必烈建立元朝统一全国之时，回回人已经遍布北方草原和中原汉地，这为在元代中后期最终形成回回民族奠定了基础。

当时来华的著名回回人有赛典赤·赡思丁。"太祖西征，赡思丁率千骑以文豹白鹘迎降，命入宿卫，从征伐。"他后来成为元代著名的政治家。此外，还有阿剌瓦而思、察罕父伯德那、牙老瓦赤等人。西征时，蒙古军攻破中亚的城市，便掳掠大批回回工匠，

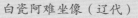

白瓷阿难坐像（辽代）

为蒙古制作器械。如攻破撒马尔干以后，掳获工匠3万余人，攻破玉龙杰赤时，掳获10万工匠。1271年，忽必烈从伊利汗国请来两位著名回回工匠阿老瓦丁、亦思马因，到大都制作"回回炮"。两年以后，将这种回回炮用于攻击南宋的襄阳之战，威力巨大，最终迫使襄阳投降。此事在《元史》《史集》等文献中均有记载。降附的回回士兵，被编入蒙古军队之中，称为回回军。

元代时期，蒙古统治者非常重视回回人，主要是因为相对于广大中原汉族来说，蒙古民族是少数民族，其作为统治者，对汉族人很不放心，因此要利用回回等色目人的管理才能来统治汉人。同时，回回人善于理财，能够为蒙古统治者聚敛财富，因此适合担任财政要职。回回商人除了从事一般的贩运生意以外，多为蒙古贵族放款收利，其利息极高，称"羊

话说元朝

羔利""羊羔息"或"回回债""斡脱钱"。其中"斡脱"是突厥语"伙伴""商业组合"的意思，实际上意指回回商业团伙或回回商人。回回人常常通过将国外的各种珍宝或珍禽异兽献给蒙古统治者，以求得赏赐，这被称为"中卖宝物"。元成宗时，曾有一回回富商将一块重一两三钱的红剌献给成宗，这块宝石估价大约值中统钞14万锭，成宗将其镶嵌于帽顶上作为装饰品。由于蒙古统治者十分喜爱外国珠宝，因此，回回人得以以此作为进身之阶，同时使各种珍奇异宝迅速传入中国，回回人所经营的珠宝行业也兴盛起来，他们由此也被称为"识宝的回回"。

在蒙古西征之前，回回商人早已活跃在蒙古高原地区。西征以后，中西交通便利，回回商人大量涌入。元朝回回人多以商入仕，元末的回族诗人丁鹤年的曾祖父阿老丁及阿老丁之弟乌马儿都是元朝初年的著名商人，因资助蒙古征讨西北诸国、招降吐蕃等功绩，擢升其为甘肃行省左丞。窝阔台时期的回回人奥都剌合蛮因扑买（承包）中原课税，官至

提领诸路课税所官。

回回人初来中土之时，还不会汉语、蒙古语，但经过与蒙汉民族交往和学习以后，他们及其后代都已学会了蒙古、汉等语言，尤其是在汉化方面，许多回回人学会汉语，一些原本目不识丁的武人也"舍弓马而事诗书"，变成了文人。陈垣先生在《元西域人华化考》一文中对元代西域人的"华化"问题进行了精密的考证。元代著名诗人萨都剌就自称"答失蛮氏"。由于回回人与蒙古等族接触时日渐多，受中国文化濡染深厚，元末农民战争时期，回回人除少数参加反元战争，绝大部分都是与蒙古统治者一道，共同维护元朝统治。典型的有回回阿儿浑人迭里弥实、哈喇鲁人伯

三彩砚、笔洗（辽代）

颜、获独步丁、纳速剌丁等人。回回人在汉化的同时，受到蒙古的影响也很深。西征时归附蒙古的回回人伯德那，其子取名察罕，为蒙古名。

回回人多科技人才，著名天文学家扎马鲁丁曾为元朝编制《万年历》，制作了一些观测天象的仪器。阿拉伯医学发达，经由回回人传入中国，蒙古人西征时，曾掳掠了一些回回医生，元朝政府机构中设置有回回药物院、广惠司等机构，《元史》中还有一些回回太医、回回医官的记事。此外，约成书于元末的《回回药方》更是证明了回回人的医术传入蒙古、汉等各族生活区域之中。

◉ "黄金家族"的肱骨——畏兀儿人

畏兀儿基本上是隋唐时期的回纥或回鹘人，蒙元时期主要信奉佛教和景教（聂思脱里）。大蒙古国建立之初的畏兀儿人中，较为重要的有塔塔统阿，《元史》称其"性聪慧，善言论，深通本国文字"，他曾在乃蛮部任职，职掌金印及钱谷等事。1204年，铁木真灭乃蛮部时，将塔塔统阿俘获。铁木真知印用处后，乃命凡有制旨，要用印章，命其为掌印官，并以畏兀儿

文字书写蒙古语，创制了畏兀儿体蒙古文，并教授太子、诸王。窝阔台汗时期，命其掌管内府玉玺金帛。塔塔统阿为蒙古做出了巨大的贡献，备受蒙古统治者礼遇。

畏兀儿亦都护政权首领巴而术阿而忒的斤曾帮助成吉思汗进行过对中亚、伊朗、西夏的征服，立有战功，因此其家族长期享受着蒙古统治者的优厚待遇。畏兀儿人在归附蒙古之初，就追随蒙古统治者，并广泛参与蒙古的政治、军事、经济、文化等各个领域。此前提到，畏兀儿亦都护巴而术阿而忒的斤率部加入蒙古西征军，此外还有一些其他头领也带领本部加入了蒙古军队。《元史·昔班传》载昔班父阙里别斡赤，"身长八尺，智勇过人，闻太祖北征，领兵来归。从征回回国，数立功"。

《新元史》卷二十九《氏族表》列出的入仕元朝的畏兀儿大族有29家之多，如高昌王亦都护、孟速思、洁实弥尔、小云石脱忽怜、贯氏、廉氏、全氏、鲁氏、大乘都、小乘都等，他们多担任蒙古皇帝、皇室成员的师傅，如岳璘帖穆尔"精伟兀书（畏兀儿文），慷慨以功名自许。……皇弟斡真奏求师傅。上命公往。公训导诸王子，以孝弟敦睦、仁厚不杀为第一义。上闻

嘉之，中原诸路悉命统治"。孟速思"幼有奇质，年十五，尽通本国书"，曾以治国之道教授拖雷。此外，畏兀儿人哈喇亦失哈北鲁、撒吉思、昔班等也都教授过蒙古诸王。

元代藏传佛教盛行全国以后，畏兀儿人中也有一大批士人修习藏传佛教。有的畏兀儿人，如安藏、阿鲁浑萨理、迦鲁纳答思、舍蓝蓝、必兰纳识里等人还曾担任皇帝与西藏喇嘛帝师之间的翻译，传播藏传佛教义理，受到蒙古统治者的赏识。他们供职于蒙古宫廷之内，有不少是名重一时的翻译家，他们所译语种有蒙汉互译、蒙古与畏兀儿互译，还有藏、梵译蒙古语等。

大量的畏兀儿人在蒙古宫廷或地方政权中担任各种官职，畏兀儿人为蒙古帝国的统一，元朝的建立、巩固与发展，做出很大的贡献。清人屠寄对元代畏兀儿体蒙古文做了高度的评价。畏兀儿蒙古文字的创制与推广，使畏兀儿文化在蒙古中得到广泛传播，极大地影响了蒙古民族的传统文化，对于蒙古民族共同体的形成起到了促进作用。

蒙古功臣 突厥后裔——阿儿浑人

钱大昕《元史氏族表》称："阿鲁浑氏，亦称阿儿浑氏，亦称阿剌温氏，本西域部族。"元代诸文献中多记载其名。学界考证，阿儿浑人原居今吉尔吉斯斯坦和哈萨克一带，属于突厥部族。蒙元时期，阿儿浑人大量进入中国，与北方各族生活在一起，有的成为朝廷的高官，如徹里帖木儿为"阿鲁温氏。祖父累立战功，为西域大族"，在元文宗、元顺帝时，官至河南行省平章政事和中书平章政事。

阿儿浑人受伊斯兰教和回回人的影响甚深，多与回回人通婚，以至于到了元末，有部分阿儿浑人被称为回回人。如迭理弥实，在王祎《王忠文

团龙戏珠纹鎏金银碗（辽代）

《公集》中记载两条史料："字子初，合鲁温氏，西域人也。""迭理弥实者，字子初，回回人也。"迭里弥实，意为苦修者，其夫人为回回氏，均信仰伊斯兰教，可能由于元代多称穆斯林为回回人，因此，将原为阿儿浑人的迭理弥实也称为回回人。

根据文献记载分析，阿儿浑人入居中国以后，多分布在北方。《元史·哈散纳传》记载，曾与成吉思汗同饮班朱尼河之水的回回人哈散纳受命"管领阿儿浑军"，跟从成吉思汗征讨西域，多有战功，"至太宗时，仍令领阿儿浑军，并回回人匠三千户驻于荨麻林"。荨麻林即现在张家口的洗马林，元时属兴和路管辖，说明在元代北方地区，有大批阿儿浑人与当地诸族杂居在一起，这也得到马可·波罗的印证："此种持有治权之基督教徒，构成一种阶级，名曰阿儿浑，犹言伽思木勒也。"推断当时留驻于丰州至洗马林一带的阿儿浑军人数不少，否则不会引起马可·波罗的注意。后来随着元朝一统全国，如同回回人一样，阿儿浑人逐渐分散在全国各地。据统计，元代知名的阿儿浑人约为六七十人。著名的阿儿浑人世家哈只哈心，其儿子阿散和两个孙子暗都剌、凯霖先后分别被任命为大名路税课提领、

黄釉温碗 葫芦形执壶（辽代）

大都路警巡院达鲁花赤和彰德路达鲁花赤。伊伯德依哈喇丹（也称作亦福的哈儿丁）一家四代六人，"子孙世为闻臣"。

由于阿儿浑人分布较广，其人数必定不少，可惜史料记载较少，如《元史》中立传的阿儿浑人只有徹里帖木儿，因此其与留居地诸族的关系不得其详。但既然广泛的分布于各地，必定与他族发生交往无疑，且阿儿浑世家大族多入仕元朝政府，充当达鲁花赤等职，为元朝治理国家做出了应有的贡献。

远方汇入的诸色人群——钦察人、康里人、阿速人与汪古人

来自于西域的钦察人、康里人均属于色目人之一种。《世界征服者史》和《史集》都提到，拖雷攻金时，曾用一位会使用求雨石施法术的康里人作法下雨雪，将金兵打败。这个故事虽然是传说，但是说明在大蒙古国时期，已经有康里人在为蒙古统治者服务。《元史》中立传的康里人有艾貌拔都、庆童、不忽木及其子巙巙、康里脱脱、拜住等。

阿速在西方被称为阿兰，汉文文献称为阿速，他们是从高加索地区迁来的西域人，有时被称为"绿睛回回"。《庚申外史》记载，至正十一年"朝廷闻红军起，命枢密院同知赫厮、秃赤领阿速军六千并各支汉军讨颍上红军。阿速者，绿睛回回也，素号精悍，善骑射"。阿速人属于欧罗巴人西亚型，可能是因为眼睛呈绿色而得此称呼。元代时期有阿速军，为阿速人组建的军队，供蒙古统治者差遣。

汪古部分布于漠南阴山地区，详情前文已述。汪古部首领阿剌兀思剔吉忽里在成吉思汗统一蒙古高原的过程中，率部主动归附蒙古。1206年以后，汪古部被编入以千户制为基础的大蒙古国中。《史集》说，阿剌兀思惕吉忽里归附蒙古时，"有姑娘从成吉思汗氏族嫁到汪古惕部落，也有娶自他们的"。成吉思汗恩赐汪古部首领世为成吉思汗家族的驸马。因此，自阿剌兀思惕吉忽里以后的汪古部继承者均以蒙古皇室驸马的身份，参与蒙元政权的军政大事，还有权分享战利品和皇帝的赏赐。其首领在元成宗、武宗时期，被封为高唐王，后又晋封郐王、赵王。

白釉剔花罐（辽代）

蒙元时期，汪古人与蒙古统治者的关系始终非常密切，汪古人的社会地位也非常高。汪古人阔里吉思是元朝少有的文武兼备的人物，阎复《驸马高唐忠献王碑》就是为他作的。碑文记载，武襄（爱不花）"生四子：长忠献王；次也先海迷失，早逝……"长子忠献王就是阔里吉思，他一生为元朝守卫边疆、讨伐叛乱，功劳卓著。

元初，朝廷于汪古部的基本领地，相继设置德宁路、净州路、集宁路与砂井总管府。汪古部的领地处于中书省直辖的腹里地区，为交通要冲地带，由中原到北方草原，汪古部是必经之地。汪古部起着沟通汉人和蒙古人之间的经济往来和文化交流的重要作用。

遥忆当年贺兰雪——顽强的西夏唐兀人

唐兀人是原居于西夏故地河西地区、以西夏遗民为主体的民族。唐兀是蒙古统治者对其的称呼，也称唐兀惕，"惕"为多数的意思。西夏是以党项羌人为主体建立的政权。早在唐初，党项首领拓跋赤辞即率众内附，臣属于唐。唐末，平夏部首领拓跋思恭因助唐镇压农民起义有功，获得唐

朝复赐李姓，晋爵夏国公。宋、辽时期，其势力逐渐强大。1038 年，党项首领李元昊正式称帝，建国号为夏，定都兴庆府（后改中兴府，今宁夏银川），

蕉叶纹白瓷温碗（辽代）

其辖境"东尽黄河，西界玉门，南接萧关（今宁夏同心县南），北控大漠，地方万余里，倚贺兰山以为固"，疆域范围大体上包括今宁夏、甘肃大部及陕西、内蒙古一部分地区。居民主要是党项族和汉族，还有部分吐蕃人和回鹘人等。

关于蒙古迁徙唐兀人最早的记录应是在 1205 年 3 月，成吉思汗率蒙古军第一次进攻西夏，攻破力吉里寨，经洛思城，大掠人民及骆驼。至此，唐兀人开始在蒙古统治者的控制下，被迁徙至其他地区从事军事征战和社会生产。1224 年，孛鲁率蒙古军

话说元朝

HSYC

话说元朝

攻入西夏，斩首数万民众并俘获人民和牲畜数十万。

西夏灭亡以后，河西地区便成为蒙元帝国的一部分，唐兀人成为蒙古统治下的属民。因此，唐兀人也同样开始参与元代的政治、军事、经济、文化活动。唐兀人的迁徙活动愈加频繁。有相当一部分唐兀人被迁徙至今山西大同、应县一带，"西夏平，徙西宁民于云京"，云京就是大同。世居宁州（今甘肃宁县）的唐兀人李天祐，当成吉思汗占领宁州以后，李天祐"犹为其国执戟郎，即以上命徙家大同，即古云中、雁门地"。1260年，"遣灵州种田民还京兆（今陕西西安）"，1262年，"敕河西民徙居应州（今山西应县）"。

西夏灭亡后，唐兀人成为蒙古军征兵的主要来源之一，成立了由唐兀人组成的质子军、宿卫军和镇戍军。《元史》中签发河西军的记载比比皆是。如1271年二月，"以沙州、瓜

牡丹纹鎏金铜马鞍具（辽代）

州鹰坊三百人充军"。1281年设立唐兀卫，为皇家宿卫军之一，设立之初即"遣使籍河西六郡良家子以充之"，时有西夏军人3000。

唐兀人高智耀，忽必烈在潜邸之时便已听闻其贤名，称帝即位以后，将高智耀召见进宫。高智耀向忽必烈倡言"儒术有补治道，反复辩论，辞累千百"，认为儒术有利于治国。其学识得到忽必烈的赏识，授其为翰林学士，掌管儒户之事。当时，淮、蜀士人多有被蒙古统治者俘虏并没为奴，高智耀向忽必烈上奏："以儒为驱，古无有也。陛下方以古道为治，宜除之，以风厉天下。"于是，忽必烈遂"命循行郡县区别之，得数千人"。1268年，高智耀上奏忽必烈，建议设立监察机关。他说："国初庶政草创，纲纪未张，宜仿前代，置御史台以纠肃官常。"忽必烈纳其言，增设了御史台。高智耀又出任西夏、中兴等路提刑按

察使，后出使西北至上都病卒。他为遵用汉法，促进元朝社会的发展做出了贡献。

西夏武威唐兀人余阙，长于文学，曾为辽、金、宋三史修撰。历任江淮行省参知政事，淮南行省左丞，曾注疏《周易》，留意经术，"五经皆有传注。为文有气魄，能达其所欲言。诗体尚江左，高视鲍、谢，徐、庾以下不论也。篆隶亦古雅可传"。

李桢，字干臣，"其先，西夏国族子也"，后作为质子留侍蒙古宫廷，"以文学得近侍，太宗嘉之，赐名玉出干必阇赤"。李桢曾从皇子阔出伐金，一路攻下河南诸郡，后阔出命李桢赴唐、邓二州管理民事。当地由于战乱，百姓有十之

八九都流散至各地，"桢至，赈恤饥寒，归者如市"。李桢曾向贵由汗进言："襄阳乃吴、蜀之要冲，宋之喉襟，得之则可为他日取宋之基本。"贵由汗然之，"赐虎符，授襄阳军马万户"。后元军攻克襄阳，而成为灭宋的关键。

昂吉儿，张掖人，姓野蒲氏，其家世代为西夏将军。其父亲野蒲甘卜投奔成吉思汗为千户，从木华黎出征时病死。昂吉儿继领父亲的军队，从征西域诸国，多有战功。进入中原以后，"塞马当暑，往往疥疠，昂吉儿以所部马入太行疗之，所病良已。由是军中马病者，率以属焉，岁疗马以万数"。元统一江南地区以后，昂吉儿奏请在两淮地区设立屯田，以恢复生产。忽必烈于是调遣数千人赴芍坡、洪泽等地先行试

系链水晶杯（辽代）

验，果如昂吉儿所言，乃以2万兵屯之，岁得米数十万斛。这个有效的举措对两淮农业生产的恢复和发展做出了一定的贡献。昂吉儿为人耿直，忽必烈东征日本之前，他曾上疏奏请勿攻日本，因屡次直言犯上而为忽必烈所不乐。昂吉儿之子昂阿秃于1287年在忽必烈平定乃颜之乱立下功劳。

星吉，在元英宗至治初年，为中尚监，后改右侍仪，兼修起居注，还做过监察御史，为官正直，曾官至湖广行省平章政事，为政多抑强扶弱，使"豪强敛手，贫弱称快"。

亦怜真班，1319年，拜为翰林侍讲学士。至顺初年，拜翰林学士承旨。顺帝至正年间为光禄大夫、御史大夫。在任期间，"尽选中外廉能之官置诸风宪，一时号称得人"。亦怜真班共有九子。其次子普达识理，为元朝翰林学士承旨，知制诰兼修国史。

观音奴，字志能，其诗文斐然，

鎏金卧鹿纹银鸡冠壶（辽代）

还是元朝的"良吏"，为官"廉明刚断，发擿如神"。

昔里钤部，早在大蒙古国时期便已归附成吉思汗。元朝建立以后，其子爱鲁、孙教化，分别担任云南诸路宣抚使、副都元帅、行尚书省右丞、中书平章政事等职，对云南等地的开拓做出了一定的贡献。

西夏王族李恒，自西夏灭亡后入仕元朝政府，在灭宋过程中立功卓著。

可见，唐兀人在入仕元朝政府以后，与蒙古人一道，为大一统事业做出了重大的贡献。

西夏长期以来兵连祸结，"田野荒芜，生灵涂炭"。直到元初，黄河两岸的农田水利设施均被破坏殆尽。元朝建立后，管辖西夏地区的甘肃行省首先着手兴修水利。经过张文谦、董文用、郭守敬等人的疏浚，唐来、汉延等渠的灌溉面积达到十数万顷。元朝政府授予西夏宁州人朵儿赤为中兴路新民总管,他到任以后,"录其子弟之壮者垦田,塞黄河九口,开其三流"。1286 年,元朝又以忽都鲁所部屯田新军 200 人凿合即渠于亦集乃之地,并以傍近人民、西僧余户相助从事开凿工作。岳璘帖穆儿亦曾在河西"凿井置堠,居民使客相庆称便"。

在兴修水利的同时,元世祖忽必烈又在西夏中兴、西凉、甘洲、瓜州、沙州等地开辟水田。"民之归者户四五万,悉授田种,颁农具",使得逃亡人民重返家园从事农业生产。元世祖还不断拨给耕地、农具、种子,甚至提供人力,加紧恢复和发展西夏地方的农业生产。如在 1266 年疏浚中兴、汉延、唐来等渠后,将僧人所据有的良田分给蒙古人开垦。1271 年,迁"徙鄂民万余于西夏","计丁给地、立三屯,使耕以自养"。同年,又得当地羌、浑等少数民族 8000 余人,"官给牛具,使力田为农"。1276 年,命李进领军 2000 人,屯田河西中兴府。1280 年十月,以汉军屯田沙州、甘州。1281 年六月,以太原新附军 5000 人屯田甘州。1286 年十月,将戍守甘州的新附军约千人迁徙至中兴地区进行屯田。十二月"遣蒲昌赤贫民垦甘肃闲田,官给牛、种、农具"。1287 年七月,在瓜州、沙州等地区,设立阊

阊屯田,并且调遣河西、甘肃等地区的富民千人赴阊阊地区,与汉军、新附军共同居住在一起,并从事耕植生产活动。1288 年四月,调遣新附军 300 人在亦集乃地区屯田。1291 年十一月,将甘肃地区空旷闲置的土地赏赐给昔宝赤合散等人,使其率众从事农耕生产,开发这一地区。1292 年九月,徙沙州、瓜州居民"于甘、肃两界,画地使耕,无力者则给以

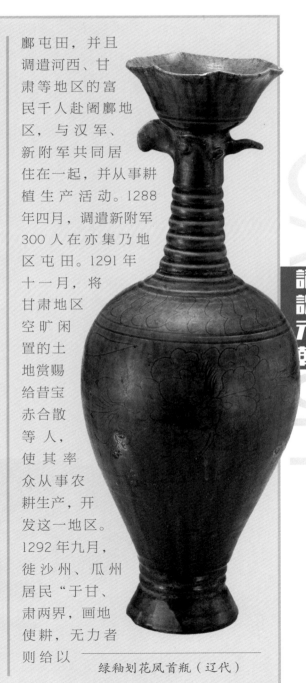

绿釉划花凤首瓶(辽代)

牛具农器"。西夏地区在元世祖至元时期，无论是水利灌溉或是屯田，均取得了迅速的发展和显著的进步。这一系列发展生产的举措，改善了蒙古与唐兀等人的关系，在进行农业生产等社会活动中，各族民众之间的往来增多，促进了民族融合。

元世祖以后，元朝在西夏地方继续不断地屯田，如1297年十一月，汪惟和率领所部军队在瓜州、沙州一带屯田，政府拨给中统钞23200余锭，用来购买种牛、田具等物资。1303年六月，有约1万人的蒙古军分别镇守瓜州、沙州等地的险隘地带，并立屯田，用来满足军队供应粮饷之需。1319年十二月，"河西塔塔剌地置屯田，立军民万户府"。

元朝对西夏地区的屯田一直很重视，在西夏宁夏府、亦集乃、肃州、沙州、甘州、瓜州等路的屯田总数达到四五千顷。屯田的成效也很显著，单是甘州一地，1279年就得粟2万余石。宁夏府屯田也很有成效，西夏的农业很快地得到恢复和

发展，赋税的收入也成倍增长。

此外，西夏的畜牧业、商业、手工业等，在原来的基础上有所发展。如元代亦集乃地方"颇有骆驼牲畜"。"哈喇善（即元代亦集乃路，今阿拉善一带）……城中制造驼毛毡不少，是为世界最丽之毡，亦有白毡，为世界最良之毡，盖以白骆驼毛制之也"。这些精美的毛毡制品，由商人运至中原汉地，甚至远销世界各地。

可见，唐兀人与蒙古、汉等民族在西夏地区为当地生产的发展做出了很大的贡献，如迁居到应州的唐兀人，就和当地人民一起，参加农业生产。河南鄢陵有唐兀人1万家，1307年黄河决口泛滥时，他们和当地人一起增筑堤防。元世祖至元年间，西夏张掖人昂吉儿率领西夏军1300人在河南修筑了信阳城。内迁到南方的唐兀人，起初尚保持着西夏地区原有的风俗，但经过数十年与江南人民的错居杂处，接触往来，"其习日以异，其俗日不同，而人之生长于此者，亦因以变"，久而久

水晶耳杯（辽代）

之，便与江南人民融合在一起。

民族融合专题之一——蒙汉交融的黄金时代

蒙汉杂糅，天下太平——蒙元时代的蒙汉关系

蒙元时期，蒙古族是统治民族，但人数相对较少，文化落后，而汉族在人数上和文化传统上占据绝对优势。因此，北方地区的主体民族始终是蒙古族和汉族。古代北方民族关系史中，北方游牧民族与中原汉族的关系始终占据民族关系史的主要篇幅。在由以军事征战为主要特征的大蒙古国向以王朝治理为统治方式的元朝政权转变的过程中，蒙汉关系发挥了重要的作用。而且，在元朝建立以后，汉族依然是当时人数最多的民族，无论是在国家政治、生产建设，还是社会治理、文化传承等方面，都发挥了不可替代的作用。

大蒙古国时期，蒙古族一直处在对中原的征服战争进程中，到了忽必烈总领漠南汉地军国庶事以后，蒙古族才逐渐开始了与汉族广泛接触和交融的时期。建立元朝以后，蒙古统治者逐渐从草原本位政策向汉地本位倾斜，其统治重心南移至中原汉地，蒙

古族大量内徙，同时也有很多汉族人民因各种原因迁移至北方地区，与蒙古民族杂居在一起。

隋唐以后的五代宋辽金时期，中国古代境内长期存在着多个政权，朝代的更迭也非常频繁，这对中原传统汉族士人的观念影响很大，到了蒙元时期，他们认为，"今日能用士，而能行中国之道，则中国之主也"，成为元代蒙汉民族关系思想认识上的新转变。对于蒙古统治者来说，只要重用汉族士人，实行中国之道，就可以成为所谓"中国"之主；对于汉族士人来说，不应歧视汉族以外的民族所建立的政权，只要他们实行中国之道，就应该成为正统之主，而士人们不应有华夷隔阂，他们的责任是"致君行道"，积极入仕参与蒙古政权的统治，才能更好发展社会经济。1230年，大蒙古国开始在中原地区设置十路课税所，每路担任正副课税使共二人，全是汉族儒士，如燕京课税使为儒士陈时可、赵昉，宣德课税使为儒士刘中、刘桓等，这是蒙古统治者开始大批任用汉族士人的开始，汉族士人从此逐渐改善了地位，并在蒙古政权中占有一席之地。1235年，窝阔台之子阔出率军攻打南宋，汉人杨惟中、姚枢随军出发，在被占领的地区召集了数十

HSYC

话说元朝

名儒士带回北方，并予以优待和重用。这些儒士中就包括经学家赵复以及后来的名臣窦默、王磐等人，他们在北方兴办学校、收集图书、教授生徒，传承并发展了汉族传统文化，同时也在一定程度上促进了蒙古、契丹等北方游牧民族接受、学习汉族文化。

1247年，张德辉受召北上，觐见忽必烈，在回答忽必烈的询问时，他极力推崇传统儒家文化，同时还向忽必烈举荐了魏璠、元好问、李冶等20多位汉族士人。为使忽必烈尊崇孔

盘口穿带白瓷瓶（辽代）

孟之道，他和元好问联袂恭奉忽必烈为"儒教大宗师"。这一切使忽必烈很早就了解了中原文化，为其将来建立中原王朝式的元朝打下了基础。忽必烈总领漠南军国庶事以后，汉族儒士很快将以忽必烈为代表的蒙古统治者视为他们政治利益的代表而加以拥戴。而忽必烈等趋向于汉地的蒙古贵族，在汉族士人刘秉忠、赵璧、郝经、张文谦、姚枢、许衡等"藩府旧臣"的影响下，逐渐认识到"北方之有中夏者，必行汉法，乃可长久"。在这个基础上，蒙汉两族的上层人士接触越来越频繁。

大蒙古国及元初，北方汉人世候群体开始大规模入仕蒙古政权。据分析，入仕蒙古的汉人籍贯的绝大多数为燕云十六州及其附近地区，而这一地带自唐五代以后，先后由契丹、女真统治长达300多年，当地汉人早已开始与北方民族进行交往，彼此间的文化融合时常发生。到了蒙元时期，他们自然就能够在此基础上对蒙古人产生认同感和亲和力。由于汉族士人的华夷观念在蒙元初期有了进一步的发展和演进，由此引起大量士人仕蒙，从蒙元初期开始便建立了以蒙古上层统治者为核心的蒙汉联合政治文化体制，在政治上体现了有元一代的民族

关系格局。元明鼎革之际，一大批汉族士大夫甘愿为元政权捐躯，表明他们在一定程度上认同了蒙元政权。

蒙元时期，蒙汉两族普通民众的交往与融合的规模也是空前的。蒙汉民族融合的主要方式是移民迁徙，大体上分为两种：第一种为离开蒙古本土前往汉地的蒙古人汉化；第二种为离开汉地前往蒙古高原的汉人蒙古化。

蒙古攻灭金、夏之际，由于金、夏统治的河北、山东、山西、河南、陕西、甘肃一带均为汉族聚居地区，许多汉人在金、夏覆亡之际被大批掳往北方。1213年，蒙古军队向中原北方地区大举进攻，"凡破九十余郡，所过无不残灭。两河、山东数千里，人民杀戮几尽，金帛、子女、牛羊、马畜皆席卷而去，屋庐焚毁，城郭丘墟矣"。被掳掠走的人民之中不乏女真人，但多数均为汉人。在当时战乱频繁的情况下，许多生活在金朝统治区的汉人被迫移民，有的迁往南宋境内，有的则被蒙古掳至蒙古高原地区。例如，河北世侯史秉直投降蒙古以后，蒙古将汉人十余万户迁徙至漠北地区与蒙古士兵共同作战。在蒙古攻金灭宋的几十年中，汉人陆续被掳往蒙古

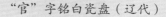

"官"字铭白瓷盘（辽代）

地区。当时，在木华黎所统帅的军队中，就有3万多汉军。据1254年出使大蒙古国首都哈喇和林的法国传教士鲁布鲁克的记述，和林城内有一个以契丹人为主的聚居区，主要生活着汉人工匠。

蒙古向来有收养他族幼儿的习俗，尤其是被征服部族或国家。在早期被掳掠的汉族人当中，有许多幼童，他们较早地掌握了蒙古语言文字。1214年，12岁的汉人刘敏随家人被俘，随即编入军中。后因偶然机会为成吉思汗所赏识，调至成吉思汗斡耳朵，充任宿卫，"不三四年，诸部译语无不娴习，稍得供奉于上前，……进退应对，无不曲中圣意"。可见，刘敏经过几年的训练，不仅熟知了蒙古语，还能进行流利的翻译和御前奏对。还有"九岁而孤"的王德真，在野狐岭战役中被俘，被成吉思汗抚养，很快掌握了蒙古语，后来充当了怯薛"奉

御"，并掌管二皇后宫政。此外，还有9岁被俘的郝和尚拔都，14岁"被俘至杭海"、入为忽必烈藩臣的张惠以及14岁充任窝阔台宿卫的石天麟等，均熟练掌握了蒙古语，不同程度地开始了蒙古化进程。

1269年，忽必烈命八思巴创制了蒙古新字，颁行天下，要求官方文书必须用蒙古新字书写，再辅以汉文或藏文等当地文字。同时，元朝政府在各地设置蒙古字学进行教授推广。在国家政策的推动下，汉族士人为了获得进身之阶，不得不去学习这种文字，与"以儒学文史"晋升的普通士人相比，掌握蒙古语的士人显得官运亨通得多，由此驱使许多汉族人主动学习并掌握蒙古语。一些著名的儒士，如许衡、程钜夫、吴澄等人也较早地认同了八思巴字蒙古语，并替蒙古统治者大力宣传、支持八思巴字

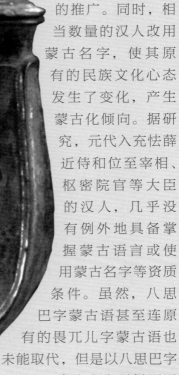

绿釉刻花云纹鸡冠壶（辽代）

的推广。同时，相当数量的汉人改用蒙古名字，使其原有的民族文化心态发生了变化，产生蒙古化倾向。据研究，元代入充怯薛近侍和位至宰相、枢密院官等大臣的汉人，几乎没有例外地具备掌握蒙古语言或使用蒙古名字等资质条件。虽然，八思巴字蒙古语甚至连原有的畏兀儿字蒙古语也未能取代，但是以八思巴字为注音字母拼写汉字，暂时代替了传统的反切法，在元明汉语乃至当今的普通话的推广过程中一度发挥了很大的作用。这应该算是元代蒙汉关系中族际文化交互影响最显著的事例。此外，汉人用蒙古名的情况也很多。蒙元初期，汉人采用蒙古名多为朝廷赐名。清人赵翼指出："如贾塔刺浑本冀州人。张拔都本平昌人。刘哈喇不花本江西人。杨朵儿只及迈里古思，皆宁夏人。崔彧弘州人，而小字拜帖

些或游牧或农耕的民族相互交往。他们各有自己的民族特点和文化传统，经过长期的交融，共同发展，不仅丰富了自己，而且更使元代呈现出多民族共存、多元文化共同发展的局面。

大蒙古国及元朝时期是我国古代北方民族之一——蒙古族建立政权进行统治的时代。元朝结束了金、宋长期对峙的格局，实现了全国性的大统一。这种统一局面，有利于国内各民族的交流与融合。在元代，各个民族共同创造祖国历史的特点更加浓厚。元代北方以蒙古地区为核心，不仅涉及中国古代传统的与中原农耕民族的关系，还有中亚、西亚、欧洲，乃至非洲等地区的交往，这使得元代时期的北方民族关系呈现

《备饮图》壁画（辽代）

出迥异于前代的局面。

蒙元王朝的统治者——蒙古族是草原游牧民族，与前代统治者相比，没有中原汉地传统的华夷之别。蒙古民族共同体的来源较为复杂，在统一蒙古高原、征服欧亚的历程中，吸收了中原、东北亚、中亚、西亚、欧洲的多个民族成员，能够对各种文化兼容并包，在政治、经济、文化、民族、宗教等方面奉行开放的统治政策，这在一定程度上促进了蒙元时期民族关系的发展。

元朝开拓了空前广大的疆域，奠定了今天中国的版图基础

元朝疆域空前广大，《元史·地理志》记载："自封建变为郡县，有天下者，汉、隋、唐、宋为盛，然幅员之

话说元朝

話說元朝

HSYC

八思巴字圣旨
银牌（元代）

广，咸不逮元。汉梗于北狄，隋不能服东夷，唐患在西戎，宋患常在西北。若元，则起朔漠，并西域，平西夏，灭女真，臣高丽，定南诏，遂下江南，而天下为一。故其地北逾阴山，西极流沙，东尽辽左，南越海表。"元朝的统一，不论从广度还是深度来说，都为汉、隋、唐、宋几朝所不及。它不仅结束了我国唐末以来的长期割据状态，而且把北方草原地区和中原更加紧密的联系在一起。

元以后的明、清两朝的疆域尽管也非常广大，毕竟较元代逊色。近现代以来西方列强环伺中国，致使边疆危机迭起，经过中华民族的顽强抗争，终于在中华人民共和国成立以后奠定今天中国的疆域版图，而这一切都始于元朝的大一统局面。

蒙元时期北方民族交融途径多种多样

蒙元时期的北方民族之间交往频

巴思八文圣旨金牌（元代）

繁，族际之间的互动打破了以往的种种隔阂。蒙元时期北方民族关系发生发展的形式多种多样，具体包括如下几种。

战争掳掠。大蒙古国及元朝的建立，是蒙古族在对周边各族的军事征服的基础上实现的。在战争过程中，蒙古军队不断掳掠大量被征服民族的军士、工匠、上层士人甚至妇女、儿童，以强迫的手段促使各族人民与蒙古民族发生交往。

迁徙移民。蒙元时期的民族迁徙和移民非常频繁，总的来说有两种情况，第一是政府强制迁徙，第二是自发移民。如北方地区以游牧为主要生产方式，自蒙古统一北方地区至元朝实现全国的大一统，蒙古统治者为开发北方地区，迁徙了大量被征服民众至北方，或驻兵防守，或屯田生产。还有一些部族民为躲避战乱，从原居地迁徙至其他地区，融入当地居民之中。

族际通婚。尽管元代社会等级森严，并且蒙

古、色目上层贵族基于经济利益与社会地位的考虑，在婚姻选择上重门当户对的同类自相婚姻，但是族际通婚在元代仍较为通行，已成为必然趋势。例如，中书右丞相史天泽先后娶4位夫人，前两位石、李二氏为汉族人，后两位纳合氏和抹然氏应该为女真人和蒙古人。类此情况的民间各族之间的婚姻更为复杂。此外，典型的族际互动还有汉人的蒙古化，汉人学习蒙古语，取蒙古名字，成为蒙古民族的一员。

文化认同。蒙元时期，民族之间文化上的认同是民族关系的较高形式，具体包括改易姓氏、学习他族语言和文化。元朝占领中原汉地以后，汉文化以其丰富悠久、博大精深的魅力吸引了北方诸族，文献中不乏蒙古人、色目人学习汉文化、使用汉语，并改易汉姓、汉名的实例。同时，由于蒙古民族在蒙元时期是统治民族，异族士人为取得进身之阶，也存在相当程度的蒙古化倾向。

元代北方地区各族

银鎏金佛舍利塔（元代）

经过长期的交往，战争掳掠、上层士人入仕政府等形式，至元末已大体形成了各民族大杂居、小聚居的民族关系格局，族际之间的民族认同愈演愈烈，蒙古族与西域色目人、汉人以及其他民族之间交往频繁，思想文化交互影响，最终形成"你中有我，我中有你"的局面。

蒙古民族对北方地区和中国民族关系的发展格局有重大影响

蒙古在漠北兴起并进而建立蒙元帝国以后，北方地区的各个民族都逐渐融入蒙古民族共同体之中。自此以后，蒙古族历经明、清两代，直至稳定的发展到今天，北方地区开始了显著的蒙古民族特色。而在此之前，北方地区先后为多个游牧—渔猎民族活动的舞台，这可以说是"漠北草原历史上的一个阶段性变化"。蒙古民族在与周边各民族频繁交往和融合的过程中，成功保持了自身的民族意识，这一点殊异于前代北方民族以及后来的满洲等民族。

蒙古民族由于在入主中原之前对汉文化了解极少，同时蒙古人更多接触到的是中亚、西域、吐蕃甚至欧洲等地域文化的影响，加之以统治中原汉地为主的元朝只是整个蒙古帝国的一部分，漠北草原又始终作为蒙古政权的统治重心而存在，因此，蒙古民族虽然与其他民族，尤其是汉族进行了频繁的交往和融合，但是始终没有像前代北方民族如匈奴、契丹、女真等一样，在中原汉族文化中消融殆尽，而是始终保持了自身的民族特性和文化传统，学界称其为"汉化的迟滞"，原因在于其文化的发展方向和文化底蕴异于前代北方民族。清代学者赵翼在《廿二史札记》中说"元诸帝多不习汉文"，这基本上反映了元代蒙古族对中原文化认识和吸收的程度。对待民族关系问题上，具体表现为奉行民族歧视政策，将全国各民族从政治上进行了划分，实行"四等人制"，蒙古统治者始终将色目人当作"自家人"，而把汉人和南人作为统治与防范的对象，是与其对立的民族。尤其到了元末社会动乱时期，《庚申外史》记载，至正十二年"（丞相）脱脱见盗贼四起，凡议军事，每回避汉人、南人。……奏曰：'方今河南汉人反，宜榜示天下，

缠丝凤钗（辽代）

今一概剿捕。诸蒙古、色目，因迁谪在外者，皆召还京师，勿令违误'"。这种不平等的民族关系导致了中原汉地诸族与蒙古、色目人一定程度上的对立。忽必烈时期，权臣阿合马专权，激起朝野上下的不满。1282年，汉族士人、益都千户王著将其刺杀，就是汉人与蒙古、色目人矛盾突出的一个典型表现。马可·波罗也曾对元代这种民族矛盾有所记述："契丹人（即汉人）之厌恶大汗政府者，盖因其所任之长官是鞑靼人，而多为回教徒，待遇契丹人如同奴隶也。"

这种长期以来的民族对立局面和民族关系事实上的不平等，一定程度上致使元代社会矛盾激化，成为元末社会动乱和最终被推翻的原因之一。这种文化传统和民族关系处理方式极大改变了中国后来民族关系发展的格局。

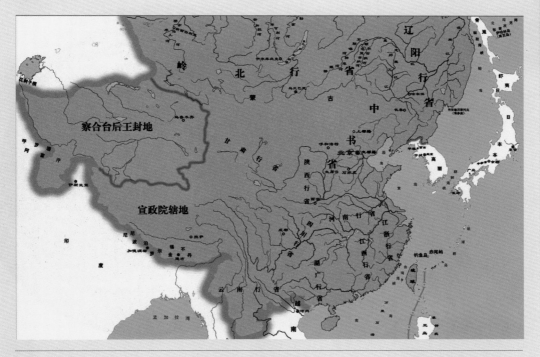

元代疆域图

第七章
异彩纷呈的社会经济

◎要命的肥差——阿合马、卢世荣和桑哥理财

从草原上兴起的蒙元帝国，与历代中原王朝相比，有一个特别之处，没有对开国功臣大开杀戒。可奇怪的是，忽必烈汗时期的四位财长，不是被剖棺戮尸，就是喂了老鹰，无一善终。下面主要讲述阿合马、卢世荣和桑哥三人。

理财20年的阿合马

阿合马是中亚花剌子模人，蒙古大军西征时将其虏至草原。阿合马初到蒙古草原，被分至弘吉剌部安陈那颜家放牧牛羊。安陈那颜是成吉思汗的妻子诃额伦的娘家人，掌管着弘吉剌部一万户的人马。作为俘虏的阿合马，命运出现了转机。因弘吉剌部自古就与蒙古"黄金家族"联姻，阿合马作为陪嫁的侍从，随安陈那颜的女儿嫁到成吉思汗的"黄金家族"，后来到了忽必烈的汗帐。

忽必烈刚做大汗时主管财政的是汉人王文统，可是王文统在4年后卷入了山东军阀李璮的叛乱中，忽必烈不得不将王文统处以极刑。忽必烈需要一个得力的大臣来管理国家的财务。但因李璮和王文统的叛乱，忽必烈对新归的中原人有了

至大通宝铜钱（元代）

成见。后来他几经斟酌，将这副重担交了阿合马。

1262年，忽必烈任命阿合马领中书左右部兼诸路转运使，专管财政。阿合马上任后锐意改革，他先从两件事情入手，一是开铁矿，二是查私盐。阿合马责令河南、江苏等地创办铁矿，一年之内生产出50多万千克，铸造农具20万件，为国库换得了4万石粮食；另外在山东等地开办的盐场，组织了查禁私盐的军队，专门打击私采私贩的行为，盐税直线上升。阿合马的两把火，烧旺了忽必烈的身心，他马上升阿合马为中书平章政事。不久，又成立专管财务的制国用使司，由阿合马主管。后来，忽必烈平定江南，在阿合马的一力倡导下，向江南普遍发行了中统钞，又对江南的食盐和药材等货物实行官府专营，禁止民间私自买卖。公平地说，阿合马的这一系列理财措施，解决了忽必烈的军费、生活费、赏赐费等财政问题，稳固了元朝的政权，发展了社会经济。

卷草纹高足金杯（元代）

忽必烈后来称赞阿合马说："回回人中，阿合马才任宰相。"

阿合马官位累迁，野心渐渐膨胀，开始与中书省争权。1271年，阿合马主管的制国用使司改为尚书省，阿合马为平章政事，与中书省对立。元朝的政治制度，是中书省、枢密院和御史台鼎足而立，中书丞相总理政务，掌握用人大权。尚书省设立后，吏部要将拟定人选先送尚书省，然后再交中书省。阿合马为了任用亲信，提拔官员不经吏部，更越过中书省。阿合马的做法，引起了中书省丞相安童的不满。但是忽必烈正倚重阿合马理财，安童只好让步，除重刑和升迁上路总管外，阿合马获得了很大一部分人事任免大权。安童是木华黎的三世孙，汉化较深，是忽必烈汗庭中汉族人士的保护者，也是为数不多的有权力对抗阿合马的实力派。1275年，阿合马奏准忽必烈，让安童去镇守西北边关。安童一去就是10年，中书省其他官员无法与阿合马

话说元朝

▶ "男女平等"，不准溺女婴 ◀

1276 年，元世祖忽必烈下诏，禁止溺女婴的陋习。诏书曰："今已后女孩儿根底水里撇的人每，一半家财没官与每每者。首告的人每若是驱奴呵，作百姓者。……违犯圣旨，管民官每有罪过者。"其大意为："今后再有溺死女婴的人，罚其家财一半入官。首先告发的人如果是奴婢，可以免除奴役。民众如果违犯这道圣旨，要追究当地管民官的罪责。"蒙古族兴起于北方草原，男子出征打仗，妇女往往从行，女子地位较高，所以在元朝初年，由皇帝诏令天下禁溺女婴。这对于社会的进步以及人口的发展与平衡，具有积极的意义。据史书记载，元朝全国五分之四的人口集中在江浙、江西、湖广三省，五分之一的人居住在中原、辽东和漠北，溺女婴的陋习废止后，全国的人口有了较快的发展，元朝极盛时达到 5000 余万人。

对抗。直到阿合马被杀前，朝廷的大权一直掌握在阿合马手中。

忽必烈身边有个宿卫叫秦长卿，看不惯阿合马的跋扈，就向忽必烈报告他的不法行为。虽然获得中书省官员的保护，但阿合马还是运用权力，将秦长卿调任到自己属下，然后诬陷他贪污，秦长卿最终死在狱中。此外，阿合马大量任用亲信，最突出的是他让长子忽辛为大都路总管兼大兴府尹。当阿合马做到中书平章政事后，又让忽辛作了中书右丞。元朝平定江南后，阿合马又奏准，以他的另外一个儿子摸速忽为杭州的达鲁花赤。杭州为南宋都城，繁华富庶自不必说，杭州路达鲁花赤是个肥差，也自不必说。不仅如此，阿合马还借审计财务之名，派亲信到江南行省理算，结果 800 多人受到阿合马的恶意查处，和阿合马有过不愉快的江南行省平章政事阿里伯和右丞燕帖木儿被处以极刑。

阿合马当权时，可谓一人之下万人之上。可是，除了忽必烈外，他还对一个人心怀畏惧，这个人便是太子真金。真金从小跟着忽必烈幕府中的儒士姚枢等人学习汉语，深受中原文化的影响，是忽必烈时期汉族人士的靠山。儒家是反对专权、反对敛财、反对奢侈的，尤其是身边的人总和

金刚杵（元代）

太子提起阿合马的跋扈行为，真金开始痛恨阿合马了。有一天在路上，阿合马很不巧地碰见了太子。惹不起也躲不起，阿合马只好硬着头皮去拜见太子。谁知太子很冲动，拿起弓就打，划破了阿合马的脸。上朝后，忽必烈询问缘由。阿合马竟然不敢说实话，撒谎说是骑马跌伤的。太子真金不依不饶，当场揭穿阿合马的谎言，可阿合马打死也不敢说是太子打的，一口咬定是骑马跌伤，最后不了了之。

从1262年到1282年，阿合马主管财政20年，充裕了忽必烈的国库。可是他的专权、跋扈和陷害忠良，招致了很多人的不满。1282年，他借故冤杀了崔斌。1282年3月的一个夜晚，来自山东益都的一个千户王著与一个自称可以撒豆成兵的高和尚合伙，以太子回宫、招阿合马拜见为名，锤杀了阿合马。在这以后，很多大臣，尤其是以孛罗为首的新成长起来的蒙古贵族的揭发，忽必烈终于明白了阿合马的所作所为。最终，忽必烈下令，将阿合马剖棺戮尸。

葬身鹰腹的卢世荣

忽必烈重用的另一位财长就是卢世荣。卢世荣原是河北大名的商人。在阿合马当政时期，卢世荣几经钻营，获得了江西榷茶运使的职务。4年间，

至元通行宝钞纸币（元代）

所征茶课税累计28000锭。阿合马死后，忽必烈开始处理和其同党。卢世荣因为与阿合马交往甚密，被罢黜了官职。

其实，当年卢世荣在向阿合马行贿的同时，还结识了另一位大人物——桑哥。桑哥当时担任主管佛教僧徒和西藏地方事务的总制院院使。阿合马事发后，鉴于忽必烈对财政系统官员的严厉惩处，一时无人敢于承担国家的财政事宜。

后来，桑哥乘机向忽必烈推荐了

卢世荣。经过桑哥鼎力推举，忽必烈立刻召集卢世荣进宫。经过一番君臣对答，忽必烈对卢世荣的表现甚为满意，将其升为中书右丞，并责令他组织人手，打理国家财务。

卢世荣是个实干家，上台之后，很快发布了多项经济措施。首先是改革钞法。阿合马在将中统钞推向全国时，禁止民间使用金银交换。这样一来，中统钞严重贬值，百姓苦不堪言。鉴于此，卢世荣就废除以前的禁令，允许民间使用金银交换，同时还发行铜币和绫券。金银再次进入市场，减轻了中统钞贬值的压力，使得物价平稳下来。

卢世荣出身寒微，了解民间疾苦。因此他制定了一些关注平民利益的法令。比如，阿合马时期，严禁江南渔民随意捕鱼，即使交税也不能乱捕。江河湖海中的鱼对于江南的渔民来说，就像是草原上的牲畜和牧民的关系。阿合马禁止随意捕鱼，结果让渔民无以为生。卢世荣奏准忽必烈，废除这个奇怪的法令，允许渔民捕鱼。

驿站是蒙元帝国的一大创举，在四通八达的驿道上设有很多驿站。驿站里有专门的站户，负责照料和供应马匹。驿站的设立，原本为快速传达政令。但时日一久，管理制度逐渐松弛，稍有身份的人，无论公事私事，都利用驿站，以图方便。

提梁青铜匜（元代）

这样一来，驿户整日应接不暇，苦不堪言。更为严重的是导致国家正常使用驿站出现了困难，不是缺粮，就是少马。卢世荣针对这种情况，制定了严格的驿站管理措施，对违规使用驿站者施以严厉的惩罚。经过整顿，驿站恢复了通畅，从而确保了朝廷和各地的联系。

卢世荣的整顿措施，得罪了部分权贵，树立了一群很有实力的反对派。后来，卢世荣受到御史陈天祥的弹劾，那些在改革中利益受损的贵族、大臣乘机火上浇油，群起反对。忽必烈迫于形势，都没有亲自召见卢世荣，没有给卢世荣亲自辩解的机会，便接受了陈天祥等人的建议，下旨杀了卢世荣，并将其尸首喂了老鹰。

爱打人的财长桑哥

卢世荣被杀后，忽必烈亲自挑选桑哥继任。桑哥本是藏族人，年轻时曾跟着国师胆巴学过佛法，会说好几种语言。凭借这一优势，桑哥还曾兼任过国家的翻译事务。桑哥来自藏族地区，语言又好，人也精明，忽必烈在很早时就提拔他做了总制院使，主管天下佛教和藏族地区的事务。

1287年，忽必烈再次成立尚书省，破格让桑哥兼任尚书省右丞相，主管财政。桑哥上任后，在财政方面主要做了以下几项工作。首先还是改革币制。忽必烈在早期发

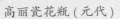

高丽瓷花瓶（元代）

元朝时期漠北的水井

作为元朝"肇基之地"的漠北，地域宽阔，"少林木，多大沙"，水源缺乏。直到窝阔台汗时期，漠北有的"川勒（即旷野）地面先因无水。止有野兽无人住"。像这样人烟稀少之地，自然无法发展农业或畜牧业。为了改善这种状况，蒙古统治者在"无水处教穿了井"，但究竟穿了多少井，史籍没有明确的记载，估计也不会多。

元朝建立以后，在漠北地区打井、开渠、浚河，兴修了不少水利。1272年五月，"敕拨都军于怯鹿难之地开渠耕田"。1288年四月，"浚怯烈河以溉口温脑儿黄土山民田"。同年六月，发兵1500人诣漠北浚井。1289年六月，"发侍卫军二千人 口温脑儿河渠"。元武宗时，哈剌哈孙以太傅左丞相行和林省事，亦"浚古渠，溉田数千顷"。1320年七月，元英宗"调左右翊军赴北边浚井"。这一系列举措使原来缺水的一些地方变成了有水草的牧场，这对漠北农业、畜牧业的发展都是相当有利的。

行的中统钞，到后来因为发行量大，各地主管官员又挪用了国库里的准备金，造成纸币贬值、物价上涨的经济危机。这个问题卢世荣时期已经着手改革过，桑哥其实也没有更好的办法，只好发行一种新钞，叫作至元宝钞，以至元宝钞1贯值中统钞5贯，尽量将市面上流通过多的中统钞回收回

〉黑城出土文书〈

1907 年至 1909 年间，俄国东方学家科兹洛夫（P.K.Kozlov，1863—1935 年）率领俄罗斯皇家地理学会探察队到中亚极东部藏区进行了考察，并从死城哈喇浩特（即"黑城"，又名"黑水城"，位于今内蒙古阿拉善盟额济纳旗达来呼布镇东南）遗址发现了大量的汉文、西夏文书及吐蕃、蒙古等民族的文献和残片。这些出土文献是 20 世纪轰动世界文坛的重大发现，成为近代中国继殷墟甲骨文、敦煌文书、故宫大内藏书等之后又一重大考古新材料的发现。其中有许多关于北方民族和蒙古民族历史的一些记载，涉及政治、经济、文化、军事、社会等各个方面，为第一手资料。黑水城文献的发现不仅丰富了我国近代以来发现的考古新材料的宝库，而且还催生了一门新兴学科——西夏学，同时将辽金元历史的研究推向深入。研究西夏学的相关著作有《黑城出土文书·汉文文书卷》《俄藏黑水城文献》《英藏黑水城文献》等。

来，平抑物价。

第二，查账。元朝官府的贪污受贿问题一直很严重。桑哥上任后，组织人手，大规模地对各地官府进行财务审计。桑哥不怕得罪人，首先从中书省查起。结果从中书省查处亏欠宝钞 4770 锭，还有本应烧毁的昏钞 1345 锭，逼得中书省的平章不得不低头认错。桑哥又组织了参政忻都、户部尚书王巨济等人分别到江淮、江西、福建、四川、甘肃、安西等行省查账。桑哥查账六亲不认，湖广行省的平章

要束木和桑哥本来是亲戚，桑哥查出湖广行省亏欠后，责令要束木自己偿还。

桑哥理财，既有开源，又有节流，敢摸老虎胡须。在蒙古人的观念中，天下不是大汗一人的，是成吉思汗家族共有的，所以每年大汗向家族内亲王们的赏赐数量非常大。有的亲王借口草原遭灾了，常常还要多要赏赐。桑哥对忽必烈说，国库里的钱不是从天上掉下来的，都是从百姓中征收来的，征收的多了、赏赐的多了，国家用的就不够了。

因为桑哥理财后，又查账、又削减，结果得罪很多人。为此，忽必烈特别给他多配了 100 多人的侍卫。正因为有忽必烈的鼎力支持，所以桑哥有时候也会忘乎所以。与其他官员不同的是桑哥喜欢动手。在早期抢夺中书省买卖油的生意中，他就和中书省的司徒和礼霍孙大打出手。要知道，和礼霍孙可是当时蒙古大臣中的实力派。桑哥敢打蒙古大臣，其他大臣就更放肆了。在查对中书省的账务时，查处了亏欠，参政杨居宽说自己主管铨选，不管财务。桑哥认为杨居宽嘴硬，竟让人掌嘴。另外一位中书参政郭佑，桑哥认为他在其位不谋其职，还请病假推脱，派人去打了一顿，强

追郭佑认错。杨居宽、郭佑和另外两个叫王良弼、吴德的人，都被桑哥害死了。御史台的官员犯了错误，桑哥打了4位御史。

桑哥借着忽必烈的支持，任意使用暴力，在整顿经济秩序的同时，让元王朝的吏治也空前改观。一些官员上班迟到早退，桑哥就看不惯。画家赵孟頫上班迟到了，桑哥让手下人将赵孟頫打了一顿，打完才问赵孟頫为什么迟到了。蒙古大臣不忽木早退。桑哥派人去追究，不忽木没办法，只好说回家吃饭。桑哥还是不依不饶，要追究，不忽木干脆请了病假不上班了。桑哥挽不回脸面来，一不做二不休，停发不忽木的俸禄。不忽木的祖父和父亲都是蒙元王朝的功臣，又从小跟许衡等儒士学习中原文化，汉化很深，勾心斗角的本领很大。他装作又饿又病的样子去见忽必烈。忽必烈很惊讶，问他怎么了。不忽木说，桑哥把他俸禄停了，他已经饿了好多天了。这件事情最后在忽必烈的干预下，不忽木获得了胜利，俸禄照发。从此，二人结下了疙瘩，后来有人举报桑哥，忽必烈刚开始不信，不忽木乘机参了桑哥一本，最终让忽必烈痛下决心，抓捕桑哥。就像卢世荣一样，忽必烈一旦下了决心，再没有给桑哥当面辩驳的机会，而是迫于舆论，直接砍头了事。卢世荣和桑哥的悲惨结局，固然与其当政时的飞扬跋扈、树立的敌对势力太大有关，忽必烈临阵转舵也负有很大责任。

阿兰答儿钩考

1256年，蒙哥汗收到举报，说忽必烈深得中土人心、其王府的人存在图谋奸利的行为。蒙哥汗借机打压忽必烈，立即做出部署：一是以脚疼为由，解除了忽必烈的兵权；二是派出亲信阿兰答儿、刘太平、囊家台等人，到陕西、河南清查财务。为此，蒙哥汗特意委派阿兰答儿为行省丞相，刘太平为参知政事，并专门成立了钩考局，发布142条条例，对忽必烈试验田所在的陕西、河南等地的大小官员进行法办。

阿兰答儿等人秉承蒙哥汗旨意行事。结果，因为使用酷刑，仅陕西宣抚司的官员就死了20多人。河南经略司的赵璧，被阿兰答儿刑讯逼供。赵璧硬死不招，阿兰答儿没办法，向赵璧勒索钱财，最后由忽必烈代为赔偿了事。

钩考愈演愈烈，忽必烈也意识到了事态的严重性。他的智囊团认为，兵权和财权都不在手中，唯有低头认错，否则没有办法与大汗相抗。忽必烈认真考虑后，忍辱负重，先把一家老小送到蒙哥汗大营，又向蒙哥汗报告亲自觐见。蒙哥汗收到报告后，也很紧张，担心忽必烈会动武。忽必烈只好再三带信给哥哥表明态度，最终兄弟俩和平相见。

忽必烈低头认错，交出了河南、陕西和邢州等地的全部权力，并撤回自己的幕府人员。蒙哥汗不好意思大加杀戮，见好就收，停止了钩考查账。阿兰答儿钩考事件，和平收场。

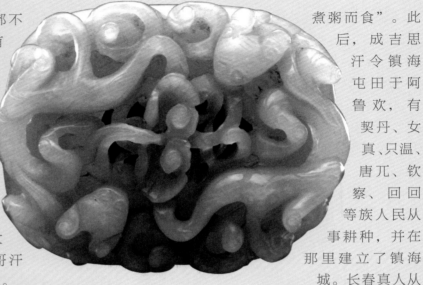

蟠螭纹玉带饰（元代）

游牧人家也耕织

成吉思汗伐金以后，《蒙鞑备录》记载"近年掠中国之人为奴婢，必米食而后饱，故乃掠米麦，而于劄寨亦煮粥而食"。此后，成吉思汗令镇海屯田于阿鲁欢，有契丹、女真、只温、唐兀、钦察、回回等族人民从事耕种，并在那里建立了镇海城。长春真人从中原来到蒙古草原时，还有蒙古人"献黍米"。元定宗贵由汗时期，张德辉于1247年赴召至漠北时，亲眼见到胪朐河"濒河之民，杂以番汉，稍有屋室皆以土冒之，亦颇有种艺，麻麦而已"，住在哈喇和林地区的居民也开始渐有耕稼，并引水灌溉农田，农田间还种植有蔬菜。可见北方地区农业的发展亦曾借助于各族劳动人民的努力。

元朝政府极为重视北方地区的屯田。1261年，亦乞烈思、弘吉剌等部均出现种田户。1204年，元世祖诏："蒙古户种田，有马牛羊之家，其粮住支；无田者仍给之。"从元世祖忽必烈起，在和林、称海、五条河、杭爱山、兀失蛮、札失蛮、脱里北、呵札、谦州和乞儿吉思等地都有屯田。直接从事农业的生产者，主要是从南方调去的汉军。如元世祖忽必烈时，曾经有一次就发军万人赴称海屯田。1274年七月，元朝政府徙江南善于农耕的"生卷军"（归附元朝的南宋军）81人屯田和林。1277年，胶州高密人王通上书言南方已定而北方未安，主动请缨率所部赴和林地区屯田，忽必烈慰劳遣之。1279年，德兴府人石高山受"命同忽都

鲁领三卫军戍和林，因屯田以给军储，岁不乏用"。同年二月，又调遣江南嘉定新附军千余人，赴漠北脱里北之地进行屯田。1293年正月，元朝政府命戍守和林的400名汉军，留下百人驻守和林，其余赴称海屯田。元成宗时，济南人张均率部屯田和林，"规画备悉有法"，诸王药木忽儿北征之时，张均负责供应粮饷，保证了供给，得到朝廷的嘉奖。可见，和林、称海就是漠北屯田的两个中心。元朝中书右丞相哈剌哈孙为和林行省左丞相主持称海屯田时期，挑选军中熟悉耕稼的兵士，使之教授蒙古各部民从事农耕，这对蒙古部民掌

石卧狮雕像（元代）

握农耕生产技术大有帮助。

文献对漠北蒙古部落从事农耕的记载不乏其例，如《元史·世祖本纪》载"秃木合之地霜杀稼"；《显宗传》载"塔塔儿部年谷不熟，檄宣徽院赈之"；《仁宗本纪》载，1314年六月，"诸王察八儿属户匮乏，给粮一岁，仍俾屯田以自赡"；1319年六月，"诏以驼马牛羊分给朔方蒙古民戍守边徼者，俾牧养蕃息以自赡，仍命议兴屯田"。这些蒙古部民从事屯田农耕的事例，与汉族军民的"杂教部落"不能说毫无关系。

随着漠北地区农业的发展，不只改变了原来"野牧无刍粟"的情况，同时木邻等九站也有了"田禾"作为牲畜的饲料，在漠北"田禾不收"时，还可以得到内地的接济。如1295年，木邻等九站田禾不收，请求赈济，于是元朝从燕只哥赤斤屯田粮付给他们刍粟。1329年五月，元文宗命有司给漠北元明宗的宿卫士衣粮及

马刍豆。1332年正月，元朝政府"给纳邻等十四驿粮及刍粟"。因此，农业生产方式的开发一定程度上反哺了传统畜牧业。

畅通欧亚的驿站

蒙古骑兵纵横驰骋草原陆地，占据了大半个欧亚大陆，疆域广袤，但当时的通讯和交通和现在没法比，从蒙古帝国的东段走到西端，有人说需要一年，有人说需要三年。那么如何管理这么庞大的帝国呢？那就是建立一套完备的运转有序的驿站体系。驿站在当时的作用，正如元朝文人所说的那样："国家疆理之大，极

青铜犁范（元代）

天所覆，广袤数万里，自畿甸而要荒，如腹心手足联合一体，内外使者往来于道，若血脉之流通，此驿所由置也。"

驿站的设置，开始于成吉思汗时期。虽然没有明确的文献记载，但是从一些有关的游记、正史的记录中能够零星的看到关于驿站的内容。比如1219年，成吉思汗曾经派遣刘仲禄到山东请全真教的道人名士丘处机，就曾利用过驿站体系，这从后来丘处机的弟子李志常撰写的《长春真人西游记》中就能够看到相关的记载。

1220年秋，丘处机率领弟子从山东莱州动身出发，沿途历经艰险，经过野狐岭，向东北行到呼伦贝尔，再沿着怯绿连河西行，穿越蒙古高原、金山，经过别失八里、阿力麻里、塔剌思河、撒马尔罕等地，越阿姆河而南。1222年初夏，丘处机历经长途跋涉，在大雪山与成吉思汗会合。这一途中，丘处机一行人多亏了当时的驿站体系，才能处处行得方便。

等到了太宗窝阔台时期，驿站体系就更为完善了。文献明确记载窝阔台汗建立了完备的驿站制度，并在成吉思汗时期的基础上进一步扩大规模，从蒙古本土经察合台汗国到欧洲各地，均设立有驿道，驿道上在各个节点设立驿站，极大地便利了通行

和传递信息。根据文献资料和前辈学者的研究显示，全国各类驿站有1500多处，在驿站服役的驿户多达二三十万。

驿站配备有各类牌符，作为传递信息、接待各类使者和大臣官员的凭证。有些牌符保存到今天，作为珍贵的文物保存起来，它们见证着当时的交通方式和物流、人力资源的传播途径。

驿站分为路站、水站两种。路站的交通工具主要是马，这既是与蒙古民族传统的重视马、以马为主要生活辅助手段的方式有关，又是传统的驿站主要交通工具，有些地方也会用牛、车、轿子等等。水站的主要工具是船。

◎ 元朝皇帝们的象辇

蒙古人善于骑射，素有"马上骄子"的称号，但元朝皇帝在巡游或出征时不骑马，而是乘坐象辇以示威仪。《马可·波罗游记》对于元朝开国皇帝忽必烈所乘象辇是这样描述的："忽必烈乘坐在一个木制的宝盆里，这种宝盆是架在四只象的背上，象身用被火烤得干硬的厚皮保护着，并且披上铠甲。宝盆上有许多弩手和弓箭手。宝盆顶上飘扬着绘有日月图案的皇

旗。"

　　为元朝皇帝服役的大象产自云南，后有缅甸、越南、泰国不断进贡驯象。元廷在大都析津坊海子之阳，即今北京积水潭和什刹前后海一带饲养这些庞然大物。饲养和驯化大象的人，都是从外国来的"蕃官"。《元史·舆服志》云："行幸则蕃官骑引，以导大驾，以驾巨辇。"

　　每年春季，元朝皇帝从大都到上都避暑，都要乘坐象辇。元人诗云："当年大驾幸滦京，象背前驮幄殿行。"

《 吐鲁番发现的蒙古文文书 》

　　1902年至1914年，由德国柏林民族博物馆以及后来的普鲁士科学院吐鲁番委员会先后组织了4次考察队前往新疆吐鲁番地区进行考古挖掘，得到大量蒙文文献。通过4次考察挖掘共获得105张蒙文文稿，其中大部分是元明时期的文书之类。这些文书对研究河中地区察合台汗国的政治、经济、文化和风土人情等方面具有重要史料价值。

象辇虽然威风而舒适，但安全性差。一次，忽必烈乘象围猎，有人表演狮子舞迎驾，大象突然受惊"奔逸不可

忽必烈乘象出游景观

制"，幸亏汉族人贺胜挺身向前挡住大象的去路，才避免了灾祸。贺胜因救驾有功，被忽必烈提拔为上都留守，甚为器重。

虽然乘象有险，但元朝皇帝仍然乐此不疲，元泰定帝于1325年仍"造象辇"，即是例证。

◉迟到的科举——时开时停的元朝科举考试

元太宗窝阔台时期，曾开过一次科举，此后科举长期停开。《元史·选举志》记载："元初，太宗始得中原，辄用耶律楚材言，以科举选士。世祖既定天下，王鹗献计，许衡立法，事未果行。至仁宗延祐间，始斟酌旧制而行之，取士以德行为本，试艺以经术为先，士褒然举首应上所求者，皆彬彬辈出矣。"元世祖时期，也曾有过实行科举的倡议，但"事未果行"。1313年，元仁宗以行科举诏颁天下，规定科举每三年举行一次，分为乡试、会试、殿试三道。分为两榜，蒙古、色目人为一榜，考两场，第一场考经问，第二场考时务策。汉人、南人为一榜，考三场，第一场考四书五经义，以规定的理学著作为考试用书；第二场考赋、诏、诰、表、章等文体选一；

第三场考经史时务策。元代的科举只设进士一科，其他如秀才、明经、明法、明书、明算等科都未设立。元代科举开得晚，且时开

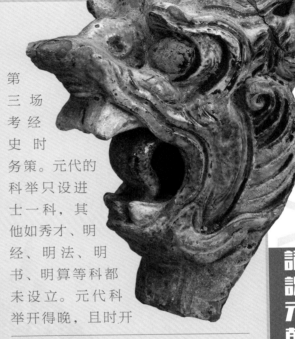

琉璃螭首（元代）

时停，总共只举行过16次考试，其中有10次是在元顺帝时举行的，且每次录取的名额有限，全部录取的人数只有1000多人。有元一代，通过科举考试进入仕途的，还不到元代文官总数的3%。和其他仕途相比，科举所占比重微不足道。科举规模，无论是取录人数，还是进士的地位前途，都和唐、宋两朝难以相比。

元代科举制度也有一些创新，例如最先把程朱理学规定为考试取士的标准，程朱学说被明确扶上了正统地位，成为科举考试的权威学说。蒙古

贵族官僚的文化素质得到了提高，在学习过程中，逐渐认识、了解了汉族文化，加强了蒙汉文化的交流。通过科举考试选拔上来的进士从政能力很强，为蒙元政治的稳定发挥了积极作用。

◎蒙古人的贵族气派——欧亚草原风骨与中原传统的继承

世世代代生活在草原大漠的蒙古人，早已经习惯了逐水草而居的生活方式，自从把中原汉地，尤其是把美丽富饶的江南纳入蒙古帝国的管辖以后，蒙古人也开始带着草原气息走进了一座座陌生的城市里，高墙围栏、布局规整的城市生活逐渐改变着蒙古人的生活和观念，城市里源源不断的财富也在吸引着更多的蒙

古人。总体来说，蒙古人的生活与历朝历代既相同又不同，他们在很多方面继承了前朝前代统治贵族的制度、观念和生活方式。

草原上建起了宏伟的都城

游牧人四海为家，从不固定在一个地方。草原上是没有城市的，因为游牧人不需要城市。因此从这个角度来说，蒙古的皇帝们先后建立哈喇和林城、上都城，乃至后来的中都城，其实质都是汉化的结果，这也直接代表他们的态度："帝中国，当行中国事。"

1235 年，窝阔台大汗率先在蒙古草原的深处漠北鄂尔浑河谷地区修建了一座大城，后来命名为哈喇和林。这座城市虽然规模不是很大，但是足以让窝阔台及其继承者蒙哥汗在其中显示他们掌权的蒙古汗国的财富和权力。曾经出使过蒙古的鲁不鲁乞在其游记中记录了这样一件事："巴黎的威廉师傅认为，鉴于在这座宫殿的入口如果摆着盛着奶和其

五体文夜巡牌（元代）

他饮料的皮囊，那是很不好看的，因此他便为蒙哥汗制造了一棵大银树，在它的根部有四只银狮子，每一只狮子嘴里有一根管子，喷出白色的马奶。在树干里面，有四根管子通到树顶上，管子的末端向下弯曲。在每一根管子上面，有一条镀金的蛇，蛇的尾巴盘绕在树干上。这四根管子中，一根管子流出葡萄酒，另一根管子流出哈喇忽迷思，即澄清了的马奶，另一根管子流出蜂蜜酒，另一根管子流出米酒。在每根管子下面，即在树的根部，在四只狮子中间，有四个银盆，准备各自承接一种饮料。在树顶上，他制造了一个手执喇叭的天使。在树下面，他造成一个地穴，地穴里可容一个人躲藏，有一根管子从地穴里经过树干中心通到天使那里。最初他制造了几个风箱，但是风箱发出的风力不够强。在宫殿外面有一个房间，房间里贮藏着各种饮料，仆人们站在那里，准备着当他们听到天使吹响喇叭的时候，就把饮料倒出来。这棵树有银制的树枝、树叶和果子。

"当饮料快完时，主膳官就向天使喊叫，要他吹喇叭。这时，躲藏在地穴里的人听到喊叫，就使出全身力气吹那根通到天使那里的管子，天使就把喇叭放到嘴上，吹得很响。当房间里的仆人们听到喇叭声时，就把他照管的饮料倒入专用的管子里，这些饮料顺着管子流到树顶上，然后又从上面留下来，流到准备承接这几种饮料的银盆里。于是司膳官们就汲取这些饮料，拿到各处，供男女贵族们饮用。"

特色鲜明的草原祭祀

元朝蒙古贵族较有特色的活动之一要数在上都城的祭祀和佛事活动，这也是宫廷生活的重要内容。

每年的六月二十四日举行"洒马奶子"祭天，而七月七日或九日举行祭祖仪式。《元史·祭祀志》记载："每岁驾幸上都，以六月二十四日祭祀，谓之洒马奶子，用马一，羯羊八，彩缎练绢各九匹，以白羊毛缠若穗者九，貂鼠皮三，命蒙古巫觋及蒙古汉人秀才达官四员领其事，再拜告天。又呼太祖成吉思御名而祝之，曰：'托天皇帝福荫，年年祭赛者。'礼毕，掌祭官四员各以祭表里一与之。余币及祭物，则凡与祭者共分之。"至于祭祖仪式，一个汉族知识分子周伯琦饶有兴致地记了下来："岁以七月七日或九日，天子与后素服望祭北方陵园，奠马酒，执事者皆世臣子弟。是日择日南行。"这些蒙古贵族们的祭祀仪式也被诗人们记了下来："祭天马酒

话说元朝

波斯细密画《蒙古王公出行图》

洒平野，沙际风来草亦香。白马如云向西北，紫驼银瓮赐诸王。"

元上都的盛事与诗文描述

游皇城

除祭祀外，每年六月上都举行的游皇城仪式，应该属于元朝皇帝与民间同乐之事，也是元上都最盛大的佛事活动，由帝师主持。"每年六月望

日，帝师以百戏入内"，从西化（门）入，然后登城设宴，谓之游皇城是也"。当时诗曰："红衣飘裾火山耸，白伞撑空云叶丛。王官跪酒头叩地，朱轮独坐颜酡洪。""红衣"指的是红衣喇嘛，"白伞"指皇帝御用的白伞盖，"朱轮独坐"特指帝师，当年佛事活动之盛由此可见一斑。上都的游皇城起源于八思巴在大都对忽必烈的建言，在大都大明殿御座上置白伞盖，

奉为镇伏邪魔护国安明宝刹。每年二月十五，在大都举白伞盖游皇城，仪仗首尾长达30千米。之后每到夏天上都也照此举行。

大宴会——诈马宴

元代皇帝驻夏期间，上都的宴会频繁而热烈，规模最大的是诈马宴，也叫质孙宴。"质孙"蒙古语意为"颜色"，"诈马"是波斯语"衣服"之意，它的含义是参加宴会者须穿每日不同颜色的盛装。皇帝举行诈马宴的时间选在六月吉日，参加者主要是宗王、戚里、宿卫、大臣。宴会在北苑大汗的金帐棕毛殿共举行3天，出席者必须穿着皇帝颁赐的金织纹衣，包括皇帝在内，每人的着装都要一天换一种颜色。宴会开始前，首先宣布成吉思汗的法令，使出席者知所畏惧，以保障宴会能够顺利进行。大宴上的饮食极其丰盛，见诸记载的有万瓮葡萄酒、马奶酒、驼峰熊掌、烤羊肉和冰盘冷饮。负责炊厨和端菜倒酒的侍者们，口鼻均用丝绸面纱包住，这或许是最早使用的卫生口罩。在宴会进行中，时有乐师、舞蹈家和摔跤手表演助兴，君臣宾朋也往往齐唱颂歌。一首名为《上京大宴》的诗云："舞转星河影，歌腾陆海涛。齐声才起和，顿足复分曹。急管催瑶席，繁弦压紫槽……"此外许多重大政务也要在此宴

五子登科画像石（元代）

石砚台（元代）

会上决定。蒙古皇帝重视宴会，既显示了大汗对部下的恩惠，也表明对本族古老欢宴习俗之尊重。

迎接南宋君臣的10次大宴会

1276年五月，大将伯颜护送南宋的谢太后、宋恭帝至上都，忽必烈以平宋遣官祭告天地祖宗于上都近郊。谢太后和宋恭帝到达后，忽必烈在上都先后举行10次宴会表示欢迎。南宋随臣用诗歌记下了10次宴会的盛况。参加这10次盛大宴会的有忽必烈及皇后，有谢太后、宋恭帝，有元、宋丞相。席间，忽必烈亲自劝酒。宴会食品丰盛，有驼峰、胡羊、天鹅、熊肉、葡萄酒，摆满了蒙古最高规格宴会的各种美食美酒。这10次大宴会，每都有诗文记录，依次为：

皇帝初开第一筵，天颜问劳思绵绵。

大元皇后同茶饭，宴罢归来月满天。

第二筵开入九重，劝君把酒劝三宫。

驼峰割罢行酥酪，又进雕盘嫩韭葱。

第三筵开在蓬莱，丞相行杯不放杯。

割马烧羊熬解粥，三宫宴罢谢恩回。

第四排筵在广寒，葡萄酒酽色如丹。

并刀细割天鸡肉，宴罢归来月满鞍。

第五华筵正大宫，辘轳引酒吸长虹。

金磐堆起胡羊肉，乐指三千响碧空。

第六筵开在禁庭，蒸麋烧麝荐杯行。

三宫满饮天颜喜，月下笙歌入旧城。

第七筵排极整齐，三宫游处软舆提。

杏浆新沃烧熊肉，更进鹌鹑野雉鸡。

第八筵开在北亭，三宫丰燕已恩荣。

诸行百戏都呈艺，乐局伶官叫点名。

第九筵开尽帝妃，三宫端坐受金卮。

须臾殿上都酣醉，拍手高歌舞雁儿。

第十琼筵敞禁庭，两厢丞相把壶瓶。

君王自劝三宫酒，更送天香近玉屏。

蒙古国发现的17世纪的桦树皮蒙文文献

由蒙古国考古学家 H. 普日来带领的考察队于 1970 年在蒙古国布拉干省南部的哈喇布乎·巴尔嘎松城（Qara buqan balGasun，黑牤牛城）遗址中发掘出 1400 多块写有蒙古文和藏文的桦树皮文献。其中，只有一部分蒙文法律文书由蒙古国已故学者 H. 普日来公开发表，其他文献仍保存在蒙古国。学术界认定这些文献属于 17 世纪前半叶的产物。德国波恩大学中亚研究所于 2000 年将他们的首批研究成果在德国威斯巴登公开出版。这些文献说明蒙古人在元代和北元时期曾拥有过很多我们现在还不太清楚的蒙文文献。这些文献的利用将会极大地提高我们对蒙古历史与文化的认识，甚至会改变一些传统的观点。

这 10 次盛大宴会是忽必烈在上都召开的最高规格的宴会。

独特的上都纪行诗

纪行诗又称记游诗、行旅诗，或描述个人游历见闻感受，或表现思亲怀乡之情，叙事与抒情相结合。这类诗离不开山水景物描写，所以又称山水纪行诗，但又与纯粹的山水诗略有区别，是以纪行抒情。上都纪行诗是元代文化史上一个非常重要的表达载体，元代很多文人都曾参与到上都纪行诗的写作、阅读、评价和传诵过程。上都纪行诗具有重要的文献史料价值，可为文献记载提供佐证，充实和细化相关文献史料，即以诗证史或诗史互证。

众所周知，历史文献中关于两都巡幸制度和蒙古统治者在上都的活动记载，多为提纲挈领式的客观叙述，多宏大框架描述，缺乏细节填充。通过纪行诗，我们可以对元朝统治者在上都的日常细节方面有更为具体、更微观的认识，许多元史专家在研究上都及北方历史地理时，都会大量引用纪行诗。因此，上都纪行诗在元史研究中发挥着非常重要的作用。

1323 年，元英宗下诏组织僧侣缮写《大藏经》，楚石因善于书法得以参与其中。1324 年夏，楚石完成书经，开始北游至上都，秋天回到大都，继而乘船返回江

如意式盖花瓣状熏炉（元代）

话说元朝

南。他把在大都、上都的见闻，撰写成300多首诗作，是为《北游诗》。

楚石在大都时就表现出了对上都的向往，这从《送锴师之上都》诗中可知："又向神都避郁蒸，朝朝驾动鼓登登。不骑一匹大宛马，自挂千霜王屋藤。陌上花开金作朵，山间云尽翠为层。长松怪石华严寺，想见皋卢煮涧水。"

每年皇帝巡幸上都时，扈从人员中会有一些僧人，这首诗就是楚石为送给作为扈从人员的"锴师"而作，"锴师"应为一名僧人。楚石在这里将上都称为"神都"，僧人最向往的自然是上都的大龙光华严寺，那里是元朝在草原上的佛教圣地，他想象华严寺中应会有长松、怪石等景观，他还提到了金莲花，即"陌上花开金作朵"。《口北三厅志》载，金莲花"花

色金黄，七瓣环绕其心，一茎数朵，若莲而小。一望遍地，金色烂然"。可见，这是上都草原最典型的景观之一。

楚石完成书经，北游至上都以后，与其故乡江南大为不同的北方草原的异域风情令其感到处处新奇，由此写下《上都十五首》《开平书事十二首》《漠北怀古十六首》等多篇内容翔实、语言清新的诗作。

楚石对上都城描绘甚多。在《上都十五首》中，楚石将上都比喻为"行在小长安"。楚石看到的是蒙元王朝的繁盛与一统，因此他赞道："皇朝真一统，御历正三辰。"他描写了上都的各种繁华景象，例如"听歌新乐府，行在小长安"，"内地荷花绽，南方荔子来"，"王畿千里近，御苑四时春"，"宫墙依树直，御榻爱花

三彩文字瓷枕（元代）

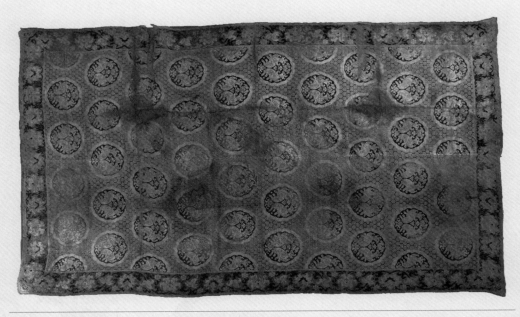

双羊图案提花织锦被面（元代）

偏"，"角奏梅花早，杯传竹叶清"，"玉帛朝诸国，公侯宴上京"，"闲烧冰片脑，更进水晶杯"，"帝前称万岁，宫里乐千春"。（均采自《上都十五首》）

对城内的一些建筑和设施，楚石也做了记录。比如"双阙上云霄，层城近斗杓"（《上都十五首》），描写的是呈双阙式建筑风格的穆清阁，它是上都城内最高大的建筑，"直上云霄"恰如其分。

对于生活在湿热的江南地区的楚石来说，上都最吸引人的莫过于环境气候，此类诗句比比皆是。例如"积雪经春在，轻霜入夏飞"（《上都

十五首》），"盛夏不挥扇，平时常起风"（《开平书事十二首》），"避暑宜来此，逢冬可住不？地高天一握，河杂水长流。赤日不知夏，清霜常似秋。向来冰雪窟，今作帝王州"（《上都十五首》）。诗中无一不在表现上都地区是一个乘凉避暑的好去处。

楚石在上都常出城游览，记录了草原大漠景观。例如宏观描写朔漠的整体环境特征是"白草黄云朔漠间"（《朔漠》），北方地区风沙大，"边风昼起沙"（《赠江南故人二首》），白天多有风沙。在《独石站西望》中，他记录"塞北逢春不见花"，表明南

北地区春季物候的差异，北方的初春并不像南方那样到处花团锦簇，南方人不适应这里的物候而致"江南倦客苦思家"。《上都避暑，呈虞伯生待制二首》中有"神都避暑可为欢，满地风霜六月寒"，反映了上都地区的气候状况：六月的草原尚满地风霜，自然是避暑胜地，使楚石非常向往。

他看到草原上普通平民的生活画面："有田稀种粟，无树强名村。土屋难安寝，飞沙夜击门。"（《开平书事十二首》）草原上的生活毕竟不同于中原汉地，虽种植有粟等农作物，但田地稀少，村落不似中原地区那样树荫遮蔽，房屋为土屋，风沙较大。"土厚不为井，民淳犹结绳"（《漠北怀古十六首》），表明草原地区较少打井。史载在大蒙古国建立以后，蒙古统治者才在"无水处教穿了井"，草原地区的牧民以前是不会打井的。即使入元以后，草原地区对井的使用仍不是很普遍。楚石还描写了游牧民族的生活场景："水草频移徙，烹庖称有无。肉多惟饲犬，人少只防狐。白毳千缣布，清尊一味酥。豪家足羊马，不羡水田租。"

（《当山即事二首》）还有"土窟金缯市，牙门羽木枪。地炉除粪火，瓦碗软蒸羊。小妇担河水，平沙簇帐房。一家俱饱暖，浮薄笑南方"（《当山即事二首》）。以上均是典型的北方草原地区的生活画面，其描写形象真实。

写社会生产的有"万瓮葡萄熟，闻名已醉人"（《漠北怀古十六首》），表明在上都地区也生产葡萄。"生涯

银执壶、银杯（元代）

惟酿黍"(《开平书事十二首》)、"沙黄种黍田"(《开平书事十二首》)、"粟麦满沙田"(《漠北怀古十六首》)等诗句表明,上都地区尽管地多沙土,但也有农业种植,作物主要是粟、黍,用来酿造或食用。上都地区还盛产韭菜,"野肥多嫩韭"(《漠北怀古十六首》),这在其他纪行诗中也有记载。还有野蒜、沙葱等植物,如"野蒜根含水,沙葱叶负霜"(《漠北怀古十六首》)。

诗中还记载一些草原地区当时常见的动物,主要有骆驼,"沙上老驼埋鼻立"(《朔漠》)。《新唐书·西域传》记载:"西北有流沙数百里,夏有热风,伤行人。风将发,老驼引项鸣,埋鼻沙中,人候之,以毡蔽鼻口乃无恙。"意思是在大漠中,骆驼为躲避风沙,将鼻子埋在沙中方可无恙。还有"今骑沙苑马"(《赠江南故人二首》),"煮茗羹羊酪,看山驻马挝"(《赠江南故人二首》)等景象。

《呈诸国师二首》中之一:"从此开平是帝乡,锦云外绕殿中央。由来盛夏不知暑,未及新秋先雨霜。翠鹤丹泉真富贵,冰肌玉骨自清凉。四依大士俱无着,尽放眠沙细肋羊。"诗中透露两点信息:一是上都地区的

彩绘盅碗舞陶俑(元代)

气候，为"盛夏不知暑"，未到秋天就已有"雨霜"；二是"细肋羊"。《太平寰宇记》载，关西道同州冯翊县境内有苦泉，"按《梁氏志》云：'在许原下，地有苦泉，水味醎苦，羊饮之肥而肉美。'今于泉侧置羊牧，因相传谓'沙苑细肋羊'。谚云：'苦泉羊，洛水浆。'"《松漠纪闻》载："关西羊，出同州、沙苑，大角虬上盘至耳。最佳者为卧沙细肋北羊。皆长面、多髯，有角者百无二三，大仅如指，长不过四寸，皆目为白羊，其实亦多浑黑。亦有肋细如箸者，味极珍。性畏怯，不抵触，不越沟堑。"这种羊在北方地区较为普遍。

又《上都避暑，呈虞伯生待制二首》："大官复取酼沆进，天上酥酪恐不如"。

酼沆为蒙古族饮用的一种酒名，以马乳撞挏制成，是蒙古族"迤北八珍"（又名北八珍）之一种。元人耶律铸在其《行帐八珍诗·酼沆》诗序中说："酼沆，马酮也。汉有'挏马'，注曰：'以韦革为夹兜，盛马乳挏治之，味酢可饮，因以为官。'又《礼乐志》'大官挏马酒'，注曰：'以马乳为酒，言挏之味酢则不然，愈挏治则味愈甘，挏逾万杵，香味醇浓甘美，谓之酼沆。酼沆，奄蔡语也，国朝因之。'"

酥酪为古印度酪制食品名。佛教典籍《法苑珠林》载："诸天有以珠器而饮酒者，受用酥酪之食，色触香味皆悉具足。"《山家清供·玉糁羹》载："东坡一夕与子由饮，酣甚，槌芦菔烂煮，不用他料，只研白米为糁，食之，忽放箸抚几曰：'若非天竺酥酪，人间决无此味。'"可知酥酪为古代天竺食品，是一种酥软味美的糕点类食品。

附：

典型上都纪行诗赏析

昨夜分明梦到家，庭前开遍石榴花。
龙门不放东风过，五月平滦雪满沙。
（马臻：《滦都寓兴》，《霞外诗集》卷三）

是时闾阖薰风暖，上京六月如初冬。
（周伯琦：《诈马行》，《近光集》卷一）

上都五月雪飞花，顷刻银妆十万家。
说与江南人不信，只穿皮袄不穿纱。
（杨瑀《山居新语》）

小雨阴风夏夜阑，穿窗扑面雪成团。
平明笑与长官说，天上玉京如此寒。
（欧阳玄：《试院偶题赠巽斋》，《圭斋集》卷三）

院院翻经有咒僧，垂帘白昼点酥灯。
上京六月凉如水，酒渴天厨更赐冰。
（萨都剌：《上京即事》，《雁门集》
卷六）

遥遥瑞气笼金阙，隐隐明河傍玉楼。
四海暑天三伏夜，六街凉月万家秋。
（刘敏中：《上都
凉甚喜书四绝》，《中
庵集》卷十七）

荞麦花深野韭肥，乌桓城下客行稀。
健儿掘地得黄鼠，日暮骑羊齐唱归。
（贡师泰：《和胡士恭滦阳纳钵即
事韵五首》，《玩斋集》卷五）

怪得家僮笑语回，门前惊见事奇哉。
老翁携鼠街头卖，碧眼黄髯骑象来。
原注：黄鼠，滦京奇品。（杨允孚：
《滦京杂咏》卷下）

月出王孙猎兔忙，玉骢拾矢戏沙场。
　皮囊乳酒锣锅肉，奴视山阴对
角羊。
　原注：橘绿羊，或四角六角者，
谓之迭角羊。迭义未详。以其角
之相对，故曰对角。毛角虽奇，
香味稍别，故不升之鼎俎。于以
见天朝之玉食，有等差也。（杨
允孚：《滦京杂咏》卷下）

　野菽堆盘见蕨芽，珍羞眩眼
有天花。
　宛人自卖葡萄酒，夏客能烹
枸杞茶。
　（许有壬：《竹枝十首和继学
韵》，《至正集》卷二十七）

人形玉佩（元代）

耶律楚材和他的《西游录》

13 世纪初，成吉思汗率军 20 万西征中亚花剌子模国，耶律楚材以书记官和星相占卜家的身份应召前往。1218 年 3 月，他自永安出发，过居庸关、经武川、出云中（今大同），到达天山北面成吉思汗营地。翌年随军西行，越阿尔泰山、过瀚海、经轮台、和州（即古高昌），更西行经阿里马、虎司斡鲁朵、塔剌思、讹打剌、撒马尔罕，到达花剌子模国首府今布哈拉。行程 3 万千米。耶律楚材在西域达 6 年之久，东归 4 年后写成《西游录》，共上、下两篇。上篇记西行道路、山川、物产、城市等，如"寻思干乃谋速鲁蛮种落梭里檀所部者也。蒲华、苦盏、讹打剌域皆奈焉"，对了解 13 世纪新疆及中亚伊斯兰教各民族的概况有重要参考价值。下篇设为问答，以佛教立场批驳全真道首丘处机。

人情往来——元代的请柬

请柬，秦汉已有之，但今天已无法看到那时请柬的模样了。现在已知国内所存最早的请柬实物，是在内蒙古阿拉善盟额济纳旗黑城遗址中出土的元代请柬，距今 700 余年，弥足珍贵。

黑城是元朝亦集乃路总管府所在地，城中有居民 3000 多人，因地处交通要道，是通往西北和岭北的枢纽，城中除了蒙古官员、将士外，还有许多汉族商人和下层小吏，他们在元朝几十年较安定繁荣的时期，互有应酬、书柬不断。由于黑城后来被沙漠包围，气候干燥，因此有许多文书档案和少数请柬得以保存下来。

黑城出土的元代请柬是用毛笔书写在竹纸上的，内容丰富、读来饶有情趣。例如，马二是位饭馆老板，开张大吉为了招揽客人，他向城中贤良发出了这份颇有诱惑力的请柬：

"谨请贤良

制造诸般品味　薄海馒头饰妆

请君来日试尝　伏望仁兄早降

今月初六至初八日小可人马二"

在初六到初八的 3 天间，持柬人都可以来马二的饭馆，试尝他的"诸般品味""薄海馒头"。这实际上是一份广告，以后的回头客是少不了的。

另有一份请柬，恳切之情溢于言表：

"谨请

国瑞老兄众爱务别久等

今朝若不赴会　来日甚脸觑人（后缺残）"

估计这位"国瑞老兄"接到请柬后，定然会准时赴会，否则邀请人的面子太难堪了。

在请柬中，可以窥见元朝汉族人的礼俗，柬中多有"千万千万　休交有误"的叮嘱，还有"谨邀""拜上""伏

婚书（元代）

"望""端望"的诚恳用词。时至今日，在正式的请柬中有些词句还在被人们使用着。

◎舌尖上的元代社会——美味的馒头

元代的馒头与今天的馒头不同，而是像今天的包子，有羊肉馅、猪肉馅和鱼肉馅及蔬菜馅。我们平时吃的馒头，在元代不叫馒头，而被称为蒸饼。

元代有不少记载饮食的书籍，如《饮膳正要》《居家必备用事类全集》等，对于馒头的做法与名称有所记载。例如书中说元代宫廷中的馒头，与牛羊肉一样，颇受欢迎。这些馒头有剪花馒头、茄子馒头、鹿奶肪馒头，馅有羊肉、羊油、鹿脂和茄子等。元代民间也喜吃馒头，制法是先发面、再和面，然后擀皮包馅，蒸而熟之，其名称有平坐大馒头、平坐小馒头、薄海大馒头、捺花馒头、捻尖馒头等等。

◎800年前的民事调解——元代的村社劝诫

元朝时期，农村以50户为一社，每社选出一名为人公道、声誉好的人来当社长，负责"专一照管劝本社之人务勤农桑，不至惰废"。社长没有报酬，但官府可免其杂役，每年考核一次，奖优罚劣。

据元代颁发的《社长须知》，社长每月要召聚全社老幼劝农教化，农闲时还要办学堂，劝诫本社子弟上学读书。对那些游手好闲、不听父母之命、不孝敬老人、打架斗殴者，社长更有责任叮咛劝诫。如屡教不改，要召集全社父老加以谴责；若再犯，要报经官府，用白粉在其家门上方，书写"不务本业""游惰""凶恶"等大字，使其名声狼藉。如知耻改过，经社长考核，上报官府，可将白字除去。

随着大元一统，这种村社劝诫制度由北方逐步推行全国，对于元朝社会基层民众的稳定，以及社会风尚的淳朴，农业生产的发展等，都具有很大意义。

◎元朝禁卫军参加劳动

据元朝人苏天爵《元朝名臣事略》记载，1291年，负责兴筑河渠的通水使者上奏，请在大都以西开凿运河，将京西的白浮水引入大都，使之东与潞河相连，南经大运河与江淮水系相接，从而使大都获得饮水及运输之便。

忽必烈很快批准了这个建议，下令尽快动工。但当时战争刚刚结束，民力匮乏。于是，忽必烈决定调动禁卫军四大怯薛开赴工地。这四大怯薛是成吉思汗时所建的禁卫军，负责轮流值守皇帝宫帐，每班值勤三昼夜，

共分四班总计1万多人。怯薛军来自蒙古各部的贵族子弟，精于骑射战斗，尚未参加过生产劳动，而且其地位尊贵，每位普通士兵如果在外，即相当于一位千户长的地位。由于忽必烈下达了命令，平时善于骑马打仗的怯薛军，便在26岁的怯薛长月赤察儿率领下，集体前往白浮水。他们分段包干，责任到人，不论官职大小齐执锹镐，投入到挖渠的劳动中。数日之内，运河挖成，忽必烈赐名通惠河。他赞扬道："是渠，非月赤察儿身率众手，成不亟也。"

◎社会经济专题之一——大元四都城

1206年，成吉思汗建立大蒙古国。1271年，忽必烈改国号为"大元"。1279年，元朝统一全国。1368年，被朱元璋建立的明朝灭亡，北迁的元政权退居漠北，仍沿用大元国号，与明朝对峙，史称北元。在历史上，这个王朝仅仅存在了百余年。然而这短短的百余年间，王朝曾经建立过4座都城，分别是哈喇和林、元上都、元大都和元中都。1235年，成吉思汗的第三个儿子窝阔台继承汗位，在草原深处着手建立了大蒙古的第一个都

城——哈喇和林城。随着蒙古南下进入中原地带，成吉思汗的孙子忽必烈听取众多汉人谋士的建议，修建了蒙古的第二座都城，即元上都。1276 年，大都基本建成，忽必烈以大都为正都，而把上都作为夏都，实行了两都制。1307 年，元武宗海山即位，在旺兀察都另行创建中都。

哈喇和林

哈喇和林，也称为哈拉和林，位于今天蒙古国中部后杭爱省杭爱山南麓，鄂尔浑河上游右岸的额尔德尼召旁边，距乌兰巴托市西南 365 千米。13 世纪中叶，哈喇和林曾经是蒙古帝国的首都，大蒙古国前四位大汗，即成吉思汗、窝阔台、贵由、蒙哥都是以哈喇和林为都来管理大蒙古国。同时 13 世纪的哈喇和林也是世界的首都，大蒙古国的铁骑踏遍了大半个欧亚大陆，在这片广袤的土地上，生活着不同的民族，还有许多臣服于大蒙古国的附属国，他们都接受着来自哈

喇和林的号令。哈喇和林还集合了成吉思汗、窝阔台汗、贵由汗和蒙哥汗从中欧、东欧、西亚、中亚、东亚、东北亚、南亚等各地抢掠得来的奇珍异宝和金银珠宝，数以万计。由于大蒙古国的强盛，哈喇和林城畜牧业、农业、商业、手工业、宗教、教育、科技和政治外交等诸方面都得到很高的发展，成为大蒙古国政治、经济、文化中心。

关于哈喇和林有一种说法是它原来是山的名字，指鄂尔浑河发源地杭爱山；另一种说法是指它是河的名字，指鄂尔浑河上游。蒙古中部的鄂尔浑河流域，自古以来是北方各游牧民族驻牧的地方，许多游牧民族曾在这里建立政权并修建都城。1235 年，窝阔台汗命令汉族工匠在鄂尔浑河岸建筑都城，以哈喇和林为城的名字。城南北长约 2 千米，东西长约 1 千

灰陶驮囊马（元代）

话说元朝

HSYC

话说元朝

哈喇和林城遗址

米，大汗所居住的万安宫在它的西南方，有宫墙环绕，周长约 1 千米。

哈喇和林城是在古代回鹘民族在 11 至 12 世纪克列部的都城的基础上规划和扩建的。整体的设计规划，既体现了汉族传统的城市布局观念，又体现了具有北方民族游牧生活的草原特点。哈喇和林城由外城和宫城两个部分组成。外城平面呈不规则长方形，一条南北向大街和一条东西向大街交会在城市的中央，并通向四门。两条大街的交会处形成十字街头，十字街头的东南角有一处手工业作坊和商业店铺的遗址。此外，外城内外还有许多建筑遗址。根据 1254 年到哈喇和林访问的法国使臣卢布鲁克记载，哈喇和林分两大居民区，一个是回回区（伊斯兰教徒），大多数是商人，区内有市场；一个是汉人区，居民全部都是工匠。宫城，就是窝阔台汗兴建的万安宫，位于外城西南方，宫殿围墙呈不规则方形，类似唐宋宫殿的布局。

大蒙古国时期，哈喇和林的建筑技术已进入十分成熟的发展阶段，涌现出一些具有高超技艺的建筑大师，他们建造了不同风格和作用的建筑群体。著名的有带有护墙、建造有 64 根圆柱的窝阔台汗万安宫以及觐见大厅，上面建造有天使像的"银树"，各类宗教教徒们的寺院、教堂等都是哈喇和林建筑科学的杰出成就。金国人刘敏、巴黎工匠威廉师傅等人是这些建筑的建造者。从文献记载和考古资料都可以看到当时哈喇和林建筑的巍然壮观和建筑科学的卓越成就。

　　大蒙古国还修建寺院、教堂等宗教建筑，为信徒提供进行各种宗教活动的场所。当时哈喇和林有12座属于不同民族的的庙宇、2座伊斯兰教寺院（在寺院里公布着摩诃末的教规）、1座基督教的教堂等宗教建筑。通过考古发掘，窝阔台汗万安宫遗址出土了大量的佛像雕塑、壁画和成千上万与佛教有关的遗物。显示了当时哈喇和林佛教活动和佛教艺术的发展规模。《大藏经》《古兰经》等宗教经典著作，在哈喇和林寺院教堂内普遍收藏并翻译。同时，各种宗教文化、哲学等，通过各类宗教人士传播到哈喇和林各色居民当中。

　　1260年，忽必烈在开平即位，他的幼弟阿里不哥则占据了哈喇和林地区自立为大汗。1261年冬，忽必烈打败阿里不哥，占领哈喇和林。1263年，忽必烈升开平为上都，第

二年又升燕京为中都（后改大都），蒙古国政治中心转移到漠南汉地。忽必烈建立元朝并迁都大都后，哈喇和林失去了都城的地位，仅仅设置了宣慰司都元帅府。但是哈喇和林仍然是漠北的重要都市，元朝时候派大臣镇守，并且派遣了重兵防守，在哈喇和林开设屯田，设立学校。1277年，窝阔台汗国大汗海都（窝阔台的孙子）在与元朝的战争中曾经一度攻占了哈喇和林，元军直到第二

钧窑香炉（元代）

年才把窝阔台汗国的军队驱逐出去。不过，14世纪以后哈喇和林得以恢复发展。1312年，元朝将和林行中书省改名为岭北行中书省，并将和林路改名为和宁路。

1368年，大都被明军攻占。1370年，元顺帝妥欢帖睦尔在应昌去世，太子爱猷识理达腊继位，即元昭宗，元朝廷退到哈喇和林，仍然使用元国号，史称北元。北元政权仍然以哈喇和林为首都。1387年明军攻克哈喇和林，哈喇和林城被彻底毁灭。之后虽然数次重建，但15世纪初期蒙古各个部落分崩离析，鞑靼跟瓦剌两个部落的蒙古贵族相互攻伐，哈喇和林也逐渐没落了。

元上都

元上都是位于今内蒙古自治区林郭勒盟正蓝旗旗政府所在地，现敦达浩特东25千米，闪电高勒北岸1千米，"五一"牧场南4千米处。元上都被认为是中原农耕文化与草原游牧文化奇妙结合的产物，历史学家称赞它能与意大利古城庞贝相媲美。2012年6月，世界遗产委员会会议讨论并通过将元上都遗址列入《世界遗产名录》。

上都城在兴建之前，在金代属于桓州。成吉思汗曾经在这里避过暑。1251年，成吉思汗的孙子蒙哥成为蒙古大汗。随后，蒙哥命令他的弟弟忽必烈统领漠南汉族地区的军国事务。于是忽必烈立足金莲川，广泛招募天下的名士与俊杰，建立了蒙元史上著名的"金莲川幕府"。在忽必烈的帐下集中着许多战功卓著、满腹经纶、精通治国的俊才。这些人才为忽必烈迈向帝位、治国安邦奠定了坚实的基础。1256年，忽必烈遵照蒙哥汗的旨意，命令刘秉忠在这里建筑城市与宫殿。经过3年的建设，最终建成，最初命名为开平。开平是一座具有游牧文化特色的草原都城，同时也融合了中国传统建筑的一些特点。1259年，蒙哥汗率领军队讨伐宋朝，在四川钓鱼山去世，忽必烈果断地与南宋议和，从鄂州前线向北撤回。

锡

黑釉大瓷盆（元代）

元上都明德门遗址

第二年三月，忽必烈以开平为根据地，联络蒙古各宗王。十月，忽必烈在开平即蒙古大汗位。忽必烈随即率军北上，夺取了阿里不哥占据的都城哈喇和林，迫使阿里不哥向忽必烈投降。开平从此以后升级为府，一跃而成为首都，忽必烈在这里设置中书省，总理全国的政务。开平因奠定了忽必烈取得汗位、建立元朝大帝国的宏伟基业而名垂青史。

1263年，经过扩建改造的开平府正式加号为上都，设置了上都总管府。第二年，忽必烈改燕京为中都。1267年，又在中都东北建造了新城。

1272年，改中都为大都。从此以后，元朝实行两都制，大都为首都，上都为夏都。每年夏历二、三月至八、九月，元朝皇帝都要率领重要大臣来这里避暑和处理政务，因此将宫城建成园林式的离宫别馆，并极注意防御和对宫城的防护。把居民区设在城外，突出了这座城市整体的宫殿性质。元朝的主要机构在上都都有分衙或下属官署，上都仍然是全国重要的政治中心。

元上都地理位置特殊，西面可以控制西北，东面可以控制辽海，南面能够控制天下大局。上都距离哈喇和林比较近，是沟通南北东西的重要枢纽。对联络、控制拥有强大势力的漠北蒙古宗亲贵族，在政治和军事上都有着举足轻重的地位。它是对付蒙古宗王反叛势力的前沿阵地，也是运筹帷幄的最高决策场所。因而元朝前几位皇帝，如忽必烈、铁穆耳、海山等即位的忽里勒台大会都在上都举行。元朝中期以后发生的"南坡之变""两都之战""上都兵变"等宫廷斗争、流血冲突，都证明了上都极其重要的政治、军事地位。上都在中外外交史上也具有重要影响。元代中外交往频繁，上都常常有阿拉失、波斯、突厥等地的商人往来。意大利威尼斯商人尼古剌兄弟带着马可·波罗到中国，在上都受到忽必烈极高的待遇。著名的《马可·波罗行记》详细记述了上都的宫殿、寺院、宫廷礼仪、民情风俗，第一次向世界介绍了上都，让世界了解中国。

上都城由外城、皇城、宫城和外苑部分组成。外城周长约9千米。内城是皇城，外城是市区和居民区，城

鎏金六耳青铜锅（元代）

内有宫殿和衙署约60所，各种寺庙160余处。宫城是全城的核心，有东华、西华、御天三门，城墙用砖包镶，其中南边的御天门最为重要，它与皇城南门明德门在一条中轴线上，是出入的主道。皇帝所下达的诏旨，都要在御天门上发布，再送往大都，然后转发全国各行省。主要宫殿楼阁和官署、宫学建在宫城内。宫城建有水晶、大明、鸿禧等殿，大安、延春等阁，华严、乾元等寺庙。宫城内还有泉池穿涌其间，园林特色十分明显。大安阁是宫城内最主要的建筑，也是上都城的象征。它是元世祖移取汴梁的金朝南京熙春阁的材料建造而成，建于1266年。皇城在全城的东南角，城墙外砌砖石，寺庙、国学和部分大型建筑在皇城内。外城北部是皇家苑囿和金顶大帐棕毛殿的建筑所在地。每年春、夏、秋三季，上都城的城外比城内更繁华，流动人口数十万，乃至上百万，城区方圆数十千米。商贾工匠云集，繁荣兴盛，不但有从中原来的商人，也有从中亚和欧洲来的商

人，他们促进了以元上都为中心的蒙古地区的经济繁荣。上都驿道四通八达，是漠北与中原的交通枢纽。

上都在元代科技史上的地位更不容忽视。早在蒙哥汗时期，开平就设有天文观测所——承应阙。波斯科学家札马鲁丁曾受蒙哥汗委托筹建天文台。1271年，上都回回天文台正式成立（也称北司天文台）。忽必烈令札马鲁丁为提点。札马鲁丁研制了许多大型天文仪器并制定了"万年历"，为上都天文台的建立和发展奠定了基础。1262年，忽必烈在上都召见了著名科学家郭守敬，并采纳了他对北方水利资源和华北平原水利灌溉建设的六条建议。为保障上都城的安全，1298年，郭守敬在上都亲自勘查、测量、设计，并组织施工完成铁幡竿渠，将山洪导入滦河。

上都城有众多佛寺、道观、清真寺等宗教建筑，宗教活动十分兴盛。1260年，忽必烈封八思巴为帝师，在上都城西南建有八思巴帝师寺。道教在上都也有很大势力，各宗派都建有道宫。上都常有色目商贾往来，很早就建有回回寺。上都居民中也有信仰

元代天文台景观

伊斯兰教、景教等的。上都作为元夏都，是北方宗教兴盛的中心，同时也是多元文化交流的中心。

上都城在元末明初逐渐衰落。1358年，红巾军攻占上都，将宫殿官衙等付之一炬，结束了它作为元代陪都的历史。1369年，明朝重新命名开平府，不久以后废府改为卫，1430年后废弃不用。

元大都

元大都，也称大都，突厥语称为汗八里，意思是"大汗居住的地方"。1267—1368年，元大都都是元朝的国都。元大都的城址位于今天北京市市区，北至元大都土城遗址，南至长安街，东西至二环路。

元朝初年，燕京地区在各个方面都具有十分优越的条件。首先，燕京地区有着十分优越的地理条件。北面群山环抱，形势险要，易守难攻。驿道四通八达，水陆交通都很便利。而从这里到上都和漠北草原，比其他中原城镇都更为便利。其次，燕京地区有着十分悠久的历史基础。早在数千年前，燕国就曾经在这里立国。此后，历经秦汉至隋唐的多次朝代更

元中都城遗址

替，这里始终是北方最重要的军事重镇。到了辽金时期，燕京的地位更加重要。辽朝把这里作为四大陪都之一的南京，金朝更是在这里大力经营，扩建城池和宫殿，将燕京作为中都，是统治中国北方的中心。再次，燕京地区还有着举足轻重的政治地位。忽必烈在跟阿里不哥争夺汗位的时候，除了依靠一部分蒙古贵族以外，还得到中原汉族地主武装的大力支持，并且从北方汉地得到大量的物资以维持战争。此外，燕京作为忽必烈向南扩张的大本营比塞外的上都理想得多。最后，幽燕地区有着十分优越的经济环境。这里的物产资源特别丰富。

燕京地区当时还有金朝的中都旧城，然而历经金朝末年的战争，尤其是1215年被成吉思汗的蒙古军队攻陷之后，城内的宫殿多被拆毁或被焚毁。1264年，忽必烈下令改燕京为中都，定为陪都。1267年，他决定将都城迁到中都。1272年，把中都改名为大都，把上都作为陪都。忽必烈迁都燕京后，命令大臣在金中都旧城之外营造新城。新城于1267年动工，中书省官员刘秉忠为营建都城的总负责人，阿拉伯人也黑迭儿负责设计新宫殿。郭守敬担任都水监，修建元大都到通州的运河。元大都历时20余年

建设，形成新一代的帝都。

大都新城的平面呈长方形，面积相当于唐朝长安城面积的五分之三，接近宋朝东京的面积。在营建大都时，先在全城的几何中心位置建中心之阁，然后以这个中心为基点来建设。中心之阁南面是皇城。皇城四周建红墙，又称萧墙。萧墙的东墙外是漕运河道。皇城以太液池为中心，四周布置3座宫殿，这是元大都新城规划最有特色的地方，这种布局反映了蒙古人"逐水草而居"的特点。皇城外，南面和东南是官署区，北面是积水潭一带的闹市，东面是太庙。在中心之阁的西面，是鼓楼、钟楼，是全城的报时机构。钟鼓楼的西面是积水潭，因为郭守敬开通通惠河，使得积水潭成为元代漕运的终点，是全城最繁华的商业区，各种歌台酒馆和生活必需品的商市都汇集在这里。元大都的城防体系包括城墙、城门、护城河。城墙是夯土筑成。共有11座城门。每个城门的命名都与跟《周易》卦象有关。比如丽正门，就是《周易》中"日月丽乎天"引申出来的。

元大都是在金中都之外新建的，城市规划不受旧的格局约束，所以大都的居民区和金中都新旧坊制混合形式不同，全部是开放式的街巷。按照

话说元朝 HSYC

元大都义和门遗址

方位，元廷将大都街道分为 49 坊。元大都的坊都是以街道为界线，有坊门但无坊墙。元大都的街道，规划整齐、经纬分明，相对的城门之间一般都有大道相通。元大都都城街道的布局，奠定了今日北京城市的基本格局。元朝统治疆域十分广阔，作为帝国首都的大都是全国的政治中心和文化中心，所以人来人往，商业经济十分繁荣。市场上出售的商品来自全国各地。当时，海运发达，河运通畅，为大都城提供了丰富商品。

元大都建成以后，使燕京第一次成为统一国家管理全国政治、经济、文化的中心。这一统治地位一经确立，历经明清两朝数百年而始终没有变，并且一直延续到今天。新建的大都城，是我国历史上第一个少数民族入主中原、统一全国所建立的都城。大都城的兴建，标志着中国的少数民族在中国历史发展的过程中起到越来越重要的作用，同时也促进了中国各少数民族和汉族的相互融合。在新建的大都城，迁移来了大量的少数民族，如蒙古族、回族、维吾尔族等，他们在和汉族人民长期的共同生活中相互认识，相互融合。大都城作为元帝国的首都，是当时的国际大都会之一。

大都城在中国乃至世界都城发展史上都占据着非常重要的地位。

1368年，朱元璋派遣徐达、常遇春率领军队北征，元顺帝逃出大都，前往上都避难。随后，明军攻陷大都。明太祖把大都改名北平。此后，北平作为燕王朱棣驻地，城市格局在明初的50余年中没有变化。1406年，朱棣迁都后，在元大都的基础上继续向南修建，形成了明清北京城的基本格局。

元中都

历史上有两个元中都，一个是燕京；另外一个由元武宗海山所建，始建于元大德十一年（1307年），遗址位于河北省张北县馒头营乡。

元武宗海山曾经长期居住在漠北，身边大多数是蒙古人和色目人。元武宗具有很浓重的草原

贵族色彩，厌烦汉化严重的大都。元武宗是从弟弟爱育黎拔力八达（元仁宗）手中夺取的皇位，虽然即位后立仁宗为太子，但是元武宗与母亲及弟弟的关系不和睦。而母亲与弟弟在大都的势力比较强。为了排除异己势力，也为了安排亲信势力，元武宗选择建设新都。

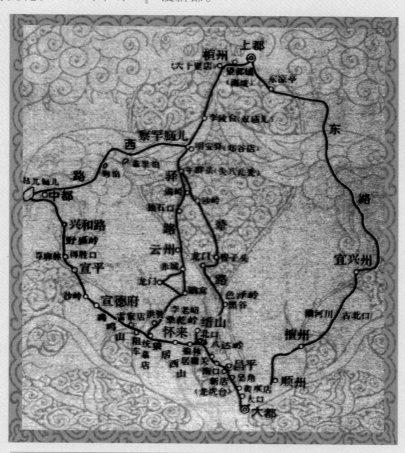

元大都到元上都路线图

　　中都城所在的地区处于农耕地区与游牧地区的分界线上，因此具有不容忽视的军事地位。元中都地处张北坝上草原，属于锡林郭勒草原的南部边缘地带，与整个欧亚草原相连接。元中都向北连接内蒙古大草原，向南控制中原地区，是辽、金、元时代向北连接漠北、向南通往中原的交通枢纽和军事重地。中都气候凉爽，水草丰美，禽兽很多，在历史上一直是避暑胜地，最晚从辽代开始，这一代就建有避暑行宫。而且这里地势非常平坦，三面都是草原，还有湖泊和山脉环绕。武宗在这里建立都城，有很大的地理优势，北可以控制大漠，南可以治理中原，而且离上都、大都很近，最重要的是可以联系漠北的势力，是在上都与大都之间建立都城的理想地方。

　　1307年，元武宗下令在旺兀察者行宫的基础上建设新都。到次年中都行宫建成，刚好为一年的时间，工期十分短暂。建都时天寒地冻，加上坝上草原气候又非常恶劣，施工难度很大。除了两万多卫军充当劳役以外，又从民间抽调了大量百姓。在行宫初步建成的时候，元武宗对官员大加赏赐，并建立了中都万亿库。中都行宫建成后，元政府又调拨大批军队和百姓修建中都城。随着中都宫城的建成，中都的一整套管理机构也相应地设置起来。

　　从现存的遗址来看，元中都由内、中、外依次相套的三重城组成，即外城、皇城、宫城。内城平面呈长方形，周长2360米。中城套在内城之外，面积约80万平方米。元中都的宫室建筑按中轴线布局设计，主体宫殿群位于内城的中北部。中都这个介于元大都与草原之间的都城，兼具草原文化和中原传统双重特色。中都城内的宫城以通过南、北门的轴线呈对称分布，同时还保留着可放置具有蒙古族传统毡帐的空地。

　　元武宗在位期间，为了建造中都城耗费了大量的人力和财力。1311年正月，元武宗病死，他的弟弟爱育黎拔力八达即位，即元仁宗。仁宗一上台便改变了武宗的许多做法，并下诏罢免中都，并撤销了中都的一系列机构。中都虽不是都城了，但是宫殿建筑仍在，后代的皇帝偶尔仍会到这里。1358年，中都的宫室被红巾军烧毁，只留下城墙遗迹。

第八章
灿烂夺目的艺术文化

《蒙古秘史》的秘密

1368 年，明军攻下大都。在皇宫之内，明军找到一部叫作《蒙古秘史》的史书。该书是蒙古族第一部历史著作。通过它，人们知道了蒙古人称霸中原前的历史。

同中国历史上的其他王朝一样，元朝也为他们的大汗和皇帝撰写史书。这些史书一般用蒙古文书写，蒙古名叫"脱卜赤颜"。写好之后，秘密藏于皇宫，不让外人看到。《蒙古秘史》就是其中的一部，是用畏兀儿体蒙古文写成的。

明朝初年，因为需要培养能够和退到草原上的蒙古人进行交流的人才，明太祖便派人翻译《蒙古秘史》，作为蒙古语教材。负责翻译《蒙古秘史》的有两个人，叫火原洁和马懿赤黑。他们通过"纽切其字，谐其声音"方法，也就是用汉字音写蒙古语的方式，将畏兀儿体蒙古文的《蒙古秘史》翻译成了汉文音译《蒙古秘史》。火原洁和马懿赤黑还在每个汉文音译的蒙古文单词旁边附加了汉文译文，又在每节之后附以汉文总译。通过这些汉文译文，人们就能读懂《蒙古秘史》了。后来，元朝畏兀儿体蒙古文《蒙古秘史》神秘失踪，明朝汉文音译的版本却流传了下来。

《蒙古秘史》书影

　　《蒙古秘史》，记述的历史从成吉思汗22代先祖写起（约700年），至窝阔台汗十二年（1240年）为止。全书共分282节，有12卷和15卷两种版本，但是内容完全相同。前58节记载的是成吉思汗先祖的事迹，从第22代传说始祖说起，直到成吉思汗的父亲也速该、母亲诃额仑，其中有许多关于蒙古氏族部落起源的传说和实录；第59—268节，记述成吉思汗的一生，从他手握凝血降生开始，一直写到猪年（1227年）病逝为止；第269节之后，记述的是窝阔台时期的历史，包括二次西征、灭金、内政建设等内容。

　　《蒙古秘史》记载的很多内容具有非常重要的史料价值，能够与其他文献相互印证，还能发现不少有趣的问题。例如，《山海经》之《西山经·西次三经》里说北方有玉山，山上有赤翟；在《西山经·西次四经》《北山经·北次二经》里，说西北方的盂山、县雍山有白翟。赤翟、白翟即北狄中的赤狄、白狄。《山海经》讲到翟鸟时，说它"食鱼"。据段连勤《北狄族与中山国》考证，翟鸟可能为一种雕，雕也称为鹗，李时珍《本草纲目》说："鹗，雕属也，似鹰而土黄色。"根据这个说法，翟可能为草原牧民所

喜养的一种黄鹰，《蒙古秘史》第26—29节中记述了孛端察儿豢养和利用黄鹰出猎的情景："那般住的时分，孛端察儿见有个雏黄鹰拿住个野鸡。他生计量，拔了及茎马尾做个套儿，将黄鹰拿着养了。孛端察儿因无吃的上头，见山崖边狼围住的野物射杀了，或狼食残的拾着吃，就养了鹰。如此过了一冬。到春间，鹅鸭都来了，孛端察儿将他的黄鹰饿着，飞放拿得鹅鸭多了，吃不尽，挂在各枯树上都臭了。都亦连名字的山背后有一丛百姓，顺着统格黎河边起来。孛端察儿每日间放鹰，到这百姓处讨马酪吃，晚间回去草庵子里宿。那百姓向孛端察儿索这黄鹰。他不曾与。两家也不曾相问姓名，只这般住了。"

　　因为它丰富的内容和珍贵的价值，《蒙古秘史》受到了全世界的瞩目。1989年，联合国教科文组织将《蒙古秘史》列为世界名著，并将它的英译本收入"世界名著丛书"，同时，号召其成员国在

水晶盒（元代）

1990 年为《蒙古秘史》成书 750 周年举行了纪念活动。对于一部书籍而言，这是极高的荣誉和奖赏！

国际上的历史研究者对它更是褒奖有加、赞不绝口。就让我们听一听这些来自世界各地的赞言吧：

苏联学者符拉基米尔佐夫："如果说在中世纪没有一个民族像蒙古人那样吸引历史学家们的注意，那么也应该指出，没有一个游牧民族保留像《蒙古秘史》那样形象地、详尽地刻画出现实生活的纪念作品。"

美籍华裔学者洪业："尽管这部书写作费时不久，……其背景则为古代游牧民无数世代的生涯。"

日本学者村上正二："《蒙古秘史》具有作为历史文学先驱的第一流作品的地位。"

法国学者伯希和："《蒙古秘史》是第一流文献。"

◉ 脱脱修三史

元朝先后攻灭了金和宋，按照中国古代的传统，自然要为这两个王朝修史。契丹人建立的辽朝虽说是为金所灭，但是金朝直到被元朝灭亡了，还没修完《辽史》，这一任务也就落到了元朝人的肩上。

为宋、辽、金三朝修史的事情，从元朝初年开始，就有人不断提出，朝廷也在积极张罗。但是在一个关键问题上，意见得不到统一，使得修史工作只停留在讨论阶段，无法实际开展。这个关键性的问题是在修宋、辽、金三朝历史的时候，应当以哪一个为正统，以哪一个王朝为叙述历史的主体。当时在这个问题上聚讼纷纭。有的说以两宋为正统；有的说以辽金为正统；有的说把两宋、辽金作为南北朝，平等对待；还有的说，干脆宋、辽、金三个朝代的历史分别撰写，各为正统。

直到 1343 年，脱脱第一次当宰相的时候，修史工作再次被提上日程，脱脱亲自担任总管。开始的时候，还

黑釉梅瓶（元代）

是和以前一样，大家在正统这个问题上争来吵去。脱脱实在看不下去了，一锤定音，决定采纳宋、辽、金分别撰写历史的建议，平息了大家的争论。

同时，脱脱还解决了修史中的人事和经费问题，使得修史工作进展神速。第二年，就修成了《辽史》和《金史》。第三年修成了《宋史》。

《宋史》共 496 卷，包括本纪 47 卷，志 162 卷，表 32 卷，列传 255 卷，约 500 万字，是二十四史中篇幅最庞大的一部官修史书。

《辽史》共 116 卷，包括本纪 30 卷，志 32 卷，表 8 卷，列传 45 卷，国语解 1 卷，系统地记载了辽朝 200 多年的历史，并兼载辽立国以前契丹的状况以及辽灭亡后耶律大石所建西辽的概况，是研究辽和契丹、西辽的重要史籍。

《金史》共 135 卷，包括本纪 19 卷，志 39 卷，表 4 卷，列传 73 卷，是反映金朝兴衰始末的重要史籍。

◎ 趣味盎然的汉语课本——《老乞大》《朴通事》

元朝时期，朝鲜李氏王朝有两部汉语课本叫作《老乞大》和《朴通事》。这两部汉语教科书里面，有小贩们的

《 蒙元时尚三大主流 》

蒙古民族历来对价值高昂的黄金十分偏爱，使用黄金之风盛行，以成吉思汗为代表的"黄金家族"更是将黄金视为权利和财富的象征。金银器制造业是蒙古手工业的重要部分，来自中原和江南的丝绸也深为蒙古人所爱。蒙古贵族对象征长生天的蓝天和白云的喜好，促使白、蓝相间的青花瓷，成为元代瓷器中的极品，并且深受阿拉伯国家的喜爱。

这一时期，黄金、青花瓷与丝绸共同构成了蒙元时期时尚文化的三大主流。而且，这三大时尚相互影响、相互融合。譬如，当时在丝绸的织、绣工艺中大量运用黄金，其中以金线显示花纹的织金锦最具时代特色，真正达到了"与金同价"。另外，青花瓷的纹饰有一部分就来自纺织物。当时人民普遍爱美服饰，贵族宴会大量使用黄金酒杯、骑马使用金马鞍。在贵族们参加的宴会上，每天都要更换一身金锦织的新袍子，诗云："千官入宴尽换袍"就是描写的这种时尚。

往来贩货的生意经，有道听途说的传奇小故事，还有高僧讲法布道，内容涉及社会生活的方方面面，极其丰富；而书中的语言有一本正经的劝世良言，有插科打诨的俏皮话，有用得恰到好处的谚语成语，有高雅迷人的景色描绘。

《老乞大》里面的这一段是劝人及时行乐的："咱们做人呀，就应该

每天都高高兴兴地过，春夏秋冬一天都不要蹉跎，谁知道我们是哪一天就要死去了呢？身体健康的时候不好好快活，那才是傻瓜呢！人死之后可是什么都由不得自己啦！好马也只得让别人骑啦，好衣服也只得别人穿啦，好媳妇也都得别人娶啦……所以说啊，活着的时候有什么理由不好好享受呢？"

又有讲述为人之道的："和朋友相处的时候啊，不要老是吹嘘自己的能耐。

彩绘胡人陶俑（元代）

既不随便夸耀自己，又不在别人落难的时候看笑话。船只能在水里行，旱地行不得，要走还得车子拉着；车子要走陆地走，水里行不得，要下水还得船载着。一个巴掌拍不响，一只脚走不了路。咱们伙伴们好的坏的都要互相帮扶着，别人有好处多多宣扬，别人有缺点帮着藏着点。常言道隐恶扬善。如果有人专门隐善扬恶，最是坏勾当啦！"

从一段段简单的文字中，学生们不但能学到日常用语，还能从那最朴实无华的语言当中学会许多为人处世的道理。

当然，书里面不但有简单的俚语俗谚，而且语言也很通俗、形象，比如《朴通事》里面专有一段写风景的："这离城三十来里地，有一座山，名字叫作禅顶山，真是奇妙！那山上的景致，尖尖险险的山，弯弯曲曲的路，那松树、柏树、桧树、栗树上，缠着乞留曲律的藤。有累累垂垂石，有高高下下坡，有重重叠叠奇峰，有深深浅浅涧，有一簇两簇人家，有凹坡凸岭庵堂，有显现皖皖的山禽声，有崔崔巍巍的栈道……五色彩云笼罩，山顶上有一小池，满满荷花香喷喷。僧尼道俗都随喜去，咱也拄着拄杖，沿山沿峪随喜那景致来去。只是平平斜斜石径难行。"看着这段文字，一幅绝美的景致已经活灵活现展现在我们眼前啦！

除此以外，这两部教科书还多方面地反映了元代的社会生活，多角度展现了元代的百姓社会生活场景。例如讲孩子们四时玩耍的："你看那街上没事干的小孩子们真多啊！如今这七月立了秋，祭了社神，正是玩耍的好时节。八月里就能放风筝，那风筝有好几种，有大翅子风筝、鲇鱼风筝、八角风筝、月牙风筝、人形的风筝、四方风筝，多到六七种呢！八月里风急，五六十托的粗麻线都放不够呢！九月里就可以耍鹌鹑、斗蛐蛐；十月里骑竹马，冬天里就踢毽子。开了春打球，夏天里就藏猫猫，嗨，小孩子们就是热闹，一年四季都有玩耍的！"

此外，这教科书上偶尔还讲小故事。《朴通事》里面有这样一个故事：有一个放债的财主，名字叫作李大舍，开了一座黑心当铺。每当有人拿着值钱的东西来当，李大舍就把那人打死，在正房背后挖了一个深坑，把人埋进去。有一天，有个卖布的来当布绢，这李大舍把人骗到屋子里，抢了绢，就把人埋到那深坑里。又有一个妇女，拿着100多颗豆子大的珍珠来当，也被这李大舍抢了，把人打死了埋在坑里，用木板盖在那上面。这李大舍有一大一小两个老婆，知道了李大舍做的这些坏事，小媳妇就与大妻子商量说："咱们丈夫做了这样弥天大罪的事，如果哪天事发了，连累我们一家人都得死啊！这可怎么办呢？"于是大妻子就劝丈夫："常言说：'做了没天理的事一定要遭殃。'你现在干了这么多坏事，如果被官府知道了，全家都要完蛋啊！你快不要再干这种伤天害理的事情啦！"没想到这李大舍不但不听劝告，反而恼羞成怒要杀了他妻子。于是，这大妻子就跑到官府，把这李大舍告了。官兵来李大舍家抓人，竟

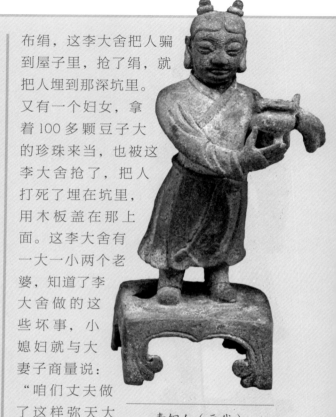

青铜人（元代）

然搜出来 40 具被害的尸首，连同那珍珠、布绢都搜了出来。于是把这李大舍打了 100 多棍，凌迟处死了。有趣的是故事的结尾：一个做官的娶了那李大舍的大妻子，那妻子心满意足地说："妻贤夫省事，官清民自安。"

虽然《老乞大》和《朴通事》只是两本小小的汉语课本，从中我们却可以看出元朝与朝鲜交往的频繁状况，看到元代社会底层人民生活的方方面面。

宋人笔下的蒙古

赵珙的《蒙鞑备录》

《蒙鞑备录》是南宋人赵珙撰写的一部游记式的著作。根据原始的记载，这本书原题"宋孟珙撰"。近代学者王国维认为作者为赵珙而非孟珙。1221 年，赵珙奉南宋淮东制置使贾涉的命令，作为使者去驻守在河北地区的蒙古军前议事。到了燕京以后，他见到了总领蒙古大军攻金的木华黎国王。他趁着这次出使蒙古的机会，游历了一番，考察了蒙古人的风俗习惯、政治制度等，回国后，他才将自己出使期间的见闻著录成书。全书分立国、鞑主始起、国号年号、太子诸王、诸将功臣、任相、军政、马政、

《庚申外史》

《庚申外史》，元末明初人权衡著，是记载元顺帝妥懽帖睦尔时期（1333—1368 年）史事的编年体史书，又名《庚申帝史外闻见录》《庚申大事记》。庚申帝即元顺帝妥懽帖睦尔，因生于庚申年，故名。分上、下两卷，约著成于洪武初年。作者生当元末，又居住在中原地区，耳闻目睹元末朝廷政事、农民起义情况，所记较为客观真实，具有很高的史料价值。

粮食、征伐、官制、风俗、军装器械、奉使、祭祀、妇女、燕聚舞乐，共 17 目，为研究当时大蒙古国和幽燕一带的历史提供了许多有价值的史料。

彭大雅的《黑鞑事略》

《黑鞑事略》是由南宋的文人彭大雅撰写的，同时代的文人徐霆为这个书做了注疏。这本书是一部关于蒙古社会情况的见闻录。宋人称蒙古为黑鞑靼，用来区别于漠南的白鞑靼，也就是汪古部，因此才选用这个"黑鞑"作为书名。彭、徐这两个人分别在 1232 年和 1235—1236 年随奉使到蒙古。彭大雅是书状官，先写下了书稿，徐霆随使归来将自己的见闻记录与彭大雅书稿互相参照，以彭稿为定本，把自己的不同记载作为疏（注释）写在各有关事项之下，合成该书。《黑鞑事略》内容丰富，介绍了大蒙古国的主要人物、地理气候、放牧和围猎

话说元朝

的方式、语言文字、历法、筮占、官制和习惯法、风俗习惯、差发赋税、贸易贾贩、军队、武器、作战方法、行军阵势以及所属各投下状况、被征服各国的名称。有些部分记载详细，史料价值很高，是研究蒙古历史的珍贵资料。现存最早的版本为嘉靖二十一年（1542 年）抄宋刻本，通行诸本中以王国维 1925 年笺证本为最佳的本子。

《黑鞑事略》开篇对蒙古的名称记叙道："黑鞑之国号大蒙古。沙漠之地有蒙古山，鞑语谓银曰蒙

玉香炉（元代）

古。女真名其国曰大金，故鞑名其国曰大银。其主初僭皇帝号者，小名曰忒没真，僭号曰'成吉思皇帝'。今者小名曰兀窟歹，其僭号者八人。"

关于蒙古葬俗的记载："其墓无冢，以马践蹂，使如平地。若忒没真之墓，则插矢以为垣，逻骑以为衡。"徐霆注曰："霆见忒没真墓在泸沟河之侧，山水环绕。相传忒没真生于斯，即死，葬于斯，未知果否。"关于其生活方式的记载："其居穹庐，无城壁栋宇，迁就水草，无常。"

关于对蒙古立国的记载："鞑靼始起，地处契丹之西北，族出于沙陀别种，故于历代无闻焉。其种有三：曰黑、曰白、曰生。所谓白鞑靼者，颜貌稍细，为人恭谨而孝，遇父母之丧，则剺其面而哭。尝与之联辔，每

《大元大一统志》

《大元大一统志》，为元朝官修地理总志。1285 年，由札马剌丁、虞应龙等开始编纂，于1294 年完成初修稿 755 卷。稍后又得《云南图志》《甘肃图志》《辽阳图志》，因而继续重修，由孛兰、岳铉等主其事，至 1303 年全书始正式告成，凡 600 册，1300 卷，定名为《大元大一统志》。书成后，藏于秘府，1346 年始由杭州刻版，许有壬为之序。

该书所志各路、州、县事，继承唐《元和郡县图志》宋《太平寰宇记》《舆地纪胜》等书成例，分为建置沿革、坊郭乡镇、里至、山川、土产、风俗、古迹、宦迹、人物、仙释等部分。本书内容广泛，包罗详备，是中国古代最大的一部舆地书。

见貌不丑恶，其腮有刀痕者，问曰："白鞑靼否？"曰："然。"凡掠中国子女，教成却归之，与人交言有情。今彼部族之后，其国乃鞑主成吉思之公主必姬权管国事。近者入聘于我宋副使速不罕者，乃白鞑靼也。每联辔间，速不罕未尝不以好语相陪奉慰劳，且曰："辛苦无管待，千万勿怪。"所谓生鞑靼者，甚贫且拙，且无能为，但知乘马随众而已。今成吉思皇帝及将相大臣，皆黑鞑靼也。大抵鞑人身不甚长，最长者不过五尺二三。亦无肥厚者。其面横阔，而上下有颧骨，眼无上纹，发须绝少，行状颇丑。惟今鞑主忒没真者，其身魁伟而广颡长髯，人物雄壮，所以异也。成吉思乃旧牌子头结娄之子，牌子头者，乃彼国千人之长也，今为创国之主，译曰：'成吉思皇帝东征西讨，其国强大。'"

◎波斯人撰写的蒙古史——《史集》

《史集》，原文为波斯文。波斯伊利汗国宰相拉施特奉第七代伊利汗合赞之命主持编纂，成书于1300—1310年间。该书现存多种波斯语抄本。现存于土耳其伊斯坦布尔市托普卡庇·萨莱图书馆中的1317年抄本

》《南村辍耕录》《

《南村辍耕录》，元末明初人陶宗仪著。宗仪字九成，号南村。浙江黄岩人。学识渊博，明洪武中曾任教官。元末避乱隐居松江农村，耕读之余，有所感受，即随手札记于树叶上，贮于罐中，后由其门生整理成书，共30卷，585条，20余万字。由于作者非常熟悉元朝的典章制度、掌故等，故此书的史料价值非常高，是治蒙元史的重要基本文献之一。此书记载了元代社会的掌故、典章、文物及天文历算、地理气象、社会风俗、小说诗词等。

是拉施特在世时的抄本，抄本上写明该本于1317年11月在巴格达抄写。内容主要包括世界各民族史，尤其是蒙古帝国史以及信仰伊斯兰教的各民族历史。书中所述14世纪以前蒙古族历史，是极为丰富的第一手材料。

全书共分3部：第一部为蒙古史，共3卷。第一卷为突厥蒙古部族志、成吉思汗先祖纪及成吉思汗传记。第二卷为波斯伊利汗以外的成吉思汗后裔史。第三卷为波斯伊利汗国史。第三部为世界史，记述了从波斯古代诸帝王到萨珊王朝的兴衰史，伊斯兰教先知穆罕默德传记，哈里发艾布·伯克尔以及穆斯塔法诸哈里发时期的历史，包括伽色尼王朝、塞尔柱王朝、花剌子模王朝、撒勒噶尔王朝以及伊斯玛仪教派史和印度等民族史。第三部为世界各地区的地理志，已佚。

话说元朝

中国古代文学史上的奇葩——元杂剧

　　国学大师王国维说过："一代有一代之文学。"元代的时代文学就是元杂剧。元杂剧又称北杂剧、北曲，在元朝十分繁荣，是可以与唐诗、宋词并立的文学奇葩。元杂剧在内容上多采用民间传唱的故事，广泛地反映了当时的社会现实，是当时以及后代广大人民群众最喜爱的文艺形式之一。

"浪子班头"关汉卿

　　你可以不知道关汉卿，但是你一定知道《窦娥冤》。《窦娥冤》，这部被王国维评价为"列之于世界大悲剧中亦无愧色"的戏曲，就是关汉卿的代表作。窦娥

磁州窑黑釉贴花笔筒（元代）

《草木子》

　　《草木子》四卷，叶子奇撰。叶子奇，字世杰，号静斋，浙江龙泉人，是元末的著名学士，明初做过巴陵县主簿。本书写于洪武十一年（1378年），正德十一年（1516年）由他裔孙叶溥刊行。原稿分为二十二篇，刊行时并为八篇、四卷。本书涉及的范围颇为广泛，从天文星辰、律历推步、时政得失、兵荒灾乱以及自然界的现象、动植物的形态，都广博搜罗，仔细探讨，在明人的笔记中，颇为突出。尤其是关于元朝的掌故和当时农民起义的历史，有很多是他书所没有述及的。是研究元末明初史实的重要资料。有中华书局1959年断句本。

　　从小死了母亲，父亲窦天章因还不起债，又急着上京赶考，缺少盘费，无奈之下把她卖给蔡婆婆家做童养媳。没想到刚到蔡家没两年，丈夫就害病死了，只剩下窦娥和婆婆两人相依为命地过日子。

　　这一天蔡婆婆出门要债，被赛卢医骗到城外，企图谋财害命。正好碰见了张驴儿父子路过，救了蔡婆婆。这张驴儿本是地痞流氓，欺负蔡家婆媳无依无靠，跟他父亲张老儿一起，赖在蔡家，逼迫蔡家婆媳嫁给他们父子。蔡婆婆软弱怕事，勉强答应了。张驴儿又胁迫窦娥跟他成亲，窦娥坚决拒绝，还把张驴儿痛骂了一顿。

张驴儿怀恨在心。没过几天，蔡婆婆害病，张驴儿趁机偷偷地在汤里下了毒药，想先毒死蔡婆婆，再逼窦娥成亲。不想这毒药却被那张老儿喝了。张驴儿毒死了自己父亲，却把杀人的罪名嫁祸到窦娥身上，并告到楚州衙门。

楚州知府桃杌是个贪赃枉法的贪官，背地里被张驴儿用钱买通了，把窦娥抓到公堂讯问，逼她招认是她下的毒。窦娥受尽了百般拷打，痛得死去活来，还是不肯承认。桃杌知道窦娥待她婆婆很孝顺，就当着窦娥的面要拷打蔡婆婆。窦娥想到婆婆年老，受不起这个酷刑，只好含冤招了供。

贪官桃杌把窦娥屈打成招，定了死罪，把她押到刑场去处死。窦娥眼看没有申冤的地方，她满腔悲愤地咒骂天地："地也，你不分好歹何为地？天也，你错勘贤愚枉为天！"在临刑的时候，她又向天发出三桩誓愿：一要刀过头落，一腔热血全溅在白练上；

天青釉盘（元代）

二要天降大雪，遮盖她的尸体；三要让楚州大旱三年。窦娥的誓愿居然感动了天地。行刑时正是六月大伏天气，窦娥被杀之后，一霎时天昏地暗，大雪纷飞；接下来，楚州地方大旱了三年。后来，窦娥的父亲窦天章任两淮提刑肃政廉访使，去审查案宗，窦娥鬼魂向父亲诉说冤情，终于使得冤案得到平反昭雪，杀人凶手张驴儿被处死刑，贪官桃杌也得到应有的惩罚。

关汉卿的戏剧之所以好看，是因为他不仅自己看戏、写戏，还经常敷了粉墨亲自登台演戏。他曾毫无惭色的自称："我是个普天下的郎君领袖，盖世界浪子班头。"我们知道，元代的知识分子地位是非常低的，所谓"九儒十丐"，也就是说你读了一辈子的书，社会地位却只比乞丐高一点点。所以，虽然关汉卿风流倜傥、博学能

《居家必用事类全集》

《居家必用事类全集》，元无名氏撰，是一部家庭日用手册式的类书。全书共十集，以十天干为序第，内容丰富，有教育子女、孝敬长辈、冠婚丧祭与摄生疗病等。本书的史料价值非常大，对于蒙元时期的社会生活史的研究有重大作用。

文，却没有在官路上走多远。不过，也正是因为如此，这个风流才子才有机会流连在市井中，体察社会百态，写写杂剧，做做小曲，偶尔还傅粉施朱，登台演出。因为他的戏曲源自生活，心向下层的百姓，所以深受老百姓的喜爱，成为一代大家。

花卉纹铁锈花罐（元代）

萨囊彻辰撰写的《蒙古源流》

《蒙古源流》原书不分卷，清代蒙古族萨囊彻辰撰。全书以编年体上溯蒙古部落的崛起及成吉思汗王统的起源，并与印度、西藏诸王世系联系到一起，下述元至清初蒙古的历史文化及佛教传播，历述元明两代蒙古各汗的事迹，其中有关明代蒙古封建主纷争的内容占全书之半。书中对北元达延汗及俺答汗时期政治、经济、宗教、领地划分、各部战争和诸汗世次、名号、生卒年及人地诸名、职官等的叙述在所有蒙古文史籍中最为详细。此书还收录了很多蒙古民间传说、诗歌及藏、梵、汉、满等族的语言资料。

遁世才子白朴

白朴出生时，金朝已经在南宋和蒙古的两面夹击下处于岌岌可危的状态，八九年后，金朝就被蒙古灭掉了。白朴幼年经历颠沛流离，母亲也死于战乱中，因此白朴长大后，家世沦落，他无意在官场上混生活，几次拒绝了官员的荐举，漂流大江南北15年。所以，在他的作品中，常表现出故国之思、沧桑之感和身世之悲，情调凄凉低沉。

白朴的代表作《梧桐雨》写唐明皇与杨贵妃爱情的悲欢离合。剧情是安禄山有一次未能完成军令，幽州节度使张守圭本欲将他斩首，却因为惜其骁勇，将他押至京城问罪。丞相张九龄奏请明皇杀掉安禄山，唐明皇不但不杀，反而召见他还给升了官。此时杨贵妃正受宠幸，奉明皇命收安禄山为义子，赐洗儿钱。后来安禄山因

HSYC

話說元朝

与杨国忠不和，出京任范阳节度使。好景不长，天宝十四年，安禄山谋反，唐明皇携杨贵妃仓皇入蜀。驻扎马嵬驿时，军队起了骚乱。诛杀杨国忠和杨贵妃后，军队才得到了安抚，保护唐明皇逃亡。肃宗收复京都后，唐明皇闲居西宫，对杨贵妃思念不已，以至于明皇梦与贵妃相见，却被梧桐雨惊醒。

这出戏的高潮是李隆基退位后在西宫养老，他满怀愁绪，思念着死去的杨玉环，怀念着过去的月夕花朝。想到自己已为太上皇，大权已不在自己手中，可以说晚景凄惶。他在梧桐树下盘桓，怀念起当年杨玉环在时，就在这梧桐树下歌舞翩翩，到如今却是自己一个人孤单地站在这梧桐树荫下，再也看不到那倾城容颜了。一切美好的事物和时光，只成了追忆。在落叶满阶，秋虫絮聒的气氛中，李隆基做了一个朦朦胧胧的梦，梦中杨玉环请他到长生

青花菊花纹高足杯（元代）

殿排宴，不料才说上一两句话，梦就被惊醒了。梦醒后"窗儿外梧桐上雨潇潇"。这雨声紧一阵慢一阵，淅淅沥沥，"一点点滴人心碎"，真是映得李隆基的心境更加凄楚悲凉。

在中国古代诗文中，梧桐的形象本身就包含着伤悼、孤独、寂寞的意蕴。白朴让梧桐作为世事变幻的见证，让雨湿寒梢、敲愁助恨的景象，搅动了沉淀在人们意识中的凄怨感受。

如此我们就明白了，白朴是看透了这个时代，如此频繁的政权更迭，兴亡之间，人命危浅，功名有意义吗？繁华转眼凋零，人生如梦。很显然，白朴是借《梧桐雨》的酒杯，浇自己心中的块垒啊！

话说元朝 HSYC

話說元朝

HSYC

《大元圣政国朝典章》

《大元圣政国朝典章》，简称《元典章》，共60卷，附新集，是一部元代前期和中期法令文书的类编。《元典章》收录文书年代自元宪宗七年（1257年）始，至元仁宗延祐七年（1320年）止，分诏令、圣政、朝纲、台纲、吏部、户部、礼部、兵部、刑部、工部十大类。新集全称为"新集至治条例"，不分卷，收录文书下限延至元英宗至治二年（1322年），主要是元仁宗延祐后期到元英宗至治二年之间的文书，分国典、朝纲、吏部、户部、礼部、兵部、刑部、工部八大类，部分内容与前集有重复。新集之后，又附"都省通例"一条。该书不署撰人，一般认为它应当是元代中期地方官府吏胥与民间书坊商贾合作编纂的产物。

秋思之祖马致远

提起马致远，你肯定会想到那首小令《天净沙·秋思》："枯藤老树昏鸦，小桥流水人家，古道西风瘦马。夕阳西下，断肠人在天涯。"几百年来知识分子们常常吟着这小词顾影自怜，觉得自己跟马致远一样不得意。

但是马致远的郁闷之情并不仅仅发泄在这首词里，杂剧才是马致远抒发情感的主要渠道。在马致远生活的年代，蒙古统治者开始注意到"遵用汉法"和任用汉族文人，却又未能普遍实行，这给汉族文人带来一丝幻想和更多的失望。马致远早年曾有仕途上的抱负，他的一套失题的残曲中自称"写诗曾献上龙楼"，却长期毫无结果。后来担任地方小官吏，也是完全不能满意的，在职的时间大概也并不长。在这样的蹉跎经历中，他渐渐心灰意懒，一面怀着满腹牢骚，一面宣称看破了世俗名利，以隐士高人自居，同时又在道教中求解脱。

《汉宫秋》是马致远早期的作品，也是马致远杂剧中最著名的一部，讲述的是王昭君出塞和亲故事。

话说汉元帝因后宫寂寞，遂听从毛延寿建议，让他到民间选美。王昭君本是个冠绝天下的美女，却因不肯贿赂毛延寿，被他在美人图上点上破绽，因此入宫后独处冷宫。

这一天，汉元帝深夜偶然听到昭君弹琵琶，没想到自己宫中竟然还有

磁州窑人物花卉纹瓷枕（元代）

如此一位绝色美人，于是将昭君封为明妃，这才知道奸臣毛延寿的所作所为，于是要将毛延寿斩首。

毛延寿知道消息后慌忙逃到匈奴。为了报复汉元帝和王昭君，竟然将昭君画像献给呼韩邪单于，让他向汉王索要昭君为妻。刚刚得到的美人就要失去，汉元帝当然舍不得昭君和番。然而满朝文武怯懦自私，在关键时刻却毫无退敌之力，根本没法抵挡匈奴大军入侵。深明大义的昭君为了避免刀兵之灾自愿前往，汉元帝没办法，只好忍痛去送行。

单于得到昭君后大喜，心满意足的率兵北去了。可怜王昭君不舍故国，在汉番交界的黑龙江里投水而死。呼韩邪单于为避免汉朝寻事，将毛延寿送还汉朝处治。汉元帝夜间梦见昭君而惊醒，又听到孤雁哀鸣，伤痛不已，后将毛延寿斩首以祭奠昭君。

历史上的这一事件，原本只是汉元帝将一名宫女嫁给内附的南匈奴单于作为笼络手段，在《汉书》中的记载也很简单。而《后汉书·南匈奴传》加上了昭君自请出塞和辞别时元帝惊其美貌、欲留而不能的情节，这故事就成了一场凄美感人的宫廷爱情悲剧。

戏里戏外说《西厢》

有这么一部戏，你也许不知道它的男主人公，也不知道它的女主人公，但是你一定知道里面的一个丫鬟，这部戏叫《西厢记》，是元代杂剧大家王实甫的经典力作。里面的男主人公叫张生，女主人公叫崔莺莺，而那个著名的丫鬟就叫红娘。

王实甫这个人在历史中留下的个人信息比较少。但是，他留下了《西厢记》《丽春堂》《破窑记》三部非常优秀的杂剧和少量散曲，足以奠定他在中国古代戏曲史上和文学史上的不朽地位。而《西厢记》则是经典中的经典。

《西厢记》的故事情节并不复杂，用现代人的眼光来看甚至有些俗套，但是，它开了一个风气——把才子佳人搬上舞台，对日后以爱情为题材的文学作品影响深远。《西厢记》讲的故事发生在唐朝贞元年间。这一年，前朝的崔相国病死了。崔夫人郑氏，带着女儿崔莺莺、丫鬟红娘等一行30多人，护送崔相国的灵柩回老家安葬。走到山西境内河中府的时候，道路遇阻，暂时寄宿在普救寺中。这莺莺，年方二八，针织女红，诗词书算，无所不能。她父亲在世时，就给她定了娃娃亲，未来的丈夫是崔夫人的侄儿，叫郑恒。

这时候，河南洛阳的书生张珙，

话说元朝

青铜铺首（元代）

人们都叫他张生，去长安赶考。路过河中府，看望老同学白马将军杜确。听说普救寺是一处著名的游览胜地，便前去游玩。在寺中，张生偶遇莺莺，被莺莺的美貌征服。为了能够接近莺莺，张生恳求寺中方丈，住进了普救寺的东厢房，与莺莺所住的西厢房只有一墙之隔。

住进普救寺以后，张生多方打探莺莺的消息，积极创造同莺莺见面的机会。终于，他从和尚口中得知，莺莺每天晚上都会到花园内烧香。张生牢牢抓住了这个机会。在一个月朗风清的夜晚，众人都已安歇了，张生悄悄来到后花园内，偷看莺莺烧香，并作了一首情诗，轻声朗诵给莺莺听。莺莺随即回了一首，诗的内容大有意思。原来，莺莺也早就注意到张生了。

在普救寺附近有一支叛军，首领叫孙飞虎。他听说莺莺十分美貌，就带兵围住了普救寺，要抢莺莺做压寨夫人。崔夫人多方求援无果，绝望中许愿说："谁有退兵良策，便把莺莺嫁给谁。"张生挺身而出，先用缓兵之计稳住孙飞虎，然后给白马将军杜确写了一封书信，要他派兵前来解围。惠明和尚将书信送下山去。三日后，杜确的救兵赶到，孙飞虎兵败被擒。

不料崔夫人言而无信，以莺莺已许配郑恒为由，不肯把女儿嫁给张生，只让他俩以兄妹相称。张生和莺莺都很痛苦。莺莺的丫鬟红娘，对崔夫人的做法很不满意。她偷偷安排，让张生弹琴向莺莺诉说自己的相思之苦。莺莺听后十分感动，便叫红娘前去安慰。张生乘机托红娘捎信给莺莺，莺莺回信约张生月下相会。当晚，张生

古代的日用百科全书——《事林广记》

《事林广记》是宋元之际出现的一本日用百科全书型的古代民间类书。这本书的作者是南宋末年建州崇安（今属福建）人陈元靓，有关此人的详细情况，因为史料比较缺乏，因此不得而知，只是知道这个人可能是建阳（今属福建）麻沙书坊雇佣的编书人，或许利用工作之余，收集了一些相关的资料，然后根据社会生活的需要将这些资料汇编成书。这本书在元代和明初时曾被人翻刻，翻刻时内容上多少有些增补。

翻过墙头赴约，由于红娘在场，莺莺只好假装生气，训斥张生不礼貌，张生从此一病不起。红娘前来探望张生，暗示当夜莺莺一定前来相会，张生的病竟奇迹般的好了。深夜，莺莺来到张生书斋，与张生订了终身。此事被崔夫人觉察，非常生气，拷问红娘。红娘据理相争，向崔夫人替小姐和张生求情，并巧妙地说服了崔夫人。

崔夫人虽然答应将莺莺许配给张生，但是给张生出了一道难题，要他立即到长安去参加科考，如果考不中，对她的女儿就死了心算了。张生走的这一天，莺莺在十里长亭摆下筵席为张生送行，依依惜别，反复叮嘱张生要把自己放在心上。

张生考中了头名状元，然而崔夫人的侄儿郑恒却造谣说张生变了心，做了卫尚书的女婿，要崔夫人把莺莺嫁给他。崔夫

人听后很生气，再次将莺莺许给郑恒，并决定择吉日完婚。恰巧成亲这天，张生回来了。这次，张生早已不是那个穷酸书生了，而是做了河中府尹，他的老同学白马将军杜确也来了。终于，真相大白，郑恒羞愧难言，含恨自尽，张生与莺莺有情人终成眷属。

汉地佛教也兴旺

蒙元时期，蒙古统治者实行兼容并包的宗教信仰自由政策，允许一切人等享有选择和信仰任何宗教的权利。元代的佛教主要有藏传佛教和中原汉地禅宗。藏传佛教有很高的政治地位，禅宗也同样受到蒙古统治者的尊崇。

早在大蒙古国时期，成吉思汗对禅宗僧人就非常留意，特别推崇临济宗大德中观沼公及其弟子海云印简

铜铃铛（元代）

话说元朝

禅师的学识。成吉思汗曾下旨要求木华黎对待他们"好与衣粮养活着，教做头儿，多收拾那般人，在意告天。不拣阿谁，休欺负交达里罕行者"，此后历代蒙古大汗都对海云印简禅师礼遇有加。贵由汗、蒙哥汗均曾多次诏命海云印简禅师统天下僧众，贵由汗请他到哈喇和林主持太平兴国禅寺，忽必烈汗请海云印简禅师在军营教授佛法。禅宗佛教高僧为蒙元统治者服务，做出了重要贡献。

一个禅宗高僧的草原梦

1323年，元英宗在大都建成一座庙宇，叫寿安寺。这座庙修建得宏伟壮丽，英宗皇帝十分满意，决定放置珍奇异物作为镇寺之宝。几经思忖，他下旨从全国范围内挑选300多个写字好的和尚，来到大都用金泥给寿安寺抄写《大藏经》。

在选中的人当中，有一人叫楚石梵琦。名字虽然有点怪，但并不是外国人，楚石是他的字，梵琦是他的名。他是浙江象山人，俗家姓朱。楚石天生便有佛缘。话说他出生之前，他的母亲梦到一轮红日坠入怀中。出生之后，一位神秘僧人来到他家化缘，摸着小楚石的头说："老夫人，您梦到的是佛日，以后这个孩子必定会将佛法发扬光大！"可是小楚石的命却很

铜笔架（元代）

苦，4岁的时候父母双亡，由亲戚抚养。9岁的时候，在浙江海盐的天宁寺出家。

元朝的时候，需要由官府给发放度牒，才能出家。楚石虽然出了家，参禅悟道也很用功，但是一直没有拿到度牒。16岁这一年，通过自己的族叔，楚石认识了元朝当时的大画家赵孟頫。他的族叔也是一位和尚，叫晋翁洵禅师，比较有名气，和赵孟頫是朋友。赵孟頫一见楚石就非常喜欢，觉得这个小和尚日后一定能成大器，便出钱帮楚石买了度牒。

在元英宗下令挑选和尚为寿安寺抄写《大藏经》的这一年，楚石已经28岁了，在佛法研习方面已小有成就，而且写得一手好字。因此，赵孟頫就

把他推荐给了元英宗。

楚石从小生长在南方，第一次北上，对看到的一切都感到很新奇。他有一个爱好，喜欢写诗，于是把他在北方这几年的所见所闻、所思所想，用诗歌的形式记录了下来，一共写了315首。后人把它们收集到一块，起了个名，叫《楚石大师北游诗》。通过这315首北游诗，我们可以勾勒出楚石北上这几年的行程路线。

1323年的春末，楚石从浙江杭州出发，沿京杭大运河北上，于农历六月到达京城大都，投入抄写《大藏经》的工作当中。工作之余，他在京城观光游览，寻访古刹名寺，并与京城的高僧往来互动。

第二年，《大藏经》抄写完毕，他有了更多的闲暇时光。元朝的皇帝有一个传统，每年夏天都要去草原上的上都（今内蒙古正蓝旗）避暑。楚石也对上都很向往，又赶上抄写《大藏经》的工作结束，于是骑了一匹马，沿着皇帝避暑的驿路，赴上都云游去了。端午节前，楚石到了上都。这一路上，他见到了从未见过的塞北风光，那独特的风土人情、罕见的稀奇

之物，都深深地打动了他。

在上都待了数月，中秋前后，草原上的天气渐渐寒了下来，楚石决定返回南方。他先回到大都，和新朋旧友小聚了一下，分享他在上都的所见所闻。之后，沿水路南下，最后平安回到杭州。

《楚石大师北游诗》只是楚石年轻时的一个小插曲，他真正的成就在佛学上，最终成了元末明初著名的高僧，人们尊称他梵琦禅师。梵琦禅师先后做过五六座著名寺院的住持，元顺帝赐号"佛日普照慧辩禅师"。进入明朝以后，朱元璋也很看重他，先后3次诏他到当时的都城南京做法事。人们对他的评价是——明初第一等宗师。

多部文献中均载有楚石的一些典故，以表现其佛学造诣。

一是他在阅读佛教典籍《首楞严经》时，读到"缘见因明，暗成无见"，猛然

葫芦形香囊（元代）

顿悟，仿佛对佛家思想的理解和感悟瞬间精进许多。自此以后，阅读内外典籍，均"不假师授"。

二是楚石跟随元叟禅师参禅时，曾向其请教："如何是言发非声，色前不物？"元叟反问："言发非声，色前不物。速道速道！"楚石正要回答，元叟大喝一声，一下子吓住了楚石。惊愕的楚石默默退出，致使当时在场之人"群疑塞胸，如填巨石"。

三是楚石在大都缮写书经期间，一日听闻西城楼鼓声雷动，顿时汗如雨下，对佛经奥义的理解豁然大悟，

笑称："径山败阙处，被我识破了也！"随后楚石立即写了一首偈子："崇天门外鼓腾腾，摹劄虚空就地崩。拾得红炉一点雪，却是黄河六月冰。"

这几个典故在许多佛教典籍中都有记载，佛家典故往往多有文学色彩，其真实性难以查考。但从中可见楚石通过悉心悟禅，最终达到了一个很高的佛学修为境界。

《富春山居图》传奇

《富山春居图》，是中国十大传

金带饰（元代）

世名画之一，被誉为"画中之兰亭"。这幅画现在被分成了两段：前一段，纵31.8厘米，横51.4厘米，由浙江省博物馆收藏，名为《剩山图》；后一段，纵33厘米，横636.9厘米，藏于台北故宫博物院，叫作《无用师卷》。为什么这幅名画会一分为二，分隔两地？这要从它坎坷的命运和传奇的经历说起。

《富山春居图》的诞生

《富山春居图》的作者叫黄公望，江苏常熟人，是元代著名的四大画家之一。他年轻的时候很不得志，后来好不容易做了一个秘书之类的小官。可是很不幸，他的上级因贪污被捕入狱，黄公望也受到了牵连，被投入大牢三年。出狱后，黄公望看破红尘，出家当了道士。有一段时间，他以占卜为生。最后隐居杭州富春江畔春明村筲箕泉（今富阳市东郊黄公望森林公园内）。此时的他彻底放弃了功名利禄，心无杂念，一心学画。

黄公望虽然学画较晚，但进步很快，经过自己的不懈努力，不几年就成了一个大家。他的传世的作品很少，只有十几幅，每一幅都很珍贵。其中以《富春山居图》的艺术成就最高，对后世影响最大。

《富春山居图》是黄公望晚年的作品，79岁时开始创作，是送给好友无用禅师的，画的是他所生活的富春江的景色。黄公望在这幅画中倾注了大量的心血，历经7年才完成。画完此画后不久，黄公望就与世长辞了，无用禅师成了这幅画的第一任主人。从此开始了《富山春居图》坎坷、惊险的流传历程。

《富山春居图》的流传和劫难

无用禅师之后，《富春山居图》辗转流传，到明代成化年间，传到了沈周手里。沈周是明代著名的大画家，对《富春山居图》非常喜爱，经常把它挂在墙上反复欣赏、临摹，假以时日，就看出了一点问题。他觉得，作

透雕鱼龙纹玉饰（元代）

为一幅名画，《富春山居图》没有名人的题跋，多少有些缺憾。于是带着画去了一个朋友那里，请他为画做个题跋。朋友倒是很爽快地答应了，没想到朋友的儿子生了歹念，偷偷将画卖掉了，还狡辩说画被人偷了。

一次偶然的机会，沈周在画摊上见到了被卖掉的《富春山居图》，异常兴奋，连忙跑回家筹钱买画。当他筹到钱返回画摊时，画已经被人买走了。沈周捶胸顿足，放声大哭，可是后悔已经晚了。千辛万苦弄到手的《富春山居图》，如今只剩下留在头脑中的记忆了。沈周愣是凭借着记忆，背摹了一幅《富春山居图》。

被沈周丢失的真迹《富春山居图》犹如石沉大海，在很长的一段时间里杳无音信。后来，历经樊舜、谈志伊之手，被明朝末年的大画家董其昌收藏。董其昌晚年又把它卖给了宜兴的收藏家吴正志。到清朝顺治年间，传到了吴正志的孙子吴洪裕手里。

吴洪裕对《富春山居图》极为喜爱，每天观赏临摹，甚至茶饭不思。明朝末年，清军南下，吴洪裕为躲避兵灾，外出逃难，将万贯家产弃之不顾，唯独随身带了《富春山居图》和唐代《智永法师千字文真迹》。吴洪裕临终时，对《富春山居图》和《智

永法师千字文真迹》实在割舍不下，立下遗嘱，要将它们焚毁，为自己殉葬。吴洪裕死后，家人先烧了《智永法师千字文真迹》，打算第二天烧《富春山居图》。就在将画扔进火中的一刹那，人群里猛地窜出一个人，愣是把画抢救了出来，然后偷梁换柱，烧了一幅别的画。这个人是吴洪裕的侄子，叫吴静庵。

画虽然得救了，中间却烧出了几个洞，断为一大一小两段，起首的一段也被烧毁，幸存部分也火迹斑斑。后来，这两段残画传到了吴家子弟吴寄谷的手

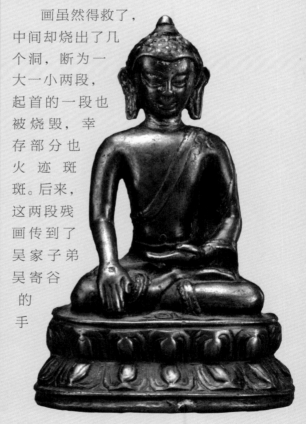

铜鎏金释迦牟尼像（元代）

铜查查佛模（元代）

中，他将前段去掉烧焦的残片，精心装裱后定名为《剩山图》；后段是原画的主体，装裱时为掩盖火烧痕迹，将原位于画尾的董其昌题跋割下挪到画首，后来命名为《无用师卷》。从此，《富春山居图》一分为二。

《剩山图》的最后归宿

重新装裱后的《剩山图》，在1669年传到了王廷宾手里。后来，辗转于民间，长期湮没无闻。到抗日战争时期，被大画家吴湖帆发现，用自己收藏的古青铜器换回了《剩山图》，非常珍惜。

当时，在浙江博物馆工作的沙孟海先生听到这个消息以后，很兴奋。他想，《富山春居图》历经磨难，以致残缺不全，现在《剩山图》好不容易再次露面，如果还在民间辗转流传很容易流失，只有国家收藏才是万全之策。于是数次去上海同吴湖帆商洽，晓以大义，又请出钱镜塘、谢稚柳等名家从中周旋。吴湖帆最后被沙孟海先生的至诚之心感动，同意割爱，捐献《剩山图》。1956年，《剩山图》来到浙江省博物馆，成为"镇馆之宝"。

乾隆皇帝与《无用师卷》

《无用师卷》因为是原画的主干，很受重视，吴寄谷之后，又经过了数位收藏家的手，最后被精于书画鉴赏的天津盐商安岐购得。后来，安家败落，经乾隆的小舅子傅恒介绍，安家将包括《无用师卷》在内的一大批古董，以2000两银子卖给了官府。得到《无用师卷》的地方官为了讨好皇帝，将它进献给了乾隆。从此，《无用师卷》从民间走进了皇宫。

不巧的是，一年前，乾隆刚刚得到一幅《富山春居图》。现在，《无用师卷》又摆到了他的眼前。一番鉴

> ### 罗卜桑丹津《大黄金史》
>
> 《大黄金史》，罗卜桑丹津著，全名《综述古代诸汗根源起自印度西藏迄于蒙古初代圣成吉思汗其孙忽必烈薛禅汗支脉达延汗以至林丹呼图克图黄金史》。约成书于1643年后，但也有人认为成书于1628—1634年间或1649—1736年间。该书最早由蒙古人民共和国科学院首任院长札木扬于1926年获得，1937年在乌兰巴托出版，题名《黄金史》。其内容采自佛教的《创世纪》《印藏王统史》、《蒙古秘史》《成吉思汗全册》《蒙古黄金史》等书，叙述印藏王统较《蒙古黄金史》为详备。

是真的。其实，乾隆真的错了，他得到那幅《富山春居图》是明朝末年一个文人的伪作，后世称它为"子明卷"。

乾隆虽然认为《无用师卷》是假的，但觉得它古色古香，是一幅不错的古画，便将它编入了清廷内府的书画总集《石渠宝笈》中，等级定了一个次等。直到乾隆之后，嘉庆年间，胡敬等人编纂《石渠宝笈》三编的时候，发现了《无用师卷》竟然是真品，于是马上恢复了它的名誉。

一幅名画，分隔海峡两岸

《无用师卷》在皇宫里一待就是近200年。1933年，抗战的形势越来越严峻，故宫里的文物也面临着危险。于是，国民政府做了一个大胆的决定，文物南迁。这一年，包括《无用师卷》在内的万余箱珍贵文物向南迁移，经上海，运至南京。1949年，国民党败退台湾，《无用师卷》等一

铜佛像（元代）

别之后，自认为很懂书画、很会鉴赏的乾隆肯定地认为《无用师卷》是假的，他先前得到的《富山春居图》才

《成吉思汗黄金史纲》

《成吉思汗黄金史纲》，又译为《成吉思汗金鉴》，系手抄本，作者不详。1958年11月内蒙古语文研究所道荣嘎发现于达茂联合旗哈撒儿陵帐旁的石洞中。现藏内蒙古社会科学院图书馆。内容从也速该娶妻开始至成吉思汗终年结束，大部分与《蒙古黄金史》相同，但多用口语，构词方面也有自己的特点。《蒙古黄金史》的著者似曾利用该书。

大批珍贵文物也随之搬到了台湾。如今，《无用师卷》珍藏在台北故宫博物院。

孔雀蓝映著月光——元青花

元青花以它淡雅的姿态和昂贵的身价，备受世人注目。

元青花以景德镇生产者最具代表性。今天我们所见景德镇烧造的元青花，技法成熟，工艺水平高超。可是，景德镇在元代以前并没有尝试过烧造青花瓷，那么景德镇的青花瓷为什么会在元代异军突起呢？唐宋时期，其他窑口倒是尝试过青花瓷的烧制。因此，人们对元代景德镇青花瓷的出现原因聚讼纷纭，其中两种说法比较可信：第一种说法，元青花并非元代早期出现，而是元代中晚期出现的。那个时候，波斯人带来了现成的原材料和成熟的工艺，元青花直接受波斯文化影响而产生；第二种说法，元代以后北方大量的陶瓷工匠南迁，来到了景德镇。因为北方瓷器有绘画的传统，这些工匠便把绘画技术带到了景德镇，再采用新的绘画颜料——青料，元青花就产生了。

元青花的色调是白底蓝花，给人一种清幽淡雅的感觉。这和统治者的喜好有很大关系。游牧在草原上的蒙古人，天生就喜欢蓝色和白色，蓝色代表碧蓝的天空，白色代表洁白的乳汁。而把蓝色应用到艺术品中，大概还受到了波斯文化的影响。波斯人是喜欢蓝色的，到处都有以蓝色为主色调的建筑。成吉思汗和他的继承者征服了西亚、中亚以后，打通了中西方文化交流的通道，大批波斯人涌入中国，其中包括不少能工巧匠，他们带来了波斯的文化。这种文化与中国的瓷器一结合，便产生了很受蒙古统治者喜欢的白底蓝花的元青花。

元代以前，人们的审美情趣以清淡为主，烧的瓷器一般也是素瓷，表面基本不绘制纹饰和图案。元青花打破了这一传统，它的纹饰和图案很繁复，布满了器物的表面。这也是因为受到了波斯文化的影响，波斯的工艺品就提倡繁缛，蒙古统治者看着挺好，元青花也就跟着它学了。而且，从元青花开始，中国瓷器的风格也发生了改变，彩瓷逐渐受到了人

話說元朝

釉里红高足杯（元代）

们的追捧。

元青花中有两类器物，出现得很突然。一是带把的高足杯、高足碗；二是有大量的大器物。

先说高足杯和高足碗。高足杯和今天的高脚酒杯差不多，上面是一个杯子，下面带有把（高柄）；高足碗整体和高足杯一样，只是上面的杯子变大了，变成碗了。这类器物在元代以前比较少见，元代的时候大量涌现。它为什么会突然涌现呢？直到现在，还没有定论，比较流行的说法是这样的造型，主要是为了方便蒙古人在马上喝酒。有了高柄，只需在马上腾出一只手来就可以攥住酒杯。所以，高足杯又叫马上杯或把杯。

再说大器物。元代以前，中国瓷器的器形都比较小。到了元青花，大器物特别多，大盘、大罐、大瓶等等。当然，这和统治者蒙古人的性格有关系，蒙古人性格粗犷，不拘小节，喜欢大器物。其实，还有一个非常重要的原因——贸易。

景德镇烧制的元青花，不但送入皇宫供皇帝使用，而且它还出口，向西卖给中亚、西亚的伊斯兰国家，向东南卖给菲律宾等东南亚国家。中亚、西亚的伊斯兰国家的居民大多是穆斯林，他们有一个习惯，吃饭的时候，大家伙围在一块，席地而坐，这要求他们使用的器物必须是大个的，不然既不好看用着也不方便。所以，景德镇就烧造了大量的大盘子、大罐子、大瓶子，卖给了这些国家。那么，卖给菲律宾等东南亚国家的又是一些什么呢？卖给他们的就小多了，都是一些小瓶子、小罐子、小壶什么的。

《黄史》

《黄史》原名为《古代蒙古汗统大黄史》，作者不详。其成书年代不确定，众说不一，目前只确定1662年前成书。《黄史》在世上流传的版本有4种，最早发现《黄史》的是俄国拉德洛夫。1891年，拉德洛夫在领导俄国科学院鄂尔浑考察队期间，从蒙古北部地区；获得了一部无标题的蒙文编年史，于是把这部编年史暂命名为《拉德洛夫史》。此后，俄国波兹德涅耶夫发现了两部《黄史》抄本，其中一部无标题，计76页；另一部为43页，封面上标写了该书全名《古代蒙古汗统大黄史》，这部抄本的内容与当时人们所称的《拉德洛夫史》相同，从此人们才知道拉德洛夫发现的抄本的名称为《黄史》。第四种为蒙古国乌兰巴托国立图书馆有本藏式贝叶装抄本。

美轮美奂的艺术精品——"春水"与"春水玉"

"春水"是我国古代北方游牧民族的一种习俗，起源于契丹。据《辽史》

透雕春水玉饰（元代）

又号"羽中虎"，是一种凶猛的小猎隼，与海东青相似，金人将其做成金玉饰件，"吐鹘，玉为上，金次之，其刻琢如春水之饰"。

元朝统一中国后，春水玉很受擅长打猎的蒙古贵族的喜爱，玉匠们也雕刻了不少春水玉的精品。这种玉雕体积不大，为圆形，可佩于腰间。玉匠们把鹰隼捕鹅的最激烈的场面，雕刻在小小的玉佩上，具有强烈的感染力。

所记，契丹皇帝于每年正月举行春猎，驾幸"春水"，搭起连营行帐，称为"春捺钵"。其内容有捕鳇鱼、猎天鹅、举行宴会等。其地点有鸭子河、延芳淀、长泺水等处。在春猎时，契丹人以扁鼓惊起飞鸟，再放猎鹰（海东青）追击。契丹人生活在今赤峰地区，当地产玉石，工艺师把海东青追击天鹅、水鸟的造型刻于玉石之上，这种玉雕被后人称为春水玉。

女真人建立金朝后，继承了契丹人的春水习俗，并把春水玉作为官员的佩饰品。据《金史·舆服志》记载："金人之常服四：带、巾、盘领衣、乌皮靴，其束带曰吐鹘，其从春水之服，则多鹘捕鹅，杂花卉之饰。"这里的吐鹘，

天潢贵胄　乱世才子——赵孟頫

赵孟頫，元代著名书法家，他本是宋朝皇室的后人，一表人才，写诗、作文、书法、绘画，样样精通。

赵孟頫出生时，偏居江南的南宋王朝已经如同风雨中的小舟，飘摇不定，旦夕覆亡，此外他的父亲在其11岁时就去世了。因此赵孟頫几乎没有享受天潢贵胄的生活，倒是养成了勤学苦读的习惯，后因品学优异，被时人称道。

元朝建立后，为了安抚人心，派大臣程钜夫到才子辈出的江南寻找才学之士为新王朝服务，以才子美名传播一方的赵孟頫自然在征召之列。元

话说元朝

朝中有人认为，赵孟頫是宋朝皇室后裔，将其留在大都，不是养虎为患吗？然而当忽必烈见到赵孟頫之后，便用"神仙中人"，形容相貌堂堂、谈吐儒雅的赵孟頫，竟然让他坐在右丞上首。当然，因为赵宋皇室后裔的身份，赵孟頫的言行始终都在皇帝的监视之中。

虽然身在宦海的赵孟頫一直战战兢兢、如履薄冰，甚至连皇帝给他的评语都是"操履纯正"，然而赵孟頫的宦途并不是一帆风顺。宦海险恶，更何况赵孟頫身份特殊，虽以才名闻世，但在元世祖一朝始终没有得到重用。直到在中原长大的元仁宗时期，赵孟頫从一个四品官员升迁为翰林学士承旨、荣禄大夫、知制诰兼修国史，然而也不过官至从一品。

作为江南文士代表，诗书画卓绝的赵孟頫，受到元仁宗青睐，元仁宗曾对身边人说："擅长文学、能够留名青史的人本就不多，唐代有李白，宋代有苏轼，都是名垂千古的文学之士。如今我有子昂（赵孟頫），也是与李、苏一样的大文豪啊！"然而，虽然元仁宗不断给赵孟頫加官晋爵，却从未授其实权，没有让其参与重大政务。这说明，即使是元仁宗，也只是欣赏赵孟頫的文人才气，只是把他

当作文学侍从而已，用其"博雅渊深之学"，"藻饰太平之美"。说到底，被人艳羡为"被遇五朝，官居一品，名满天下"的赵孟頫，仍然不过是最高统治者笼络人心的一个工具而已。

白釉杯（元代）

赵孟頫对此当然看得明白，以他的身份，只有在江南那浪漫的艺术领域，他才可能成为王者，大胆追求自由的心灵。他的书法和绘画成就最高，开创元代新画风，被称为"元人冠冕"。自5岁起，赵孟頫就开始学书，几无间日，直至临死前犹观书作字，可谓对书法的酷爱达到情有独钟的地步。他善篆、隶、真、行、草书，尤以楷、行书著称于世，其书风遒媚、秀逸，结体严整、笔法圆熟，世称"赵体"，与颜真卿、柳公权、欧阳询并称为楷书"四大家"。赵孟頫传世书迹较多，代表作有《千字文》《洛神赋》《胆巴碑》《归去来兮辞》《兰亭十三跋》《赤壁赋》《道德经》《仇锷墓碑铭》

等。著有《尚书注》《松雪斋文集》等。

小词一阕诉心声——管道升

说起赵孟頫，他才貌双全的妻子不可不提。管道升，一个柔情似水却心志极高的女子，因为立志要嫁一个才子，竟然蹉跎到28岁，才算找到了赵孟頫这个如意郎君。这夫妻二人都会作诗、属文、作画，夫妻情感非常和谐，以致赵孟頫竟一生未再纳妾，这在当时可是极其难得的。然而赵孟頫并非没有动过纳妾的念头，这其中还有个有趣的故事。

话说已经年过五旬的赵孟頫看同僚们妻妾成群，于是便想与妻子商量，也仿效他人，纳几个小妾。然而赵孟頫夫妇二人多年来相濡以沫，互为知己，使得赵孟頫不敢当面向管道升提出，于是做了一首小曲偷偷放在书房中。小词写道："我为学士，你做夫人。岂不闻，陶学士有桃叶、桃根，苏学士有朝云、暮云，我便多娶几个吴姬、越女，有何过分？你年纪已过四旬，只管占住玉堂春。"意思是你的年纪已经不小，容颜已经不比当年，人家前代才子都有几个柔情似水的小妾，且同样能青史留名，也不辜负了风流才子的名

号啊！我即便再娶小妾，你也还是正室正妻，应该无妨吧？

赵孟頫这首小词，虽然意思明白，语气中却透着点怯意，毕竟是自己理亏。管道升在失望伤心之余，没有与丈夫撕破了脸皮，而是也做了一首情深意切的《我侬词》："你侬我侬，忒煞情多，情多处，热如火。把一块泥，捻一个你，塑一个我。将咱两个，一齐打破，用水调和。再捻一个你，再塑一个我。我泥中有你，你泥中有我。与你生同一个衾，死同一个椁。"意思是你中有我、我中有你，生同衾死同椁的情谊，哪里有空隙加入一个小妾！

赵孟頫看了相濡以沫的妻子情真意切、发自肺腑的倾诉，多年来夫妻情意瞬间涌上心头，对自己的想法惭愧不已，对发妻的爱更加浓烈，哪里还会再起纳妾的念头。而夫妻俩这段

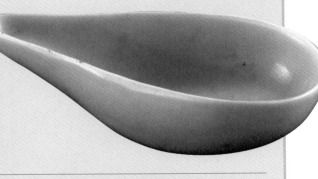

白瓷勺（元代）

你来我往的小词，也成为千古佳话，为后人乐道。

1318，管道升在大都脚气病发作，在朝廷如履薄冰的赵孟頫疼惜跟自己颠簸一生的爱妻，再也不愿意留恋官场，于是坚决要求辞官。然而不幸的是，管道升终究未能回到如水江南，第二年就在他们离京返乡的旅途中去世了。三年后，赵孟頫也在故乡辞世。

大汗真容今犹在——成吉思汗、窝阔台汗的画像

1221 年，南宋赵珙奉命出使蒙古，见到了成吉思汗。回去以后，赵珙在《蒙鞑备录》中对成吉思汗的长相作了一个简单的描述："其身魁伟而广颡，长髯。人物雄壮，所以异也。"意思就是成吉思汗身材魁梧、伟岸，宽额头，还有长长的胡子。由于是亲眼所见，所以比较可信。下面这幅图所示的就是传世至今的成吉思汗画像。

1266 年，忽必烈开始兴建太庙，用来供奉他的先祖、先帝和已经去世的那些至亲的神位。他们依次是也速该（烈祖、成吉思汗的父亲）、成吉思汗（太祖）、窝阔台（太宗）、术赤（皇伯）、察合台（皇伯）、拖雷（睿宗、忽必烈的父亲）、贵由（定宗）、蒙哥（宪宗）。1278 年，画家和礼霍孙受命，绘制成吉思汗的画像。

和礼霍孙，又译成火鲁火孙、和鲁火孙（黑水之意），曾经当过元世祖忽必烈的宿卫，后来又升任翰林待制兼起居注、翰林学士承旨。他的文化素质很高，受到忽必烈的赏识。

和礼霍孙受命画了成吉思汗的画像，1279 年又画了拖雷和窝阔台汗的画像。

《白史》

《白史》、全称《十善福经白史》编者为切尽黄台吉，为俺答汗大臣、鄂尔多斯领主。此书是记载元世祖忽必烈汗崇尚佛教后所制定的政教并行制度的一部典章性著作，是蒙古文撰写的最早的历史文献之一，从内容上讲，是一部有关蒙古国家体制与法制方面的重要文献。主要内容分三个部分，重点论述国家与宗教两种体制，即"世俗法规"与"宗教法律"政教两道并行的。《白史》中还列举宗教和行政职位，指出其所管职责；定出四个佛教节日及季节；畜牧业中的大事；有关僧俗犯各种罪的惩治条例及立功受奖规定。《白史》中还记载了忽必烈所定下的祭祀成吉思汗的规定。《白史》作为一部中世纪蒙古重要历史著作而言，其最有价值的地方在于它以 13 世纪的官方蒙古历史编纂学为基础，首先提供了中世纪蒙古人历史政治观和哲学方面的有趣资料。

太祖皇帝 即成吉思汗谨帖木真

成吉思汗画像

　　和礼霍孙绘制的成吉思汗像中，成吉思汗长有一幅宽额方圆的脸型，目光深沉、敏锐，看上去是像一位表情慈祥的老者。他头戴外白内黑的

皮冠，身上穿着浅米色毛绒衫，下巴和脸上长有连鬓、黑白相间的胡须。额头前面稍微露出了点头发，分别往左右两边披散过去，头上戴着的皮冠

HSYC

话说元朝

元太宗窝阔台汗画像

眼下部有黑痣。

和礼霍孙是忽必烈时代的人，自然是没有见过成吉思汗、窝阔台汗这些先祖，但他在作画时，肯定得到亲眼见过上述人物的忽必烈皇帝的具体提示和要求，因此他所绘出的这两幅画像，达到了形神兼备的程度。

◉ 元代的音乐

中国古代历来非常重视音乐，而且往往将"礼"与"乐"并称，正史中多有《礼乐志》。《传》曰："礼者，天地之序也；乐者，天地之和也。"古代社会生活中的祭祀、宴会、朝仪等活动，都离不开乐。这些乐，有包含典礼意味的，也有偏重娱乐意味的，因此音乐从来就是有雅乐和俗乐之分的，虽然如此，自古以来不论雅乐还是俗乐，都会受到统治者的垂青和民众的喜爱，成为古人经常而又普遍的生活内容之一。因为"乐"这种艺术形式往往具有极大的感染力量，可以感发人的意志，陶冶人的情操，从而起着教育人、感化人的作用。因此，乐很早以前就被列入"六艺"之一。

北方诸民族均喜爱歌唱、钟情于

帽子下下面露出了耳朵后面的头发，也是向下垂直的。画的右上角还题写着竖行的汉字："太祖皇帝即成吉思罕讳帖木真"。这幅画像也是现今各地的博物馆、陈列馆、各种历史图书普遍展示和刊印的成吉思汗画像，使用非常广泛。

和礼霍孙所绘的窝阔台汗画像中，窝阔台汗身上穿着浅黄色的毛绒袍，头上戴着皮暖帽，暖帽用黑色的丝绦系在颈部，有少许的头发从暖帽后面露出来，左右两绺胡须呈八字状，左

音乐，从被广为传唱的匈奴人的"失我祁连山，使我六畜不蕃息；失我焉支山，使我嫁妇无颜色"，到敕勒人的《敕勒歌》"敕勒川，阴山下，天似穹庐，笼盖四野。天苍苍，野茫茫，风吹草低见牛羊"，均充满着北方游牧民族现实生活以及其特有的精神面貌，展现了北方民族经久不衰的对音乐的热爱。同样，蒙古民族也不例外。

《元史·礼乐志》在开篇讲到了元代礼乐文化的基本特点，即"元之有国，肇兴朔漠，朝会燕飨之礼，多从本俗"。也就是说，由于元朝是北方游牧民族蒙古族所创建的政权，在进入中原汉地，统一全国的过程中，也在逐渐创造独具特色的礼乐文化。

由于元代官方文献的记载，蒙元时期的音乐主要为宫廷乐，多用于宫廷活动，包括祭祀、宴会和礼仪等方面。但大体来说，"大抵其于祭祀，率用雅乐，朝会飨燕，则用燕乐"，即在祭祀活动中多使用"雅乐"，宴会及朝廷礼仪活动中，多使用"燕乐"。《元史》的编撰者将元代音乐分为"雅"和"燕"，实际上"雅乐"多指的是中原传统的以汉文化为主的音乐，"燕乐"指的是北方少数民族经常使用的音乐，也可称之为"胡乐"。因此，《元史》评价元代音乐使用的特点是"雅俗兼用"。

蒙元时代是中国历史上中外交流极为广泛的一个时代，在这一时期，不同民族的礼仪风俗、不同地域的音乐形式汇聚在一起，形成蔚为大观的蒙元时代气象，正如《元史·礼乐志》所谓："太祖征用旧乐于西夏，太宗征金太常遗乐于燕京，及宪宗始用登歌乐，祀天于日月山，而世祖命宋周臣典领乐工，又用登歌乐享祖宗于中书省。既又命王镛作《大成乐》，诏括民间所藏金之乐器。至元三年，初用宫县、登歌、文武二舞于太庙，烈祖至宪宗八室，皆有乐章。三十年，又撰社稷乐章。成宗大德间，制郊庙曲舞，复撰宣圣庙乐章。仁宗皇庆初，命太常补拨乐工，而乐制日备。"

◎文化艺术专题——华贵精美的蒙古族服饰

元朝对中国和世界历史做出了重要的贡献，蒙古族在政治、经济、军事、文化等方面，都向前大大迈进了一步。元代蒙古人服饰在承袭大蒙古国时期的服饰特点和传统的基础上，又有了新的变化和发展。由于元朝地跨欧亚，连通北方草原大漠、南部中原汉地和中亚及西欧，实现了广泛的经济文化交流。元朝时期，蒙古族服饰在服饰种类、款式风格、面料色彩、缝制工艺以及服饰制度等方面，都出现了较大的发展、创新和变化，呈现出以草原游牧文化为主，兼容并蓄、推陈出新的服饰文化特点。

蒙古族立国之初，由于军事上的胜利和版图的扩展，欧亚两洲的金银财宝、绫罗绸缎不断输入蒙古地区，这对蒙古民族服饰的发展变化，提供了有利条件。元朝时期，蒙古民族服饰中的前檐帽、钹笠帽、立领大襟袍、长比甲、短披肩、马褂、靴子、配饰等，都是在当时发展并创新的款式，这些服饰对后世蒙古族各部落服饰的影响极为深远，基本奠定了明清时期蒙古族服饰的基本风格。蒙古贵族们的服饰极为华丽、高贵，多为用北方的稀有珍皮和南方的绫罗绸缎以及所获取的金银珠宝

元人射猎图

制作的各种华贵的服饰。

元代一般百姓服饰远不如贵族服饰，均以朴实、厚重和实用为特点，造价低廉，服饰原料多选取日常生活中易得到的物品，例如普通的羊、牛、马等家畜和一些野兽的皮毛等，颜色也多为灰白等淡色调为主。元朝入住中原，前期并未对百姓服饰做出规定，于是唐、宋服饰、西域胡服，及众多民族的服饰并存、交流与融合，款式风格多样。后来，国力日盛，服饰制度也逐步完善。于是，朝廷禁止平民服饰上使用龙凤纹、彩绸，只许以暗色丝、麻棉、革布、麻布做衣料，款式为简朴棉布长袍，或至膝羊皮长袍，宽布腰带，毡靴。染工因之发展了由银灰到黝黑数十种暗色织染方法。《南村辍耕录》所记褐色就有20余种，如砖褐、荆褐、艾褐、茶褐、鹰褐、银褐、珠

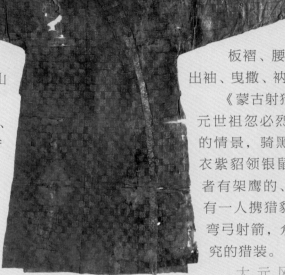

印金花卉图案纹长袍（元代）

子褐、藕丝褐、露褐、茶褐、麝香褐、檀褐、山谷褐、枯竹褐、湖水褐、葱白褐、棠梨褐、秋茶褐、鼠毛褐、葡萄褐、丁香褐等色。还有种种规定，例如："庶人除不得服赭黄，惟许服暗花苎丝绸绫罗毛毳，帽笠不许饰用金玉，靴不裁制花样。首饰许用翠花，并金钗俥一事，惟耳环用金珠碧甸，余并用银。"

威猛阳刚——蒙古族男性服饰

元朝男性服饰主要包括冕服（天子衮冕服、皇太子衮冕服）、公服（行礼时百官所穿）、常服（元代上层主要服装。男子的衣服种类比较多，其中长袍、半臂（半袖长袍）、比甲、马褂毡斗篷、便裤、套裤等是常用之服。男服有深衣、袄子、褡护、貂鼠皮裘、罗衫、布衫、汗衫、锦袄、披袄、团袄、夹袄、甋衫、油衣、遭褶、胯褶、板褶、腰线、辫线、出袖、曳撒、衲夹、合钵。

《蒙古射猎图》表现元世祖忽必烈冬季行猎的情景，骑黑马身穿红衣紫貂领银鼠裘，随从者有架鹰的、有纵犬的、有一人携猎豹、另一人弯弓射箭，众随员着考究的猎装。

大元风貌的象征——质孙服

质孙服是传统服饰与时代特点相结合的产物，天子百官，分冬夏装数套，每套颜色不同，衣、冠、靴色彩统一。质孙服的基本款式就是"腰间密密打作细招，不计其数"的长袍，元代的辫线袄就是这种款式的演变。质孙服不仅指长袍，也包括冠饰和靴子。

据《元史·舆服志》记载："质孙，汉言一色服也，内庭大宴则服之。冬夏之服不同，然无定制。凡勋戚大臣近侍，小易则服之。下至乐工卫士，皆有其服。精粗之制，上下之别，虽不同，总谓之质孙云。"

《马可·波罗游记》对高档质孙服记载说："对于皇帝陛下最亲信的贵族，还赐给装饰着宝石和珍珠的礼服，价值一万金币。并且规定，只有在每年的十三个隆重的节日，才能穿这种礼服。"

婀娜高贵——元朝女性服饰

元代，一般身份较高的妇女，都戴姑姑冠。普通妇女则戴皮帽。身上所穿的服装都是衣身宽大，袖身肥阔，但袖口收窄，其长曳地，走路时要有两个女奴扶拽，常用织锦、丝绒或毛织品制作，喜欢用红、黄、绿、茶、胭脂红、鸡冠紫、泥金等色。这种宽大的袍式，汉人称为"大衣"或"团衫"。元末熊梦祥在《析津志辑佚》中记载："袍多是用大红织金缠身云龙，袍间有珠翠云龙者，有浑然纳石失者，有金翠描绣者。有想其于春夏秋冬绣轻

花瓣帽（元代）

重，单夹不等，其制极宽阔，袖口窄，以紫织金爪，袖口才五寸许，窄即大，其袖两腋摺下，有紫罗带拴合于背，腰上有紫枢系，但行时有女提袍，此袍谓之礼袍。"陶宗仪《南村辍耕录》载："国朝妇女礼服，鞑靼曰袍，汉人曰团衫，南人曰大衣，无贵贱皆如之。服章但有金素之别耳。惟处子则不得衣焉。"

飘舞摇曳顾盼生辉——姑姑冠

姑姑冠是古代蒙古贵妇所戴的一种高冠头饰，是蒙古族最为典型的服饰之一种。姑姑冠的汉语写法有十多种，例如罟罟、故姑、固姑、固顾、圃姑、括罟、罟姑、孛黑塔、孛哈、古库勒等。

姑姑冠的原料随着地区的不同而有差异，往往以生活中易得的材料制成，最初以树木、桦树皮为骨架，后

绢质绣花靴套（元代）

以铁丝制架，元朝统一以后则以竹为骨架，外包丝织物。姑姑冠上有各种不同的装饰，富者以宝石、珍珠、彩珠、琥珀、织锦、孔雀羽毛装饰，平民以青毡、黑毡、黑布、野鸡毛装饰。姑姑冠造型像颈部高耸的鹅鸭，所以具有仿生效果。

文献中记载姑姑冠，最早见于李志常的《长春真人西游记》，成书约在公元1221年左右，记载："妇人冠以桦木，高二尺许，往往以皂褐笼之，富者以红绡，其末如鹅鸭，名曰'故故'，大忌人触，出入庐帐须低回。"说明早在大蒙古国早期就已经有了姑姑冠。南宋的赵珙在《蒙鞑备录》中也有记载："凡诸酋之妻，则有顾姑冠，用铁丝结成，形如竹夫人，长三尺许，用红青锦绣或珠金饰之，其上又有杖一枝，用红青绒饰之。"彭大雅在《黑鞑事略》中载："其冠，被发而椎髻，冬帽而夏笠，妇人顶故故。"徐霆为其做疏注："霆见故故之制，用画木为骨，包以红绢金帛，顶之上用四直尺长柳枝或铁打成枝，包以青毡。其上人，则用我朝翠花或五彩帛

姑姑冠（元代）

饰之，令其飞动。以下人则用野鸡毛。"

姑姑冠一般以铁丝、桦木、柳枝为骨架，外裱绢布并装饰各种金箔珠花，冠顶插细枝若干，并饰有翠花、绒球、彩帛、珠串以及孔雀毛等，行则冠饰飘舞摇曳。

西方传教士威廉·鲁布鲁乞在《出使蒙古记》中对蒙古汗国姑姑冠的外形、构造和戴法有非常详细的描写："妇女们也有一种头饰，他们称之为勃哈，这是用树皮或她们能找到的任何其他相当轻的材料制成的。这种头饰很大，是圆的，有两只手能围过来那样粗，有一腕尺（18～22英寸）多高，其顶端呈四方形，像建筑物的一根圆柱的柱头那样。这种勃哈外面裹以贵重的丝织物，它里面是空的。在头饰顶端的正中或旁边插着一束羽毛或细长的棒，同样也有一腕尺多高；这一束羽毛或细棒的顶端，饰以孔雀的羽毛，在它周围，则全部饰以野鸭尾部的小羽毛，并饰以宝石。富有的贵妇们在头上戴这种头饰，并把它向下牢牢地系在一个兜帽上。这种帽子的顶端有一个洞，是专作此用

《蒙古皇妃图》

的。她们把头发从后面挽到头顶上，束成一种发髻，把兜帽戴在头上，把发髻塞在兜帽里面，再把头饰戴在兜帽上，然后把兜帽牢牢地系在下巴上。因此，当几位贵妇骑马同行，从远处看时，她们仿佛是头戴钢盔手持长矛的兵士，因为头饰看来像是一顶钢盔，而头饰顶上的一束羽毛或细棒则像一枝长矛。"文中所述姑姑冠顶部为四方形，现存罟罟冠的顶部也有椭圆形的。姑姑冠下的兜帽是蒙古族传统的一种帽饰，既可防风沙，还可以保持头部和后颈部的清洁。

从文献和出土实物中可基本了解

13世纪时姑姑冠的大致情况：首先，以桦树皮或铁丝为骨架，外面包以黑布或红青锦绣，其上又插有柳枝、细铁丝或野鸡毛，并用孔雀毛和宝石装饰；其次，其形状呈下细上粗的圆柱形，顶上呈四方形。高度约2.6~3.4尺；第三，蒙古已婚妇女普遍戴姑姑冠。

进入元代以后，蒙古族传统的姑姑冠，仍然在宫廷和蒙古贵族妇女中流行。叶子奇《草木子》记载："元朝后妃及大臣正室，皆戴姑姑，衣大袍。其次即戴皮帽。姑姑高约二尺许，用红色罗盖，唐金步摇之遗制也。"甚至一些诗人都作诗进行描写，例如杨允孚《滦京杂咏》："香车七宝固姑袍，旋摘修翎付女曹。"并作注释："车中戴固姑，其上羽毛又尺许，拔付女侍，手持对坐车中，虽后妃驭象亦然。"姑姑冠的冠顶有时要插上一根很长的装饰性羽毛，坐车时要将羽毛拔下，由侍女手持。可见，入元以后的姑姑冠比蒙古汗国时期的装饰更加华丽。

元人熊梦祥对姑姑冠有更为详细的描述："罟罟，以大红罗幔之。胎以竹，凉胎者轻。上等大、次中、次小。用大珠穿结龙凤楼台之属，饰于其前后。复以珠缀长条，缘饰方紘，掩络其缝。又以小小花朵插戴，又以金累事件装嵌，极贵。宝石塔形，在其上。顶有金十字，用安翎筒以带鸡冠尾。出五台山，令正定人家养此鸡，以取其尾，甚贵。罟罟后，上插朵朵翎儿，染以五色，如飞扇样。先带上紫罗，脱木华以大珠穿成九珠方胜，或叠胜葵花之类，妆饰于上。与耳相连处安一小纽，以大珠环盖之，以掩其耳在内，自耳至颐下，光彩眩人。环多是大塔形葫芦环，或是天生葫芦，或四珠，或天生茄儿，或一珠。又有速霞真，以等四番纳失今为之。

元仁宗皇后像

夏则单红梅花罗，冬以银鼠表纳失，今取其暖而贵重。然后以大长帛御罗手帕重系于额，像之以红罗束发。峨峨然者名罟罟。以金色罗拢髻，上缀大珠者，名脱木华。以红罗抹额中现花纹者，名速霞真也。"这段记载，较为详细地说明了姑姑冠的制作方法和纷繁复杂的装饰。

明代理学家吕曾写道："古人制物，无不寓一个道理。如制冠，则有冠的道理；制衣服，则有衣服的道理；制鞋履，则有鞋履的道理。人服此而思其理，则邪僻之心无自而入。"姑姑冠形制较为特殊，尤其是进入元代以后，其制作工艺日趋复杂，所需的原料都是富贵人家才拥有的珍贵物品，例如冠体之上装饰的华丽羽毛和名贵珠宝等，所以，姑姑冠很自然便成为财富和地位的象征。另外，根据蒙古人的习俗，往往已婚妇女才会戴姑姑冠。因此，蒙元时期的姑

玻璃簪（元代）

姑冠便成为已婚贵族妇女的象征。

姑姑冠作为蒙古民族服饰文化史上最为典型的冠饰之一，体现了蒙古人民高超的创造力和想象力，具有很高的艺术价值，值得我们后人继续深入研究和探讨。

奇特的时髦　不解的前卫——蒙古人的发型

元代蒙古人的发型可视非常奇特的，是把前额的头发留得较短，两鬓的头发留得略长，并垂在肩上。这种发式，南宋使者有所记载，称之为"婆焦"或者"跋焦"，指出其式样与汉族小孩儿头顶留的三搭头相似。上至成吉思汗，下至普通民众，都留这种发式。而且，上自国主，下至国人，头发均剃成婆焦。

关于男子的发型，在《出使蒙古记》有所记载："男人们在头顶上把头发剃光一方块，并从这个方块前面的左右两角继续往下剃，经过头部两侧，直至鬓角。他们也把两侧鬓角和颈后（剃至颈窝顶部）的头发剃光。此外，并把前额直至前额骨顶部的头发剃光，在前额骨那里，留一簇头发，下垂直至眉毛。头部两侧和后面他们留着头发，把这些头发在头的周围编成辫子，下垂至耳。"

古代蒙古妇女的发式，分为未

婚和已婚妇女两种。姑娘自幼及长往往编有许多条小辫子，披于前后左右，等到出嫁前要离开父母时，要把许多条小辫子解开，由母亲为女儿梳成两条大辫子。而已婚妇女就要把辫子编成椎髻让其垂在两耳旁。鲁不鲁克记载："蒙古姑娘们的服装同男人的服装没有什么不同，只是略长一些。但是，在结婚以后，妇女就把头顶当中至前额的头发剃光。"

雄赳赳气昂昂——元朝蒙古将士的风采

蒙古依靠勇猛的将士征服了欧亚大陆的许多国家和地区，驰骋在战场上的蒙古将士，雄赳赳气昂昂，一往无前，直到太阳落下的世界尽头。因此，蒙元时期的军戎服饰以也是以精良著称的。成吉思汗统一蒙古毡帐诸部之前就用鲛鱼皮甲胄、翎根甲（翎根铠，用蹄筋、翎根相缀而胶连的甲片，射之不能穿），后来则用以牛皮为里的铜铁盔甲。在圣彼得堡宫中藏有蒙古骑士遗存的甲胄，内层皆以牛皮为之，外层则满挂铁甲，甲片相连如鱼鳞，箭不能穿。元代居庸关云台上的将士浮雕中就有着罗圈甲、鱼鳞甲和柳叶甲的。

蒙古骑兵头盔的上部分是用铁或钢制成，保护颈部咽喉的部分是用皮革制成。他们所骑的战马也有护甲。马匹的护身甲由5个部分组成，在马的两侧各有一片甲，一直盖到马头；另一片甲放在马的臀部，和两侧的甲片系结起来，这片甲片上留一个洞，以便马尾从洞里伸出来；另一片甲在马的胸部。在马额上他们放一块铁板，把它系结在两侧的甲片上。

蒙古骑兵的胸甲是由4个部分组成，一片是从大腿到颈，根据人体的形状来制作；另一片从颈到腰部，同前部的甲片连接起来，每一边肩上固定一块铁板。他们每一条手臂上也有一片甲，从肩覆盖到手腕，在每一条腿上面覆盖着另一片甲。所有这几片甲都用扣环连接在一起。头盔的上部分是用铁或钢制成，但保护颈部咽喉的部分是用皮革制成。

蒙古民族的军队之所以能称霸于欧、亚二洲，完全恃其精良的骑兵。关于蒙古骑兵精良的军器装备，在有关历史文献中以及有关元代出土文物均有明确记载。据普兰诺·加宾尼记述，蒙古骑兵装备有"二至三张弓、三个装满了箭的巨大箭袋、一把斧，还要带拖兵器的绳子。领兵者要挎一种其尖端尖锐，但只有一面有刃的弯刀，将其装在精美的刀鞘里"。

蒙古骑兵的甲胄制法极为精巧，

话说元朝

HSYC

就拿柳叶甲为例，他们先制成宽一指长一掌的若干铁片，在每一个铁片上钻8个小洞。他们放置3根坚固而狭窄的皮带作为基础，然后把这些铁片一一放在另一块铁片上面，因此这些铁片就重叠起来，他们用细皮线穿过上述小洞，把这些铁片捆在3根皮带上。在上端他们再系上一根皮线，因此这些铁片就很牢固地连接在一起。就这样，他们用这些铁片制成一根铁片带，然后把这些铁片带连接在一起，制成铁甲的各个部分。他们把这些部分连接起来，制成保护人身和马匹的铁甲。他们将铁片打磨得十分光亮，以至于能够在铁片上映出人影。

元朝军人的服饰基本一致，是以绣纹区别高低，各部队用不同颜色加以区别：宫廷守卫服饰，甲骑冠，皮革制成加黑漆，雌黄为缘；金兜鍪，皮革制成涂五色，与衣甲同。与之相配袍袄、皮甲、云肩、革带与汗胯等，更具浓厚游牧民族特色。

龙缠蟒裹——做工考究的蒙古腰带

腰带是蒙古人服饰中十分重要的实用品和装饰物。成吉思汗在向长生天祷告时、蒙古宗王拥立蒙古大汗登基时，均要把腰带解下，挂于颈上，以示无比的崇敬之意。古代的先民们用兽皮等来束腰，是为腰带的雏形。正式的腰带始于秦，一般以韦（熟皮子）、丝绸、金、玉、皮革制作而成，束于腰间，再在腰带上悬挂各种佩饰。唐代蒙古高原的游牧民族突厥人用黄金镶在牛革上，制作成的金腰带被称为蹀躞带。铁木真与札木合第二次结为安达时，曾互赠金腰带。

古代蒙古人腰带的特点是宽、长，与蒙古人衣服特征相近，均有厚重、朴实之风。人们在腰间紧紧围成厚厚的一圈，可以很好地护住胸腹，以保证人不会因马背的剧烈颤动而伤及内脏。蒙古人的腰带制作工艺精美、质朴，具有使用与审美的双重效果，另外，还成为一种服饰符号，成为人们权力、地位的象征和联络感情的信物。

掐丝镶宝金饰（元代）

第九章
兼容并蓄的宗教

◎崇拜腾格里的信仰——萨满教

萨满教并非严格意义上的宗教，而是对原始自然崇拜的泛称。蒙古族在没有接触到其他民族之前，所固有的信仰就是萨满教。萨满教在蒙古语中被称为"孛额"。"孛额"又分为最高的孛额和普通的孛额，而普通的孛额又有男女之分。最高的孛额在蒙古中被称为"帖卜腾格里（通天巫）"，普通的勃额男的叫"孛额"，女的叫"伊都罕"。

宗教的产生在很大程度上是人们对于自然界里出现的各种无法解释现象的一种屈服，在变幻莫测、充满危险的大自然面前，无力的反抗最终只能变成依赖。即使科技发达的今

萨满人物铜像（元代）

〉祭天祭祖 〈

"皇舆吉日如西内，马酒新羞白玉浆。遥醉诸陵申典礼，旋闻近持宴明光。"元朝皇帝由上都返回大都前，于"七月七日或九日，天子与后素服望祭北方陵园，莫马酒，执事者皆世臣子弟，是日择日南行"。每年的祭天、祭祖、洒马奶子成为元一代的朝廷定制。蒙古贵族祖先葬于漠北起辇谷，每年巡幸至上都就在那里祭祀祖先。洒白马奶酒祭莫亦是独特的风俗。"每岁驾幸上都，以六月二十四日祭祀，谓之洒马奶子。用马一，羖羊八，彩缎练绢各九匹，以白羊毛缠若穗者九，貂鼠皮三，命蒙古巫觋及蒙古、汉人秀才达官四员领其事，再拜告天。又呼太祖成吉思御名而祝之，曰：'托天皇帝福荫，年年祭祀者。'礼毕，掌祭官四员和各以祭币表里一与之。余币及祭物，则凡与祭者共分之。"

天，我们还是把一些科学解释不清楚的东西归于某一种信仰，并依靠这种信仰来解释那些不合理、未知的东西。萨满教也是基于此而产生、演变、发展的。

早期宗教信仰主要是为了吃饱穿暖，祈求上苍，恩泽后代。因此，一些基本的生产生活资料就成为崇拜的

话说元朝 HSYC

对象。《成吉思汗两匹骏马的故事》有多个版本，并广为流传，其中的两匹马更是被升华成神物加以崇拜。其他的诸如牛、熊、鱼等，也被拿来崇拜，这种牲畜偶像化崇拜的例子，说明人们对于物质的需求

萨满铁法器（元代）

还是放在首要位置的。广泛分布在阴山、阿拉善右旗、贺兰山的岩画，其内容中的鱼、动物等无疑也为这种信仰提供了佐证。

随着蒙古族的扩张，宗教随着地域扩大、广泛的交融而产生了变化，其他少数民族信奉的神灵、外来宗教（基督教、伊斯兰教）的冲击，促使着蒙古族固有的萨满教不断地演变，从对待"苍狼""白鹿"为始祖的信仰扩展到众多神灵的崇拜。宗教的作用也从早期的"吃饱穿暖"到为战争、为政治服务，随之而来的是一大批神职人员的出现和他们指手画脚下名利的纷争。

"腾格里"，是所有讲阿尔泰语系民族所共同拥有的词汇，意为天。同其他大多数宗教一样，萨满教是一个敬天的宗教，他的至高无上的神灵就是"长生天"。广袤无垠的大草原，一眼望不到边际，对天的敬畏、祈求使蒙古人对天或者说长生天的信仰已经达到了一个极致的程度。随着蒙古族军队的扩张，这种信仰慢慢地成为战争中驱凶避祸的"工具"，尤在成吉思汗时期达到了巅峰。《蒙古秘史》中记录了这样一个故事：成吉思汗即位前，被泰亦赤兀惕人追赶而钻进一座高山的密林里。泰亦赤兀惕人进不去，就包围了密林四周。他在密林里住了三天，想要出去。头一次出来时，他的马鞍子无缘无故脱落下来，这时成吉思汗首先想到的是："莫不是上天阻止我走出去？"于是他走回密林里又住了三夜。再次出来时，在密林出口处有一块帐房大的白石堵住了出口。这时成吉思汗仍然想到的是：

❧ 八思巴字 ❧

八思巴字，为元代释教帝师八思巴制作的蒙古字的通称，系据藏文字母改制，仿汉字方体，自上面下拼写。1269年二月正式颁行，称蒙古新字，后改称蒙古国字，简称蒙古字。15世纪以后，不再在蒙古族中行用。

花夹衫（元代）

"莫不是上天阻止我走出去？"他又回密林里住了三夜。这样在密林里共住九天。最后因为饥饿迫使他走出密林被赤兀惕人捉住带走。这次经历后，成吉思汗在每次征战的胜利或遇到战争中遇到挫折，他都看作是"长生天"对它的考验。所以，每次战争的胜利或者在战争中逢凶化吉他都要归功于"长生天"的庇佑，说这是长生天的旨意。

有天就有地，萨满教除了对天敬仰外，对大地也怀着一颗虔诚的心，他们把大地归于仅次于长生天的第二位神。认为天是阳性的根源，地是阴性的根源。天塑造了人的生命，地赋予了人的形体。

萨满教除了对天、地的信仰外，对山川、湖泊、火焰也都怀着崇敬的心理。比如，对布儿罕·合勒敦山每天清晨的祭祀，又比如他们在举行一些高级的朝拜仪式时，都要从火上经过，以达到身体的圣洁等等。

自古就有一朝天子一朝臣的说法，皇帝的更迭附带着许多的事情发生变化。萨满教这个紧紧依附于皇权生存的宗教随着成吉思汗的"西游"而慢慢衰落。随着忽必烈的登顶以及以藏传佛教典型代表人物八思巴的入主，萨满教的地位迅速下降，并逐渐退出了蒙古贵族阶层，直至消失。

统治阶级的"跟风"信仰并没有影响普通的蒙古族百姓，他们对自己本民族所固有的萨满教信仰坚定不移，所以虽然萨满教退出了统治阶层，但他逐渐成为民间的宗教信仰。在元朝灭亡后，其他外来宗教纷纷消失，萨满教以其深厚的"民间根基"卷土重来，重新成为整个蒙古民族的普遍信仰。

一人之下，众人之上——帝师八思巴

帝师，从字面的意思可以解释为皇帝的老师，可谓皇帝身边的智囊心腹。他没有宰相位极人臣的权力，却有在皇帝心中超越宰相的地位，是一人之下、众人之上的人上人。世祖忽必烈在登上汗位后也设立了帝师。不过元世祖设立的帝师有别于前代的帝师，他兼顾普通帝师的一些职能，最主要的是元代帝师是管理天下释教的最高领袖。雪域高原的八思巴是元朝的第一任帝师。

1244年，萨班·贡噶坚赞从乌思藏地区出发，历经两年艰苦的跋涉，赴凉州与阔端会晤。萨班·贡噶坚赞领着他的两个侄子一同前往，其中有个大约9岁的小孩，就是八思巴。这个从小生活在与蓝色天空更加接近地方的藏族小孩第一次走出了他原本的世界，同时也走进上了中国历史的大舞台。

良好的出身，优秀的启蒙老师（萨班·贡噶坚赞），加上天资聪慧，在

八思巴年幼的时候就对藏传佛教有了很深的领悟，这可能也是萨班·贡噶坚赞带领他去参加会盟的主要原因，他希望八思巴能见一见外面恢宏的世界，希望他见一见当时蒙古族统治阶层的上层人物，希望他将来能有所作为。

八思巴15岁时，忽必烈在金川莲的府邸接见了他，两人相谈甚欢。第二年，萨班·贡噶坚赞圆寂，八思巴当上了萨迦派的领袖。1251年，蒙哥汗夺得了汗位，作为蒙哥汗的亲弟弟，忽必烈权势地位日涨，并获得了在金莲川开府的权力。忽必烈急需各方面人才来充实他的"班底"，需要各方面的势力来支持自己，施展他的抱负。曾经和蒙古贵族有过深入接触的萨迦派成为忽必烈获得乌思藏地区佛教支持的突破口。1253年，忽必烈又一次接见了八思巴，并给予萨迦派很高的赞誉，这使得萨迦派年轻的领导人威望空前提高。1258年，佛教与道教发生一场激烈的争论，目的是为了取得更多的权力和信徒，而八思巴也不负众望，以自己聪慧的才智，打败了道教，维持了原有的平衡，也帮助忽必烈在蒙哥汗面前再一次站稳脚跟。

1260年，忽必烈登上汗位。上台后他马上封八思巴为国师，随后让他掌管天下释教事务。忽必烈还让他年

轻的儿子真金太子跟随八思巴学习了解宗教，八思巴写出了著名的《彰所知论》，向真金介绍佛教情况。此后，1264 年，忽必烈成立了管理西藏佛教和监督政府和佛教僧侣关系的总制院，八思巴成为第一任首长。1267 年，忽必烈还派兵打垮了反对八思巴的敌对势力，稳定了八思巴在乌思藏地区的统治。1270 年，忽必烈委任他为第一任帝师。凡此种种，我们不难看出忽必烈对八思巴的倚重，而八思巴之所以被如此委任，除了他的藏传佛教领袖的地位外，还有为忽必烈解决危机的智慧。

忽必烈上台后，对于域内语言、文字繁多的问题颇为头疼，于是他下定决心，要创造一种能书写、解释各种语言的文字。创制新文字的重任落到了八思巴的肩上。1269 年，八思巴以自己的母语藏文的 41 个字母拼写出蒙古新字。忽必烈对新文字十分满意，并下令宫廷文件必须用这种文字

八棱形八思巴文砚台（元代）

书写。八思巴字比原来蒙古通行的畏兀儿体蒙古文更准确、更灵活，能够准确地拼写其他语言。但这一新文字在元朝灭亡后也随之消亡，今天我们只能在一些碑刻、钱币上一睹它的风采。

老子化胡否？——佛道之争

老子化胡，这个话题古来一直争论不休。所谓的"化胡"，就是道家学派的创始人老子，因为看到在自己所在国家衰落而没有希望，于是准备西行，在西行经过函谷关时，应守关的关尹尹喜的要求，留下了 5000 多

话说元朝

HSYC

话说元朝

字阐述老子所主张的思想，这就是后世著名的《道德经》。老子西出函谷关后，周游到了印度，于是在该地开始立教传道。不过这时老子所立的教是佛教，于是，老子又代替佛教徒公认的创始人释迦牟尼，成为该教的教主。这就是老子"化胡"的大致经过，"化胡"就是变成佛陀，成为佛家的创始人。我们都知道，老子在中国是家喻户晓的道教教主，在《封神演义》《西游记》等神话小说中，老子都是以"三清"中的太上老君身份出现的，是名副其实的道家代表人物，怎么就一下子又成了佛教的教祖了呢？这其实同中国土生土长的道教与外来的佛教之间的冲突有很大关系。

我们大家都知道，道教是中国土生土长的宗教，在其他宗教没有传入中国前有着得天独厚的优势。大约在东汉明帝时期（28—75年），佛教传入了中国，也可能是佛教教义的缘故，或者是其他原因，佛教很快就融入当时的统治阶层，这让道教的掌权者产生了危机感，于是"老子化胡"一说就应运而生了。

最早提出"老子化胡"的是东汉桓帝时期（132—167年）的大臣襄楷，他在一封上疏中提到，老子在出关后去了外国，并创立佛教，当上

了教祖。这改变了《史记·老子列传》中所提到的老子出关后不知去向的原意。这也从一个侧面说明了，道教虽然在东汉末期仍居统治地位，但是佛教的流传发展已经对其根深蒂固的地位产生了严重的威胁。

三国时期"化胡"一说进一步发展，到了西晋时期，一个叫王浮的道士写了一卷《老子化胡经》，于是老子"化胡"说开始朝着经书、文字化方向发展，不断地扩充内容，由一卷增至十卷。经文的真伪又促使佛道双方分别在北魏孝明帝正光元年（520年）、北齐文宣帝天宝六年（555年）、北周武帝天和四年（569

石雕狮子（元代）

年）、北周武帝建德二年（573年）、隋文帝开皇三年（583年）、隋文帝大业四年（608年）、唐高宗显庆四年（659年）、唐高宗显庆五年（660年）、唐玄宗开元十八年（730年）、唐德宗贞元十二年（796年）、唐武宗会昌元年（841年）、唐武宗会昌五年（845年）、蒙哥汗时期举行了13次大辩论，双方互有胜负，总的来说，佛教占据上风。

《老子化胡经》是与老子"化胡"说有关的经文的总称，他主要内容是老子为什么要"化胡"、老子是怎样"化胡"的。这部经文把老子说成是佛教的创始人，这种颠倒黑白的说法激起了佛教徒的强烈不满，加之统治者的需要，这才有了以上13次的大规模的辩论。

那么，双方是如何争论的呢？我们以第13次为例简要说明一下。

大蒙古国乃至后来的元朝，其统治者一直遵循着兼容并蓄的宗教政策，因此，无论道教、佛教、萨满教、基督教、伊斯兰教等等，都广泛地存在这片当时世界上最大的国家上。此时，由于成吉思汗的信赖和道教全真派第五任掌教丘处机的广泛影响，使得道教在这一时期发展壮大。可以说是要风得风，要雨得雨。到了窝阔台、

双环耳青瓷瓶（元代）

蒙哥汗时期，虽然没有改变成吉思汗的宗教政策，但是，藏传佛教已经开始为蒙古上层贵族所信奉，这使得道教全真派原有的地位受到了冲击。于是，他们开始反击，打击僧侣，烧毁寺院，并强行把一些寺院改成道观。在这种破坏行为收效不大时，他们又端起"思想理论"的武器，拿出流传千年的《老子化胡经》，与佛教徒展开辩论。

1254年，由蒙哥汗主持，双方开

始在哈喇和林的一座小教堂内展开神学辩论，佛教败北。1255 年，由阿里不哥主持，双方开始了辩论，全真教派出掌教李志常，佛教派出了少林寺长老福裕，双方以《老子化胡经》《老子八十一画图》的真伪为题展开辩论。由于佛教徒准备充分，全真派在这一次的辩论中败北，烧毁部分伪经，退还寺院 37 座。1258 年，由忽必烈主持，集结道教全真派掌教张志敬等 200 多人与佛教八思巴等僧总 300 余人在开平（今锡林郭勒盟正蓝旗）展开辩论，结果，道教一方败北，17 人被迫剃发出家为僧。

在忽必烈时期，道教全真派不甘心失败，用嫁祸、诬陷的手段打击佛

家，最后，忽必烈震怒，下令烧毁除《道德经》外的所有伪经。我们姑且不论《老子化胡经》真伪，佛道之争除了他

錾仰莲花纹金钵（元代）

们自己的教义之争、地位之争、利益之争外，完全是统治阶级幕后推手在起作用。统治阶级正是利用了这一点不断挑起佛道之争，最终获得他们所要获得的利益。那么，老子化胡否？《老子化胡经》的真伪在这些利益面前还重要吗？答案不言而知。

木速蛮

元代伊斯兰教教徒的译名，也就是阿拉伯语穆斯林。元代汉文文献中通常将西域各族木速蛮称为回回。但回回之名有时也被用于称呼信奉其他宗教的西域人，如称犹太人为"术忽回回"等。元朝境内的木速蛮，大部分是蒙古西征以来从中亚、波斯各地所俘的工匠和其他平民，先后签调来的军队，入仕于元朝的官员和学者以及来中国经商因而留居的商人；小部分是唐宋时期寓居中国的大食、波斯人的后裔。蒙古西征中，每克一城，照例都要括取工匠和俘掠妇孺为奴，这些被迫随蒙古军东来的中亚人多为木速蛮。

东方的十字架——也里可温教

景教，在西方叫聂斯脱理教。他是由基督教在东罗马帝国首都君士坦丁堡的大主教聂斯脱理所创。聂斯脱理虽然是基督教的大主教，但他对基督教的基本教义并不推崇，他提出基督是神、人"二性二位"的说法，反对对圣母玛利亚进行神灵的膜拜，但是保留了基督教的十字架。然而，这些"非主流的"说法遭到正统基督教

徒的反对，而聂斯脱理也被基督教视为异端，不仅被罢免大主教之位，自己也被迫离开了东罗马帝国，最终客死埃及。

景教虽然在西方没有了生存的土壤，但是东方广袤的大地给了它无限的平台。一部分被视为异端的叛逃者，在逃到叙利亚后，受到叙利亚国王热情接待，并允许他们在叙利亚传播他们的教义，于是，这些叛逃者成立了独立的教派，与摩尼教、袄教共同成为当地的三大宗教。

"景教"是在该派传入中国时当地人所取的名字，意味光明的意思。

辽金元时期，景教开始进入一个蓬勃发展的时期，这个时期主要是北方的一些少数民族接纳了它，其中就有刚刚崛起的蒙古族。

"也里可温"是蒙古族对景教的称谓，意为"信奉上帝的人"。成吉思汗统一蒙古高原之前，在今内蒙古境内居住的汪古部、今蒙古国境内的乃蛮部、克烈部等就信奉景教。窝阔台的妻子脱列哥那（贵由的生母）、拖雷的妻子莎尔合黑帖尼（蒙哥、忽必烈的生母）等蒙古上层社会的贵夫人们大多信奉景教，而他们的儿子又都相继为蒙古大汗或大元皇帝。贵由汗在他的大幕帐前设立了一个小教堂；蒙哥汗在哈喇和林设立了景教教堂。

元朝灭亡后，景教在中国的传播也随之停止，到19世纪初，在蒙古地区已不见踪影。

◉ 历史上真实的全真教

全真教，大部分人了解其历史背景和创始初期的几任掌教都会通过一个途径——《射雕英雄传》和《神雕侠侣》。这两部是在有华人的地方就能看到的金庸小说，向我们展示了一个保家卫国、力拼金元的英雄宗教。既然是小说，难免有艺术加工的成分，这也造成了一些人们对历史上真实的全真教认识的偏差。那么历史上的全真教到底是什么样子的呢？它在宋、

叙利亚文景教碑（元代）

金、蒙古之间的战争中又扮演着怎样的一个角色呢？下面将一一揭开它的神秘面纱。

说起全真教，我们就不能不提到一个人——王重阳。看到这个名字也让我们非常感慨，金庸先生作为一个小说家，其历史的功底无疑是非常深厚的，他的小说完全是以真实历史为蓝本进行创作，只是根据故事情节需要加以改动或渲染。所以，他小说里面提到的"全真七子""活死人墓"等都是真实存在的。王重阳（1112—1170年），本名王中孚，入道后改名王喆，因为喜爱菊花，而菊花恰好在重阳节开放，所以道号重阳子。王重阳可以说是一个文武全才，他曾经中过金国的进士和武举，出可为将，入可为相。怎奈当时的大金王朝根本不曾发现这样的人才，空有抱负不能施展的王重阳只能另谋他路。

离开金王朝的王重阳选择了隐居，他在终南山挖了一个洞穴，一住就是几年。他还称自己是"疯子"，并刻了一块牌子，上书"王害疯之灵位"，并悬挂在他的穴居地。这就是著名的终南山"活死人墓"。7年后，自认为功德圆满的王重阳离开穴居地，前往山东地区。

在山东地区，王重阳以另一种方式来施展自己的抱负——创立了全真教，并在创立后，收了7个弟子：马钰、谭处端、刘处玄、丘处机、王处一、郝大通、孙不二（马钰之妻）。

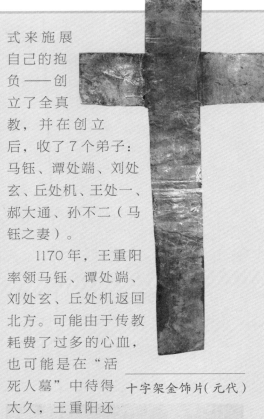

十字架金饰片（元代）

1170年，王重阳率领马钰、谭处端、刘处玄、丘处机返回北方。可能由于传教耗费了过多的心血，也可能是在"活死人墓"中待得太久，王重阳还没有继续他未完的事业，就在返归途中，死于河南开封。

王重阳创立的全真教主张儒、释、道三教平等，他提出三教合一的理论，并认为三教最初都是来源一个源头。全真教的弟子大都清心寡欲、崇尚节俭，他们解释全真教的教名是保全真性的意思。王重阳生活的年代，战乱频繁，他创立全真教还有一层原因，他想保留住中国的传统文化，把传统文化保存于宗教社会、民间社会，这不得不说是一种无奈。

王重阳死后，七大弟子继续在北方传教，并各有各的派别。丹阳子马钰创立了遇仙派；长真子谭处端创立了南无派；长生子刘处玄创立了随山派；长春子丘处机创立了龙门派；玉阳子王处一创立了全真派；太古子郝大通创立了华山派；清静散人孙不二创立了清静派。这七个支派中又以丘处机及其所创立的龙门派影响最大。

丘处机（1148—1227年），山东人，道教全真派著名的领袖，为南宋、金、元三国人民所共同推崇。王重阳死后，他的大弟子马钰接管了掌教一职。马钰信奉无为而治的理念，他带领下的全真教教徒只注重个人的修养而不广泛传播教义，因此，这一时期的全真教发展缓慢，影响不大。在经过谭处端、刘处玄先后任掌教后，到丘处机接任时，全真教的发展才迎来了真正的"春天"。无论是丘处机广泛吸纳教徒的创立道观的理念还是其个人本身的影响力，都对推动全真教的发展做出了贡献。

丘处机自幼失去双亲，尝便了人间的疾苦。从小向往"成仙得道"的他一直过着"顶戴松花吃松子，松溪和月饮松风"的生活。功夫不负有心人，他的努力得到了回报。当时的南宋、金、蒙古统治者都邀请他，请他传授道法。但是，究其根本，还是想争取他统领的教派以及他个人的影响力。

睿智的丘处机回绝了南宋、金的邀请。因为从当时的社会发展、综合国力的比拼看，他认为"过了气"的南宋和"苟延残喘"的金都抵挡不住新兴的蒙古铁骑。于是，在成吉思汗的使者邀请他前往大蒙古国时，他毫不犹豫地答应了。他的理由是"我循天理而行，天使行处无敢违"。

1220年，丘处机率领18弟子前往成吉思汗位于大雪山（今阿富汗境内都库什）西北坡的八鲁湾行宫，于1222年到达。成吉思汗看见丘处机的第一件事就是向他请教长生之道。丘处机则说："有卫生之道，而无长生之药。"他的意思是说，世界上只有预防疾病的养生之道，而没有什么长生不死的灵丹妙

十字青铜杖头（元代）

药。丘处机的坦率得到了成吉思汗的赞许，并称丘处机为"丘神仙"。

丘处机这一待就是一年多的时间。在他和成吉思汗朝夕相处的日子，不断以用身边的小事来规劝成吉思汗。让他体谅上天的"好生之德"，减少杀戮。一年后，由于不适应高原气候，丘处机决定返回故土。成吉思汗知道留不住丘处机，就赐予他许多金银财宝，后来又赐给他一面"金虎牌"，准许他统领道教一切事宜。凭借着丘处机和大蒙古国统治者的良好关系，全真教取得了长足发展，同时解救了大批被蒙古人掠夺为奴隶的汉人。

1227年，丘处机病逝于燕京白云观。丘处机的继任者虽然是尹志平，但是与蒙古朝廷的觐见往来之事全部由李志常负责。经过成吉思汗的扶持，全

真教在丘处机死后依然蓬勃发展，甚至在蒙哥汗时期主持大蒙古国的国子学，为汗廷担任国家祭奠诸事宜等，全真教的势力达到鼎盛。

佛道两教的摩擦由来已久。除了教派教义之争外，往往伴随着政治利益。大蒙古国自成吉思汗以来就实行开明的宗教政策，允许各个宗教共存发展。由于成吉思汗的推崇，道教全真派一度势大。到蒙哥汗时期，虽然仍旧遵守宗教共存的开明政策，但统治者的一些政策上的举措使得这一时期的佛教势力慢慢壮大，这引起道教全真派的不满或者是恐慌。于是他们开始欺压佛教徒，把寺庙改成道观，甚至还借三国时的《老子化胡经》，说老子是佛祖的化身。这些举措引起了佛教的不满。为了平息风波，蒙哥汗召集了两次佛道辩论会。

1254年、1258年，佛道两教举行了两次辩论会，两次辩论会的结果是道教彻底失败。不论是不是前期准备不足，还是其他一

琉璃螭首（元代）

些原因，道教全真派在两次辩论后，地位下降，势力受挫，甚至在辩论中失败的道士被剃度后送往寺庙，参禅修佛。

全真教的失败最重要的原因可以归咎于统治者宗教政策的转移。虽然忽必烈登上汗位后为了统治的需要放缓了对全真教的打压，但是全真教徒不甘心失去往日地位的荣华，又采取一些"自焚道观"并诬陷佛教徒所谓的激烈行为，引起忽必烈的强烈不满，于是下令焚毁除《道德经》以外所有的《道藏》伪经。

全真教在元成宗铁穆耳时期才恢复正常，历经明清两代，也是时好时坏，不复成吉思汗时期的盛况，只留下一些道观令人缅怀。

伊斯兰教在中国的广泛传播

伊斯兰教是世界性的宗教之一，与佛教、基督教并称于世。公元7世纪，由麦加人穆罕默德创立。"伊斯兰"系阿拉伯语的音译，原意为"顺从""和平"。任何一个宗教性质的教派的兴起，都是符合一定人群在精神上的、物质上的需要。伊斯兰教也是这样的。有了信徒的基础，传播就有了途径。伊斯兰教创立的时间正是中国的大唐时代，此时的中国，经过战乱的洗礼后，正处于一个休养生息后的大繁荣时代，其首都长安也成为首屈一指的世界大都会。任何繁荣的经济、安定的社会、先进的文化总会吸引世界各国人民的眼球。他们"迫不及待"的要来长安看看。这些世界各国人民就包括大量信仰伊斯兰教的教徒，就这样，伊斯兰教逐渐在中国生根、发芽、发展、壮大。

伊斯兰教在中国被称为大食教、清真教。到了大蒙古国时期，蒙古人称穆斯林为"撒儿塔兀勒"，元代译名为"木速蛮"。后来，在元代的汉文典籍文献中常称"木速蛮"为回回。唐王朝的繁华吸引了一部分穆斯林自愿来中国，大蒙古国的铁骑横扫亚欧

龙泉窑剔花玉壶春瓶（元代）

大陆也掠回一些穆斯林。入乡随俗，来到中国的穆斯林很快就融入了当地的居民中，并且带来了先进的天文、医学、地理学、建筑、文史、音乐等多方面的科学文化成就，在一定程度上推动了中国文化的大发展。

来到大元帝国的穆斯林继续保留着他们的传统习俗，他们根据元朝对各种宗教采取的兼容并蓄的政策，在自己居住的地方广建礼拜寺庙，进行祈祷。他们还普遍学习汉语、汉文化，效仿汉人的姓名，在保持自己特有的习俗的情况下，经过一番演变，成为中国55个少数民族之一——回族。

任何一个民族或者个人都有自己的政治诉求，无论是土生土长，还是外来侨居，他们最终的目的就是为了争取本民族或者个人利益的最大化，穆斯林也是如此。在大蒙古国乃至大元帝国当时政坛上有这么几个

人占有重要的地位。他们是成吉思汗时期花剌子模人牙老瓦赤、不花剌人赛典赤·瞻思丁及其子纳速丁、忽辛、马速忽，窝阔台时期的回回商人奥都剌合蛮以及忽必烈时期的回回人阿合马。

他们或为一地的最高长官（如牙老瓦赤，为蒙古国西域最高长官，并辅佐窝阔台商定西域的贡赋问题；赛典赤·瞻思丁及其子纳速丁、忽辛、马速忽，先后经略云南，为云南的发展做出了不可磨灭的贡献，赛典赤·瞻思丁后被封为咸阳王），或为某一专业领域的重要官员（如奥都剌合蛮，成为窝阔台时期提领诸路课税所官；阿合马，是忽必烈的宠臣，曾一度主持大元帝国的财政改革），这些有才能、有智慧的外来穆斯林，在大蒙古国乃至元朝的发展过程中起到了一定的促进作用，同时用其本身与蒙古族高层接触的

白釉铁锈花罐（元代）

1536年

双狮石砚（元代）

机会，不断宣扬伊斯兰教义，对于一部分蒙古人走上伊斯兰化的道路起了一个催化剂的作用。

13—14世纪，蒙古人走上伊斯兰化道路与其征服或者统治的众多信仰伊斯兰教国家有着直接关系。这种伊斯兰化可以说是蒙古族和穆斯林不断融合、同化的结果。最先走上伊斯兰化道路的是蒙古四大汗国中的钦察汗国，随后统治波斯地区伊利汗国、察合台汗国也先后走上了伊斯兰化道路。因为忽必烈信奉了佛教，因此，元朝伊斯兰化不如前面三大汗国明显，但是大都、上都也有回回建立的寺庙，更值得一提的是忽必烈的曾孙安西王阿难达改信了伊斯兰教。

总之，在有元一代，伊斯兰教得到了广泛的传播，在其传播的过程中不但促使了一部分蒙古汗国或蒙古人走上了信仰伊斯兰教的道路，还使一些穆斯林在元朝的经济、政治、军事、科技、文化等领域占有重要的地位，同时，他们也获得了相当高的荣誉，在元朝统治范围内，穆斯林的社会地位是仅次于蒙古人的。因此，可以说伊斯兰教在中国的传播或者说在元朝统治时期的传播较之其他外来教派是空前成功的，它对元朝各方面的发展所起到的推动作用也是有目共睹的。

第十章
发达的科学技术

◎ "呼风唤雨" 的神医——徐文中

　　徐文中，字用和，宣州（今安徽宣城）人，元代名医，精通医药学，尤其擅长针灸。要说徐文中的医术，就不得不提到他的岳父。徐文中的岳父是当地一位颇有声望的名医。

　　岳父见徐文中十分聪颖、朴实而且好学，于是便将自己的毕生所学毫无保留地传授于他。经过几年学习，徐文中不仅能像岳父一样为人治病，甚至在很多方面还超过了岳父。与其岳父相比，徐文中尤其擅长针灸疗法，即使是疑难杂症，也只需扎上那么几针，便能迅速根治。徐文中平日里四处行医，只为看病，不为挣钱，对金钱名利十分淡漠，自然对当官也没什么兴趣。起初，他被推荐当县吏，但他难以忍受繁杂的公务，最终悄然离去。后来，又有人推荐他做安陆府的府吏，他内心极其不愿意去，但是碍于情面还是去了，可没过几天，他便厌倦了官场里的那些繁文缛节，最后依旧不辞而别，干起了自己的老本行——四处行医。

　　有一次，他在吴郡游历，吴郡有一个大户人家，家中有人身患风湿病躺在床上，十分痛苦。这家人四处求医都没能找到治愈此病的大夫，当他们打听到徐文中路过这里的消息后，便请他去治疗。徐文中没有开药方，只是在患者的腿上扎了几针，这时奇

白釉铁锈花罐（元代）

迹出现了，只见病人竟然从床上坐了起来，而且还能下地走路了，病人家属见此情景高兴的都不知道说什么好了。这件事情很快就传遍了吴郡，徐文中也因此名声大震，一时间，找他治病的人络绎不绝，纷至沓来。吴郡的官员见徐文中医术如此高超，且深受百姓敬重，于是便请他做郡吏，徐文中推辞不过，也只好就任。

当时，镇南王王妃生病卧床，连坐起来都成了一件十分困难的事情，王府里的御医们也束手无策。南台侍御史听说了徐文中神奇的针灸疗法后，于是向镇南王推荐徐文中，镇南王快马加鞭派人到吴郡请他前来为王妃治病。徐文中到王府后，镇南王以大礼相待，让他坐在便殿，向他详细说明了王妃的病情，然后把他领到室内为王妃诊视。镇南王见徐文中只是从一个盒子里取出几根长短不一的银针，有了些许的顾虑，便问道："几根银针就能治病吗？"徐文

白釉剔花梅瓶（元代）

中沉稳地回答说："我来这里就是为了给王妃扎针，如果治不好病，那我来干什么呢？"

起初，徐文中试探着让王妃抬手抬脚，王妃尝试了一下说抬不起来。徐文中便按住王妃的合谷、曲池两个穴位，随即将银针慢慢扎入皮肤里，王妃没有感到一点儿疼痛。过了片刻，徐文中再次请王妃抬起手脚，王妃觉得只是扎几针如何能治好连御医都看不好的病，于是说不能。徐文中又对王妃说："针气已经在运行了，您试着抬一抬手。"王妃就抱着试一试的态度把手举了一下，居然很轻松地抬起来了。徐文中又让她抬脚，脚也轻松地抬了起来。镇南王在一旁屏声静气地看着，当他看到王妃的手脚能够活动时，高兴得不得了。等到了第二天，王妃已经能够轻松地坐起来了。为了感谢徐文中，镇南王马上大摆宴席，还赐给他许多钱财。从此，徐文中

青铜执壶（元代）

的名声震动了广陵，人们誉其为"扁鹊再世"。

有一年，广陵一带遭遇大旱，镇南王遍请方士祈祷也无济于事，眼见着旱情越来越严重却无能为力，镇南王异常忧虑。一天，他将徐文中请到府中，向他说出了自己的忧虑。徐文中听罢对镇南王说："您不就是想要下点雨吗？"镇南王恳切地回答："是啊。"徐文中又说："请允许我用法术来为您求雨，不知道您是想要先响雷后下雨，还是先下雨后响雷呢？"镇南王以为徐文中只在跟自己开玩笑，便调侃说："先下雨后响雷，这才能称得上是法术呀！"徐文中干脆地说了声"好"，便走出屋子，朝西北方向举起衣袖使劲儿一挥，顷刻间乌云密布，天马上暗了下来，接着便大雨如注。雨停之后，天虽已放晴，可还是能听到隆隆的雷声。由此，徐文中便得到了"能呼风唤雨的神医"这一美名。

徐文中在行医时总是对人们说：

"我所传授的弟子虽然不少，然而他们的医术却不如我灵验，这是为什么呢？并不是我没有把秘诀教给他们，而是他们过于重利而忽视了道义。我游历行医已四十多年，接受过我治疗的人数不胜数，可我从来不要求他们回报我，我只想尽自己所能施行我的医术，救更多的人罢了。"

正是因为徐文中高尚的医德，所以他的医术才能达到超常的效果，他才能拥有"呼风唤雨"的能力。

都实探查黄河源头

都实是元初杰出的地理探险家，更是元代黄河河源的探求者。他精通多种民族的语言，3次到西南吐蕃等地，奉命探测黄河源。这次考察取得了重要成果，在中国地理学史上占有重要地位。

1254年，蒙古军队进入吐蕃，完全控制了吐蕃地区。以后，元朝又将吐蕃划归掌管全国佛教事务的机构总制院（后改名宣政院）管辖，成为元朝疆域的一部分。1279年，忽必烈消灭南宋，统一了全国。元朝政府为了进一步加强对全国的控制，获得黄河上游和黄河河源地区的物产以及同西南地区人民互市，客观上需要了解黄河上游及黄河源地区的地理情况和交通情况。忽必烈本人对河源的传统观念持怀疑和否定态度，他试图通过实地考察否定前人所说的"河出昆仑"之论，以提高他在全国人民中的威信。

于是在1280年，元世祖忽必烈召见都实和他的堂弟阔阔出，对他们说："黄河进入中国，从大禹治水以来都知道是从积石山而来，但汉朝张骞、唐朝刘元鼎都没能查清它的源头。现在那里成了我们的领土，我要一直查到黄河发源的地方，在那里建一座城，供吐蕃商人与内地商人做买卖，并在那里设立转运站，将贡品和物资通过水运到达首都。古人没有办过的事，我要办到，让后世受益无穷。遗憾找不到合适的人。都实，你是我的老部下，又通晓各族语言，现封你为正三品的吐蕃招讨使，去执行探测河源的任务；我的弟弟阔阔出，也授予你为招讨使，佩带金符，与都实一起出发。"

当年四月，都实与阔阔出从河州

黄釉缠枝牡丹纹三足樽（元代）

（今甘肃临夏东北）启程，沿黄河上溯，历经四五千里，终于抵达黄河河源，并且探得火敦脑儿（星宿海）为河源。都实见此地方圆七八十里以内"沮洳散涣"，分布着100多个泉井，登高下视，灿若星辰。这些水向东北流百余里即汇入火敦脑儿（意为星宿），顺火敦脑儿经东行走，又有河并入，水流变大，汇合为黄河。

他是中国历史上第一位探查河源的专使，他认为黄河正源为火敦脑儿，并对当地地形、水系、植被、动物、人口等分布做了记录，绘制有河源位置图。

第二年年初返回京师，都实向朝廷奏报了探寻黄河河源的经过，并且将城市和转运站的设计位置画成地图献给世祖。元世祖大喜，任命都实为吐蕃等处都元帅，负责筹集工匠和物资，去河源处修建城市，后因故停止。1315年，阔阔出与翰林学士潘昂霄一起奉命宣抚京畿西道，将此事经过告诉了潘昂霄。当年八月，潘昂霄将都实探求河源的经过著成《河源记》。都实的这次探险成果，被后来元代著名地理学家朱思本的《舆地图》吸收。至此，我国第一次对黄河源的考察成果才得以流传后世。人们对黄河之源有了进一步的认识，也为以后勘探开发河源奠定了基础。

都实等人对黄河源的考察，加上吐蕃人对黄河河源的了解，已经将黄河的正源确定在星宿海西南百余里处。他们对黄河最上游的水文、地形、地貌和人文景观的考察和记录都已相当具体、准确。更可贵的是，他们并不迷信史料，而是尊重事实，对前人不符合实际的说法大胆予以否定，比那些死抱着儒家经典的陈说不放的人要高明得多。

元朝学者陶宗仪在他所著的《南村辍耕录》中收录了《河源记》，并附有一张《黄河源图》。这张地图的画法与《河源记》所记述的内容完全一致，显然是出于都实等人之手，或者是别人根据《河源记》画成。这是目前传世的最早的黄河源地区地图。

都实这次黄河河源考察，不仅第一次明确了黄河河源地区的主要支流和水文特征，而且彻底否定了汉代以来盛行的黄河"伏流重源"之说。特别是，在指出星宿海是河源的同时，他们还提到一条由西南往"东北流百

余里"，汇为火敦脑儿的支流。当时他们很可能是将这条支流作为黄河正源来记述的，如果这一源流即是现在星宿海西南的卡日曲，那么，当时的认识与现代科学调查结果完全吻合。当然，即使不是这样，那也表明当时已注意到黄河的真正源头河流。

食疗第一人——忽思慧

蒙元时期中国的饮食文化有了进一步的发展，出现了中国历史上第一位专业的营养师，同时也是我国第一位蒙古族饮食文化专家——忽思慧。忽思慧的生卒年不详，后人只能从他的代表作《饮膳正要》的写作年代来大致推断。忽思慧于元仁宗延祐年间（1314—1320年），担任饮膳御医一职，专门负责宫中的饮食调理，负责皇帝及后宫的营养保健工作。他对各种食品的营养保健功能、滋补药品的作用、饮食卫生乃至食物的毒性等都非常有研究，因此他做出的御膳不仅有营养，而且在保健和治疗疾病上也有一定的帮助。

据说忽思慧在很早之前就对饮食很有研究，有两个故事向我们展示了他发明烫全羊和涮羊肉的经过。其一是忽必烈在上都称帝以后，举行了一

是在黄道婆传授了新工具、新技术后，原来"民食不给"的乌泥泾棉织业得到了迅速发展，当地经济也开始繁荣。到元末时，当地从事棉织业的居民就达到1000多家，到了明代，乌泥泾所在的松江已经成了全国的棉织业中心。这一切都与黄道婆做出的贡献是分不开的。

正是由于黄道婆做出了如此杰出的贡献，当地劳动人民都非常热爱她、怀念她，她死后被公葬，并且在镇上修建了专门纪念她的祠堂，名曰"先棉祠"。以后很多地方也先后为她兴建了祠堂，这也足以表达百姓对这位纺织工人先驱的感激与怀念。中华人民共和国成立后，上海人民为纪念这位杰出的古代纺织技术革新家，在1957年四月间为她建墓园并立碑，碑上刻着她的光辉业绩。黄道婆就是这样以自己的杰出贡献，而被载入我国纺织业的发展史册，永远受到后人的敬仰。

考郡邑之因革，核山河之名实——地图学家朱思本

随着元明时期经济文化事业的蓬勃发展，地图制图事业取得了继秦

青铜油灯（元代）

汉、唐宋之后又一次大发展，达到了传统制图学的高峰。元朝杰出的地理学家、地图学家朱思本是这一高峰的奠基人。他成功绘制的《舆地图》和其后效仿于他的制图方法并根据他的地图改绘的地图，构成了朱思本地图系统，它们是我国这一时期地图学成就的代表。

朱思本（1273—1333年），元朝地理学家。元临川（今江西抚州）人。生于礼义之家，祖父以科举仕宋，任淮阴县令。元灭南宋后，宋亡之痛，笼罩着朱思本一家，父亲誓不仕元，长辈们厌世遁迹、淡泊名利的处世心态，对年幼的朱思本产生了极大的影响。故而未满14岁的朱思本就入龙虎山隐居学道。龙虎山是道教正一教派的中心，自四代张天师起即据此山传教。朱思本天资聪颖，而且自幼受家庭影响，勤奋好学，博览群书，外

话说元朝

道内儒。入山以后的十余年间，一直潜心学道，以其相当高的文化素养在龙虎山的地位不断上升。1299年，朱思本奉玄教宗师张留孙命，离开龙虎山去大都，成为张留孙、吴全节管理江南道教的得力助手。他还善诗文，"胡为舍此去，乃与尘俗萦，人生有行役，岂必皆蝇营。"这样的诗句就出自他传世的诗文集《贞一斋杂著》。朱思本以此诗托物言志，道出了自己的志向是不屑于做蝇营狗苟般的人去追求权势，而是要潜心干一番科学事业。

1311—1320年，朱思本游历考察各地先后达20年之久。他曾多次奉诏代天子祭祀五岳四渎等全国各地名山大川，并且很好地利用奉诏代祀名山大川的机会，登会稽山，泛洞庭湖，纵游荆襄，游览淮泗，遍历河北、山西、山东、河南、江苏、安徽、浙江、江西、湖北、湖南10省，进行实地考察，寻访故迹遗址，考察郡邑沿革，核实山川名称，累积20年之功力，劳心费力，历尽艰苦，终于绘制

成有科学价值的《舆地图》，刊于龙虎山上清院。

他之所以成就了《舆地图》这样的业绩，看似偶然，其实朱思本在实地考察、搜集资料、制图方法等方面都付出了大量的心血。他的考察是严格的科学实践，一是"讯"，即向当地父老乡亲询问古迹、口碑；二是"寻"，即寻找遗迹、遗址；三是"考"即考证郡邑之沿革；四是"核"，即核实河流山川之名是否有误；五是"验"，即根据自己的考核来验古地图所载是否相符。朱思本还善于从前人的地理学著作中吸取有价值成果。潜心研读了魏郦道元的《水经注》、唐杜佑《通典》、唐李吉甫的《元和郡县志》、宋《元丰九域志》、元秘府的《大一统志》等有关地理的历史资料。然而，朱思本不满足于汉文资料的搜集，还注意利用藏文等少数民族地理著作，经常将藏文图书翻译成为汉文，是一位不折不扣的精通藏文的翻译家。此外，朱思本在裴秀、

青铜 短流圣水壶（元代）

贾耽的基础上重振了"计里画方"的绘图方法，先绘各地分图，再将分图合成长、宽各 7 尺的全图，标位、计程都相当准确，为前人所未及，是中国制图史上的杰作。

明嘉靖年间地理学家罗洪先有志重绘天下舆图，经过反复比较之后，发现朱思本的《舆地图》是他见到的地图中最正确、最可靠的地图，于是以朱图为基础，加以增补扩大，绘制了《广舆图》。朱思本对自己的《舆地图》也做了实事求是的评价。他虽然周游了全国许多地方，但实际上也只是到今天的华北、华东、中南地区，在当时的条件下，也不可能走遍东北、西北、西南各边远地区。所以对自己考察过的地方，他自信地说："其间河山绣错，城连径属，旁通正出，布置曲折，靡不精到。"对自己没有去过的"涨海之东南，沙漠之西北，诸番异域，虽朝贡时至，而辽绝罕稽，言之者既不能详，详者又未必可信，故于斯类，姑用阙如"。他不愿把可

玉尊（元代）

能不真实的内容绘入图中，因此可以说，该图的精确度和真实性远远超过前人所绘制的地图。同时这种科学态度堪称我国古代科学家的典范。

朱思本把毕生精力都奉献给了地理学事业。1322 年，朱思本调任江西玉隆万寿宫提点。泰定年间，吴全节曾召他去大都，显然有意让他成为自己的接班人。但朱思本仍然无意追求道官的高位，数年后重返江西玉隆宫，在那里过着隐居生活。约于元顺帝至元年间病逝。

朱思本的《舆地图》在资料的收集、选择，内容的表示以及数学基础的运用等方面都达到了前所未有的高度，为元明地图学的兴盛奠定了基础，并对以后的地图学产生了深远的影响。他是继裴秀、贾耽之后对我国地图学做出突出贡献的又一杰出学者。朱思本还编撰了卷帙浩繁的全国性地志《九域志》八十卷，内容丰富，知识广博，为我国方志学做出了贡献。朱思本的诗文成就也很高，有《贞一

话说元朝

斋诗文稿》行世。

◎ 回族科学家扎马鲁丁

　　扎马鲁丁，又译作札马鲁丁、扎马剌丁、札马剌丁，生卒年不详，是波斯裔回回人。他是13世纪杰出的科学家。

　　扎马鲁丁原是波斯马拉加天文学家，宋末元初时来到中国。元世祖继位初期任职于司天台。他依据伊斯兰教历法于1267年向皇帝进《万年历》，之后颁行天下，在元代一直为人民所采用。同年，在扎马鲁丁的建议下，元政府在大都（今北京）设观象台，并创制出7种天文仪器，用来观测天象和昼夜时刻。这7种仪器分别是：一、咱秃哈喇吉，汉译为浑天仪、多环仪，是用来观测太阳运行轨道的仪器；二、咱秃朔八台，汉译为方位仪，是观测星球方位的仪器；三、鲁哈麻亦凹只，汉译斜纬仪，是用来观测日影，定春分、秋分的仪器；四、鲁哈麻亦木思塔余，汉译平纬仪，观测日影，

定夏至、冬至的仪器；五、苦来亦撒马，汉译天球仪，或译为浑天图，即天文图像模型；六、苦来亦阿儿子，汉译为地球仪，这是我国第一架地球仪，在地学上体现了一个环球思想。七、兀剌都儿剌不定，汉译为观察仪，今译为星盘，是观察昼夜时刻的仪器。这些仪器设计巧妙新奇，准确精密，反映了回回天文学的研究达到了很高水平。

　　1271年，元世祖忽必烈在上都建立了回回司天台，将上述天文仪器安放在这里，并任命扎马鲁丁为提点，主要职责是用这些仪器来观测天象，以编制回回历。因此，这里也成了13—14世纪中国研究阿拉伯天文学的中心，对中国天文学的发展起了极大的推动作用。后来郭守敬编制更为先进的《授时历》时，也曾参考了回回历法，此外，札马鲁丁等人传入中国的《积尺诸家历》48部、《速瓦里可瓦乞必星纂》4部、《海牙剔穷历法段数》7

武士铜雕像（元代）

部等回回天文书，也是郭守敬的重要参考资料。即使有了新历法《授时历》，《回回历》仍然与之并行于天下。

1273年，扎马鲁丁又被任命为秘书监事。秘书监的主要职责是掌管皇家收藏的历代图籍和阴阳禁书、从事皇帝特命的撰述任务等等。而元代的司天台则因其工作也会涉及皇家机密，故也被划入秘书监管辖。在扎马鲁丁领导下的秘书监，引进了许多波斯文和阿拉伯文的天文学、数学、星占学等方面的图书、仪器，其中包括著名的欧几里得《几何原本》、托勒密《天文学大成》等著作，此外还有大量的阿拉伯地图等，因此，这里也成为当时中国与阿拉伯进行科学文化交流的中心。1287年，扎马鲁丁升任集贤大学士（相当于今天的科技部部长），官阶为从二品。集贤院掌"提调学校，征求隐贤，召集贤良。凡国子监、玄门道教、阴阳、祭祀、占卜、祭遁之事"。

除天文研究外，扎马鲁丁还大大推动了中国地图测绘技术的发展。之所以这样说，是因为1285年，忽必烈接受了扎马鲁丁提出的编纂全国地理图志的建议，在扎马鲁丁的领导下，经过15年的努力，完成了共计483册755卷本的全国地理图志，即著名的《元大一统志》，后又补充了云南、甘肃、辽阳等地，于1303年最终完成这一鸿篇巨著，共记1300卷（该书在后来的战乱中散佚）。当时，元王朝疆域广袤，横跨欧亚大陆，原有的宋、金、元地图难以满足统治及战争的需要，所以急需扩充西征疆域的资料。为此，扎马鲁丁以原来朝廷收藏的汉文地图为主，又添加了他从西域带来的大量地图资料。该项巨大工程不仅包括各个地域行省的地理资料，还包括历史地理沿革、风土人情等众多方面内容。《元大一统志》是我国古代编纂的第一部规模巨大的全国地理总志，其内容之翔实，卷帙之浩繁，前所未有，对元、明两代中国制图学产生了深远的影响。

扎马鲁丁等人传入中国的阿拉伯世界的学术文化也是非常广泛的，包括天文、数学、化学、力学、医药、地理、哲学等诸多方面，著作有《四擘算法段数》（数学书）、《忒毕医经》（医书）等。其中《四擘算法段数》15部，据考可能是欧几里德的《几何原本》15卷的最早汉文译本。还有《诸般算法段目仪式》（即《几何学书》）等典籍的传入，使中国数学在元代得以突飞猛进，填补了中国算学之一大空白。

话说元朝

第十章 发达的科学技术 〉 **375**

HSYC

话说元朝

人物印章（元代）

扎马鲁丁是把伊斯兰教天文历法较全面介绍给中国的第一人，对中西文化交流做出了重要贡献。这位杰出的科学家虽离世已600余年了，但他把一生都贡献给了中国的天文事业、图书馆事业和中国、波斯两国间的科学交流和友好合作，参与创立了回回民族文化，是一位孜孜以求、卓有建树的先行者，是永远值得我们追念的。

多才多艺的农学家——王祯

王祯不仅是元代出色的农学家，而且还是精巧农器的设计制造家、印刷技术的革新家，还是很有才气的诗人。

王祯是山东东平人，他生活在元朝前中期。王祯在名士孟祺等人的影响下开始接触农学，并编纂《农书》。1295年，王祯任宣州旌德县（今安徽旌德）县令，任职6年，后于1300年调任信州永丰县（今江西广丰）县令。他在旌德县令期间，一直过着极为俭朴的生活，从未搜刮过民财。不仅如此，他还捐出自己的部分薪俸，办学校、建坛庙、修桥梁、兴办了不少造福于民的公共事业。此外，他还兼施医药，救济穷苦有病的人，深受当地人民的称赞。

王祯为官，注重劝农兴桑，是积极发展农业生产的农学家。他认为地方行政官，就应该肩负起劝课农桑的责任，自己必须先要懂农业和农学。因此，他在做官期间不仅搜罗历代农书，孜孜研读，而且经常注意观察各地的农事操作和农业机具。此外，王祯有丰富的南北宦游经历，他的足迹遍及北方的燕赵、齐鲁、秦晋、江淮之地和南方的江浙、湖湘和皖赣等地，为他撰写农书奠定了坚实基础。

《王祯农书》大约是王祯在做旌德县令期间开始编写的，经过十几年时间，直到调任永丰县令后才完成，成书于1302年前后，1313年刻印发行。《王祯农书》在中国农学史上占有极为重要的地位，与《氾胜之书》《齐民要术》和《农政全书》共誉为是中国古代四大农书。故而王祯也被誉为是中国古代著名的四大农学家

之一，同汉代的氾胜之、北魏的贾思勰、明代的徐光启齐名。

《王祯农书》在中国农学史上占有极其重要的地位。他继承了前人在农学研究上所取得的成果，总结了元朝以前农业生产实践的丰富经验，全面系统地解释了广义农业生产所包括的内容和范围。原书共37卷，今本是清初编《四库全书》时，由《永乐大典》中辑出，编为22卷，约13万字。内容广博，规模宏大，体系完整，分《农桑通诀》《百谷谱》《农器图谱》三部分。《农桑通诀》可称之为农业总论，贯穿农本观念和天时、地利、人力共同决定农业生产的思想，概述了农业产生发展的历史，泛论农、林、牧、副、渔各业的技术和经验。《百谷谱》是农作物栽培各论，分门别类介绍了稻、麦、谷子等粮食作物和瓜、菜、果树的起源和品种，以及栽培、保护、收获、贮藏、利用等技术和方法，还包括林木、纤维、药材等的种植和利用。图文并茂的《农器图谱》占全书的五分之四，是此书最有特色和价值的部分。有200多幅插图，大部分是当时实物的写真，也有当时已失传的农械的分析复原图，涉及105种农具，介绍

石刻印经板（元代）

話說元朝

了手工业工具和生活用具的起源、构造、用法和工效。这是一部兼论南北的农学巨著，在古农书中是较少见的，因此，《王祯农书》是我国农学史上的一大贡献。

该书综合了黄河流域旱田耕作和江南水田耕作两方面的宝贵生产经验，注重农田水利、强调灌溉与航运、水力利用、水产等结合的水的综合利用。王祯利用图文并茂的表达形式，展示了我国古代农业生产器具方面的卓越成就，无论数量还是质量均属创举，后代农书和类书记述农具多以此为范本，并且为我们今天了解和研究我国古代农具发展情况，提供了极其珍贵的资料。

王祯在印刷技术上的革新，对中国和世界文化的发展和交流做出了重要贡献。王祯为了使他的农书能够早日出版，便在毕昇的胶泥活字印刷术基础上，进行了木活字的试验。就是

铁锈花罐（元代）

先在木板上刻好字，然后用细齿小锯把刻好字的木板，一块一块锯下来，再用锋利的刀子将锯下来的木板刻成正方形木活字，排印时再用竹片和木楔将木活字卡紧，印刷后拆下来，留待以后再用。这就是王祯在经过了很多次试验后，发明的木活字印刷术。

木活字印刷术大大节省了人力、物力和提高了印刷效率，他还发明了"转轮排字盘"，提高了拣字排版的工效。王祯将他创造木活字印刷术的实践经验写成《造活字印刷法》，收入了农书之中；这是世界上关于活字印刷术记载最早的文献。

王祯不愧是我国14世纪伟大的农学家，《王祯农书》也不愧是中国古代一部有很高科学价值的农业全书。王祯和他的农书在我国农学史上占有崇高的地位。尽管《王祯农书》有些唯心主义色彩和迷信落后观念，

但是它仍不失为我国古代农业科学的一份宝贵遗产。

彪炳史册的科学家——郭守敬

郭守敬的父母在他很小的时候就不幸去世了，是由祖父郭荣抚养长大的。郭荣是位读书人，通晓五经，熟谙数学、天文、水利等技术，他非常重视对郭守敬的培养。在郭守敬十二三岁时，拜祖父郭荣的好友刘秉忠和张文谦为师。刘、张二位是当时有名的大学问家，在他们的谆谆教导下，郭守敬在五经、天文、算学、长水利技术方面受益匪浅。

郭守敬在少年时期就显露出了不凡的科学才能。古代没有钟表之类的计时器，计时一般都是利用太阳或是沙漏、水漏这些工具，莲花漏就是这样一种计时器，是北宋科学家燕肃在古代漏壶的

基础上改进创制的。15岁的郭守敬无意之中得到了一幅《莲花漏图》。他对图样做了精细的研究，居然摸清了制作方法。这套器具的原理不是很浅显，结构也比较复杂，仅依据一幅图就想掌握莲花漏的原理和制造方法，对一般成年学者来说也还不是一件容易的事情。年仅十几岁的郭守敬居然把它弄得一清二楚，这就足以证明他的刻苦钻研能力和非凡的智慧。

郭守敬不仅在天文、历法方面有不凡的造诣，而且在地理、水利方面也有不俗的认识。郭守敬20岁那年，邢台城北的小河被泥沙淤塞，石桥也被埋没。郭守敬运用学到的知识，组织民工勘测地形、制订方案，很快就挖出了石桥，疏浚了河道，初显出他在工程设计和施工方面的才干。1262年，郭荣的好友、邢台籍的中书左丞张文谦向元世祖忽必烈推荐31岁的郭守敬主持水利，称赞他"习知水利，且巧思绝人"。忽必

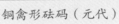

铜禽形砝码（元代）

话说元朝

烈很快就召见了郭守敬，使他得到了施展精明才干的宝贵机会。从此，郭守敬正式开始了他的水利、天文与测量生涯。1276 年，元世祖忽必烈命天文学家郭守敬主持制定一部新历法，以改变国家南北历法不统一和传统历法误差越来越大的弊端。郭守敬在接到任务之初到大都司天台察看了以前留下来的天文观测仪器，年久失修再加上战争的破坏，使这些本来就不精确的仪器根本就不能再用了。于是研制高精度仪器就成了当务之急，郭守敬利用自己丰富的学识，再加上刻苦钻研，3 年内就研制出简仪、仰仪、玲珑仪等 12 种新天文仪器，这些仪器的功能和精度都是大大超越了前人所制的。为了去外地使用，他还研制了便于携带的一系列仪器。

在编制新历法期间，郭守敬主持了全国规模的天文观测活动，在全国建立了 27 个天文观测点。主要进行了日影、北极出地高度（观察北极星的视线和地平面形成的夹角度数）、春分、秋分昼夜时刻的测定。测出的北极出地高度的平均误差只有 0.35。郭守敬还从 462 年到 1278 年近 900 年间的天文资料中选出 6 个比较准确的数据，经过运算，确定一回归年的长度是 365.2425 日。这个数据和当

郭守敬画像

今世界通用的公历（格里高利历）相同，但是却早了 3 个世纪。法国著名天文学家拉普拉斯（1749—1827 年）也承认，就以日至测影而论，在 13 世纪中叶，当以郭守敬的四丈高表的测量最为精确。郭守敬和其他的天文学家们艰苦奋斗，终于在 1280 年编成了这部历史上空前精确、空前先进的历法，根据古书上"授民以时"的命意，取名为《授时历》。用郭守敬自己的话说，《授时历》"考正者七事"，"创法者五事"。

从 1291 年开始，郭守敬将工作重

点转移到水利工作上，兼任都水监，负责发展北京地区的水运，修通惠河，解决北京水源问题等。其实早在1264年郭守敬就同张文谦一道去西夏（今甘肃、宁夏及内蒙古西部一带）兴修水利，做出了不小的贡献。在接手重修京杭运河后，郭守敬勘察了今山东西南的泗水、汶水、御河等主要河流，设计了京杭大运河山东段的河道线路，为运河的全面沟通奠定了基础。1289年，南起安山北抵临清、全长250里的会通河开凿成功，江南的漕船从此可以直达通州。单是开通会通河，漕运只能抵达通州，从通州到北京还得靠畜力拉送。这段旱路不仅效率低，而且耗费大。历代曾多次兴办水运，忽必烈也曾派人重新试验，然而大都地区西高东低、河道水量不足且含沙量大，结果均告失败。1291年，郭守敬在认真总结前人经验教训的基础上，经过苦心研究和精心设计，终于将京杭大运河全线沟通。工程完工时，适逢忽必烈从上都返回大都，他当即给这段运河取名为"通惠河"，并奖赏郭守敬。从此，内河船只可自

杭州北上1700多千米而直抵大都，整个运河初建时以漕运为主，迅速衍生为货运和客运并举，将海河、黄河、淮河、长江和钱塘江五大流域水运交通相互沟通，成为当时中国最重要的交通命脉，这就是著名的元代京杭大运河。

1316年，享年86岁的郭守敬因病去世。为了纪念这位伟大的天文水利学家，邢台市将最主要的一条街道

玉帽顶（元代）

命名为郭守敬大道，并在达活泉公园内建立了郭守敬纪念馆、郭守敬雕塑、观星台等。国际天文学会以他的名字为月球上的一座环形山命名和编号为2012号的小行星命名，以此表示世界人民对他的崇高敬意。

洋专家爱薛

爱薛是元朝初年入华的阿拉伯医学家、天文学家，是叙利亚西部操阿拉伯语的拂林人，他出身于基督教聂斯托里派教徒世家，祖父不阿里，父亲不鲁麻失是当时著名天文学家。爱薛从小聪明好学，后来继承家学，不仅通晓阿拉伯语、古叙利亚语和蒙古语等多种西域语言，还擅长星历、医药之术。13世纪中叶来华，倍受世祖忽必烈的重视和厚待，先后官至秘书监卿、崇福寺使、翰林学士承旨和平章政事，死后追封拂林王。

铜墨斗（元代）

爱薛的一生对中国和阿拉伯世界的科学文化交流，对元朝的天文历法、医学事业发展都有杰出的贡献。

1246年，叙利亚聂思脱里教派长老审温列边阿答东来参加定宗贵由的即位大典，盛赞不鲁麻失的才能。蒙哥汗的母亲唆鲁禾贴尼笃信基督教，于是奏请贵由汗遣使邀请不鲁麻失，不鲁麻失却以年事已高推辞，当时儿子爱薛已经继承了家学，并且熟练掌握西域多种语言，还专长天文、医药学，于是爱薛代替年迈的父亲应召来到哈喇和林，入侍贵由汗及唆鲁禾贴尼母子。不久，爱薛迎娶了唆鲁禾帖尼同族侍女为妻，故而深为蒙哥家族所信任。

爱薛精通阿拉伯天文、历法和医学，是一位出色的科学家，而且爱薛性格耿直，经常"直言进谏"，参与了不少当时国家大政的处理，因此深受忽必烈的重视。忽必烈即位以后，爱薛建议设立西域星历、医药专署。忽必烈接纳了他的建议，便在1263年设立西域星历司、医药司，并且任命爱薛专管西域星历、医药二司。1273年，爱薛创立的京师医药院改为广惠司，仍由他主持，在他主持期间曾多次为有残疾的穷苦人免费治病施药。1287年，爱薛被任命为秘书监卿，掌历代图籍和阴阳禁书。1289年，置崇福司，爱薛兼崇福司使，专管全国也里可温基督教徒等事。

爱薛不仅管理科学、医药事业，而且凭借忽必烈的宠幸，敢于主持正义，参与政治斗争。1276年，丞相伯颜灭南宋，班师回朝，权势盛极一时，因而受到政敌的诽谤和攻击。爱薛反而站在伯颜一边，勇敢地在忽必烈面前为他的功绩辩解，伯颜的声誉才得以保全。爱薛政治生涯中的另一件大事，是1283年以怯里马赤（译员）的身份奉命伴随孛罗丞相出使伊利汗国，进见伊利汗阿鲁浑。1285年丞相孛罗被阿鲁浑留用。爱薛为复命东归，备尝艰险，历时两年才返回大都，把阿鲁浑汗的赠礼奉献给忽必烈。因此忽必烈对他倍加器重。

1294年，元成宗铁穆尔即位后，仍然对爱薛十分信任，加封他翰林学士承旨，兼修国史。1297年，又授予爱薛平章政事的要职。武宗即位，爱薛封爵秦国公。1308年，爱薛卒于大都私宅。1312年，仁宗追封他为拂林王，谥号忠献。爱薛子孙多继承家学，分掌宗教、文字、星历、医药的各种部门，如崇福司、翰林国史院，司天台和广惠司等部门的任职官员。

爱薛的一生，是为科学奉献的一生。爱薛在马拉格研究天体物理和历法的国际协作中占有显著的地位。在马拉格进行的天文、历法和数学等各个方面的科学研究中，爱薛留下了14种阿拉伯语科学著作。因此他的全部著作都成了马拉格的宝贵财富。爱薛在马拉格发表的这些著作和参与的科学研究活动可分5个方面：一是几何和三角。他写了颇具创新意义的《算弧三角法》著作，提出了不同于纳速剌丁·杜西的求证球面直角三角形正弦定理，后来被推广到其他三角形的求证。二是希腊经典著作的编选，共有欧几里得、阿波罗涅斯、齐奥多息斯、曼尼劳斯和拖雷美五种。三是历法。《中国和维吾尔的历法》是一份对于中国和中亚维吾尔历法的具有代表性的总结，也是第一部对中国历法作了系统介绍的阿拉伯文著作。四是占星术，共有6种，分别是《实用阴鹭入门》《星书》《十二宫行星会合考》《天体积年指断》《杂札》《历算宝鉴》。五是观星仪的研制，代表作星仪平议。

尤其重要的是，爱薛在介绍和传

播希腊、阿拉伯天文知识，努力沟通中西文化方面，更是中国学术界的一名急先锋。爱薛由于他长期居住中国，更以他精深的阿拉伯天文学知识，丰富了中国的天文科学，并且促使元朝在改革历法方面迈出了划时代的一步。后来郭守敬编《授时历》、推算天方计算方法、研制和改进各种天文仪器都是在爱薛的天文学成果的雄厚基石上完成的。

爱薛是一个对中国和阿拉伯世界进行文化交流、科学协作开创新局面的杰出代表。他以身体力行的科学实践，为推动世界科学事业的发展树立了光辉的榜样。

◉尼泊尔的工艺家——阿尼哥

阿尼哥又译作阿尔尼格，尼波罗国（今尼泊尔王国）人。阿尼哥幼年时开始学习梵文和工艺制造技术，十分擅长雕像和建造佛塔。1260年，元世祖忽必烈请八思巴在吐蕃造黄金塔，考虑到尼波罗国有优秀的工匠，于是发诏书征召有才能的工匠入吐蕃建塔。尼波罗国在全国范围内搜罗了80名能工巧匠，可是如此庞大的队伍要跨越国界到另一个国度去，自然少

不了推选一位领导者，这时阿尼哥毛遂自荐，自请任之，而此时的他只有17岁。在阿尼哥的带领下，这批异域来的工匠到达吐蕃后就开始了筑塔工作，八思巴被任命监领这一工程。两年后黄金塔完工，阿尼哥请求回国，但是八思巴十分欣赏他，认为他是一个奇才，于是便劝说他入朝面见圣上，经过深思熟虑后，阿尼哥最终同意。八思巴为其削发，收为弟子，将秘典传授于他，并且将其推荐给了朝廷。阿尼哥到京城后，受到世祖的召见。

青白釉瓶（元代）

面圣时世祖问阿尼哥为什么来到中国？阿尼哥回答说："我是特意为苍生而来的。"世祖龙颜大悦，又问他有何能耐，阿尼哥谦虚地回答说："我以自己的心为老师，只是粗略地知道一些绘画、雕塑的技艺而已"。世祖为检验其才能，于是命阿尼哥修葺一尊针灸铜人像，这是窝阔台时王檝出使南宋的时候得到的，关鬲脉络皆备，只是由于年久被损坏了，元朝的工匠都不敢修补。阿尼哥凭借自己高超的技艺，终于在1265年补成，元朝的工匠们都赞叹不已，对这位异域的工艺家佩服不已，阿尼哥也由此受到了世祖的重用，开始被委任办理重要工程事项。1273年，元政府设置了诸色人匠总管府，授予阿尼哥匠人总管和银章虎符，统管18个四品以下司局。那时阿尼哥的妻子仍然在尼波罗国生活，察必皇后派遣使者前去看望并赐予了大量黄金。1275年，世祖派遣使者拿着500两黄金前往尼波罗迎接他的妻子到元大都。1277年，世祖下诏令阿尼哥还俗，授光禄大夫、大司徒，兼领将作院事，还将南宋景献太子孙女许配给他，并赐景献太子所有之府库田宅。1278年，阿尼哥因建成圣寿万安寺塔，世祖赐其京畿良田15000亩、农夫百人及牛具等物。

青铜盖罐（元代）

阿尼哥在中国生活了45年，设计并主持建造了大寺庙9座、佛塔3座、祀祠2座、道宫1座。元大都、上都各大寺、祠、观的塑像也多出自阿尼哥之手，但是阿尼哥最辉煌的杰作当属大都圣寿万安寺（今北京白塔寺）白塔（释迦舍利灵通之塔），该塔仿自尼波罗塔式，坐落在北京阜成门内大街路北，建于1271年，高50.9米，砖造，塔基上建二重复合式方形折角须弥座，其上为覆莲承托之圆瓶形硕大塔身，塔颈作圆锥形相轮状，顶端华盖直径9.9米，其周边悬挂36个铜质透雕之流苏和风铃，其上之塔顶为一铜质小塔（原为一宝瓶）。因塔座、塔身通体用石灰粉妆，故俗称"白塔"。这座阿尼哥精心设计的白塔，是按照尼泊尔当时最流行的塔式建造的，因此白塔凝聚着中尼两国人民的深情厚谊，是中尼两国人民共同辛勤劳动的结晶，同时也是中尼两国友好关系源远流长的见证。

阿尼哥巧思绝人，凡塔庙之建筑，像设之铸镂、雕塑或绘织以及其余器物之铸造刻镂，无不精湛。著名者如西园之"凌空"玉塔、大圣寿万安寺塔（今北京白塔寺之白塔），五台山佛塔，大都护国仁王寺之庄严佛像，涿州护国寺及所塑摩诃葛剌（大黑天神）主从之像，大都东花园寺所铸丈六金身佛像，圣寿万宁寺所塑千手千眼菩萨及所铸五方如来，大都和上都国学文庙所祀之孔夫子及十哲肖像，元世祖和察必皇后之织像，真金和其长妃阔阔真之织像等。此外还先后铸成内廷之大鹏金翅雕和尚酤巨瓮；制造了镔铁自运法轮，元世祖行幸时用于前导；又创浑天仪及其他司天器物。

此外，阿尼哥为藏传佛教在内地传播、为汉、蒙古、藏各族美术的融合、为中国与尼泊尔两国文化的交流做出了重要贡献。他不仅创作题材广泛、艺术精湛、风格迥异的宗教作品，而且培养了大量杰出的建筑人才，如刘元等人就拜师于他，对后世影响极大。他在元朝迭受统治者的崇高待遇，为中国修建佛教建筑立下了汗马功劳。后来被尼泊尔人民尊称为"民族英雄"。1306年，阿尼哥病卒于大都。1311年，加赠开府仪同三司、太师、凉国公，谥敏慧。阿尼哥去世后被赐封为凉国敏惠公。

献三皇庙铜簠爵器（元代）

第十一章
交通中外的使者

🔘《拂郎国贡马图》：世存唯一外国使者拜谒元代皇帝画卷

拂郎人与蒙古人的交往始于元初。1261年，拂郎国派使者万里迢迢来到开平府拜见忽必烈。

元顺帝时，拂郎国使者再次抵达上都。1336年，元顺帝派遣留住在中国的拂郎人安德烈等15人回访欧洲，并致书罗马教皇。罗马教皇应约派以马黎诺里为首的数十人的使团，于1342年7月抵达元上都，元顺帝在上都慈仁殿会见了来使。马黎诺里呈上了教皇的信件，并献上一匹欧洲名马。元惠宗收阅了教皇的来信，命宫廷画师周朗将此次会见情景如实予以描绘，这就是《拂郎国贡马图》。在画卷中我们可以看到元顺帝以及拂郎国使者和养马师、欧洲名马等。这幅画现藏于北京故宫博物院，是现存的唯一一幅元朝皇帝在上都接见欧洲使者的画作。画中的人物、服饰、马匹、题记等，都是研究元代对外关系史和元代宫廷文化的重要资料。

元代著名学者王恽在《秋涧集·中堂事记》中记载："中统二年五月七日，是日，发郎国遣人来献卉服诸物。其使自本土达上都，已踰三年。说其国在回纥极西徼，常昼不夜。野鼠出

日月贺兰山石砚（元代）

HSYC

话说元朝

穴，乃是入夕。人死，众竭诚吁天，间有苏者。蝇蚋悉自木出。妇人颇妍美，男子例碧眼黄发。"通过该记载可知拂郎国具有以下特征：一、方位，"在回纥极西微"；二、道路，"自本土达上都，已踰三年"；三、该国居民，"妇人颇妍美，男子例碧眼黄髪"。

据此推断，拂郎国位于北极地区，距离元上都非常遥远。此外，该国人"妇人颇妍美，男子例碧眼黄髪"，与这些条件相符的北欧国家应当为古芬兰国。"芬兰"与"拂郎"同音异字。只有芬兰国，才具有北极的生态特征和居民的种族差异。使者们东来的路线，应当循北冰洋沿岸，自挪威北部经科拉、卡宁、亚马尔等半岛，至今叶尼塞河口，遵岸南行，由支流安加拉河入贝加尔湖，溯色楞格河至中游，再穿越蒙古高原、进入内蒙古而至滦河上游的元上都。这条路线即使对今天的人们而言，如果没有飞行工具，

双龙纹鎏金银项饰（元代）

其困难的程度也超乎想象。

《拂郎国贡马图》如同宫廷摄影的画卷，真实地再现了600多年前北欧芬兰国与中国友好往来的历史。尤为珍贵的是，画师还在画卷处题写了长篇跋文，通过元人在这幅画上的题记，不但可知元惠宗与芬兰国使者及意大利人在上都的一段友好交流佳话，而且对元廷画家周朗以及当时人对世界的认识的情况有所了解。

劳伦斯出使大蒙古国

劳伦斯是历史上第一位访问大蒙古国的葡萄牙人，他出访的时间为公元1245—1247年，比意大利旅行家马可·波罗早26年。

劳伦斯是罗马天主教圣方济各会修士。关于他的个人品德，在1245年罗马教皇英诺森四世写给蒙古大汗的信中，有着极高的评价和介绍："我

们认为把我们钟爱的儿子葡萄牙人劳伦斯修士及其方济各会的同伴们派到你处是合适的，他们即是致送这封信的人，他们有非凡的宗教精神，德行高洁，精通《圣经》知识。"在另一封信中，教皇也高度赞扬了劳伦斯，并希望蒙古皇帝能够和善地接待他们，并提供归途中的物品和一份护照。这两封信的拉丁文底稿，至今收藏在罗马教皇的档案馆。

劳伦斯及其同伴的出访收获重大：一是将教皇英诺森四世的两封信呈送到蒙古大汗贵由手中，转达了教皇与大蒙古国和平的愿望；二是应邀出席了贵由汗的登基典礼，并受到友好的接待；三是返回复命后，由同行者意大利人约翰·普兰诺·加宾尼执笔，写出了出使报告，对于大蒙古国的繁荣景象和民风民俗予以详尽描述，成为西方人第一部令人信服的蒙古史著作；四是带回来蒙古大汗贵由给英诺森四世的回信（此信至今收藏于梵蒂冈教皇档案馆）。

劳伦斯的出使及使团的报告，首次沟通了西欧与大蒙古国的联系，并使西方人得以全面了解神秘而遥远的蒙古和东方世界，为人类的和平与进步事业做出了伟大的贡献。由于交通不便，关山万里以及严酷的气候环境，

劳伦斯一行的出使，是一次充满了艰辛的漫长旅行。

这次旅行的时代背景是这样的。1206 年，大蒙古国崛起于蒙古高原。1219 年，成吉思汗为报复中亚花剌子模王国杀害其商人、侮辱其使者的行为，开始第一次西征。很快，就将花剌子模摧毁。许多城市被夷平，无数居民遭到杀戮。在西征中，成吉思汗又派军队攻入俄罗斯南部，大败俄罗斯大公们组成的联合部队。

1227 年，成吉思汗逝世后，蒙古军队又于 1236 年和 1240 年，相继发动第二次和第三次大规模的西征，以

三足黄釉香炉（元代）

HSYG

话说元朝

铁磬（元代）

督教世界已被分裂为二。1241 年 12 月，成吉思汗的继承者窝阔台汗突然去世。如果一旦汗位继承问题解决后，没有任何力量可以阻止蒙古人向西方猛攻。

新任教皇英诺森四世充分认识到形势的严峻，他于 1245 年派出劳伦斯为首的使团，以避免西欧所面临的危险。他在写给蒙古大汗的两封信中，希望蒙古停止对西方的进攻，以免引发更残酷的战争。虽然蒙古窝阔台的继承人贵由在回书中以强硬的口吻严厉拒绝了教皇的请求，但由于种种原因，大蒙古国此后停止了西征，并且对教皇的使者予以尊敬和礼遇。因为蒙古人也希望与西欧建立联系。此后，教皇又陆续派出数批使者，大蒙古国也于 1247 年派使者薛儿吉思回访，并于次年即 1248 年在意大利受到教皇英诺森四世的接见。1266 年，忽必烈派遣来华的马可·波罗的叔父们前往罗马，请教皇遣送 100 个学识渊博的人前来。这些人须虔诚信奉基督教，并通晓学艺。从此，元朝与西欧保持着友好和密切的关系，并且通过金帐汗国和海路交通，使中国的指南针、火药、印刷术、

摧枯拉朽的力量，将莫斯科、基辅、波兰、匈牙利和奥地利攻占了。西欧各国君主在蒙古骑兵的猛烈进攻面前极为恐慌，他们将成吉思汗及其后继者称为"上帝之鞭"和"世界征服者"，深感无力与之相抗衡，于是便纷纷请求罗马教皇帮助纾难。不幸的是，在这个时刻，由于神圣罗马帝国皇帝腓特烈二世和教皇之间的战争，西方基

造纸术及纸币等科学文明,陆续传到西欧。与此同时,西欧的使者、商人和传教士,也沿着成吉思汗开通的欧亚交通大道和驿站,陆续前往中国,进一步促进了东西方文明的交流。

◎景教僧侣——列边·扫马与马忽思

列边·扫马与马忽思,是元朝初年有名的景教僧侣。

列边是叙利亚文"老师"的意思,扫马和马忽思是汪古部人的名字。扫马是元朝大都人,马忽思是边镇东胜州(今呼和浩特托克托县)人。因为扫马在京城修道很有影响,马忽思就闻名前去拜访,交谈当中发现,马忽思的教业水平更高。两人一见如故、相见恨晚,便决定结伴西行,去耶路撒冷朝圣。

1275年,经过忽必烈下达圣旨,颁发牌符(通行证和介绍信),两人从大都随商队西行,经中亚抵达西亚的伊利汗国,拜见了景教总主教马儿·典合。他们来自遥远

刻万字纹高足杯(元代)

的东方又精通景教,特别是马忽思谈吐不凡,令总主教十分惊喜,便为他改名为雅八·阿罗诃,任命他为掌管元大都和汪古部景教事务的总主教。同时,任命扫马为巡视总监,先返回东方草原。不料,伊利汗国恰与察合台汗国爆发战争,扫马不能回国。到了1281年,总主教马儿·典合去世,马忽思意外地被各地的主教一致推举成为景教新任的总主教,被尊为雅八·阿罗诃三世。此后,他就留在了伊利汗国的报答(今伊拉克首都巴格达),再也没有返回阴山以南的东胜州。

1287年,列边·扫马奉伊利汗国大汗阿鲁浑之命,出使意大利、法国和英国,向教皇和英法国王表示联盟的意愿。扫马不辱使命,历经两年,分别拜见了教皇尼古拉斯四世、法王腓力四世和英王爱德华一世,递交了阿鲁浑汗的礼品和信件。教皇和英法国王都表示了愿与伊利汗国结盟的意愿,并且给阿鲁浑汗复了信,回赠了礼物。

列边·扫马完成使命

HSYC

話說元朝

后，受到了阿鲁浑汗的嘉奖，为他在桃里寺（今伊朗大不里士）和蔑拉合（伊利汗国首都，今伊朗阿塞拜疆马腊格）分别建筑了宏伟的景教堂。但

黑釉"葡萄酒"瓶（元代）

是，扫马不愿意单独居住，于1293年来到老朋友马忽思身边，辅佐雅八·阿罗诃三世办理教务。后来，这两位老友先后去世，被埋葬在一起。

列边·扫马和马忽思这对朋友，青年时结伴西行，向西亚和西欧带去了蒙古汗国和元朝的信息与问候，促进了东西方之间的联系，获得了巨大的荣誉和地位。他们年老以后又在一起直至在异国他乡先后谢世。两人的友谊和事迹由列边·扫马详细地用波斯文记载下来，又被叙利亚人写成了《教长马儿·雅八·阿罗诃和巡视总监列边·扫马传》，一直在西亚人民当中传颂。这为我们研究中西方文化交流史，提供了珍贵的文献资料。

🔘 意大利旅行家的蒙古之旅——鄂多利克和他的《游记》

继马可·波罗之后，元代还有一位从意大利来的旅行家，他就是鄂多利克。他的《游记》是了解和研究元代历史的珍贵史料。

鄂多利克于1265年生于意大利，从少年时起进入乌丁修道院，成为圣方济会修士。1314年，罗马教廷决定派人去中国了解宗教活动情况，年近半百的鄂多利克毅然应召。他乘船从

威尼斯港启程，历经10年航行，终于于1324年在广州港登陆。鄂多利克在《游记》里说广州的居民是"天生的商人和工艺师"。从广州北上，鄂多利克到了杭州，他称"杭州是世界上最大最美的城市，它如同我们的威尼斯一样，处在两个大湖、几条运河及许多池塘之间"。鄂多利克在杭州还记述了见到当地妇女缠小足，富贵人家喜欢留长指甲等现象。他的《游记》里还说杭州居住着汉族、蒙古族、佛教徒、景教徒、穆斯林等等。他十分钦佩元朝政府统治各民族的方法，他说："那样多的互不相同的种族能够和平地居住在一起，受同一个政权的管理，我觉得这实在是世界上最大的奇迹之一。"

鄂多利克从杭州继续北上，途经金陵、扬州、济宁，最后达到了元朝首都——大都。他在大都生活了3年，其游记中用很多篇幅描述了大都的情况。他记述元朝宫廷由两层围墙环绕着，外面一层至少有6.5千米长。大

花瓣形单耳金杯（元代）

汗及其家庭成员居住在第二层围墙里。

鄂多利克还生动地记述了皇帝行围狩猎的情景。他说，大汗经常在离京城约20日程的皇家森林中举行大规模的围猎。在围猎时，大汗高坐于大象背上，周围是骑骏马的蒙古王公，他们纷纷射出涂有各种颜色的箭。这时，"野兽的嗥叫和猎狗的吠声混在一起，加上人的呐喊声，马的奔驰声，是如此喧嚣，几乎使人震耳欲聋"。

1328年，鄂多利克离开大都向西游历。他首先到达东胜州，然后又游历了山西、陕西、甘肃和四川等地，最后到达了"世界屋脊"西藏。漫游中国之后，鄂多利克循着丝绸之路从陆路返回欧洲。1330年5月，他回到阔别16年之久的威尼斯。返回故乡后，鄂多利克将自己的经历口述下来，由他人笔录成书。1331年1月14日，鄂多利克因旅途劳倦，积劳成疾，在乌丁修道院逝世，享年67岁。

话说元朝

中外交通专题之一——蒙元时期的草原丝绸之路

13世纪以前，蒙古人大体分为草原南部从事畜牧业的游牧部落，北部森林地带从事渔猎业的"林木中百姓"。从10世纪起，游牧在东西伯利亚贝加尔湖以东、额尔古纳河流域森林、草原地带的蒙古人，"不与契丹争战，惟以牛、羊、驼、马、皮、氄之物与契丹为交易。"同时他们还与西夏、女真和中原的商人进行交易。

蒙元时期，蒙古骑兵在成吉思汗及其子孙的率领下横扫欧亚大陆，建立了地域辽阔的蒙古帝国。忽必烈时期又将中原汉地纳入大一统帝国之内，传统的几条丝绸之路全部被纳入整个帝国的管理体系，使得中西文化交流非常活跃，丝绸之路呈现出空前繁荣的景象。

蒙古统治者从多年的征战中认识到，要想使这个横跨欧亚的大帝国保持正常运转，交通运输的便捷和信息传递的快速畅通是必不可少的。成吉思汗时期，"乃为地方行旅谋安，转诸大道中置卫士"，以保护往来商贾贸易畅通和财物的安全。1203年，有阿三等穆斯林商人，自汪古部处携有羯羊一千、白驼一个，来额尔古纳河蒙古部易貂鼠、青鼠（皮）。1217年，来自中亚花剌子模城"有摩诃末臣民三人，皆穆斯林，运载绢布入蒙古境"贸易后，追其将返回时"成吉思汗令其诸王、诸那颜、诸将等各出私货，遣信仆一两辈，随以往，购易花剌子模珍产"。他组织的商队"有约四百五十人，皆穆斯林也"，前往中亚地区为其进行交易。

蒙元帝国在欧亚草原上设立了大量的驿站，"北方立站，帖里干、木林、纳怜等一百一十九站"，其目的是"盖以通达边情，布宣号令"，但在客观上却对古已有之的草原丝绸之路起到了加强联系、促进沟通的重要作用。四通八达的驿站极大地促进了东西陆路交通的发展，保证了丝绸之路的畅通。有元一代，各路驿站始终处于政

南瓜形铜香薰炉（元代）

府的有效管辖之下，政府对驿站和驿道时时维护，并提供充足的财力、人力保障，使往来的行人安全得到保证。正如《元史·兵志》"站赤"条所说："于是往来之使，止则有馆舍，顿则有供帐，饥则有饮食。"从中亚、欧洲来到中国的漫长路途上，使者和商人日夜通行都能够保证安

白釉剔花玉壶春瓶（元代）

全，这在许多中外游记文献中均有记述。

蒙古时代草原丝绸之路路线主要有如下几条：以大都（今北京市）为起点，向北至上都（今内蒙古锡林郭勒盟正蓝旗境内），从上都分出三条道路，一条向东北至辽阳行省各地；一条向西经过丰州、东胜州，沿黄河河套折向南至甘肃河西走廊；一条从上都或经亦集乃路折向北进入漠北戈壁，或自丰州地区向北过汪古部地界进入漠北戈壁，这两条路均直达岭北

行省哈喇和林，从哈喇和林继续向西经过天山以北，通往中亚、西亚和欧洲。

蒙元帝国的上都和大都，成为各国使者、商队往来会聚之地，极为繁华。1245年，罗马教皇英诺森四世派遣方济各会修士约翰·普兰诺·加宾尼为首，出使蒙古汗廷。加宾尼一行人于1246年进入钦察草原，首先来到了钦察汗国拔都的营帐，之后穿过钦察草原，从里海、咸海北面的也的里河（今伏尔加河）、押亦河（今乌拉尔河）流域通过中亚，穿过锡尔河北部、巴尔喀什湖南部、察合台汗国辖地，向东翻阅阿尔泰山，到达大蒙古国当时的都城哈喇和林。此外，1253年自东罗马帝国出发的方济各会士鲁布鲁克和不久之后欲到东方觐见蒙古大汗的小亚美尼亚国王海屯，均沿着草原丝绸之路的北线来到了蒙古草原中心的哈喇和林。

蒙元时期的草原丝绸之路交通路线可以通过当时著名的旅行家马可·波罗的来华路线得到很好的证明。1271年，马可·波罗及其父亲、叔父一行3人从意大利威尼斯出发，进入中亚以后，转经丝绸之路的南道进入河西走廊，考察了亦集乃路，又折回，转经河套进入天德并继续向东行进，于1275年到达上都觐见了元世祖忽

马可·波罗画像

必烈。1295 年，马可·波罗返回威尼斯，后著《马可·波罗游记》，此书详细记载了马可·波罗入华的情况，尤其是对草原丝绸之路沿线的风土人情、历史地理等情况进行了详细的记述。

1318 年，意大利圣方济各会修士鄂多立克离开欧洲向东行，花费了十余年游历了东方诸国，回去以后将自己的经历与见闻口述，由一位叫作威廉的教士笔录下来，书名为《鄂多立克东游录》。他首先从威尼斯乘船过黑海海峡游历西亚、南亚诸国，辗转于 1328 年来到中国南海广州登陆，然后他一路北上到达大都，3 年后启程归国。其归国行程从大都出发，向西北经过上都地区进入东胜州，沿着黄河一线折向西南，从中兴府（今银川）进入河西走廊，向西经新疆、青藏高原地区，最后通过中亚、波斯回到意大利，可见其回程部分路线走的是草原丝绸之路。

当时不仅有从欧洲来华的外国旅行家，中国这边也有不少西行之人，较为著名并留下文字记载的主要有耶律楚材、丘处机、乌古孙仲端、常德、列边·扫马等。

耶律楚材是蒙元时代非常著名的契丹族政治家、文士。1218 年，成吉思汗将其请至漠北行宫，处之左右以备顾问。1219 年，成吉思汗西征，耶律楚材奉命跟从，后又随之东归。此次西行，耶律楚材在中亚留居长达 6 年，行程 6 万里。自 1218 年 3 月始，耶律楚材的行程路线大致如下：自永安出发，过居庸关，经武川，出云中（今大同），向北行进到达天山北面成吉思汗营地。第二年（1219年）随军西进越过阿尔泰山，过瀚海，经轮台、和州（即古高昌），更西行经阿里马、虎思斡鲁朵、塔刺思、讹打刺、撒马尔罕，到达花刺子模国首府今布哈拉。耶律楚材返回中原后写成《西游录》，记录了西行沿途的路线、地理风物等情况。

金元之际道教的丘处机曾受成吉思汗的邀请，自中原远赴西域，为成吉思汗讲经说法。丘处机一行的往返路线，基本是沿着草原丝绸之路而行。其西行路线如下：从今山东蓬莱出发，至北京，出居庸关，北上至克鲁伦河畔折向西行，至今蒙古的哈拉乌斯及哈拉湖南岸，再向西南过阿尔泰山，越过准噶尔盆地，至赛里木湖东岸，再南下经过中亚，到达兴都库什山西北坡之八鲁湾。东归时，经新疆霍城县，向东至昌吉，经吉木萨尔北

上，过乌伦古河，至镇海城。此后，再向东至阴山丰州城，过大同，到达河北宣化。《长春真人西游记》翔实地记录了从山东登州直至阿富汗兴都库什山的沿途见闻，对于途经的山川道里记录甚详。

成吉思汗西征时，木华黎率军继续进攻金国。1220年，金宣宗派安延珍与乌古孙仲端出使蒙古求和，来到木华黎处，安延珍留驻，乌古孙仲端继续西行至中亚谒见成吉思汗，结果求和未成，乌古孙仲端于第二年返回中原汴京。乌古孙仲端回来以后，将远赴中亚的见闻口述给太学生刘祁，撰成《北使记》。

常德，字仁卿，生平无详载。他曾于1259年奉蒙哥汗之命从漠北哈喇和林出发，远赴西亚觐见旭烈兀。次年冬返回哈喇和林复命，往返共花费14个月。他此次西行的沿途见闻由河北真定人刘郁记录成书，即《西使记》。

铁锈花双系草叶盘口瓶（元代）

常德所走路线大致是从哈喇和林向西越过杭爱山、阿尔泰山，再经新疆境内进入中亚地区，然后再至西亚，同样是沿着草原丝绸之路而行。

景教徒列边·扫马和马忽思一同赴耶律撒冷朝圣。1278年，两人从大都出发，沿大都至上都的主干驿道西行至东胜州，沿黄河河套一带折向西南经过中兴府进入河西走廊，再向西进入西域、中亚地区，辗转伊利汗国最后来到耶路撒冷。

蒙元时期通过草原丝绸之路开展的东西经济文化交流的实物证据非常丰富。例如，在亦集乃路故址额济纳旗黑城南墙外侧，保存有元代清真寺遗址；在乌兰察布明水墓地中，出土有纳石失辫线锦袍和绣有狮身人面像的刺绣图案；在赤峰地区发现元代伊斯兰教墓顶石和景教徒瓷质墓碑；在包头燕家梁遗址、赤峰翁牛特旗等地发现的元代青花瓷器，所使用的青花颜料为西方产品。蒙古时代的四大汗国中的钦察汗国、伊利汗国均位于中西亚和东欧，在那里进行的考古发掘也能够证明当时存在着非常频繁的物质文化交流。例如，从俄罗斯考古学家在钦察汗国境内的考古发掘来看，在新、老萨莱城曾有大量中国商品，如绸缎服装、经过装饰加工的青铜器、古钱币、青花瓷器、磁州窑系褐瓷器

大铁锅（元代）

等。

元上都城内的西关，是各国商人进行交易的地方，也是当时北方草原地区的商业中心。虞集《贺丞相墓志铭》中记载上都的繁荣景象："（上都）自谷粟布帛。以至纤靡奇异之物，皆自远至。官府需用百端，而吏得以取具无阙者，则商贾之资也。" 在元朝，外国使者、旅行家、商人、教士等经常来中国访问，草原上的元上都留下了他们的足迹。如拂郎国的使者于1261年在开平朝见忽必烈；元顺帝时期，拂郎国人再次到达上都；1336年，元顺帝派遣拂郎国人安德烈及其他15人出使欧洲，致书罗马教皇，教皇又派遣马黎诺里等人到元上都谒见元顺帝，并呈献罗马教皇的回信和礼物。

明初，北元蒙古诸部虽退居北方草原，但部分蒙古部落与西域的帖木儿汗国仍保持着联系。帖木儿汗国商人经常来到漠北地区

经商，也有蒙古贵族迁往帖木儿汗国的撒马尔罕居住。如1388年，明军在捕鱼儿海战役中俘获的撒马尔罕商人就有数百名，后遣官护归撒马尔罕。《明太祖实录》记载，明太祖朱元璋遣官致书"谕别失八里王黑的儿火者曰：'惟元臣蛮子、哈喇章等尚率残兵于近塞生衅寇边为生民之巨害，遣兵致讨，势不容已。兵至捕鱼儿海，故元诸王、驸马及其部属悉来降附，其间有称自撒马儿罕等处来贸易者，凡数百人，遣使送归本国，今三年矣。使者归尔别失八里，王即遣使来贡，朕甚嘉焉'。" 1390年，"遣鞑靼亲王六十户，住居撒马儿罕之地，给钞为道里费，五口以上五十锭，三口、四口三十锭，一口、二口二十锭"。1391年，"又有故元鞑靼王子伯颜忽都十九人，自西域撒马尔罕来朝，贡马五十二匹"。

蒙元时期，以教会和宫廷使节、商人为主的旅行者不仅像征战的蒙古军队一样，不断

花鸟纹罗地执扇（辽代）

元代商贸图（一）

可·波罗得知了释迦牟尼这个名字，北京有了天主教的总教主。……从蒙古人的传播文化这一点说，差不多和罗马人传播文化一样有益。对于世界的贡献，只有好望角的发现和美洲的发现，才能够在这一点上与之比拟。……在蒙古人造成的废墟上，通过了蒙古人的道路。"

证实和探索丝绸之路更便捷的路线，而且大大加强了东西方国家与人民的相互联系、相互沟通和相互了解，有力地促进了它们之间的经济与文化交流。因此蒙古统治亚欧大陆期间，既是丝绸之路探索旅行的高峰期，也是沿丝绸之路开展的东西方交流的一个高峰期。　正如法国史学家格鲁塞在《蒙古帝国史》中说："蒙古人几乎将亚洲全部联合起来，开辟了洲际的通路，便利了中国和波斯的接触，以及基督教和远东的接触。中国的绘画和波斯的绘画彼此相识并交流。马

元代商贸图（二）

HSYC

话说元朝

1206—1399 年元朝年号与皇帝（大汗）对照年表

元朝年号与皇帝(大汗)对照年表

年　号	时间	皇　帝	备　注
太祖元年	1206	成吉思汗(元太祖)	大蒙古国建立。
太祖二年	1207	成吉思汗(元太祖)	
太祖三年	1208	成吉思汗(元太祖)	
太祖四年	1209	成吉思汗(元太祖)	
太祖五年	1210	成吉思汗(元太祖)	
太祖六年	1211	成吉思汗(元太祖)	
太祖七年	1212	成吉思汗(元太祖)	
太祖八年	1213	成吉思汗(元太祖)	
太祖九年	1214	成吉思汗(元太祖)	
太祖十年	1215	成吉思汗(元太祖)	
太祖十一年	1216	成吉思汗(元太祖)	
太祖十二年	1217	成吉思汗(元太祖)	
太祖十三年	1218	成吉思汗(元太祖)	
太祖十四年	1219	成吉思汗(元太祖)	
太祖十五年	1220	成吉思汗(元太祖)	
太祖十六年	1221	成吉思汗(元太祖)	
太祖十七年	1222	成吉思汗(元太祖)	
太祖十八年	1223	成吉思汗(元太祖)	
太祖十九年	1224	成吉思汗(元太祖)	
太祖二十年	1225	成吉思汗(元太祖)	
太祖二十一年	1226	成吉思汗(元太祖)	
太祖二十二年	1227	成吉思汗(元太祖)	
睿宗	1228	睿宗拖雷监国	
睿宗	1229	睿宗拖雷监国	八月己未,太宗窝阔台即位,元年。

1206—1399 年元朝年号与皇帝（大汗）对照年表

年　号	时间	皇　帝	备　注
太宗二年	1230	太宗窝阔台	
太宗三年	1231	太宗窝阔台	
太宗四年	1232	太宗窝阔台	
太宗五年	1233	太宗窝阔台	
太宗六年	1234	太宗窝阔台	
太宗七年	1235	太宗窝阔台	
太宗八年	1236	太宗窝阔台	
太宗九年	1237	太宗窝阔台	
太宗十年	1238	太宗窝阔台	
太宗十一年	1239	太宗窝阔台	
太宗十二年	1240	太宗窝阔台	
太宗十三年	1241	太宗窝阔台	十一月辛卯，太宗窝阔台卒。
元年	1242	脱列哥那皇后	脱列哥那皇后称制元年。
二年	1243	脱列哥那皇后	
三年	1244	脱列哥那皇后	
四年	1245	脱列哥那皇后	
五年；定宗元年	1246	脱列哥那皇后；定宗贵由	七月，定宗贵由即位，元年。
定宗二年	1247	定宗贵由	
定宗三年	1248	定宗贵由	三月，定宗贵由卒。
元年	1249	斡兀立海迷失皇后	斡兀立海迷失皇后称制。
二年	1250	斡兀立海迷失皇后	
三年；宪宗元年	1251	斡兀立海迷失皇后；宪宗蒙哥	六月，宪宗蒙哥即位。
宪宗二年	1252	宪宗蒙哥	
宪宗三年	1253	宪宗蒙哥	
宪宗四年	1254	宪宗蒙哥	
宪宗五年	1255	宪宗蒙哥	

附录一

1206 — 1399 年元朝年号与皇帝（大汗）对照年表

年　号	时间	皇　帝	备　注
宪宗六年	1256	宪宗蒙哥	
宪宗七年	1257	宪宗蒙哥	
宪宗八年	1258	宪宗蒙哥	
宪宗九年	1259	宪宗蒙哥	七月癸亥，宪宗蒙哥卒。
中统元年	1260	元世祖忽必烈	三月辛卯（一说甲申），忽必烈即位，五月丙戌，建元中统。
中统二年	1261	元世祖忽必烈	
中统三年	1262	元世祖忽必烈	
中统四年	1263	元世祖忽必烈	
至元元年	1264	元世祖忽必烈	中统五年。
至元二年	1265	元世祖忽必烈	
至元三年	1266	元世祖忽必烈	
至元四年	1267	元世祖忽必烈	
至元五年	1268	元世祖忽必烈	
至元六年	1269	元世祖忽必烈	
至元七年	1270	元世祖忽必烈	
至元八年	1271	元世祖忽必烈	
至元九年	1272	元世祖忽必烈	
至元十年	1273	元世祖忽必烈	
至元十一年	1274	元世祖忽必烈	
至元十二年	1275	元世祖忽必烈	
至元十三年	1276	元世祖忽必烈	
至元十四年	1277	元世祖忽必烈	
至元十五年	1278	元世祖忽必烈	
至元十六年	1279	元世祖忽必烈	
至元十七年	1280	元世祖忽必烈	

附录一

年　号	时间	皇　帝	备　注
至元十八年	1281	元世祖忽必烈	
至元十九年	1282	元世祖忽必烈	
至元二十年	1283	元世祖忽必烈	
至元二十一年	1284	元世祖忽必烈	
至元二十二年	1285	元世祖忽必烈	
至元二十三年	1286	元世祖忽必烈	
至元二十四年	1287	元世祖忽必烈	
至元二十五年	1288	元世祖忽必烈	
至元二十六年	1289	元世祖忽必烈	
至元二十七年	1290	元世祖忽必烈	
至元二十八年	1291	元世祖忽必烈	
至元二十九年	1292	元世祖忽必烈	
至元三十年	1293	元世祖忽必烈	
至元三十一年	1294	元世祖忽必烈	正月，忽必烈卒，四月甲午，成宗铁穆耳即位。十一月癸酉，改明年为元贞元年。
元贞元年	1295	元成宗铁穆耳	
元贞二年	1296	元成宗铁穆耳	
元贞三年	1297	元成宗铁穆耳	二月庚申，改元大德。
大德二年	1298	元成宗铁穆耳	
大德三年	1299	元成宗铁穆耳	
大德四年	1300	元成宗铁穆耳	
大德五年	1301	元成宗铁穆耳	
大德六年	1302	元成宗铁穆耳	
大德七年	1303	元成宗铁穆耳	
大德八年	1304	元成宗铁穆耳	
大德九年	1305	元成宗铁穆耳	

附录一

年　号	时间	皇　帝	备　注
大德十年	1306	元成宗铁穆耳	
大德十一年	1307	元成宗铁穆耳	正月癸酉，元成宗铁穆耳卒。五月甲申，武宗海山即位，十二月庚申，改明年为至大元年。
至大元年	1308	元武宗海山	
至大二年	1309	元武宗海山	
至大三年	1310	元武宗海山	
至大四年	1311	元武宗海山	正月庚辰，武宗海山卒。三月庚寅，仁宗爱育黎拔力八达即位。十二月乙未，改明年为皇庆元年。
皇庆元年	1312	元仁宗爱育黎拔力八达	
皇庆二年	1313	元仁宗爱育黎拔力八达	
皇庆三年 延祐元年	1314	元仁宗爱育黎拔力八达	正月丁未，改元延祐。
延祐二年	1315	元仁宗爱育黎拔力八达	
延祐三年	1316	元仁宗爱育黎拔力八达	
延祐四年	1317	元仁宗爱育黎拔力八达	
延祐五年	1318	元仁宗爱育黎拔力八达	
延祐六年	1319	元仁宗爱育黎拔力八达	
延祐七年	1320	元仁宗爱育黎拔力八达	正月辛丑，仁宗爱育黎拔力八达卒。三月庚寅，英宗硕德八剌即位。十二月朔，改明年为至治元年。
至治元年	1321	元英宗硕德八剌	
至治二年	1322	元英宗硕德八剌	
至治三年	1323	元英宗硕德八剌	八月癸亥，英宗硕德八剌遇弑。九月癸巳，泰定帝也孙铁木儿即位。十二月丁亥，改明年为泰定元年。
泰定元年	1324	泰定帝也孙铁木儿	

1206—1399 年元朝年号与皇帝（大汗）对照年表

年　号	时间	皇　帝	备　注
泰定二年	1325	泰定帝也孙铁木儿	
泰定三年	1326	泰定帝也孙铁木儿	
泰定四年	1327	泰定帝也孙铁木儿	
泰定五年	1328	泰定帝也孙铁木儿	二月庚申，改元致和。七月庚午，泰定帝也孙铁木儿卒。是月（？）天顺帝阿剌吉八即位，改元天顺。九月壬申，文宗图帖睦尔即位，改元天历。
天历二年	1329	元文宗图帖睦尔	正月丙戌，明宗和世瓎即位；八月庚寅，暴崩。己亥，文宗复即位。
天历三年	1330	元文宗图帖睦尔	五月戊午，改元至顺。
至顺二年	1331	元文宗图帖睦尔	
至顺三年	1332	元文宗图帖睦尔	八月己酉，文宗图帖睦尔卒。十月庚子，宁宗懿璘质班即位。十一月壬辰，懿璘质班卒。
至顺四年 元统元年	1333	元顺帝妥懽帖睦尔	六月己巳，元顺帝（惠宗）妥懽帖睦尔即位。十月戊辰，改元元统。
元统二年	1334	元顺帝妥懽帖睦尔	
元统三年	1335	元顺帝妥懽帖睦尔	十一月辛丑，改元至元。（元人或称后至元，或称重纪至元，以别于世祖之至元。）
至元二年	1336	元顺帝妥懽帖睦尔	
至元三年	1337	元顺帝妥懽帖睦尔	
至元四年	1338	元顺帝妥懽帖睦尔	
至元五年	1339	元顺帝妥懽帖睦尔	
至元六年	1340	元顺帝妥懽帖睦尔	
至正元年	1341	元顺帝妥懽帖睦尔	正月朔改元至正。
至正二年	1342	元顺帝妥懽帖睦尔	

1206 — 1399 年元朝年号与皇帝（大汗）对照年表

年　号	时间	皇　帝	备　注
至正三年	1343	元顺帝妥懽帖睦尔	
至正四年	1344	元顺帝妥懽帖睦尔	
至正五年	1345	元顺帝妥懽帖睦尔	
至正六年	1346	元顺帝妥懽帖睦尔	
至正七年	1347	元顺帝妥懽帖睦尔	
至正八年	1348	元顺帝妥懽帖睦尔	
至正九年	1349	元顺帝妥懽帖睦尔	
至正十年	1350	元顺帝妥懽帖睦尔	
至正十一年	1351	元顺帝妥懽帖睦尔	
至正十二年	1352	元顺帝妥懽帖睦尔	
至正十三年	1353	元顺帝妥懽帖睦尔	
至正十四年	1354	元顺帝妥懽帖睦尔	
至正十五年	1355	元顺帝妥懽帖睦尔	
至正十六年	1356	元顺帝妥懽帖睦尔	
至正十七年	1357	元顺帝妥懽帖睦尔	
至正十八年	1358	元顺帝妥懽帖睦尔	
至正十九年	1359	元顺帝妥懽帖睦尔	
至正二十年	1360	元顺帝妥懽帖睦尔	
至正二十一年	1361	元顺帝妥懽帖睦尔	
至正二十二年	1362	元顺帝妥懽帖睦尔	
至正二十三年	1363	元顺帝妥懽帖睦尔	
至正二十四年	1364	元顺帝妥懽帖睦尔	
至正二十五年	1365	元顺帝妥懽帖睦尔	
至正二十六年	1366	元顺帝妥懽帖睦尔	
至正二十七年	1367	元顺帝妥懽帖睦尔	
至正二十八年	1368	元顺帝妥懽帖睦尔	

附录一

年　号	时间	皇　帝	备　注
至正二十九年	1369	元顺帝妥懽帖睦尔	
至正三十年	1370	元顺帝妥懽帖睦尔	四月丙戌，妥懽帖睦尔卒。昭宗爱猷识理达腊即位。
宣光元年	1371	北元昭宗爱猷识理达腊	
宣光二年	1372	北元昭宗爱猷识理达腊	
宣光三年	1373	北元昭宗爱猷识理达腊	
宣光四年	1374	北元昭宗爱猷识理达腊	
宣光五年	1375	北元昭宗爱猷识理达腊	
宣光六年	1376	北元昭宗爱猷识理达腊	
宣光七年	1377	北元昭宗爱猷识理达腊	
宣光八年	1378	北元昭宗爱猷识理达腊	是岁，昭宗爱猷识理达腊卒。益宗脱古思帖木儿即位。
天元元年	1379	北元益宗脱古思帖木儿	
天元二年	1380	北元益宗脱古思帖木儿	
天元三年	1381	北元益宗脱古思帖木儿	
天元四年	1382	北元益宗脱古思帖木儿	
天元五年	1383	北元益宗脱古思帖木儿	
天元六年	1384	北元益宗脱古思帖木儿	
天元七年	1385	北元益宗脱古思帖木儿	
天元八年	1386	北元益宗脱古思帖木儿	
天元九年	1387	北元益宗脱古思帖木儿	
天元十年	1388	北元益宗脱古思帖木儿	
元年	1389	北元卓里克图汗恩克	北元卓里克图汗恩克即位。
二年	1390	北元卓里克图汗恩克	
三年	1391	北元卓里克图汗恩克	
四年	1392	北元卓里克图汗恩克	

附录一

1206 — 1399 年元朝年号与皇帝（大汗）对照年表

年　号	时间	皇　帝	备　注
元年	1393	北元尼古埒苏克齐汗额勒伯克	北元尼古埒苏克齐汗额勒伯克即位。
二年	1394	北元尼古埒苏克齐汗额勒伯克	
三年	1395	北元尼古埒苏克齐汗额勒伯克	
四年	1396	北元尼古埒苏克齐汗额勒伯克	
五年	1397	北元尼古埒苏克齐汗额勒伯克	
六年	1398	北元尼古埒苏克齐汗额勒伯克	
七年	1399	北元尼古埒苏克齐汗额勒伯克	尼古埒苏克齐汗额勒伯克遇弑。

附录二

元朝帝系表

1.太祖,铁木真 temüjin,成吉思汗(1206—1227.8.25 在位)			
2.太宗,窝阔台 ögödei,1229.9.13—1241.12.11 在位		3.定宗,贵由 güyüg,1246—1248	
②脱列哥那 töregene,1242—1246 年摄政		③斡兀立海迷失,1248—1251 年摄政	
①睿宗,拖雷 tolui,1228 年摄政		4.宪宗,蒙哥 möngke,1251—1259.8.11 在位	
5.世祖,忽必烈 qubilai,薛禅皇帝 sečen,1260.5.5—1294.2.18 在位			裕宗,真金 jingim
显宗,甘麻剌 kammala	10.泰定帝,也孙铁木儿 yisün temür,1323.10.4—1328.8.15 在位	11.天顺帝,阿剌吉八 arigiba,1328—1328.11.14	
顺宗,答剌麻八剌 darmabala	7.武宗,海山 haišan,曲律皇帝 külüg,1307.6.21—1311.1.27 在位	13.明宗,和世瓎 qošila,护都图皇帝 qutuyu,1329.2.27—1329.8.30 在位	16.顺帝,妥懽帖睦尔 toyon temür,兀哈笃皇帝 uqayatu,1333.7.19—1368.9.10 在位
			15.宁宗,懿璘质班 irinjibal,1332.10.23—1332.12.14 在位
		12.文宗,图帖睦尔 tuy temür,札牙笃皇帝,1328.10.16—1329.8.16 在位 14.文宗,1329.9.8—1332.9.2 在位	
	8.仁宗,爱育黎拔力八达 ayurbaribada,普颜笃皇帝 buyantu,1311.4.7—1320.3.1 在位	9.英宗,硕德八剌 šidebala,格坚皇帝 gegen,1320.4.19—1323.9.4 在位	
6.成宗,铁穆耳 temür,完泽笃皇帝 öljeitü,1294.5.10—1307.2.10 在位			

参考文献

1. 蒙元史研究导论，陈得芝 著，南京大学出版社 2012 年

2. 蒙元史与中华多元文化论集，陈得芝 著，上海古籍出版社 2013 年

3. 全元文，李修生 主编，南京：凤凰出版传媒集团，2004—2005 年

4. 元史，[明] 宋濂 等撰，中华书局 1976 年

5. 元朝秘史（校勘本），乌兰，中华书局 2012 年

6. 元朝史，韩儒林 主编，人民出版社 2008 年

7. 元曲大辞典（修订本），李修生主编，南京：凤凰出版社，2003 年

8. 蒙兀儿史记，[清] 屠寄 著，北京：中国书店影印，1984 年

9. 庚申外史，[明] 权衡 编，王云五主编《西使记及其他三种》丛书集成初编本，上海：商务印书馆，中华民国二十五年（1936 年）

10. 蒙古源流，萨囊彻辰 著，道润梯步译校，内蒙古人民出版社 1980 年

11. 史集，[波斯] 拉施都丁 主编，余大均、周建奇译，商务印书馆 1983—1985 年

后　记

这本集众人之手写就的通俗普及读物《话说元朝》终于完整的交稿并呈现在读者面前了。从国内同类出版物来看，近些年来出现了大量代表公众史学或以通俗笔法讲述历史的作品，其中不乏精品，如《明朝那些事儿》等等，但是许多作品往往多关注于汉唐盛世、明清宫廷等热门主题，而对于当代中国少数民族的历史尤其是由少数民族入主中原建立王朝政权的历史关注程度仍显单薄。

本书编委会成员多是长期从事北方民族史、蒙元史或民族与边疆史地研究的青年学者，且均已在内蒙古区内外高校、科研院所供职。由于我们长期关注民族历史，故均一致认为目前国内尚未有一部较好地反映蒙元帝国恢宏历史的通俗作品，因此大家便联合成立了《话说元朝》编委会，根据大家的学术专长、个人兴趣以及写作风格，分工合作，分头撰写。经过几年的努力，大家各自交出了初稿，后根据稿件内容，克服重重困难，才形成了现在的规模和体例。

　　本书在行文方面的特点是集表述严谨和生动活泼于一体，但因成于众人之手，表达方式和语言风格或许存在一些差异，但这本身就是文史写作最大的魅力所在，对历史事件和历史人物的不同表述，恰恰反映了不同人对其不同理解和认知。如果我们的解读能够引发读者更大的兴趣，那亦是本书的成功之处。

　　本书由翟禹、樊志强统稿，参加编写的人员有杨建林、王丽娟、高建国、王国庆、周秀峰、刘洪洋、刘伟。此外，部分篇章内容由内蒙古文物局副局长王大方先生提供，内蒙古博物院的孔群老师、杨国华和赤峰市文物局黄文博等诸多好友提供了照片资料，内蒙古人民出版社编辑王静为本书的排版、资料整理、印刷等工作付出了大量的心血，在此一并致谢！

　　由于撰写者的水平所限，本书定会存在一些不完善之处，同时本书在写作形式、内容选取等方面在同类作品中亦属创新，希望广大读者在阅读过程中能够提出批评意见，以便我们进一步改进和完善！如果读者在阅读本书的过程中能够有那么一点点收获，我们将会感到莫大的欣慰！

《话说元朝》编委会

2017 年 8 月 11 日